초기불교 성전의 성립 연구

초기불교 성전의 성립 연구

호진 지음

불광출판사

자애로우신 나의 존경하는 은사 스님
경해 법인 대종사께 이 저서를 바칩니다.

머
리
말

초기불교의 성전 성립 문제는 그 사실 자체의 고찰은 물론, 이후 보다 심층적인 불교학의 연구 기반으로서 더욱 면밀하게 구명(究明)해야 할 중요한 주제 중의 하나이다. 그러나 초기 불전(佛典)의 전체 모습과 그에 대한 심도 있는 내용의 파악이 결코 단순하고 용이한 과제가 아님은 분명하다.

붓다의 가르침이 최초에 누구에 의해 언제 어디서 어떻게 정리되고 결집(結集)되었는가, 초기 불전의 내용과 형태는 어떤 것이었으며 현재 전해지고 있는 가장 오래된 경전과는 어떤 관련이 있는가, 또 불전 성립에 대한 사실을 전하고 있는 자료들은 어떤 것이며 그것의 역사적 실재성(實在性)을 어디까지 확인할 수 있는 것인가 등등 초기 불전 성립 문제와 관련하여 밝혀내고 확인해야 할 문제들은 여전히 많이 남아 있다.

현대 불교 연구의 새로운 지평을 전개함에 있어서 불교 문헌의 성립, 특히 그 가운데서도 초기 불전의 성립 문제는 가장 기본적인 과제가 아닐 수 없다. 실제 사실이 그러하지만 우리 불교학계에서는 지금까지 이 분야에 대한 관심이 새삼 환기되거나 고조되지 못하고 있는 것이 현실이다.

여기에는 언어 문제 등 여러 정황으로 인해 다른 나라 불교학계와 제대로 된 학술적 교섭을 적극적으로 갖지 못하고 있는 이유도 있지만, 초기 불전 성립에 대한 국내 불교 연구자들의 소극적인 태도 등이 더 걸림돌이 된 것도 사실이다. 그러나 현대적인 불교학의 위상 제고를 위해서는 특히 불교 경전의 성립에 관한 연구와 이해가 무엇보다도 우선되고 학술적으로 정리되어야 한다는 사실은 새삼스럽게 더 말할 필요도 없는 일이다.

이런 실정을 직시하면서 초기불교 성전 성립의 전 과정에 대해 느껴온 많은 문제점들과 의문을 해소해 보겠다는 의욕으로 출발한 이 책은 크게 세 부분의 내용으로 나누어 전개하고자 한다.

첫 번째 부분에서는 제1차 결집에서 제3차 결집까지 두루 관계있는 거의 모든 자료들을 파악할 수 있는 한 그대로 정리해 보려고 한다. 일단 어떤 자료에서 어떤 내용들이 언급되고 있는지를 알기 위해서다. 두 번째 부분에서는 결집의 여러 가지 중심 문제들에 대해 제기된 다양한 자료들을 분석 검토하고 필자 자신의 생각과 해석을 밝혀보고자 한 것이다. 세 번째 부분에서는 이 분야의 여러 연구 논문과 논저들에서 기술된 내용들과 필자의 연구 결과를 비교해 보겠다. 이 작업을 통해서 기존의 선행 연구에서 대체로 받아들일 수 있는 내용, 그렇지 못한 내용, 앞으로 천착해야 할 문제점들을 가능한 대로 자세하게 제시해 보려 한다.

따라서 가장 먼저 수행해야 할 과제는 곧 불전들과의 관련 자료에 대한 분석이다. 초기 불전 성립 연구의 일차적인 자료라 말할 수 있는 초기의 모든 율장, 경전, 논서와 함께 관련 역사서들의 내용을 세밀하게 고구(考究)하려고 한다. 그리고 현대학자들이 지금까지 이루어놓은 연구 결과도 가능한 많이 섭렵할 것이다. 문제는 필자의 미력함과 참고할 수 있는 자료의 제한으로 필자의 의욕적인 작업이 얼마나 명징한 해결의 성과를 낼 수 있겠는가 하는 점이다. 사실 이것은 도무지 가능한 일이 아닐 수 있다. 그렇다면 단지 할 수 있는 일은 스스로 상정해 본 목표의 핵심까지 얼마나 가깝게 접근할 수 있는가 하는 것이 아닐까 한다.

여기서 스스로 과제 한 가지를 더 추가한다면, 불전들의 모든 자료는 가능한 한 원자료를 거의 원형 그대로 보려는 것이다. 어떤 자료가 어떻게 되어 있는가를 직접 확인하고, 나아가서 향후 연구자들 또한 그대로 접할 수 있게 하기 위함이다. 그리고 이는 현재 우리가 여러 논저를 통해 알고 있는 것이 과연 어떻게 정리되고 해석되고 이해되었는가의 전말을 검증하기 위해서이다.

이를 통해서는 그동안 여러 가지 불가능성의 사실들과 이해의 허점들이 있다는 것을 새삼 확인할 수 있을 것으로 본다. 그럴 경우 사실 어떤 의미에서는 좀 아득한 심정이 될지도 모른다. 그것은 필자가 항상 자문하고 고민해 왔던 바로 그 문제일 것임이 분명하기 때문이다. 따라서 굳이 이 부분을 예단(豫斷)해 본다면, 초기불교 성전의 성립의 문제를 새로운 각도에서 다시 모색해야 한다는 각성의 계기가 될 수는 있겠다.

　이제 관심의 방향을 달리하여, 이 책의 전체 주제를 중심으로 몇 가지 문제를 거론해 보겠다. 우선 책의 전체 주제와 그 범위는 책 제목 『초기불교 성전의 성립 연구』에 어느 정도 드러나 있다. 그것은 초기불교 시대 제1·2·3차에 걸친 결집(結集)과 이를 통해 이루어진 경·율·논 삼장(三藏)을 떠올릴 수 있기 때문이다. 실제로 세 차례 결집과 함께 경·율·논 삼장의 성립 문제는 그대로가 이 책의 일관된 주제이자 범위임은 물론이다. 이와 관련하여 다시 일반의 이해 도모를 위해, 혹은 현실적인 해결과제로서 다음 네 가지 내용의 약간을 각각 언급해 두기로 한다.

(2) 결집과 삼장 성립의 일반적 이해와 통용

인도 초기불교 시대에 불교 경전이 이룩되었다는 사실은 일반적으로 어느 정도 알려져 있는 상식이다. 이에 비해 이 책에서 다루고 있는 불전(佛典) 관련 여러 가지 사실과 내용들은 일반대중의 상식적 이해와는 너무 차이가 큰 전문적 견해와 담론들이다. 다만 이 같은 현실 상황에서 일반에 쉽게 이해·통용될 수 있는 결집과 삼장 관련 소개 노력이 있어왔음은 당연한 일이다. 세 차례 결집을 통해 그때마다 각각 여러 가지 내용의 삼장이 성립되었음을 보여주는 사례들을 대략 정리하면 다음과 같다.

⊙ 제1차 결집

첫 번째 결집은 붓다의 열반 직후 라자가하의 교외 칠엽굴(七葉窟)에서 이루어졌다. 이 최초의 결집은 승단의 상수(上首) 제자인 마하까샤빠가 주도하였고, 500비구 대중이 참석하였다. 이런 가운데 25년 동안 항상 붓다 곁에서 시봉해 온 아난다는 붓다의 설법을 암송하여 경전을 정리했고, 우빨리와 아난다가 계율을 송출(誦出)하여 율장을 확립하였다. 이 첫 결집의 핵심 의의는 '붓다의 가르침 그 자체를 복원하는 것' 즉 불교의 근본을 온전히 보전하기 위한 기억의 표준화에 있었다.

⊙ 제2차 결집

두 번째 결집이라 일컬어지고 있는 것은 붓다의 열반 100년 후 700비구가 참석하여 와이샬리에서 논의한 사실을 말한다. 이때 승단 내부에서는 계율을 어떻게 적용할 것인가를 두고 의견 차이가 나타나고 있었다. 특히 와이샬리의 비구들이 10가지 조목의 계율에 대한 완화를 주장하면서 논쟁이 발생하게 된 것이다. 이에 따른 회의 결과 계율은 원형대로 지켜야 한다고 결론을 내렸다. 그러나 이 과정에서 견해 차이가 심화되어 보수적 전통의 상좌부(上座部)와 개방적 전통의 대중부(大衆部)로 분열이 일어났다. 이는 이후 불교가 남방 상좌부 불교와 북방 대승(大乘)불교로 전개되는 사상적 기조가 되었다.

⊙ 제3차 결집

세 번째 결집은 붓다의 열반 230~250년 후 아소까왕의 후원 아래 빠딸리뿌뜨라에서 열렸다. 이 시기 불교는 매우 넓게 퍼졌기 때문에 승단 안에 여러 사상과 해석이 혼재하게 되었다. 그래서 목갈리뿟다띳사가 중심이 되어 교리의 정통성을 다시 정리하고, 논쟁을 정리한「까타

밧투」[논사(論事: kathāvatth)]가 편찬된다. 또한 이 결집 이후 아소까왕은 스리랑카 등으로 전법단을 파견하여 불교가 국제적인 종교로 본격 확산되는 계기가 마련되었다.

이상을 정리하면, 각 회차(回次)의 결집이 지향하는 목적의 핵심은 다음과 같다.

제1차는 붓다의 가르침 그 자체의 보존, 제2차는 승단 내부의 계율 해석 차이 조정과 그에 따른 승단의 분열 발생, 제3차는 정통 교리 체계 확립에 더하여 불교의 국제적 확산의 계기를 마련한 것 등이다. 즉 이상 각각의 결집은 과거의 단순한 회의와는 다른 성격이었다. 이는 곧 불교가 기억의 공동체에서 사상적 체계와 전통을 구축하여 마침내 세계 종교로 확산해 나가는 역사적 과정이었다고 말할 수 있다.

(2) 제2차 결집의 양상과 그 허구성 문제

제2차 결집은 붓다의 열반 후 약 100년이 되었을 때 와이샬리의 밧지 족 비구들이 법에 어긋나는 몇 가지 계율을 행하고 있었다. 이 문제의 해결을 위해 많은 비구들이 와이샬리에 모인 것이 결집의 동기가 되었다. 그러나 이 결집 동기에 대한 세부적인 점은 자료마다 크게 다르다. 뿐만 아니라 결집 연대, 결집 장소, 결집 참석자, 결집 과정 또한 자료와 설명마다 일정하지 않다. 결집으로서 갖추어야 할 요건들이 매우 모호한 양상을 보이고 있는 것이다.

결과적으로 이를 결집이라고 말하기는 어렵다. 그 첫째 이유는 제2차 결집은 2장(경·율), 3장(경·율·논)을 합송(合誦: saṃgīti)하기 위한 것이 아니다. 아주 가벼운 10가지의 계율[십사정(十事淨)]에 대한 검토와 그것을 비법(非法)이므로 행하지 못하게 한 결정이 전부이다. 이것을 후기의 스리랑카 역사서와 논서의 한 주석서에서 '700명이 한 것이 까샤빠와 아난다가 한 것과 같은 결집'이라고 기록하였다. 그러나 유일한 이 하나의 기록만으로 여러 가지 모호한 양상과 허구성이 두드러진 그 자체를 제2차 결집으로 볼 수는 없게 되어 있다.

이때의 모임에서는 '소금을 소뿔 안에 담아 지녀도 되는가' '정오가 지난 뒤에 공양해도 되는가' '금전 사용을 허락할 것인가' 등 10가지 정법(淨法) 문제의 논란을 검토하고 그것에 대한 확인 조치가 있었다. 이 같은 사실 자체가 이미 결집의 형태는 아닌 것이다.

(3) 불전의 다양한 명칭 혼동과 향후의 과제

굳이 불전에 관련한 용어 문제를 한번 짚어두고자 하는 까닭은 본저의 주된 텍스트이기도 하지만, 제목에도 '성전(聖典)'이라 제시하였기 때문이다. 제목의 의도와는 달리 책의 내용 각 장에서는 전후 맥락에 따라 불전(佛典)·경전(經典) 또는 삼장(三藏) 등으로 쓸 수밖에 없었다. 또한 인용 중인 내용에서도 일체법장(一切法藏)·정경장(正經藏)·제경장(諸經藏) 등의 다양한 명칭을 그대로 옮겨두었다.

여전히 불교학계 안팎에서는 이렇게 다양한 명칭과 그 사용법에 대해 통일적 규범으로 정해진 것은 없다. 따라서 불교 밖의 일반은 물론, 불교계에서조차 어느 정도 혼동을 느끼는 경우도 불가피한 것이다. 일정한 규범으로 구분되지 않은 용어들이기 때문에 약간씩 다른 인식과 해석도 있지만, 우선 불전(佛典)·불경(佛經)·삼장(三藏)부터 간략하게 비교해 보기로 한다.

'불전'은 불교 교리와 관련된 모든 전적(典籍)을 통틀어 말하는 통칭(通稱)에 해당한다. 다만 사용자에 따라서는 이를 '불교성전'의 준말로 이해하는 경우도 있다. 이에 비해 '경전'은 불교의 핵심적인 교훈을 담은 책을 말하며, 붓다의 가르침을 문자로 기록한 집체적인 '경장'을 가리키기도 한다. 이어 '삼장'은 경장·율장·논장을 합하여 부르는 통칭이다.

그러나 이들 여러 종류의 명칭을 혼용한다고 해도 아직까지는 그것이 불전 명칭상의 혼동으로 인한 심각한 어려움을 초래하는 것으로 단정할 수는 없다. 어쩌면 이 문제에 관해서는, 앞으로 특히 '성전(聖典)' 또는 '성경(聖經)' 등 용어 사용에서 비롯하여 점차 관심과 논의가 고조될 것으로 생각된다.

한편, 자료의 제시 차원에서 해당 명칭 몇 가지를 추가해 본다.

⊙ 팔만대장경

고려시대에 성립된 고려대장경의 이칭(異稱)으로, 경의 판목이 8만여 장인 것과 그 안에 4천여 번뇌에 대한 4천여 법문이 수록되었다는 의미에서 생긴 명칭이다.

⊙ 대장경

불교의 경장·율장·논장을 집대성한 팔만대장경과 동일한 명칭이다.

⊙ 성전

성인의 말씀으로 이룩된 책으로, 종교상 신앙의 최고 법전(法典)이 되는 책이다. 기독교의 신·구약 성경, 불교의 팔만대장경, 유교의 사서 오경, 이슬람교의 코란 등을 말하기도 한다.

⊙ **성전, 성경**

위의 '성전'에 대해 기독교에서는 '성전'은 하느님의 말씀을 기록한 정전(正典, canon)을 뜻하며, 다시 '성경'은 그 전체를 뜻한다는 설명을 병행하기도 한다.

만일 누구든 이상의 불전 명칭들과 관련하여 혼동을 느낀다면, 그 원인을 파악하는 일은 현재는 물론 향후까지도 하나의 과제일 수 있다. 따라서 이 작업은 여러 가지 불전 명칭들과 함께 '성전'과 '성경'의 대비(對比)에까지 이르렀고, 그 원인도 어느 정도 파악해 볼 수 있었다. 그 대략을 말하면, 그것은 일단 무엇보다도 성전과 성경의 공통점과 차이점 혼동과도 무관하지 않은 것으로 요약해 말할 수 있다.

(4) 성전과 성경 등 용어의 역사적 연원 대비

본저에서의 핵심적인 용어인 '성전'은 특히 경·율·논 삼장(三藏)에 대한 비중이 크게 차지하고 있음은 사실이다. 그 범주와 다른 종교적 경전에 대한 용어에 대해 역사적 연원을 간략하게 살펴 이해를 돕고자 한다. 거의 일반화된 부분이기도 하지만 불교의 '성전'과 기독교 '성경'의 상호 관계 등 그 의미를 파악해 보기 위함에서이다. 이는 어쩌면 '성전'이 '성경'이라는 용어의 출현에 따른 추수적(追隨的) 영향일 수 있겠다는 인식에 대한 재고(再考)를 환기하고자 하는 의도이기도 하다.

기독교 선교(宣敎) 역사의 내용들은 이미 일반에도 대부분 알려진 것으로 볼 수 있다. 이들 자료에 따르면, 기독교에서 '성경' 명칭의 사용은 중국에서 기독교(천주교)가 처음 전래되기 시작한 17세기부터이다. 하지만 이 시기에는 바이블(Bible) 전체를 '성경(聖經)'이라 부르지 않았다. 다만 그 각 부분을 '천주실의(天主實義)', '성교요지(聖敎要旨)' 등 교리서 이름으로 소개되었다.

그러다가 '성경(聖經)'을 바이블 전체의 일반 명칭으로 공식화한 것은 19세기 기독교 선교 이후였다. 즉 영·미 개신교 선교사들과 중국인 역경자(譯經者)들이 19세기 중엽 이후 중국에서 한역(漢譯)한 성경에서 '바이블(Bible)=성경(聖經)'이라는 대역(對譯)이 확립된 것이다. 그리고 이 용례는 조선 말기 무렵 계속된 바이블 번역 진행에 이어, 한국 기독교에서도 당연히 '성경'을 통칭으로 사용하여 오늘에 이르고 있다.

한편, 불교에서 일반적으로 부르고 있는 경·율·논 삼장(三藏)은 초기불교 본래의 전통에서는 대체로 '성(聖)'이라는 개념적 어의(語義)와 결합하여 사용하지 않았다. 불전 전체의 내용이기도 한 삼장은 그대로 경(sǔtra), 율(vinaya), 논(abhidharma)으로서, '성스러운'이라는 개념을 찾아볼 수 없다. 다만 고집멸도(苦集滅道) 사성제(四聖諦) 명칭에서 느낄 수 있듯이 진리의 내용 그대로에 대해서는 '성스러운 진리[聖諦]'로 표현되기도 하였다.

초기불교 교의(敎義)에서 중요한 위상을 지키는 사성제는, 앞의 삼법인(三法印)과 뒤의 팔정도(八正道) 중간에 위치한다. 즉 무상(無常)·무아(無我)·고(苦)의 3가지 진리의 표시[三法印]와 고·집·멸·도(苦集滅道) 4가지 성스러운 진리[四聖諦], 그리고 해탈과 열반으로 가는 8가지 바른 길[八正道]의 모습이다.

　여기에서 이들 내용에 대한 설명은 생략하지만, 이들 모두가 함께 성스러운 진리[聖諦]의 연대임을 확인시켜주고 있음은 분명하다. 따라서 이 같은 삼법인·사성제·팔정도의 완전한 실천은, 어떤 의미에서 인간의 실존적 진리의 삶과도 다르지 않은 것으로 수용할 수 있겠다.

　이와 같은 교의(敎義) 사상적 바탕에서 근대 불교가 서양의 종교학 체제와 접하면서 서구적 종교학이나 학문적 개념과 용어의 영향을 받지 않을 수 없음이 사실이다. 특히 19세기 말~20세기 초 일본불교의 동향이 주목된다. 일본에서 경·율·논 삼장을 종합적으로 '불교성전(佛敎聖典)'으로 부르는, 일종의 학술·출판 용어가 표면화된 것이다. 그것은 일본 정토진종(淨土眞宗)의 승려학자들이 1905년에 『불교성전(佛敎聖典)』(南條文雄, 前田慧雲 공동 편역)을 처음 출간한 것에서 시작된다. 이후 다카쿠스 준지로(高楠順次郎)의 교정을 거쳐 1926년까지 무려 23판을 개정·간행하였다. 이는 어느 관점에서는 기독교의 '성경' 명칭 사용의 고착과도 무관하지 않은 것으로 보인다.

　바로 이 무렵 한국에서도 이에 상응하는 불교 학술 활동이 나타나고 있다. 1914년에 한용운(韓龍雲)이 대장경 속에 있는 명구(名句)들을 발췌하여 편집한 『불교대전(佛敎大典)』이 그것이다. 고려대장경 가운데 1천여 부의 경·율·논으로부터 중요한 내용들을 발췌한, 그야말로 현대판 '불교성전'으로 평가될 만한 역저(力著)라 하겠다.

　이 『불교대전』은 일본 불교학자들의 『불교성전』과 함께 1990년대 이후 불교학 연구자들에 의해 상당한 주목을 받게 되어 다양한 연구가 진행되어왔다. 이들 연구에서 특히 눈길을 끄는 주요 부분은, 일본의『불교성전』이 정토교(淨土敎)의 타력(他力) 신앙적 성향을 띠고 있음에 비해, 한국의『불교대전』은 자성성불(自性成佛) 지향 중심의 교의(敎義)라는 점이다.

이는 중국에서 '바이블'의 한역인 '성경' 출현 이후, 일본 '불교성전'과 한국 '불교대전'이 각각의 다른 특징적인 모습과 내용들로 차별화된 명칭으로 통용됨을 말해 준다. 이 같은 학문적 활동은 동북아 국가들의 서로 다른 성향과 발전 지향을 알려준다. 그런 뜻에서 이들 각각의 활동 양상은 저마다 긍정적 의미를 지니는 것이라 하겠다.

차
례

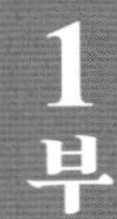

1부

제 1 차 결집

1장

자료 소개

결집을 전하고 있는 자료의 수는 적지 않다. 역시 그 내용도 복잡하다. 먼저 사용할 수 있는 자료들을 일별해 볼 필요가 있다.

1. 율장(律藏, Vinayapiṭka)의 자료

결집 자료들 가운데서 가장 중요한 문헌들은 여러 부파의 율장이다. 현재 전해지고 있는 율장은 모두 6종이다. 그중에서 1종은 빨리어로 되어 있고 나머지 5종은 한문으로 번역된 것이다. 율장에서는 라자그리하의 제1차 결집과 와이샬리의 제2차 결집 전설만 기술하고 있다. 제3차 결집은 스리랑카의 오래된 두 역사서인 도왕통사(島王統史, Dīpavavaṃsa)와 대왕통사(大王統史, Māhavaṃsa), 그리고 빨리어 율장의

주석서인 사만따빠사디까(Samantapāsādikā)와 한역본인 선견율비바사
(善見律毘婆沙)에서만 전해지고 있다.

1) 율장(律藏: 빨리율): 분별설부(分別說部, Vibhajjavadin) 소속의 율장이다.
   빨리어로 전해졌기 때문에 일반적으로 빨리율(Pālivinaya)이라고 부
   른다. 1939년 일본의 도쿄(東京)에서 미야모토 쇼손(宮本正尊)과 와
   다나베 쇼코(渡邊宏)가 일본어로 번역했다. 남전대장경(南典大藏經)
   제4권 율장의 소품(小品, Cullavagga)의 끝부분에 제1결집과 제2결
   집에 대한 내용이 실려 있다.[1]

2) 사분율(四分律): 법장부(法藏部, Dharmaguptaka) 소속의 율장이다.
   410~412년에 중국 장안(長安)에서 인도 출신 불타야사(佛陀耶舍,
   Buddhayasas)가 중국 승려 축불염(竺佛念)과 함께 한역했다. 제54권
   에서 제1결집과 제2결집에 대해 기술하고 있다.[2]

3) 오분율(五分律): 화지부(化地部, Mahiśāsaka) 소속의 율장이다. 법현(法
   顯)이 스리랑카에서 중국으로 가져간 필사본을 422~423년에 까
   쉬미라(Kaśmīra, 罽賓國) 출신 불타집(佛陀什, Buddhajiva)이 혜엄(慧嚴)
   과 축도생(竺道生)의 도움을 받아 번역했다. 제30권에 제1결집과

....

1   南傳大藏經(이하, 남전장으로 생략) 4권, pp.426~433[五百結集犍度]; 同, pp.439~460
     [七百結集犍度]; I.B. Horner, *The book of the Discipline*, Vol. V. pp.393~406(1결
     집); pp.407~429(2결집), London(PTS), 1975(3刷). 水野弘元 외, 『佛典解題事典』,
     pp.107~108, 東京(春秋社), 1983(4刷).
2   大正新脩大藏經(이하, 대정장) 22권, p.966하11~971하2. 水野弘元 외, 위의 사전,
     p.108.

제2결집에 대한 내용이 실려 있다.[3]

4) 십송율(十誦律): 설일체유부(說一切有部, Sarvāstivādin) 소속의 율장이다. 404~409년에 불야다라(弗若多羅, Puṇyatāra)·구마라집(鳩摩羅什, Kumārajīva)·비마라차(毘摩羅叉, Vimalākṣa)·담마유지(曇摩流支)가 함께 번역했다. 제60권과 제61권에서 제1결집과 제2결집에 대해 기술하고 있다.[4]

5) 근본설일체유부비나야잡사(根本說一切有部毘奈耶雜事): 근본설일체유부(Mūlasarvāstivādin) 소속의 율장이다.(이하 유부비나야잡사로 생략). 710년에 의정(義淨)이 번역했다. 권39 전체와 권40의 앞부분에 제1결집 전설이, 권40의 나머지 부분에 제2결집 전설이 실려 있다.[5]

6) 마하승기율(摩訶僧祇律): 대중부(大衆部, Mahāsaṃghika) 소속의 율장이다. 법현(法顯)이 직접 인도에서 가져간 필사본을 불타발타라(佛馱跋陀羅, Buddhabhadra)와 함께 416~418년에 번역했다. 제32권 뒷부분에 제1결집 전설이, 제33권 앞부분에 제2결집 전설이 실려 있다. 다른 여러 율장에서 전하고 있는 결집 내용과 매우 다르다.[6]

3　오분율(대정장 22권, p.190중13~194중20). 水野弘元, 위의 사전, p.109.

4　십송율(同上, 23권, p.445하10~456중8). 水野弘元, 위의 사전, p.109.

5　근본설일체유부비나야잡사(이하, 유부비나야잡사로 생략)39~40(同上, 24권, pp.402하5~408중15와 pp.411하4~414중11).

6　마하승기율(同上, 22권, p.490중19~493하11); 水野弘元 외, p.109.

2. 경장(經藏, Sūtrapiṭaka)의 자료

결집 전설을 전하고 있는 경전은 많지 않다. 내용상으로도 율장의 전
설과 다를 뿐 아니라 자세하지도 않다. 제1결집 전설만 전하고 있다.

1) 가섭결경(迦葉結經): 148~170년에 낙양(洛陽)에서 안식국(安息國,
Parthia: 고대 이란)의 출신 안세고(安世高)가 번역했다. 한역 문헌 가운
데서 결집 사실을 전하고 있는 것은 이 경이 가장 오래되었다.[7]
2) 열반경(涅槃經): 여러 종류의 이본(異本)이 있다. 먼저 빨리어로 전승
된 마하빠리닙바나숫딴따(Mahāparinibbāṇasuttanta)와 한역본 유행경
(遊行經)을 들 수 있다. 빨리어 본은 대반열반경이라는 이름으로 뵤
도 쓰쇼(平等通昭)가 1935년에 일본어로 번역했다. 남전장(南傳藏)
제7권 장부경전(長部經典, Dīghanikāya)의 제16경에도 실려 있는데,
끝부분에서 결집과 관계된 내용을 볼 수 있다. 유행경은 장아함(長
阿含, Dirghāgama)의 제2경으로 빨리어 본과 비슷한 내용이다. 413
년에 계빈국(罽賓國, Kaśmīra)의 불타야사(佛陀耶舍)와 중국 양주(凉
州)의 축불염(竺佛念)이 번역했다. 독립 경으로 불반니원경(佛般泥洹
經)·반니원경(般泥洹經)·대반열반경(大般涅槃經)이 있다. 불반니원
경은 서진(西晉, 280~316년)의 백법조(白法祖)가 번역했다. 반니원경
과 대반열반경은 동진(東晉, 317~420년) 때 번역되었는데, 앞의 경은

---

7   가섭결경(同上, 49권, pp.4중4~7상17); Jean Przyluski, *Le concile de Rājagṛha*,
pp.3~20, Paris, 1926.

번역자 이름이 없는 실역(失譯)이고, 뒤의 경은 석법현(釋法顯)이 번역했다. 끝부분에 제1결집에 대해서 간단하게 언급하고 있다.[8]

3) 아육왕전(阿育王傳)과 아육왕경(阿育王經): 경(經) 이름에서 알 수 있는 것처럼 아육왕, 즉 아소까(Aśoka, Asoka)왕의 전기이다.[9] 아육왕전은 306년에 안식국(安息國: 고대 이란) 출신의 안법흠(安法欽)이, 아육왕경은 512년에 부남국(扶南國: 고대 캄보디아) 출신 승가바라(僧伽婆羅, Saṃgh-apāla)가 번역했다. 아육왕전의 제3권 끝부분과 4권의 앞부분에, 아육왕경의 제6권 전체에 제1결집 전설을 싣고 있다.[10]

3. 논서(論書)의 자료

대지도론(大智度論, Mahāprajnāpāramitāśāstra)·아비달마대비바사론(阿毘達磨大毘婆沙論)·삼론현의(三論玄義)는 경장의 논서이고, 선견율비바사(善見律毘婆沙)와 일체선견율주서(一切善見律註序)·비니모경(毘尼母經)

....

8　대반열반경(남전장 7권, pp.154~156); 아함경 권4의 2, 유행경(대정장 권1, pp.28중29~29상3); 불반니원경 권上(同, 175상25~하9); 반니원경 권하(同上, p.189중13~28; p.190하28~191상26); 대반열반경 하권(同, p.206하1~22과 p.207하10~11).

9　塚本啓詳, 『アショ-カ王』, 京都, 1978; 山崎元一, 『アショ-カ 王とその時代』, 東京, 1982; 定方晟, 『アショ-カ 王傳』, 京都, 1982; 木村日紀, 『アショ-カ 王とインド思想』, 東京, 1985; 塚本啓祥(호진·정수 옮김), 『아소까왕 碑文』, 불교시대사, 2008; 호진, 『Aśoka 王과 佛教』(『佛教思想論叢, 法印申正午博士華甲紀念』, pp.495~526, 1991.)

10　대정장 50권(王傳), pp.112상12~114상25; 同上(王經), pp.150상12~152하7; Przyluski, 위의 책, pp.21~53.

은 율장의 논서이다.

1) 대지도론: 150~250년경, 나가르주나(Nāgārjuna, 龍樹)의 저술이다.
   402~405년에 꾸마라지와(Kumārajīva, 鳩摩羅什)가 한역했다. 대지
   도론(大智度論)은 불교 백과사전이라고 할 수 있는 논서로서, 초기
   불교에서 초기 대승불교에 이르기까지 불교 전반을 다루고 있다.
   제2권에서 제1결집에 대해 자세하게 기술하고 있다.[11]

2) 아비달마대비바사론(阿毘達磨大毘婆沙論, Abidharmamahāvibhāṣāstra)
   (이하 대비바사론): 설일체유부(說一切有部)의 논서인 발지론(發智論)의
   주석서이다. 꾸샤나(Kuṣāṇa) 왕조의 까니슈까(Kaniṣka, 132~152년)왕
   때 까쉬미라(Kaśmīra)에서 500아라한들이 편찬한 것을 656년에 현
   장(玄奘)이 번역했다. 제99권의 앞부분에 마하데와(Mahādeva, 大天)
   와 그가 주장한 5사(五事)에 대한 내용을 싣고 있다.[12]

3) 삼론현의(三論玄義): 중국의 길장(吉藏)이 597년에 저술한 삼론종(三
   論宗)의 개론서이다. 부파불교 역사를 서술하면서 간략하게 라자그
   리하의 결집에 대해 언급하고 있다.[13]

4) 선견율비바사(善見律毘婆沙)와 일체선견율주서(一切善見律註序): 빨
   리율장의 논서인 사만따빠사디까(Samantapāsādikā)의 번역서이다.

....

11 대비바사론 권99(上同, 27권, pp.510하23~512상19); 水野弘元(외), 위의 사전,
    pp.116~117.

12 대비바사론 권99(上同, 27권, pp.510하23~512상19); 水野弘元(외), 위의 사전,
    pp.116~117.

13 삼론현의(上同, 45권, pp.8중3~9중5); 水野弘元(외), 앞의 사전, p.186.

원본은 5세기의 논사인 붓다고사(Buddhaghosa, 佛音)가 스리랑카에서 지었다. 한역본인 선견율비바사는 489년에 중국 광주(廣州)에서 승가발타라(僧伽跋陀羅)가 승위(僧褘)와 함께 번역했는데 빨리어본의 간추린 번역이다. 제1권 서품(序品)에 제1결집의 전설이 실려 있고, 같은 권 발사자품(跋闍子品)과 아육왕품(阿育王品)에서 제2결집과 제3결집 전설을 볼 수 있다.[14] 일체선견율주서는 1931년에 도쿄에서 나가이 마코토(長井眞琴)가 이 책에 서문에 해당되는 부분만 일본어로 번역했다.[15]

5) 비니모경(毘尼母經): 명칭이 경(經)이라고 되어 있지만 설산부(雪山部, Himavata) 소속 율장의 논서이다.[16] 385~431년에 동진(東晉)에서 번역되었는데 번역자는 모른다. 제1결집과 제2결집 전설이 제3권 뒷부분과 제4권 앞부분에 나온다. 다른 문헌에 비해 내용이 단편적이다.[17]

---

14 水野弘元(외), 앞의 사전, pp.110~111. 선견율비바사 권1(대정장 24권, pp.673중21~678상29); 同, pp.682상3~684중15.

15 일체선견율주서(남전장 65권, pp.7~43); 제1결집[合誦], pp.43~50; 제2결집, pp.50~78:3결집[合誦]; N.A. Jayawickrama, *The inception of discipline and the Vinaya Nidāna*(London, 1962), pp.3~27(1결집); 同, pp.27~33(2결집); 同, pp.33~55(3결집).

16 雪山部의 율장은 전승되지 않았다. 율장의 논서에 '經'이라는 이름이 붙여진 것은 초기 중국 역경자들이 불교성전이 經·律·論으로 나누어져 있다는 사실을 알지 못했기 때문이었다. 水野弘元의 『聖典, 그 成立과 展開』, p.18, 東京, 1980; Przyluski, 앞의 책, p.169. 대정장 24권, p.801상14~19.

17 비니모경 권3(同上, pp.817중26~818상5(涅槃과 茶毘); pp.8185~819중1(제1결집); pp.819중1~820상5(제2결집).

4. 역사서·여행기·기타

1) 찬집삼장급잡장전(撰集三藏及雜藏傳): 동진(東晋, 317~420년) 때의 번역으로 역자는 알 수 없다. 가섭(迦葉, Kaśapa)과 아난(阿難, Ānanda)이 마갈(摩竭, Magadha)국 승가시(僧伽尸, Sāṃkāśya)성 북쪽에서 편찬한 삼장과 잡장전(佛涅槃後 迦葉阿難 於摩竭國 僧伽尸城北 撰集三藏及雜藏傳)이라는 긴 부제목을 가지고 있다. 1권의 운문으로 되어 있다.[18]

2) 도왕통사(島王統史, Dīpavaṃsa)와 대왕통사(大王統史, Mahāvaṃsa): 도왕통사는 4세기 말에서 5세기 초에, 대왕통사는 5세기 말에서 6세기 초에 작성된 것으로 추정되는 스리랑카의 고대 역사서이다. 붓다의 탄생에서부터 인도 고대 불교 역사에 많은 부분을 할애하고 있다. 1~2결집에 대해서는 비교적 간략하게 언급하고 있지만 제3결집에 대해서는 자세하게 기술하고 있다. 1939년에 도쿄에서 히라마츠 도모쓰쿠(平松友嗣)가 도왕통사를, 다치바나 슌도(立花俊道)가 대왕통사를 일본어로 번역했다.[19]

3) 『고승법현전(高僧法顯傳)』·『대당서역기(大唐西域記)』: 『고승법현전』은 법현(法顯)이 414~416년에, 『대당서역기』는 현장(玄奘)이 646년에 지었다. 두 구법승들이 인도를 여행하면서 방문했던 경전 결

....

18　찬집삼장급잡장전(同上, 49권, pp.1상1~4상27); Przyluski, 앞의 책, pp.89~90.

19　도왕통사(남전장 60권, 4장~7장, pp.25~57); 대왕통사(同上, 60권, 3장~5장, pp.163~198). B. C. Law, Dīpavaṃsa, 4~6(pp.152~197), The Ceylon historical Journal, 2012; W. Geiger, Mahāvaṃsa, Ⅲ~Ⅴ, pp.15~50, PTS, 1912. 水野弘元(외), 『佛典解題事典』, pp.124~125; 塚本啓祥, 『初期佛敎敎團史の研究』, pp.123~124(東京, 1980).

집 장소들과 결집에 관한 일들이 기록되어 있다.[20]

---

20 『高僧法顯傳』(대정장 51권, p.862상9~13과 p.863상8~13); 『大唐西域記』 권3(同上, p.886 중 11~22); 同上, 권9(p.909중13~하2와 p.922중14~923상9).

2장

제1차 결집

1. 결집의 의미

결집(結集)이란 saṃgīti를 번역한 말로서 saṃ과 gīti로 이루어져 있다. saṃ은 '함께[合]'이고, gīti는 '외우는 것[誦]'이라는 의미로, 두 말을 합쳐 '함께 외우는 것[合誦]'이다. 붓다의 열반 후 제자들이 한곳에 모여 스승이 남긴 가르침을 '함께 외워' 정리한 것이다. 결집이라는 말은 불교성전의 편찬회의(經典編纂會議)라는 의미로도 사용하게 되었다. saṃgīti는 한역(漢譯) 경전에서는 일반적으로 결집(結集)이라는 말로 번역되었다.[21]

....

21 塚本啓祥, 同上, pp.279~280; André Bareau, *Les premieres conciles*, p.134(Paris, 1955); 前田惠學,『原始佛教史の成立史研究』, pp.555~561(東京,1964); 中村元,『佛

불교의 초기성전은 문자로 기록하지 않고 외워서 가르치고 전했기 때문에 성전을 집대성할 때도 같은 방식으로 했다. 몇몇 성전 전문가들이 경과 율을 낭송하고 비구들은 그것을 듣고 함께 외워 그들의 기억 속에 간직했던 것이다. 이와 같은 결집은 붓다의 열반 후 바로 직계 제자들이 했던 것을 비롯해 여러 번 되풀이되었다. 제1차의 라자그리하(Rājagṛha, 王舍城) 결집과 약 100년 후에 와이샬리(Vaiśāli, 毘舍離)에서 개최되었던 제2차 결집, 그리고 다시 약 100년 후에 빠딸리뿌뜨라(Pāṭaliputra, 華氏城)에서 개최된 제3차 결집이다.

2. 결집 동기

붓다의 생존 당시에 이미 가르침 가운데 중요한 내용은 어느 정도 정리되어 제자들에게 알려져 있었다. 그러나 그 가르침이 본격적으로 집대성된 것은 붓다의 열반 후였다. 이 일은 결집을 전하고 있는 거의 모든 문헌에서 언급하고 있다. 사실 붓다가 생존해 있었을 당시에는 결집을 할 필요가 없었다. 그러나 붓다가 열반에 들고 나자 사정은 달라졌다. 붓다의 가르침은 오직 말로써만 행해졌기 때문에 그것은 제자들의 기억 속에 남아 흩어져 있었다. 그래서 붓다의 열반 후 제자들이 무엇보다도 먼저 해야 했던 일은 스승의 가르침이 잊혀 사라져버리기

....

教語大辭典』, p.318의 ⑵~⑷, 東京, 1981.

전에 정리해서 집대성하는 것이었다.

붓다는 열반에 들기 직전, 시자로서 25년 동안 그를 모셨던 아난다에게 말했다. "어쩌면 뒷날 너희들은 이와 같이 생각할지도 모르겠다. '가르침을 설한 스승은 계시지 않는다. 이미 우리들의 스승은 계시지 않는다.' 그러나 그렇게 생각해서는 안 된다. 너희들을 위해 내가 설한 법(法, Dharma)과 제정한 율(律, Vinaya)이 내가 죽은 후 너희들의 스승이 될 것이다."[22] 역시 열반에 들기 직전 붓다는 작별 인사를 드리러 간 꾸시나가라 사람들[力士衆][23]이 붓다의 열반을 만류하자 이렇게 말했다. "설사 내가 세상에 1겁(劫)을 더 머문다 할지라도 결국은 죽어야 할 것이다. 오직 내가 설한 법을 기억해 지니면서 외우고 생각해 잊어버리지 않으면 이것이 바로 내가 세상에 머물고 있는 것과 같다."[24]

그런데 결집 사실을 전하고 있는 여러 문헌들에 의하면 다른 동기들이 있었다. 그 내용은 문헌에 따라 다르다. 율장에 의하면,[25] 붓다

....

22　中村元, 『ブッダ最後の旅(Mahāparinibbāna Sutta)』 제6장 1, p.155(東京, 1984); Vajirā & Francis Story 譯, *Last Days of the Buddha*, p.75(Kandy, Sri Laṅka, 1998). 대반열반경 하권(대정장 1권, p.204중27~하1); 汝勿見我入涅槃便謂正法於此永滅 何以故 我昔爲諸比丘 制戒波羅提木叉 及餘所說種種妙法 此卽便是汝等大師 如我在世無有異也; 불반니원경 하권(同上, p.172중21~24); 반니원경 하권(同上, p.188상24~26); 遊行經(同上, p.26상26~28); 善見律毘婆沙(同上, 24권, p.673하7~8); 佛在世時語阿難 我涅槃後所說法戒卽如大師 是故我今當演此法.

23　力士衆은 꾸시나가라의 Mallā족을 가리킨다. 中村元, 『佛教語大辭典』, p.1418(3)(東京, 1982); 赤沼智善 編, 『印度佛教固有名詞辭典』, p.402①(京都, 法藏館), 昭和 6년(1931).

24　대반열반경 권하(대정장 1권, p.203중20~22); 設我住世 若滿一劫 會亦當滅 我所說法 但當憶持誦念勿忘 此則不異我在世也.

25　율장 권4(남전장 4권, pp.426~427) 소품 제11; Przyluski, 앞의 책, pp.134~136; I.B.

의 장례[茶毘, jhāpeti]가 끝난 다음 꾸시나가라에 모여 있던 비구들에게 붓다의 제일 큰 제자였던 마하까샤빠(Mahākāśyāpa, 大迦葉)가 이렇게 말했다. "벗들이여, 나는 500명의 큰 비구들과 함께 이곳으로 오다가 한 나무 밑에 앉아 쉬고 있었습니다. 그때 한 사명외도(邪命外道)가 부처님의 다비장(茶毘場)에서 사용했던 만다라 꽃[曼陀羅華, mandārava]을 가지고 우리들이 있는 곳으로 왔습니다. 우리는 그 외도로부터 부처님께서 7일 전에 열반하셨다는 소식을 듣게 되었습니다. 함께 있던 비구들은 크게 슬퍼했습니다. 그런데 수바드라(Subhadra, 須跋陀羅)라는 비구가 '벗들이여, 슬퍼하지 말고 근심하지 마십시오. 우리는 저 대사문(大沙門: 붓다)으로부터 벗어날 수 있어서 좋습니다. 그는 항상 '이것은 너희들에게 허락한다. 이것은 너희들에게 허락하지 않는다.'라고 하면서 우리를 괴롭혔는데 이제 우리는 원하면 하고, 원하지 않으면 하지 않아도 됩니다.'라고 망언(妄言)을 했습니다."

까샤빠는 이렇게 말한 다음 비구들에게 법(法)과 율(律)의 결집을 제의했다. "벗들이여, 우리는 마땅히 비법(非法)이 일어나서 정법(正法)이 쇠퇴해지고, 비율(非律)이 일어나서 정율(正律)이 쇠퇴해지기 전에, 비법을 설하는 자가 강해지고 법답게 설하는 자가 약해지고 비율을 설하는 자가 강해지고 율답게 설하는 자가 약해지기 전에 법과 율을 결집해야 합니다." 비구들은 모두 까샤빠의 말에 찬성하면서, "그렇다면, 대덕 장로여, 결집할 비구들을 선정하십시오."라고 말했다. 이

Horner, *The book of the Discipline* V, p.393~394, PTS, 1975.

율장의 주석서인 일체선견율주서와 한역본인 선견율비바사는 율장의
내용을 거의 그대로 옮기고 있다.[26]

　사분율·오분율·십송율·마하승기율·비니모경에 의하면 '비구의
망언'까지는 거의 같은 내용이다.[27] 그러나 그 외의 일들은 율장에 따
라 다르다. 열반 소식을 듣고 망언을 한 비구는 사분율·비니모경에서
는 우빠난다(Upānanda, 跋難陀)이다. 그리고 오분율·십송율·마하승기
율에 의하면 이름 대신 '노(老) 비구' 또는 마하라(摩訶羅)라고 했다.[28]

　사분율에 의하면, 결집 동기는 한 비구의 망언 때문이 아니다. 까
샤빠는 비구들에게 이렇게 말했다. "외도들이 '사문 고따마의 법과 율
은 연기와 같구나. 세존이 생존해 계실 때는 모두 계(戒)를 배우더니,
지금 그가 열반에 든 뒤에는 계를 공부하는 사람이 없구나.'라고 비웃
지 않도록 우리는 지금 함께 법과 율을 결집해야 합니다."[29] 비니모경
에서도 비슷한 내용이다.[30] 오분율은 같은 내용을 다르게 나타내고 있

26　일체선견율주서2, 「제1 합송」(남전장 65권, p.10); 선견율비바사 권1(대정장 24권, p.673중
　　23~하6과 14~20).

27　사분율 권54(대정장 22권, p.966중3~21); 오분율 권30(同上, 22권, p.190중 16~26); 십송율
　　권60(同上, 23권, p.447상14~중1); 마하승기율 권33(同上, 22권, p.490상14~27); 비니모경 권
　　3(同上, 24권, p.817하7~19와 p.818상5~9).

28　同上, 22권, p.966중17과 하13; 오분율 권30(同上, 22권, p.190중20)과 비니모경 권3(同
　　上, 24권, p.817하16과 p.818상7)은 跋難陀이고, 십송율 권60(同上, 23권, p.447상29)은 老比
　　丘, 마하승기율 권33(同上, 22권, p.490상15~16과 24)에서는 一摩訶羅比丘, 또는 摩訶
　　羅이다. 마하라는 mahara(또는 mahallaka의 音寫)로서 '老' 의미이다. 中村元의 『佛教
　　語大辭典』, p.1278(1)~(2).

29　同上, p.966하18~20; 我等今可共論法比尼 勿令外道以致 餘言譏嫌 沙門瞿曇法
　　律若烟 其世尊在時皆共學戒 而今滅後無學戒者. Przyluski, 앞의 책, p.71.

30　비니모경 권3(同上, 24권, p.818상 9~12); 諸外道等 若聞此語 當作是言 諸釋子 世尊

다. 까샤빠는 와이샬리의 중각강당(重閣講堂)에 모인 500명의 비구들에게 이전에 자신이 본 일, 즉 붓다의 열반 소식을 들은 빠와(Pāvā, 波婆)국의 비구·비구니·우바이·우바새들이 슬픔에 빠져 일으킨 혼란과 우빠난다의 망언에 대해 길게 말했다. 그러고 나서 "비록 부처님께서 열반에 드셨지만 현재 비나야가 남아 있습니다. 우리는 마땅히 힘을 모아 그것을 결집해야 합니다. 우빠난다들[跋難陀等]이 따로 무리를 모아 정법을 파괴하지 못하도록 해야 합니다."라고 제의했다. 비구들은 까샤빠의 말을 받아들였다.[31]

십송율에서는 이야기가 약간 다르다. 노 비구는 망언을 비구들에게 한 것이 아니라 혼자 자신에게 했다. "그 장로[부처님]는 항상 '이것을 해야 한다. 이것을 해서는 안 된다.'라고 말했다. 나는 이제 자유를 얻었다. 하고 싶은 것을 하고, 하기 싫은 것을 하지 않게 되었다." 이 비구의 말을 들은 사람은 오직 까샤빠 혼자였다. 여러 신들이 신통력으로 그 말을 다른 비구들이 듣지 못하게 막았던 것이다. 까샤빠는 그의 앞에 있던 또 다른 비구가 정법(正法)을 비법(非法)이라 하고, 비법을 정법이라 하고, 선법(善法)을 불선법(不善法)이라 하고, 불선법을 선법이라고 말하는 것을 들었다. 까샤빠는 이 일을 비구들에게 말한 다음, "그러므로 우리는 지금 모든 수뜨라, 모든 비나야, 모든 아비담마를 결

....

在世 奉教修行 如來滅後 皆已廢捨 我等應當 聚集結集 經藏使法不絶.

31   오분율 권30(同上, 22권, p.190중24~29); 佛雖泥洹比尼現在 應同勗勉共結集之 勿令跋難陀等別立眷屬以破正法; Przyluski, 앞의 책, pp.136~137.

집해야 합니다."라고 결집을 제의했다.[32]

마하승기율의 내용은 다른 문헌에서 본 것과 줄거리는 동일하지만 세부적으로는 다르다. 까샤빠가 라자그리하의 그리드라꾸따(Gṛdhrakūṭa, 靈鷲山)의 삡빨리구하(Pippalīguhā, 賓鉢羅山窟)에서 삼매에 들어 천안으로 부처님이 어디에서 어떻게 계시는지 살펴보았다. 세존은 그때 꾸시나가라에서 이미 열반에 들어 사람들이 히란야와띠(Hiranyavatī, 熙連河) 강변의 천관탑(天冠塔) 곁에서 다비[火葬]를 준비하고 있는 것을 보았다. 까샤빠는 '부처님의 몸이 타서 재가 되어 흩어지기 전에 부처님께 예배를 드려야겠다'고 생각했다. 그래서 그는 함께 있던 많은 비구들과 함께 길을 떠났다. 도중에 어떤 마을에서, 그곳에 살고 있던 한 마하라(摩訶羅, 老比丘)를 만났는데, 그는 까샤빠에게서 부처님의 열반 소식을 듣고 말했다. "나는 이제 영원히 해탈을 얻게 되었다. 왜냐하면, 그 마하라[부처님]가 세상에 있을 때 항상, '이것은 해야 한다. 이것은 해서는 안 된다.'라고 말했다. 이제 마하라가 열반에 들었으니, 하거나 하지 않거나 내 마음대로 할 것이다." 까샤빠는 이 말을 듣고 오른쪽 손가락으로 불꽃을 튕기고 발을 굴러 그 비구가 겁을 먹고 달아나게 했다.[33]

....

32 십송율 권60(同上, 23권, 447상28~중6); 爾時有一頑愚不善及老比丘 出惡口言彼長老常言 應當行是 不應行是 我今得自在 所欲便作 不欲便止 是愚癡比丘作是言 唯我獨聞 餘無知者 是諸天神力 之所隱蔽 復有一比丘 在我前說 法言非法 非法言法 善言不善 不善言善 我等今應當集 一切須妬羅 一切毘尼 一切阿毘曇; Przyluski, 앞의 책, p.224.

33 사분율 권54(同上, 22권, p.966하18~20); 我等今可共論法比尼 勿令外道以致上(同, 23권, p.447상28~중6); 爾時有一頑愚不善及老比丘 出惡口言 彼長老常言 應當行是

까샤빠가 붓다의 시신이 모셔진 곳에 도착하자 붓다는 즉시 까샤빠에게 양쪽 발[兩足, 雙趺]을 관 밖으로 드러내 보이셨다. 까샤빠는 그것을 보고 긴 게송으로 붓다의 덕을 칭송한 다음 스스로 붓다의 장자 자격으로 다비(茶毘: 화장)를 주재했다. 그러고 나서 까샤빠는 도중에 만났던 노 비구의 망언을 생각하고 비구들에게 말했다. "우리가 해야할 일은 마땅히 먼저 법장(法藏)을 결집해서 부처님의 법이 빨리 사라지지 않게 해야 하는 것입니다." 대중들은 까샤빠의 말에 동의하고 결집 준비를 했다.[34]

3종 열반경에서는, 부처님의 반열반 소식을 들은 제자들 중에서 한 비구가 망언을 했다는 말은 나왔지만, 그 말을 들은 까샤빠가 "결집을 하기로 했다."는 내용은 없다. 불반니원경에 의하면 망언을 한 사람은 '한 비구'였다. "여러분, 슬퍼하지 말기 바랍니다. 세존께서 살아 계실 때는 법(法)과 계(戒)가 아주 많아서 그는 항상 '이것은 법이 아니다. 그것은 옳은 것이 아니다. 이것을 지키고 이것을 행하여 어기지도 범하지도 마라.'라고 하셨습니다. 이제 세존은 떠나셨습니다. 우리는 자유롭게 되었으니 기쁘지 않습니까." 비구들은 이 말을 듣고 모두 그를 나무라면서 신[天]에게 그것을 알렸다. 신은 그 비구를 대중 가운데서 쫓아내 버렸다. 까샤빠는 그 비구의 망언을 듣고도 아무런 반응도 나

<hr>

不應行是 我今得自在 所欲便作 不欲便止 是愚癡比丘作是言 唯我獨聞 餘無知者 是諸天神力 之所隱蔽 復有一比丘 在我前說 法言非法 非法言法 善言不善 不善言善 我等今應當集 一切修妬羅 一切毘尼 一切阿毘曇; Przyluski, 앞의 책, p.224.

[34] 마하승기율 권32(대정장 22권, p.490상3~중26). 장황한 내용 요약 정리.

타내지 않았다. 단지 비구들로 하여금 가던 길을 가도록 재촉하였을 뿐이었다.[35]

반니원경에 의하면, 망언을 한 사람은 '샤까 가문의 자제[釋家子]'로서 부처님과 함께 출가한 우빠난다(Upananda, 檀頭)이다.[36] 망언의 내용은 다른 문헌에서 전하고 있는 것과 같다. 스승의 열반 소식에 슬퍼하고 한탄하면서 울부짖는 제자들에게 우빠난다 비구는, "왜 그렇게 근심합니까. 우리는 이제 자유롭게 되었습니다. 그 노인은 항상 우리에게 '이것은 해야 한다. 이것은 해서는 안 된다.'라고 말했습니다. 이제 그가 영영 가버렸으니 매우 좋지 않습니까."라고 말했다. 이와 같은 폭언을 들은 '까샤빠는 기뻐하지 않았다'는 것이다. 다른 설명은 없다.

대반열반경의 내용은 간단하다. 늦게 출가하여 어리석고 지혜가 없는 어떤 비구가 여러 비구들에게, "부처님이 세상에 계셨을 때 항상 우리에게 '방일(放逸)한 마음을 가지지 마라.'라고 꾸짖으셨습니다. 이제 반열반에 드셨으니 어찌 기쁘지 아니합니까."라고 말했다. 까샤빠는 이 말을 듣고 아무런 반응도 나타내지 않았다. 단지 '그는 여러 비구들과 함께 꾸시나가라 성을 향해 갔다'는 것이다.[37]

지금까지 살펴본 11종의 문헌들 가운데서 8종은 율장과 그 주석서이고 나머지 3종은 경전이다. 이 문헌들이 전하고 있는 결집 동기의 내용은 부분적인 차이점은 있지만 핵심은 거의 동일하다. 즉 까샤빠와

....

35　불반니원경 하권(同上, 1권, pp.173하20~174상2).

36　반니원경 하권(同上, 1권, p.189중24~25).

37　대반열반경 하권(同上, 1권, p.206하19~22).

42

함께 꾸시나가라로 가고 있던 500명의 비구들이 도중에서 붓다의 열반 소식을 듣고 한 비구가 했다는 망언이 동기가 되었다. 이 비구의 이름은 문헌에 따라 수바드라, 우빠다나, 한 노 비구라고 되어 있다. 비구의 망언을 들은 것도 모든 비구들이었다고 하기도 하고, 하늘의 신[天神]들이 까샤빠에게만 알려주었다고 하기도 한다. 그러나 비구들에게 결집을 제의하고 결정한 사람이 까샤빠였다는 사실은 모든 율장 문헌에서 일치한다. 그렇지만 3종 열반경에 의하면, 그 나쁜 비구의 망언을 듣고도 까샤빠는 거의 아무런 반응도 보이지 않았다. 까샤빠가 법과 율의 결집을 해야겠다고 결심한 내용도 없다.

결집 내용을 기술하고 있는 문헌들은 모두 16종인데 위에서 본 11종을 제외하면 유부비나야잡사만 남는다. 이들 문헌에서 볼 수 있는 결집 동기는 앞의 문헌들에서 말하고 있는 것과는 전혀 다르다. 유부비나야잡사에 의하면, "부처님의 열반으로 말미암아 부처님보다 먼저 존자 샤리뿟뜨라(Sāriputra, 舍利弗)가 큰 비구 무리 8만 명과 함께 열반에 들어갔고, 존자 마우드갈랴야나(Maudgalyāyana, 大目犍連)도 7만 명의 비구들과 함께 열반에 들어갔다. 역시 부처님의 열반과 더불어 1만 8천 명의 비구들이 열반에 들어갔다. 그때 다겁장수천(多劫長壽天)들이 부처님의 열반을 보고 슬픈 마음이 되었다. 역시 그들은 성중(聖衆: 아라한들)이 모두 열반에 들어간 것을 보고, '세존께서 설하신 수뜨라·비나야·마뜨리까(Mātṛkā, 摩窒里迦: 論母)의 바르고 참된 법장(法藏)을 모두 결집하지 않으니, 어찌하여 이렇게 바른 교법이 잿더미가 되게 하는가.'라고 비난하였다.

까샤빠가 이들 장수천들의 뜻을 알고 비구들에게 말했다. "여러

분, 알아야 합니다. 존자 샤리뿌뜨라와 마우드갈랴야나가 각각 많은 큰 비구들과 함께 부처님께서 큰 열반에 드시는 것을 차마 보지 못하여 모두 먼저 반열반에 들어갔고, 이제 부처님께서 또 1만 8천의 비구들과 함께 열반하셨습니다. 그래서 무량겁장수천(無量劫長壽天)들이 모두 한탄하고 안타까워합니다. 역시, '왜 삼장의 성교(聖敎)를 결집하지 않으며 어찌하여 여래의 깊고 묘한 법을 잿더미가 되게 하는가.'라고 비난하고 있습니다. 그러므로 모든 사람에게 알려 함께 결집을 합시다." 까샤빠의 제의에 비구들은 모두 그의 뜻을 따르기로 했다.[38]

가섭결경 역시 비슷한 내용을 말하고 있다. 붓다의 열반 후 얼마 지나지 않아 수많은 아라한들이 붓다의 뒤를 따라 반열반에 들어가 버렸다. 그들은 산의 바위에서 뛰어내리기도 하고 강물과 못에 몸을 던지기도 하고 깊은 구릉 속으로 뛰어들기도 하였다. 공중에 있던 신들이 까샤빠에게 이 사실을 알리면서 붓다의 가르침이 사라질 것을 걱정하였다. 까샤빠는 신들의 말을 듣고 머지않아 이 세상이 어둠에 덮여버릴 것이라 생각하고 경과 율을 결집하기로 결심했다. 500명의 아라한들은 까샤빠와 뜻을 같이했다.[39]

대지도론의 내용은 길고 복잡하다. 요약 정리하면 다음과 같다. 즉 붓다의 열반 후 많은 아라한들이 산의 숲과 강과 못과 계곡 등 곳곳에 몸을 던져 열반에 들기도 하고 허공으로 사라져 버리기도 했다. 신

....

38　유부비나야잡사 권39(同上, 24권, p.402하6~20). 두 장로의 죽음은 같은 율장 18권에 자세하게 기술되고 있다(同上, pp.288하20~289하3).

39　가섭결경, 同上, 49권, p.4중4~24. Przyluski, 앞의 책, pp.3~4.

44

[天]들은 아라한들이 모두 열반에 들어가 버리는 것을 보고 붓다의 법이 사라질 것을 걱정하면서 까샤빠 장로에게 "법의 배[法船]가 파괴되려 하고 법의 성[法城]이 무너지려 하고 법의 바다가 마르려 하고 법의 깃대[幢]가 넘어지려 하고, 법의 등불이 꺼지려 하고 법을 설하는 사람들이 떠나려 하고, 도를 행하는 사람들이 점차 적어지고 악인들의 힘이 더욱 드세지고 있습니다. 마땅히 중생들을 위해 큰 자비로써 불법을 세워주십시오."라고 말했다.

까샤빠는 신들의 말을 듣고 생각했다. '불법(佛法)을 오래도록 머물게 하려면 수뜨라와 아비다르마와 비나야를 결집해서 삼장을 만들어야 한다. 이렇게 하면 불법이 오래도록 머물 수 있을 것이고 미래의 세상 사람들이 그것을 받아 행할 수 있을 것이다.' 까샤빠가 대중들을 소집하자 많은 비구들이 모였다. 그는 그들에게 말했다. "부처님께서 열반에 드신 뒤 제자로서 법을 알고 법을 지니고 법을 외우는 사람들도 모두 부처님을 따라 열반에 들었습니다. 법이 지금 사라지려고 합니다. 미래의 중생들이 매우 불쌍합니다. 그들이 지혜의 눈을 잃어버리면 어리석어 장님이 될 것입니다. 큰 자비심을 가지신 부처님께서는 중생들을 가엾게 여겼습니다. 우리는 마땅히 부처님의 가르침을 받들어야 합니다. 경장의 결집이 끝나기를 기다린 다음 각자의 뜻에 따라 열반에 드십시오."[40] 모임에 참석했던 비구들은 모두 그의 뜻을 따라 열반에 들어가지 않았다.

40   대지도론 권2(同上, 25권, p.67상28~하12), Przyluski, 앞의 책, pp.58~60.

아육왕경과 아육왕전에서는 다른 문헌들에서 말하지 않은 내용을 기술하고 있다. 붓다는 열반에 들기 직전 꾸시나가라에서 까샤빠에게, "나는 지금 열반에 들고자 한다. 그대는 법장(法藏)을 결집하여, 법이 천년 동안 이 세상에 머물게 하여라. 이것은 중생들을 이롭게 하기 위해서이다."라고 법을 부촉했다. 까샤빠는 "세존이시여, 명령하신 대로 받들어 행하겠습니다."라고 약속했다.[41]

이야기는 여기에서 끝나지 않고 계속된다. 붓다가 열반에 든 후 수많은 큰 제자들이 붓다의 뒤를 따라 열반에 들어가 버리자 신들이 공중에서 큰 소리로 말했다. "부처님의 제자들은 모두 부처님을 따라가 버렸다. 법의 등불은 꺼지려 하고 큰 어두움이 오려고 한다. 만약 삼장경서(三藏經書)를 결집하지 않을 경우 모든 아라한이 열반에 들어가 버리면 불법은 사라지고 말 것이다." 역시 제석천은 4천왕과 여러 신들을 거느리고 까샤빠에게 가서 말했다. "존자여, 여래의 법은 존자께 부촉되었습니다. 존자는 지금 법안(法眼: 부처님의 가르침)을 결집해야 합니다. 신들과 사람들로 하여금 천년 후까지 중생들에게 이익이 되도록 해야 합니다." 신들의 이와 같은 간곡한 말을 듣고 까샤빠는 결집을 하기로 결심했다.[42]

---

41 아육왕경 권6(同上, 50권, p.150상12~16); 아육왕전 권3(同上, p.112상12~15). 모든 열반경, 즉 3종의 한역 열반경과 遊行經, 그리고 *Mahāparinibbānasutta*에서는 이 사실에 대해 언급하지 않았다.

42 아육왕전 권4(同上, 50권, p.112중14~21); 尊者今當 聚集法眼[佛法] 令諸天人 千載之後利益衆生; 아육왕경 권6(同上, p.150중17~27); (大德) 一切佛法 當共聚集 勿令分散 今此佛法 天人攝受, 住世千年 爲攝受一切衆生故; Przyluski, 앞의 책, pp.27~28.

3. 결집 연대

제1차 결집은 붓다가 열반에 든 그해의 안거(安居) 동안에 개최되었다. 이 사실은 결집 문제를 다루고 있는 모든 문헌의 일치된 주장이다. 그러나 세부적인 내용은 문헌에 따라 다르다.

율장(빨리율)에 의하면, "장로들은 부처님의 반열반 후 맞이한 우기(雨期)의 첫째 달에 정사의 파손된 곳을 수리하고, 둘째 달에 함께 모여 법과 율을 결집했다."[43]라고 했다. 이 율장의 주석서인 일체선견율주서에서는 좀 더 자세하게 설명하고 있다. "위사카(Visākhā, 吠舍佉月: 2월) 15일에 부처님은 열반에 들었다."[44] 부처님 열반 후 7일 동안은 법락회(法樂會)를 위해, 그다음 7일 동안은 사리공양회(舍利供養會)를 위해 보냈다.[45] 그 사이 반달이 흘렀다. 까샤빠는 이제 여름 계절[熱季] 가운데서 남아 있는 기간이 한 달 반으로, 곧 비 오는 계절[雨季]이 다가오고 있다는 것을 생각하고 결집을 위해 장로들과 함께 라자그리하로

----

43 율장 권4, 소품11(남전장 4권, p.428). '第一日과 中日'로 되어 있다. 그러나 영어 번역(PTS, *Vinaya Piṭaka* V, p.395)과 불어 역(Przyluski, 앞의 책, p.142)에 의하면 '(雨期의) 첫째 달과 중간 달'이다. 현재의 달력으로는 5월이다.

44 일체선견율주서2(同上, 65권, p.8; N. A. Jayawickrama(譯), *The Inception of Discipline and the Vinaya Nidāna*[*Samantapāsādikā*], p.3, London, 1962.

45 同上, p.12. 영역본에서는 法樂會를 sacred festivities, 舍利供養會를 homage torelics라고 했다. Jayawickrama, 위의 책, p.6. 같은 전승인 대왕통사에 의하면, '좋은 노래와 춤의 7일(善き歌舞七日)'이다. 남전장 60권, p.164. 장아함경 권4, 유행경(대정장 권1, p.28상7~8과 15~16); 散花燒香樹 作衆妓樂供養舍利…以香花妓樂供養舍利. 유부비나야잡사 권38(대정장 24권, p.400하)에 자세한 설명.

갔다.[46]

장로들은 그곳에서 18동(棟)의 대정사가 모두 허물어진 것을 보고 마가다국의 왕인 아자따샤뜨루(Ajātaśatru, 阿闍世)의 도움을 받아 첫한 달 동안 모든 정사를 수리했다. 그다음 법과 율을 결집하기 위한 집회당(集會堂)을 왕에게 요청하자 왕은 즉시 필요한 모든 시설을 갖춘건물을 지어주었다. 까샤빠를 비롯한 500명의 비구들은 둘째 달 2일부터 결집을 시작해서,[47] 7개월 동안 결집을 했다.[48]

선견율비바사는 일체선견율주서의 내용과 거의 동일하다. "부처님은 2월 15일 동이 틀 때 무여열반에 들었다."[49] 비구들은 붓다의 열반 후 7일 동안 대회(大會, Sādhukīana: 樂會)를 하고, 다시 7일 동안 사리공양(舍利供養, Dhātupūja)을 했다.[50]

그사이 반달이 지나갔다. 이제 남아 있는 여름은 한 달 반이었으므로 까샤빠는 안거가 벌써 다가왔다는 것을 알고 비구들과 함께 라자그리하로 떠났다. 안거는 3개월로서, 여름 첫 한 달 동안은 절[寺]을

....

46 同上, p.12; Jayawickrama, 위의 책, pp.6~7.

47 同上, pp.14~15. 그리고 p.17; 中月第二日은 중국[漢] 달력으로 6월 16일이다; Jayawickama, 위의 책, pp.8~10.

48 同上, p.39; 七ケ月間に合誦せり; Jayawickrama, 위의 책, p.27; rehearsed together in seven months.

49 선견율비바사 권1 (대정장 24권, p.673중22~23); (부처님은) 二月十五日平旦時 入無餘涅槃.

50 同上, p.674상13~16; 如來涅槃後 七日大會 復七日中 供養舍利 過半月已 餘夏一月半在 迦葉已知 安居已近 迦葉語諸長老 我等去時已至 往王舍城.

수리했다.[51] '중간 달 2일부터 결집을 시작해서' '7월의 어느 날' 결집을 끝냈다.[52]

대왕통사에 의하면, 붓다는 웨사카(Vesākha, 吠舍佉月), 즉 2월 보름에 열반에 들었다. 장로들은 좋은 노래와 춤과 사리공양(舍利供養)을 위해 각각 7일씩 반달을 보낸 후 아사도월(阿沙荼月, Āṣāḍha) 백분(白分)에,[53] 정법(正法)을 결집하기 위해 라자그리하로 갔다. 그들은 우안거 첫째 달에 아자따샤뜨루왕의 도움으로 모든 정사[住院]를 수리했다. 역시 왕은 비구들의 요청에 따라 급히 결집을 위한 임시 건물을 지어주었다. 장로들은 우안거 기간의 둘째 달 제2일에 결집장에 모여 정법의 결집을 시작했다. 이렇게 해서 결집은 7개월 만에 끝났다.[54] 도왕통사에는 결집에 대한 내용은 있지만 일시(日時)에 대한 언급은 없다.[55]

오분율은 단지 세 문장으로 결집 일시를 말했다. "여름 첫 번째 달[夏初月]에는 방을 수리하고 이부자리를 손질했다. 두 번째 달에는 해

....

51 同上, p.674상9…중15~17; 安居三月…夏初一月日 迦葉等修治(十八大寺) 修治寺中已.

52 同上, p.674하14~15; 至中月二日(註41: 明藏 六月十七日) 中食已竟 料理(=정돈)衣鉢集入法堂; 同, p.677상28; 七月日出法竟.

53 中村元, 앞의 사전, p.1142(2). 白月이라고도 한다. 달이 이지러져서 찰 때까지의 사이(음력으로 각 달의 1일에서 15일까지). 알사도월(頞[阿]沙荼月)은 4월 16일~5월 15일이므로, 이달의 白分은 5월 1일~15일까지이다. 玄奘의 『대당서역기』 권2(대정장 51권, p.875하20~23). 同, pp.875하~876상과 水谷眞成(東京, 平凡社)의 같은 책(pp.41~42)에서 인도의 달력과 계절에 대한 자세한 설명을 볼 수 있다.

54 대왕통사 3장(남전장 60권, pp.163~166); W. Geiger, *The Mahāvaṃsa*, pp.15~18, PTS, 1912. 긴 내용 요약 정리했음.

55 도왕통사 4장(同上, 60권, pp.25~27) 참조.

탈을 위한 여러 가지 선(禪)을 했다. 세 번째 달부터 모두 한곳에 모였다. 즉 결집을 했다."[56]

유부비나야잡사에 의하면, "까샤빠가 앞 여름[前夏]에 방사와 이부자리를 수선하고 뒷 여름[後夏]에 결집을 하기로 했다."[57] 가섭결경은 "7월 15일에 새해가 끝나고(=7월 16일에) 경전들, 즉 모든 법장과 율장을 결집했다."[58]라는 한 문장으로 설명했다. 대지도론의 경우는 "하안거 중인 3월 첫 15일 포살 때[說戒時] 화합 승가는 한자리에 모였다."라는 것이 전부다. 이어서 결집 과정과 그 내용을 길게 말하고 있다.[59] 삼론현의에 의하면, "부처님은 2월 15일에 열반에 들었고 제자들은 4월 15일에 삼장을 결집했다."[60]

십송율의 경우는 지금까지 본 문헌들의 내용과는 다르다. 까샤빠는 혼자 먼저 결집 장소인 라자그리하로 가서 정사를 수리하고 안거에 필요한 모든 것을 준비했다. 그는 "안거 때가 된 것을 알리고 500 비구들과 함께 라자그리하에서 안거에 들어갔다. 마하까샤빠는 이른

---

56 오분율 권30(대정장 22권, p.190하23~25); 五百羅漢至王舍城 於夏初月補治房舍臥臥具 二月遊戲諸禪解脫 三月然後共集一處. Przyluski, 앞의 책 p.142.

57 유부비나야잡사 권39(同上, 24권, p.404중26~27); (迦葉尊者) 作復是念 於前夏中 可修營房舍臥具 至後夏時 當爲結集.

58 가섭결경(同上, 49권, p.4하16~17); 已竟 便集經卷 法律諸藏; Przyluski, 앞의 책, p.6. 새해[新歲]란 하안거가 끝난 다음 날인 음력 7월 16일이다. 비구들에게는 이날이 설날[元旦]이다. 中村元, 앞의 사전, p.788(4).

59 대지도론 권2(同上, 25권, p.68상2~4와 p.69하4 이하. 夏安居三月初十五日 說戒時集和合僧…); Przyluski, 앞의 책, p.61과 p.68 이하.

60 삼론현의(同上, 45권, p.8중3~5); 如來二月十五日入涅槃 諸聖弟子四月十五日 於王舍城 祇闍崛山中 結集三藏.

아침에 라자그리하성에 들어가 몸소 걸식을 해서 식사를 마치고 나서, 정사로 돌아가 대중을 모은 뒤 결집을 시작했다. 그러나 결집 개최의 일시(日時)에 대한 언급은 없다.[61] 사분율은 결집 일시에 대해 분명하게 말하지 않았지만 내용상으로는 위의 여러 율장에서 말하고 있는 것과 동일하다. 즉 붓다의 다비에 참석한 비구들 가운데서 선발된 500명이 라자그리하로 가서 결집 동안에 사용할 방들을 수리하고 이부자리를 손질한 다음 결집을 했다. 결집 기간에 대한 언급은 없다.[62] 마하승기율은 결집의 시작과 끝을 분명하게 말하지 않았다. 붓다의 열반 후 곧 까샤빠는 결집을 하기 위해 많은 비구들과 함께 라자그리하의 찰제산굴(刹帝山窟, 七葉窟)로 가서 결집 참석자들을 위해 평상을 놓고 방석을 깔았다. 그러고 나서 "비구들은 4개월 동안 지낼 수 있는 공양물을 확보했다. 왜냐하면 법장(法藏)을 결집하기 위해서 외부와 모든 관계를 끊어야 하기 때문이었다."[63] 이 내용으로써는 결집 기간이 4개월이었다는 것을 알 수 있을 뿐이다.

비니모경·아육왕전·아육왕경은 결집 개최 일시에 대해 직접 언급하지 않았다. 그러나 "까샤빠는 붓다의 다비를 끝낸 다음 라자그리하의 죽림정사에서 비구들과 결집 개최에 대해 논의했다."라거나, "까샤빠는 결집을 위해 500아라한과 함께 라자그리하로 갔다."라고 하면

----

61   십송율 권60(同上, 23권, p.447하9~17).

62   사분율 권54(同上, 22권, p.967상1~5와 중2~6).

63   마하승기율 권32(同上, 22권, p.490하8~13); 辦四月供具 結集法藏 故悉斷外緣. Przyluski, 앞의 책, pp.204~205; Ils s'assurèrent des offrandes pour quatre mois(辦四月供具).

서, 붓다의 열반 후 첫 안거 동안에 결집했다는 것을 나타내고 있다.[64]

열반경의 이본(異本)들은 결집 개최 일시를 밝히는 데 별로 도움을 주지 않는다. 대반열반경에서는 붓다의 다비·사리 분배·탑 건립에 대해 말한 다음, "그 후 까샤빠는 아난다를 비롯한 여러 비구들과 함께 라자그리하에서 삼장을 결집했다."라는 한 문장으로 요약했다.[65] 불반니원경과 반니원경에 의하면, 붓다는 4월 8일에 열반에 들었다. 먼 곳에서 붓다의 열반 소식을 듣지 못한 제자들이 오기를 기다려 함께 사리탑을 세운 뒤, 열반 후 90일이 되는 날 비로소 까샤빠를 비롯한 여러 비구들은 결집을 위한 의논을 시작했다. 그들은 붓다의 열반 장소인 꾸시나가라에서 결집을 했다. 결집 기간에 대한 언급은 없다.[66]

이상의 내용을 정리하면 다음과 같다.

(1) 율장[빨리율]: 우계(雨季)의 첫째 달에 정사를 수리하고, 둘째 달에 법과 율을 결집했다. 셋째 달에 대한 언급은 없다. 정리하면 5월 16일에서 6월 15일까지 정사를 수리하고, 결집은 6월 16일부터 7월 15일까지 한 달 동안에 했다.

....

64 비니모경 권3(同上, 24권, p.818상4~12); 아육왕전 권4(同上, 50권 p.112하25~26하); 宜向閑靜之處撰集經法 於是乃與五百羅漢向王舍城; 아육왕경 권6(同上, 50권, p.151중20~21); 我等當於彼處結集法藏 乃至迦葉共五百羅漢 往畢波羅延石窟. Przyluski, 앞의 책, pp.33~34.

65 대반열반경 권하(同上, 1권, p.207하10~11); 迦葉共於阿難及諸比丘 於王舍城結集三藏. 빨리어본 *Mahāparinibbāna-Sutta*, pp.101~102(S. Vajirā(外), Kandy, 1988)와 열반경의 일종인 遊行經(同上, 1권, p.30)에서는 결집에 대한 언급은 없다.

66 불반니원경 권하와 반니원경 권하(同上, 1권, p.175상22~28과 同, p.190하5~12와 28~29).

(2) 선견율비바사: 우기의 첫 한 달 동안은 정사를 수리하고 중간 달 2
일부터 결집을 시작해서 '7월 어느 날'에 끝냈다.

즉, 5월 16일부터 6월 15일에 정사를 수리하고 결집은 6월 16일
에 시작해서 '7월의 어느 날'까지 했다. 이로써 결집이 한 달 동안
에 행해졌다는 것을 알 수 있다.

(3) 일체선견율주서: 우기의 첫 한 달 동안은 정사 수리를 하고 둘째
달의 제2일부터 "7개월 동안 결집을 했다." 즉, 5월 16일에서 6월
15일까지 정사를 수리하고, 결집은 6월 16일부터 다음 해 1월 15
일까지 했다.

(4) 대왕통사: 우안거 첫째 달에 정사를 수리하고, 제2월(둘째 달) 제2
일에 결집을 시작해서 7개월 만에 끝냈다.[67]

(5) 유부비나야잡사: '앞 여름[前夏]'에 방사(房舍)와 이부자리를 수선
하고 결집은 '뒤 여름[後夏]'에 했다. 여름은 3개월로서 4월 16일에
서 7월 15일까지인데, 앞 여름은 4월 16일에서 5월 30일이고 뒤
여름은 6월 1일에서 7월 15일이다.[68] 따라서 방사와 이부자리 손
질은 4월 16일에서 5월 30일까지 하고, 결집은 6월 1일에서 7월
15일까지 한 것으로 된다.

....

67 선견율비바사·일체선견율주서·대왕통사는 5세기에 스리랑카의 마하위하라
(Mahāvihāra, 大精舍)에서 작성되었는데 결집 기간을 다르게 말하고 있다. 다른 문헌
의 내용뿐 아니라 雨安居 기간을 생각할 때 일체선견율주서와 대왕통사의 내용이
잘못인 것 같다.

68 4월 16일~5월 15일은 아샤다(Āṣāḍha) 달, 5월 16일~6월 15일은 쉬라와나(Śrāvaṇa)
달, 6월 16~7월 15일은 바드라빠다(Bhādrapada) 달이다. 玄奘, 위의 책, 2권(대정장 51
권, p.876상7~9); 中村元, 앞의 사전, p.1438(1).

(6) 오분율: 여름의 처음 두 달 동안 방사와 이부자리[臥具] 손질과 선
    수행을 하고, 셋째 달에 결집을 했다. 즉 여름을 기록 그대로 '여름'
    으로 보면 처음 두 달인 4월 16일에서 6월 15일 동안은 결집장 손
    질과 선 수행을 했고, 결집은 셋째 달인 6월 16일에서 7월 15일에
    한 것으로 된다.
    역시 유부비나야잡사의 경우처럼 '여름'을 '우기'로 생각하면 5월
    16일부터 7월 15일까지 처음 두 달은 준비를 하고, 결집은 7월 16
    일에서 8월 15일, 셋째 달에 한 것으로 된다.

(7) 사분율: 500비구들은 라자그리하로 가서 결집 기간 동안에 사용
    할 방을 수리하고 이부자리를 손질한 다음 결집을 했다.
    즉, '결집 기간 동안'을 당(唐)나라 달력으로 5월 16일에서 8월 15
    일의 우기 3개월로 본다면, 그 가운데 일부는 방사와 이부자리를
    위해 사용했고, 결집은 그 나머지 기간에 했다.

(8) 십송율: 까샤빠가 먼저 라자그리하로 가서 정사 수리와 안거에 필
    요한 모든 준비를 했다. 그는 안거 때가 되자 비구들에게 알리고
    결집을 시작했다. 그 과정과 내용에 대한 서술은 자세하지만 결집
    일시에 대한 언급은 없다. 즉 정사 수리와 안거 준비는 결집 전에
    까샤빠가 단독으로 했다. 비구들은 안거 때가 되자 결집을 시작했
    다는 사실만 말하고 있다.

나머지 문헌들의 결집 연대에 대한 내용은 명확하지 않지만 대략 다
음과 같다.

(1) 대지도론: 비구들은 하안거 중인 3월 첫 15일, 포살 때 결집을 위해 모였다.

삼론현의: 2월 15일에 부처님이 열반에 들어가셨고, 4월 15일에 3장 결집을 시작했다.

(2) 가섭결경: 7월 15일에 새해가 끝나고 법장과 율장을 결집했다.(당나라 달력 7월 15일에 결집은 끝났다. 결집의 시작은 언제인지 그 기간은 얼마 동안인지 언급하지 않았다.)

(3) 마하승기율: 먼저 결집 장소를 준비했다. 그다음 결집을 위해 4개월 동안 지낼 수 있는 공양물을 준비했다.

(4) 대반열반경: 붓다의 열반과 다비, 사리 분배와 탑을 건립한 다음, 까샤빠는 여러 비구들과 라자그리하에서 3장을 결집했다.

(5)~(6) 반니원경·불반니원경: 4월 8일 붓다의 다비식을 하고 먼 곳의 제자들이 오기를 기다려 탑을 건립했다. 90일이 되어서야 결집을 위한 의논을 시작했다. 결집 기간에 대한 언급은 없다.

(7) 비니모경: 붓다의 다비를 끝낸 뒤, 까샤빠는 라자그리하의 죽림정사에서 비구들과 결집 개최에 대해 논의했다. 결집 일시에 대한 언급은 없다.

(8)~(9) 아육왕전·아육왕경: 까샤빠는 결집을 위해 500명의 아라한들과 함께 라자그리하로 갔다. 결집 일시에 대한 언급은 없다.

4. 결집 장소

제1차 결집 내용을 전하고 있는 22문헌 가운데서 3문헌을 제외한 19
문헌은 결집 장소를 라자그리하(Rājagṛha, 王舍城)라고 했다.[69] 이곳을
결집 장소로 정하게 된 가장 큰 이유는 결집에 참여할 비구들의 숙소
와 음식물과 일용품을 구하기 쉽다는 것이었다. 율장과 사분율은 한마
디로, "라자그리하에는 음식이 많고 숙소가 풍부하다." "방사(房舍)와
음식과 이부자리가 많은 곳은 오직 라자그리하뿐이다."라고 했다.[70] 오
분율·선견율비바사·일체선견율주서도 같은 이유를 들고 있다.[71]

십송율에 의하면, 결집의 주재자인 까샤빠가 생각한 결집 장소는
"국토가 편안하고 좋은 정사(精舍)가 있어야 하고, 네 가지 공양물(四事
供養: 의복·음식·이부자리·의약품)이 부족하지 않아야 하고, 도둑들이 없어

69　율장 권4, 소품11(남전장 4권, pp.427~428)·사분율 권54(대정장 22권, pp.966하29~967상5)·
오분율 권30(同上, 22권, pp.190하19~22)·십송율 권60(同上, 23권, p.47하8~10)·마하승기
율 권32(同上, 22권, p.490하9)·유부비나야잡사 권39(同上, 24권, p.403하28)·일체선견율
주서(남전장 65권, p.12)·선견율비바사 권1(대정장 24권, p.674상8~9)·비니모경 권4(同上, 4
권, p.818상5)·대반열반경 하권(同上, 1권, p.207하11)·가섭결경(同上, 49권, p.4하10)·아육왕
전 권4(同上, 50권, p.112하26)과 아육왕경 권6(同上, 50권, p.151 20~21)·대지도론 권2(同
上, 25권, p.68상1)·도왕통사 4장(남전장 60권, p.26)·대왕통사 3장(同上, 60권, p.164~165)·
삼론현의(대정장 45권, p.84)·『고승법현전』 권1(同上, 51권, p.863상9~10)·『대당서역기』
권9(同上, 51권, p.922중14~16).

70　율장 권4 소품11(남전장 4권, p.427); Przyluski, 앞의 책, p.140; 사분율 권54(대정장 22권,
pp.966하29~967상1~3); 諸比丘皆作是念 我等當於何處集論法毘尼　多饒飲食臥具
無乏耶 卽皆言 唯王舍城房舍飲食臥具衆多.

71　오분율 권30(同上, 22권, p.190하19~21); 何許多有飲食床坐臥具 可得以資給集毘尼
唯見王舍城足以資給; 선견율비바사 권1(同上, 24권, p.674상8~9); 唯王舍城衆事具
足; 일체선견율주서(남전장 65권, p.12); "왕사성은 넓고 커서 방사가 많다."

야 한다."는 것이었다. 그에게 이와 같은 조건을 갖추었다고 생각된 곳
은 라자그리하였다.[72]

　　마하승기율의 설명은 좀 더 자세하다. 까샤빠가 비구들에게 결
집을 위해 알맞은 장소를 묻자 그들은 여러 곳을 말했다. 쉬라와스띠
(Śrāvastī, 舍衛城)와 사께따(Sāketa, 沙祇), 또는 짬빠(Campā, 瞻婆)를 말하
기도 했고, 와이샬리(Vaiśālī, 毘舍離)와 까삘라와스뚜(Kapilavastu, 迦維羅
衛)를 말하는 비구도 있었다.[73] 그러나 까샤빠는 라자그리하를 택했다.
그 이유로는, "부처님께서 말씀하시기를, '라자그리하성의 와이데히
(Vaidehī, 韋提希: 빔비사라 왕비)의 아들 아자따샤뜨루(Ajātaśatru, 阿闍世) 왕
은 무근신(無根信)[74]을 가진 성문들과 우바새들 가운데서 제일이다.'라
고 하셨다." 역시 이 왕은 "500명을 위한 평상과 이부자리와 공양 도구
를 가지고 있다. 그래서 그곳으로 가야 한다."[75]는 것이었다. 유부비나
야잡사에 의하면, 까샤빠가 500명의 비구에게 먼저 상황을 설명했다.
"저 모든 사람이 부처님 열반을 당하여 슬픔으로 괴로워하고 있는데,
이곳 꾸시나가라에서 결집을 하면 사방에서 비구 무리가 몰려와 서로
시끄럽게 떠들 것이므로 마음이 편하지 않아 결집 일을 하기 어려울 것

....

72　십송율 권60(대정장 23권, p.447하7~9); Przyluski, 앞의 책, p.227.

73　마하승기율 권32(同上, 22권, p.490중26~29).

74　범부가 처음으로 불법을 믿는 신심. 이것은 뿌리[根]가 없는 신심이기 때문에 이렇
　　　게 부른다(同上, 24권, p.403하29). 아육왕경 권6과 아육왕전 권4(同上, 50권, p.151중7; 同上,
　　　p.113상11~12)에 의하면 無根心, 또는 無根信이다.

75　同上, p.490중29~하3; Przyluski, 앞의 책, pp.203~204.

이다."[76] 그러므로 "마가다국 왕 빔비사라(Bimbisāra, 勝身)[77]의 아들 아자따샤뜨루왕이 '초발신심(初發信心)으로 네 가지 생활에 필요한 것을 대중에게 충분히 공급할 것'이니 우리는 마땅히 라자그리하에 가서 결집을 해야 한다."[78]라고 말했다. 비구들은 까샤빠의 말에 동의했다.

대지도론의 내용도 비슷하지만 비구들의 숫자가 다르다. 빔비사라왕이 불교에 귀의했을 때 명령을 내려 궁중에 항상 1000명의 사람을 청해 음식 공양을 하도록 했는데, 아자따샤뜨루왕은 이 법을 계속해서 실행하고 있었다. 그래서 까샤빠는 '우리가 항상 걸식을 한다면 외도들이 와서 어려운 질문을 심하게 함으로써 법사(法事: 결집)를 할 수 없게 될지도 모른다. 지금 라자그리하에서 사람들이 항상 음식을 준비해서 1000명에게 공급하고 있으니 그곳에서 경장을 결집하면 될 것이다.'라고 생각하고 1000명의 아라한과 함께 라자그리하로 갔다.[79]

아육왕전의 경우는 다르다. 결집 장소를 정하는 데 제일의 조건으로 삼았던 것은, 비구들의 생활을 위한 필수품의 공급이 아니라 환경 문제였다. 까샤빠는 비구들에게 "부처님의 열반으로 인해 많은 사람들이 이곳 꾸시나가라에 구름처럼 모여 소란을 피워 우리를 방해할

---

76 유부비나야잡사 권39(同上, 24권, p.403하23~25).

77 同上, pp.403하28~29; 摩揭陀國 勝身之子 未生怨王. 마가다국 아자따샤뜨루왕의 父王은 Bimbisāra인데, 여기서는 '勝身'으로 번역되었다. 佛典에는 勝威·影勝·影堅 등으로 번역된 경우는 있지만 '승신'은 이곳이 처음이다. 赤沼智善 編, 『印度佛敎 固有名詞辭典』, p.99.

78 同上, pp.403하28~404상2.

79 대지도론 권2(대정장 25권, pp.67하19~68상1); Przyluski, 앞의 책, p.61.

것이다. 조용한 장소에 가서 경법(經法)을 결집해야 한다."라고 말했다. 그리고 그는 500명의 아라한과 함께 라자그리하로 갔다.[80] 아육왕경의 내용도 거의 동일하다.[81]

대부분의 결집 관계 문헌들에 의하면 결집 장소는 라자그리하이지만, 구체적인 장소를 말할 때는 주장이 엇갈린다. 사분율·오분율·십송율·대반열반경·가섭결경 등에서는 "라자그리하에서 결집했다."라고만 하고 있을 뿐 분명한 장소 이름을 밝히지 않았다.[82] 나머지 여러 문헌에서는 장소의 이름이 다르다. 마하승기율에 의하면 "라자그리하의 찰제산굴(刹帝山窟)로 갔다." 그리고 "아난다는 결집에 참여하기 위해 찰제굴 문 바깥에 도착했다."[83] 도왕통사에서는 "장로들이 쾌적한 칠엽굴(七葉窟, Saptaparṇaguhā)에 앉아 법과 율을 결집했다."라고 하고,[84] 대왕통사에도 동일한 장소를 말하고 있다. "그들은 웨바라(Vebhāra, 毘婆羅) 석산(石山) 중턱에 있는 칠엽굴의 입구에 아소까왕이 지어준 쾌적한 임시 건물에서 결집을 했다."[85]

일체선견율주서와 선견율비바사의 경우는 앞의 두 문헌의 내용

....

80　아육왕전 권4(同上, 50권, p.112하23~26).

81　아육왕경 권6(同上, p.151상18~21).

82　사분율 권54(同上, 22권, p.967상5와 p.968하16); 오분율 권30(同上, 22권, p.190하23과 p.191하20); 십송율 권60(同上, 23권, p.447하7~13); 대반열반경 권하(同上, 1권, p.207하10~11); 가섭결경(同上, 49권, p.4하9~10).

83　마하승기율 권32(대정장 22권, p.490하9); (까샤빠는) 詣王舍城 至刹帝山窟; 同, p.491중6~7; (아난다는) 到刹帝窟戶外.

84　도왕통사(남전장 60권, pp.26~27).

85　대왕통사(同上, p.165).

과 비슷하다. 즉 "까샤빠가 아자따샤뜨루(Ajataśaru, 阿闍世)왕에게 결집을 위한 장소를 웨바라산 중턱의 칠엽굴 앞에 마련해 줄 것을 요청하자, 왕은 곧 그곳에 집회당(集會堂, 또는 강당)을 지어주었다."[86]

법현(法顯)의 『고승법현전』과 현장(玄奘)의 『대당서역기』에서도 같은 장소를 말하고 있다. 그러나 내용이 구체적이다. 법현에 의하면, "구왕사성의 북문을 나가 약 300걸음을 가면 서쪽에 죽림정사가 있고, 거기에서 다시 남산을 끼고 돌아 서쪽으로 300걸음을 가면 빈파라굴(賓波羅窟)이 있다. 여기에서 역시 서쪽으로 5~6리(里)를 가면 산 북쪽에 차제(車帝) 석실이 있다. 이곳이 부처님 열반 후 500아라한들이 경을 결집한 장소이다."[87] 현장에 의하면, "죽림원에서 서남쪽 5~6리 거리에 위치한 남산 북쪽의 대죽림(大竹林) 중에 대석실이 있는데, 존자 마하까샤빠가 990명의 아라한들과 함께 부처님 열반 후 이곳에서 삼장을 결집했다."는 것이다.[88]

칠엽굴, 찰제산굴, 차제석실, 대죽림 중의 대석실은 모두 같은 장소를 다르게 나타내고 있다. 찰제산굴과 차제석실의 찰제(刹帝)와 차제(車帝)는 Saptaparṇa, 또는 Sattapaṇṇi의 음역이다. sapta는 칠(七)이고 parṇa는 엽(葉)으로 칠엽(수)(七葉樹)[89]이다. 마하승기율에서 말하고

---

86 일체선견율주서(同上, 65권, p.15); 선견율비바사(대정장 24권, p.674중28은 底槃那波 羅山邊 禪室門邊造[講堂]…須庚之頃卽立).

87 『고승법현전』(대정장 51권, p.863상5~11).

88 『대당서역기』 권9(同上, 51권, p.922중14~16).

89 中村元, 『佛敎語大辭典』, p.588(3). 學名은 Alstonia Schlaris이다. 翻梵語 9권(대정 장 54권, pp.1042하~1043중); 薩多般羅那(Saptaparṇa)를 번역하면 七葉(樹)이다.

있는 찰제산굴(剎帝山窟, Saptaparṇaguhā)은 '칠엽(수)산굴'이고, 『고승법현전』의 '차제석실(車帝石室)'은 '칠엽(수)산에 있는 석실'로서 '칠엽굴'의 다른 표현이다. 대왕통사의 '비하라산 칠엽수굴(毘訶羅山七葉樹窟)이나,[90] 일체선견율주서의 '비바라산 중턱의 칠엽수림석굴(毘婆羅山側 七葉樹林石窟)'은 비바라(毘婆羅, 또는 毘訶羅)산 중턱의 칠엽수림 속에 있는 석굴이다. 여기서 비바라는 웨바라(Vebhāra)의 음역(音譯)으로 라자그리하를 에워싸고 있는 다섯 산 가운데 서북쪽에 있는 산이다.[91]

『대당서역기』가 기록하고 있는 '대죽림 중에 있는 대석실' 역시 칠엽굴이라고 생각해야 할 것이다. 왜냐하면 웨바라산에 있는 대석실에 대해 언급하고 있는 모든 관련 문헌들은 예외 없이 이 석실(石室, 石窟)은 죽림중(竹林中)이 아니라 '칠엽수림' 중에 있다는 사실을 말하고 있기 때문이다.[92]

라자그리하에서 결집이 개최되었다고 기록하고 있는 19종의 문헌들 가운데서 13종 문헌에 의하면 결집 장소는 모두 칠엽굴로 되어 있고, 나머지 6종의 문헌에서는 다른 장소를 말하고 있다.

....

90 마하승기율 권32(同上, 22권, p.490하8~9와 p.491중6~7);『고승법현전』(同上, 51권, p.863상10).

91 赤沼智善, 앞의 사전, p.748; 윤호진,『인도불적답사기』, pp.100~101, 불교시대사, 1995.

92 『대당서역기』 권9(同上, 51권, p.922중14, pp.605~606과 p.748). 결집과 관련이 없는 경전에도 비바라산의 석굴은 칠엽수림 속에 있다고 되어 있다. 장아함 권8의 8(대정장 1권, p.47상17~18); 羅閱祇毗訶羅山七葉樹窟; 잡아함 권39(同上, 2권, p.285하6~7과 p.286상2~3); 王舍城毗婆羅山七葉樹林石室. 玄奘이 大竹林이라고 기록한 것은 竹林精舍가 있었던 大竹林과의 聯想에서 생긴 착오인 것 같다.

제1차 결집 내용을 전하고 있는 22문헌 가운데서 3문헌을 제외한 19 문헌은 결집 장소는 라자그리하(Rājagṛha, 王舍城)이다. 아육왕경에 의하면, 결집의 후원자였던 아자따샤뜨루왕은 비구들이 죽림정사에서 결집 모임을 가지기를 원했다. 그러나 까샤빠가 '이 절[寺]은 너무 넓고 크다. 여러 비구들이 우리 일을 방해하고 혼란스럽게 할 것이다.'라고 생각하고, 500아라한들과 함께 필바라연석굴(畢波羅延石窟, Pippalāyana)로 갔다. 아육왕전도 같은 내용을 말하고 있다. 그러나 그 명칭은 필발라굴(畢鉢羅窟, Pippalaguhā)이라 했다.[93] 유부비나야잡사의 내용도 비슷하다. 까샤빠가 아자따샤뜨루왕에게 "왕사성의 죽림원에서 결집을 하면 여러 곳에서 모여온 비구들이 함께 시끄럽게 떠들어 방해가 될까 두렵고 영봉산(靈峰山, 즉 영취산: Gṛdhrakūṭa)으로 가면 역시 편안하지도 조용하지도 않을 것"이라고 하면서 필발라 바위 밑의 굴을 결집 장소로 정했다.[94]

법현과 현장의 여행기에 의하면 이 굴은 죽림정사 바로 근처에 위치하고 있을 뿐 아니라 칠엽굴로 가는 길 중간에 있기 때문에 위에서 언급한 내용의 일부를 되풀이해야 한다. 법현에 의하면, "구왕사성의 북문에서 약 300보를 가면 길 서쪽에 죽림정사가 있다. … 거기에서 남산을 끼고 돌아 서쪽으로 300보를 가면 한 석실(石室)이 있는데 빈파라굴(賓波羅窟, Pippalaguhā)이라고 한다."는 것이다. 현장은 "왕사성의 산성 북문 서쪽에 비포라산(毘布羅山, Vebhāra)이 있다. 그 산의 서남쪽

---

93 아육왕경 권6(同上, 50권, p.151 중18~22); 아육왕전 권4(同上, p.113 상22~25).

94 유부비나야잡사 권39(同上, 24권, p.404 중16~19).

비탈 북쪽에 십수 개의 온천이 있고, 온천의 서쪽에 비발라석실(卑鉢羅石室)이 있다.”라고 기록했다.[95] 비발라는 핍팔라(pippala)의 음역으로 보리수의 원래 명칭이다.『대당서역기』에 이 말에 대한 설명이 있다.[96]

몇몇 문헌에서는 다른 장소를 말하고 있다. 대지도론과 삼론현의에 의하면 왕사성의 기사굴산중(耆闍崛山中)이고,[97] 비니모경은 구체적으로 ‘왕사성 기사굴산의 죽림정사중(竹林精舍中)’이라 했다.[98] 기사굴(耆闍崛)은 Gṛdhrakkūṭa(또는 Gijjhakūṭa)의 음역이고, 번역하면 독수리산[鷲山, 鷲峰]이다. 중국의 번역자들이 ‘신령스러운’이라는 뜻의 영(靈)자를 붙여서 영취산(靈鷲山)이 되었다. 따라서 대지도론과 삼론현의에서 말하는 결집 장소는 왕사성의 ‘영취산중’이다.

마지막으로, 불반니원경·반니원경·찬집삼장급잡장전(撰集三藏及雜藏傳)에서 말하고 있는 결집 장소는 완전히 다른 곳이다. 불반니원

....

95 法顯의『고승법현전』(대정장 51권, p.863상6~9); 出舊城北 行三百餘步 道西迦蘭陀竹園精舍 … 搏南山西行三百步 有一石室名 賓波羅窟; 玄奘의『대당서역기』9권(上同, p.921중23~24와 하5); (왕사성의) 山城北門西有毘布羅山 … 山西南崖陰昔有五百溫泉 今者數十 … 溫泉西有卑鉢羅石室. 法顯이 설명한 길은, 왕사성 북문을 나와 북쪽에 있는 죽림정사와 시마사나(尸摩賒那, śmaśāna; 棄尸人墓)를 거쳐 서쪽의 남산[웨바라산] 비탈을 타고 돌아 도착한 것이고, 玄奘에 의하면 성 북문을 나와 바로 서쪽의 웨바라산 비탈에 있는 온천 쪽으로 올라가서 도착한 것이다.

96 『대당서역기』권8(대정장 51권, p.915중27~29); 金剛座上菩提樹者 即畢鉢羅之樹也 佛坐其下成等正覺 因而謂之菩提樹焉(금강좌 위의 보리수라는 것은 필발라이다. 부처님은 이 나무 아래에서 정각을 이루었기 때문에 이 나무를 보리수라고 한다(水谷眞成, 앞의 책, p.198). 아육왕전 권4(同上, p.113상22~25); 中村元, 앞의 사전, p.1139(1)와 p.1222(2).

97 대지도론 권2(대정장 25권, p.68상1); 삼론현의(同上, 45권, p.8중4); 王舍城祇闍崛山中.

98 비니모경 권4(同上, 24권, p.818상4~5, p.819상4). 부처님 생존 시에 영취산에 정사가 있었다는 기록은 그 어디에서도 볼 수 없다.

경에 의하면 부처님의 다비 장소였던 꾸시나가라(Kusinagara, 鳩夷國)에서 결집이 행해졌다. 꾸시나가라국의 왕이 3천 명의 비구들을 위해 송경(誦經, 結集)과 좌선을 할 수 있는 정사와 선실(禪室)을 지어주었기 때문에 비구들은 그곳에서 경과 율을 결집했다는 것이다.[99] 반니원경의 내용도 거의 비슷하지만 정사의 건립에 대한 언급은 없다.[100] 찬집삼장급잡장전의 내용은 엉뚱하다. "붓다의 열반 후 까샤빠와 아난다가 마가다국의 상까샤성(Saṃkāśya, 僧伽尸城) 북쪽에서 삼장정경(三藏正經)과 잡장경(雜藏經)을 결집했다."[101]는 것이다.

요약 정리하면,

(1) 라자그리하(5문헌): 사분율·오분율·십송율·가섭결경·대반열반경

(2) 라자그리하의 구체적인 장소(14문헌)

    ① 죽림의 깔란다까 동산[죽림정사](1문헌): 율장[빨리율]

    ② 칠엽굴(7문헌): 마하승기율·『고승법현전』·『대당서역기』·일체선견율주서·선견율비바사·도왕통사·대왕통사

    ③ 필발라굴(3문헌): 유부비나야잡사·아육왕경·아육왕전

    ④ 기사굴산[영취산](3문헌): 대지도론·삼론현의·비니모경

---

99   불반니원경 권하(同上, 1권, p.175상25~중6과 26~하9).

100   반니원경 권하(同上, 1권, pp.190하28~191상24).

101   찬집삼장급잡장전(同上, 49권, p.4상16~17); 佛涅槃後 迦葉阿難等 於摩竭國僧伽尸城北 造集三藏正經及雜藏經. 상까샤는 三道寶階降下의 전설을 제외하고 생전의 붓다와는 전혀 관계없는 곳이다. 『성지에서 쓴 편지』(호진·지안), pp.166~167(도서출판 도피안사).

부처님의 생존 시에는 기사굴산에 정사가 있었다는 말은 없다.

(3) 라자그리하가 아닌 장소(3문헌)

　　① 꾸시나가라: 불반니원경·반니원경

　　② 상까샤: 찬집삼장급잡장전

5. 불전 결집자

1) 결집 주재자 – 까샤빠

모든 문헌에 의하면 결집을 주재한 사람은 마하까샤빠(Mahākāśyapa, 大迦葉)였다. 그는 붓다의 후계자처럼 행동하면서 결집을 주도했다. 이일에 대해 이의를 제기한 사람은 아무도 없었다.[102] 까샤빠는 결집에 필요한 모든 일을 계획하고 실행했다. 결집 개최를 제의했고 결집 장소의 결정과 결집에 참여할 비구들을 선정했다.

마하승기율에 의하면, 붓다의 장례를 위해 꾸시나가라에 모인 비구들이 "누가 다비(茶毘, jhāpeti)를 주재해야 할 것인가."라고 말하자, 까샤빠가 "나는 세존의 장자다. 내가 다비를 해야 한다."라고 주장했다.

102　율장 권4, 소품11(남전장 4권, p.427); 사분율 권54(대정장 22권, p.966하11~23); 오분율 권30(同上, 22권, p.190중16~26); 십송율 권60(同上, 23권, p.447상13~중11); 유부비나야잡사 권39(同上, 24권, p.402하13~20과 pp.403하28~p.404상3); 마하승기율 권32(同上, 22권, p.490중21~하9 이하); 가섭결경(同上, 49권, p.4중23~하10, p.5하11 이하); 불반니원경 하권(同上, 1권, p.175중5~하3); 반니원경 하권(同上, 1권, p.191상19~23).

대중들은 그의 뜻을 따랐다.[103] 선견율비바사와 일체선견율주서는 까샤빠 자신이 붓다의 후계자라는 것을 이렇게 설명했다.[104] "부처님께서 세상에 계실 때 가사납의(袈裟衲衣: 비구의 누더기 옷)를 나에게 주셨다. 역시 지난날 부처님은 비구들에게 '내가 제1선정에 들면 까샤빠도 이 선정에 든다.'라고 말씀하셨고, '까샤빠는 성스러운 이익이 가득하여[聖利滿足] 나와 다름이 없다.'라고 나를 칭찬하셨다. 이것은 바로 여래의 위대한 덕을 나에게 베풀어주신 것이다. 비유하면 대왕이 입고 있던 갑옷을 벗어 아들에게 주어 그 종성(種姓: 왕실의 姓, 영토와 가계)을 지키도록 하는 것과 같다. 여래는 당신이 열반에 드신 뒤에 내가 정법을 보호할 것을 아셨다. 그랬기 때문에 여래는 가사를 나에게 주셨던 것이다."[105] 대왕통사에서도 비슷한 내용을 기술하고 있다.[106] 그러나 이 문헌의 원전(原典)이라고 할 수 있는 도왕통사에는 이와 같은 내용

....

103 마하승기율 권33(同上, 22권, p.490중19~21); 尊者大迦葉言 我是世尊長子 我應闍維 是時大衆皆言善哉.

104 선견율비바사 권1(同上, 24권, p.673하8~15); 일체선견율주서(남전장 65권, pp.9~10); Jayawickrama, *The Inception of discipline and the Vinaya Nidana*, pp.4~5. 이 두 책은 율장(빨리율)의 주석서인데 그 원본에는 이 내용이 없다.

105 衲衣(부처님의 糞掃衣, pāṃsu의 音寫) 문제; 까샤빠가 출가해서 부처님을 처음 만났을 때 자신이 가지고 있던 좋은 옷을 드리자 부처님은 '그대는 내 분소의를 받아라. 나는 그대의 僧伽梨(saṃghāṭi, 大衣)를 받겠다'고 하시면서 자신의 옷을 주셨고, 까샤빠는 부처님의 옷을 받았다. 이 일은 단지 '옷을 바꾼' 일이었을 뿐 '傳法'을 위한 의식은 아니었다. 게다가 그때 까샤빠는 受戒조차 하지 않았던 때였다. 잡아함 권41, 1144경(대정장 2권, p.303상23~중29, 특히 중23~29). (부처님이 자리를 반쯤 까샤빠에게 내주신 것도 傳法 문제와는 관계가 없었다. 잡아함 1142경, 대정장 2권, p.302상11~12 참조.)

106 대왕통사 3장 제1결집(남전장 60권, p.164); Geiger, *The Mahāvaṃsa*, pp.114~115.

은 없다.[107]

아육왕전과 아육왕경의 내용은 특별하다. 붓다는 열반에 드시기 직전, 열반 장소가 된 꾸시나가라로 가시면서 까샤빠에게 직접 결집을 부촉하셨다. "나는 지금 열반에 들고자 한다. 그대는 법장을 결집해서 그것이 천년 동안 이 세상에 머물 수 있게 하여라. 왜냐하면 중생들에게 이익이 되도록 하기 위해서다." 그리고 까샤빠는 "명령대로 봉행하겠습니다."라고 약속했다.[108] 그러나 붓다의 열반을 전하고 있는 다른 모든 문헌에 따르면 붓다 마지막 여행길에 까샤빠는 붓다와 동행하지 않았다. 그는 붓다의 반열반 7일 후에 꾸시나가라의 다비장에 나타난 것으로 되어 있다.[109] 까샤빠가 붓다의 계승자라는 사실을 직접 나타내고 있는 위의 문헌들과는 달리 간접적으로 나타내고 있는 자료도 적지 않다. 붓다가 반열반에 들었을 때 꾸시나가라에 모인 제자들과 신도들이 붓다의 관(棺)을 화장 장작더미 위에 얹은 다음 불을 붙이려 했

....

107 도왕통사 제4장(同上, pp.25~26).

108 아육왕경과 아육왕전(대정장 50권, p.150상12~16과 p.112상12~15); Przyluski, 앞의 책, p.23.

109 율장 권4, 소품11(남전장 4권, p.426); 사분율 권54(同上, 22권, p.966중3~10); 십송율 권60(同上, 23권, p.447상14~21); 마하승기율 권33(同上, 22권, p.490상3~8); 비니모경 권3(同上, 24권, p.817하7~13); 선견율비바사 권1(同上, 24권, p.673중22~26).
마하승기율·비니모경·유부비나야잡사에 의하면, 부처님이 열반에 드셨을 때, 까샤빠는 라자그리하에 있었다. 마하승기율 권32(同上, 22권, p.490상2~8); 時尊大迦葉在耆闍崛山 賓鉢羅山窟中坐禪; 비니모경 권4(同上, 24권, p.818상4~5); 迦葉於王舍城耆闍崛山竹林精舍; 유부비나야잡사 권38(同上, 24권, p.399중16~18).
이와 반대로 대반열반경 하권(同, 1권, p.206하4~5); 大迦葉波在王舍城 羯蘭鐸迦池竹林園中. '죽림원 안에 Kalandaka 못이 있었다'에서는 鐸叉那耆利國으로 되어 있다; 爾時摩訶迦葉 在鐸叉那耆利國 遙聞如來在鳩尸那城 欲般涅槃. 여기에서 '鐸叉那耆利國'은 알려지지 않은 곳이다.

지만 불이 붙지 않았다. 그것은 까샤빠가 다비장에 도착하기를 붓다가
기다리고 있다는 것을 신들이 알고 불이 붙는 것을 막았기 때문이었
다. 반열반 7일 후에 다비장에 도착한 까샤빠가 붓다의 관에 예를 올리
자 붓다는 관 밖으로 두 발을 내밀어 '알았다'는 뜻을 나타내고, 장작더
미가 스스로 불을 일으켜 관이 타게 했다. 이 일로써 까샤빠가 붓다의
상수제자로 결집의 주재자 자격을 갖추었다는 것을 알 수 있게 했다.

비니모경에 의하면, 다비를 하기 위해 꾸시나가라의 말라족
(Mallā, 末羅, 力士)[110] 사람들이 쇠로 만든 관에 붓다의 시신을 안치(安置)
하고 기름을 부어 관을 채운 다음 온갖 향나무 장작으로 더미를 쌓고
횃불을 가지고 장작더미에 불을 붙이려 했다. 그러나 불이 붙지 않았
다. 천안통을 가진 아니룻다(Aniruddha, 阿那律)가 그 이유를 알고 말라
족 사람들에게 말했다. "그대들은 헛수고를 할 필요가 없습니다. 신들
이 장작더미에 불이 붙는 것을 원하지 않습니다. 왜냐하면 그들은 마
하까샤빠에게 여래의 몸을 보여주고 싶어 하기 때문입니다."[111]라고
설명했다.

붓다의 반열반 7일 후에 다비장에 도착한 까샤빠가 아난다에게
붓다의 몸을 보고 싶다고 말하자, "이미 말라족 사람들이 겁패(劫貝,

---

110 본문에는 '力士'로 되어 있다. 역시 십송율 60권(대정장 23권, p.445하11~12).
유부비나야잡사에는 '壯士'(p.400중3~4와; p.401중23). 力士와 壯士는 Mallā라는 말의
번역으로 國名과 種族名이다. 말라국은 꼬살라국과 마가다국 중간에 위치했는데,
그 종족은 주로 Pāvā와 Kuśinagara에 거주. 赤沼智善 編, 『印度佛教固有名詞辭
典』, p.402.

111 비니모경 권3(대정장 24권, p.817중26~하6).

karpāsa)와 백첩(白疊)[112]으로 여래의 시신을 감싸서 관에 안치하고 여러 가지 향나무 장작으로 더미를 쌓아 놓았는데 어떻게 볼 수 있겠습니까."라고 했다. 이 말이 끝나자 붓다는 신통력으로 두 발을 관 밖으로 나타내어 까샤빠로 하여금 여래의 발을 보게 했다. … 그렇게 한 다음 발은 곧 관 속으로 되돌아갔다. 까샤빠가 붓다의 관을 일곱 바퀴 돌면서 게송으로 찬탄을 하자 즉시 장작더미는 저절로 불이 붙어 붓다의 시신을 태웠다. 이렇게 해서 붓다의 다비는 끝났다."[113]

마하승기율도 비슷한 내용을 말하고 있다.[114] 희련선하(熙連禪河, Hiraññavatī) 근처의 천관탑(天冠塔, Makuṭabandhana) 옆에서 붓다의 다비를 하려고 했는데 여러 신들이 장작더미에 불이 붙지 못하게 했다. 붓다가 마하까샤빠를 기다리고 있었기 때문이었다. 라자그리하의 기사굴산(耆闍崛山, 靈鷲山)의 빈발라산굴(賓鉢羅山窟中, Pippalīguhā)[115]에서 좌선을 하고 있던 까샤빠는 천안으로 천관탑 근처에서 일어나고 있는 일을 보고 함께 있던 비구들과 서둘러 그곳으로 갔다. 까샤빠가 붓다의 처소에 이르자 붓다는 관 속에서 두 발을 내미셨다. 그때 까샤빠는

<hr>

112 同上, 817하26~28; 겁패(劫貝, karpāsa)는 솜나무[木綿樹]의 솜으로 짠 베[布]이고(中村元, 앞의 사전, p.393-2), 첩(疊=氎)은 올이 가는 털실로 짠 베[細毛布]이다. 上同, p.817 註10;『中韓辭典』, p.473, 高大民族文化研究院 編.

113 同上, p.817하24~p.818상4); 如來神力故 雙足出現…佛現足令迦葉見已 卽還不現 迦葉遶如來七匝 說偈讚嘆 火卽自燃焚已 供養如來竟.

114 원문은 "(世尊) 拘尸那城 熙連禪河側 力士生地 堅固林中 雙樹間泥洹"으로 되어 있는 것을 쉽게 말을 바꾸어 정리했음(同上, 22권, pp.489하29~490상1). 堅固林은 sāla樹林이다.

115 빈발라산굴은 와이바라 산에 있다.

붓다의 발을 보고 머리 숙여 예배했다. 그러고는 긴 게송으로 붓다의
공덕을 기렸다. 그러자 부처님은 다시 두 발을 거두어 관 속으로 넣으
셨다.[116]

　사분율에 의하면, 말라(Mallā)족 사람들은 "붓다의 시신을 씻겨드
린 다음 깨끗한 겁패(劫貝, 綿布)[117]로써 싸고 다시 500장의 첩(疊, 毛布)
을 가지고 감쌌다. 그리고 철관(鐵棺)을 만들어 향유를 가득 채운 다음
시신을 그 안에 모시고 덮개를 덮었다. 다시 나무 곽(槨: 관을 담는 궤)을
만들어 철관을 그 안에 넣고 그 밑에 많은 향나무 장작을 쌓았다." 그
렇게 한 다음 몇 번이나 장작더미에 큰 횃불을 가지고 불을 붙이려고
했지만 그때마다 신(神)들이 불을 꺼버렸다. 천안통을 가진 아니룻다
가 말라 사람들에게 "그렇게 헛수고를 하지 마십시오. 신들이 그대들
의 불을 끈 것입니다."라고 말했다. 사람들이 그 이유를 묻자, 까샤빠
가 "지금 빠와(Pāvā)와 꾸시나가라 두 나라 사이에 있는 길을 500명의
비구들과 함께 오고 있는데, 그가 '나는 부처님의 시신[舍利]을 태우기
전에 뵐 수 있겠는가'라고 생각하고 있는 것을 신들이 알고, 그 때문에
불을 끄는 것입니다."라고 설명했다. 말라족 사람들은, "그렇다면 지금
잠시 멈추어서 신들의 뜻을 따르도록 하자."라고 말했다.[118]

　천관사에 도착한 까샤빠 일행은 아난다에게 부처님의 시신을 화

<hr>

116　마하승기율 권32(同上, 22권, p.490상3~15; 상29~중2와 18).

117　劫貝란 karpāsa의 음역. 솜[綿] 나무의 일종. 이 나무의 솜으로 짠 綿織物. 中村元,
　　　앞의 사전, p.393(2) 참조. 以淨劫貝裏 復持五百張疊[氎] 次而纏之.

118　사분율 권54(同上, 22권, p.966상17~중3).

장하기 전에 뵙고 싶다고 말했다. 아난다는 "부처님의 사리[屍身]를 이미 목욕시켜 새 겹패와 500장의 첩으로 감싸서 철관(鐵棺)에 안치하고 향유로 가득 채워 나무 곽에 넣고 그 밑에 향나무 장작을 쌓아서 이제 막 태우려 하고 있으므로 보기 어렵습니다."라고 말했다. 까샤빠가 붓다의 관에 다가가자 관과 곽이 저절로 열리면서 붓다의 발이 나타났다. ⋯ 까샤빠가 붓다의 발에 예배를 드리자 발은 다시 관 속으로 들어갔다. 까샤빠가 슬피 탄식하면서 게송을 읊고 관을 일곱 바퀴 돌자 장작더미에 저절로 불이 붙었다. 그때 까샤빠는 다비를 끝냈다.[119]

십송율의 내용은 지금까지 본 것과 좀 다르다. 까샤빠는 500명의 비구들과 꾸시나가라로 향해 가면서 빠와(Pāvā) 마을을 지나가자 그곳에 살고 있던 말라족 사람들이 소식을 듣고 모두 길에 나와 까샤빠를 영접했다. 그들은 예를 올리고 법을 청했다. 까샤빠는 여러 가지 법을 설해 준 다음 사람들을 먼저 사라쌍수 사이의 정결지이(頂結支夷, 天冠寺)[120]로 보내면서 "내가 곧 그곳에 도착할 것이니 다비를 하지 마시오. 나는 부처님의 전신(全身)에 인사를 드리고 싶소."라는 말을 전했다. 까샤빠가 대중과 함께 정결지에 도착하자 신들이 그를 위하여 금관(金棺)을 열고 염(殮)해 놓은 수의를 풀어 치웠다. 까샤빠는 붓다의 몸에 머리 숙여 예배를 드렸다. 그리고 사람들에게 말했다. "신들이 가져온 새 면포(綿布)와 모포(毛布, 毹)로 다시 부처님의 몸을 잘 싸고 새

....

119 同上, p.966중24~하4와 8~12.

120 부처님의 다비 장소인 Makuṭabadhana(天冠寺, 繫冠制底). 赤沼智善 編, 앞의 사전, p.400; 中村元, 『佛敎語大辭典』, p.964⑴.

향유로 금관을 가득 채우고 시신을 잘 모신 다음 관 뚜껑을 덮고, 다시 여러 가지 향나무 장작으로 큰 무더기를 쌓으십시오." 말라족 사람들이 그렇게 한 다음 까샤빠의 지시대로 큰 향나무 장작더미에 불을 붙였다. 장작더미는 모두 불탔다.[121]

유부비나야잡사의 설명은 다른 자료들의 내용과 비슷하지만 장황하기 때문에 요약해야 한다. "말라족의 사부대중[122]은 첩서(疊絮, 綿布)와 백첩(白疊, 毛布)으로 부처님의 시신을 싸서 금관에 안치한 다음 관을 향유로 채우고 향나무 장작에 불을 붙였다. 그러나 장작은 타지 않았다." 천안통을 가진 아니룻다가 그 이유를 아난다에게 설명했다. "까샤빠가 500명의 무리와 함께 오고 있는데, 그는 부처님의 금색 전신(全身)뿐 아니라 불붙는 것을 보고 싶어 하기 때문에 그를 기다리기 위해 신들이 장작에 불이 붙지 않게 하는 것입니다." 조금 후에 까샤빠가 무리를 거느리고 도착하자 모든 사람들이 향과 꽃을 가지고 그들을 맞이해 부처님의 시신이 있는 곳으로 갔다. 까샤빠는 다비를 위해 쌓아 놓은 향나무 장작을 모두 치운 다음 금관을 열고 부처님의 몸을 쌌던 천을 풀고 붓다의 모습을 우러러보면서 절을 했다. 까샤빠는 스스로 세존께 공양하리라 생각하고 다시 새 천으로 붓다의 몸을 싸고 금관에 기름을 가득 채운 다음 관 뚜껑을 덮고 향나무 장작을 쌓고 한쪽에 물러서자 붓다의 위력과 신들의 힘으로 장작에 저절로 불이 붙

....

121 십송율 권60(대정장 23권, p.446상7~20).

122 諸壯士幷四衆. 壯士는 Pāvā와 Kusinagara의 중간에 있던 Mallā국의 종족 명칭인 Mallā의 번역. 때로는 力士라고도 했다. 赤沼智善 編, 앞의 사전, p.402.

었다.[123]

2) 결집 대중 - 500비구

결집의 주재자로서 까샤빠가 가장 먼저 했던 일은 결집에 참여할 비구들의 선정이었다. 십송율에 따르면 까샤빠는 결집 비구들의 인선을 시작하기 전에 이렇게 생각했다. "나는 비구들 가운데서 모든 경(經, 修妬路), 모든 율(律, 毘尼), 모든 논(論, 阿毘曇)을 결집해야 한다. 혹시 무지한 비구들이 '모든 경·모든 율·모든 논을 이렇게 결집해서는 안 된다.'라고 말할지도 모른다. 우리는 지금 비구들 중에서 법을 결집할 수 있는 총명한 사람들을 선정해야 한다."[124]

결집 비구가 되기 위해서는 몇 가지 조건을 갖추어야 했다. 그러나 이 조건들이 누구에 의해서 또는 어떤 기준에 따라 정해졌는지 분명하게 말한 곳은 없다. 역시 제시된 조건들도 문헌에 따라 약간씩 다르다.

사분율에 의하면, 까샤빠가 비구들에게 이렇게 말했다. "장로들이여, 지금 다문(多聞)이고 지혜가 있고 아라한인 비구들을 선출해 지명하십시오."[125] 마하승기율에서는 결집을 위해 모인 대중들이 함께 의논해서, "삼명·육통·덕(德: 세력)·힘[力]·자재(自在)를 지니고 있을 뿐 아니라, 2부의 비니(毘尼, 律)를 부처님에게 직접 받아 외우거나 성

123　유부비나야잡사 권38(同上, 24권, p.401 상29~중19).

124　십송율 권60(대정장 23권, p.447중7~10).

125　사분율 권54(上同 22권, p.966하21~23). Przyluski(앞의 책, p.171)는 '今可料差比丘'를 "Il faut maintenant choisir et désigner[料差] des bhikṣu"라고 번역.

문들에게 받아 외우는 사람들을 선출했다."[126]

십송율에 따르면, 까샤빠가 단독으로 비구들 가운데서 '삼장을 읽었고 삼명을 얻었고, 삼독을 소멸했고, 해탈을 성취한 사람들'을 선출했다.[127] 찬집삼장급잡장전의 경우도 비슷하다. 까샤빠가 말한 결집 비구는 "천안·신족(神足) 등 여섯 가지 신통을 취득했고, 아(我)에 대한 집착을 버렸고, 아라한이어야 했다."[128] 대지도론에 의하면 더 많은 조건을 갖추어야 했다. 즉 "아라한으로서 육신통·공(共)해탈·무애(無碍) 해탈·삼명(三明)을 성취했고, 선정에 자재하고, 모든 삼매를 전부 걸림 없이 역(逆)과 순(順)으로 행할 수 있고, 삼장을 외워야 한다."는 것이었다.[129] 『대당서역기』는 "삼명을 갖추었고 육신통을 얻었고, 부처님의 가르침을 어긋나지 않게 들어 지녔고, 막힘없는 말재주를 가진 사람으로서 아라한이어야 한다."고 설명했다.[130]

....

126 마하승기율 권32(上同 22권, p.490하17~19); 衆共論者 三明六通德力自在 從世尊面
     受 誦二部毘尼者 從聲聞受二部毘尼者. Przyluski는(앞의 책, p.205) 德力自在를
     puissances(勢力), forces(力), maîtrises(自在)라고 번역하고 註(1번)로써 설명했다. 上
     同, p.492중20(700결집 내용)에서는 '德'은 '得'으로 되어 있다. M. Hofinger는 그의
     책(*Étude sur le concile de Vaiśālī*, p.146)에서 得을 puissances[德]로 이해했다. 二部毘尼
     란 비구율과 비구니율이다. 中村元, 앞의 사전, p.1135⑴.

127 십송율 권60(대정장 23권, p.447중12~16); 是諸比丘 皆讀三藏得三明滅三毒 皆得共解
     脫. 三明은 宿命明·天眼明·漏盡明이고, 三毒은 貪慾·瞋恚·愚癡의 세 가지 번뇌
     이다. 多屋賴俊(외), 『佛敎學辭典』, p.171과 p.177.

128 찬집삼장급잡장전(대정장 49권, p.1하27~28); 天眼神足 六通無我 一切羅漢 我 今集
     之; Przyluski, 앞의 책, p.96.

129 대지도론 권2(上同, 25권, p.67하13~17); 盡皆阿羅漢 得六神通 得共解脫 無碍解脫 悉
     得三明 禪定自在 能逆順行諸三昧 皆悉無碍 誦讀三藏. Przyluski, 앞의 책, p.60.

130 『대당서역기』 권9(上同, 51권, p.922하9~12); 其三明得六通 聞持不謬 辯才無碍 如斯
     上人可應結集.

74

첫 결집에 참여한 비구들의 수는 500명이었다. 이 사실은 거의 모든 결집 관련 문헌에서 일치한다. 율장[빨리율]과 오분율에 의하면, 결집에 참여한 비구들의 수가 500명에서 더 많지도 적지도 않았기 때문에 500결집이라고 했다.[131] 그래서 십송율·마하승기율·유부비나야잡사를 비롯한 여러 문헌에서는 결집 기사의 제목을 오백비구결집삼장법품(五百比丘結集三藏法品)·오백비구집법장자(五百比丘集法藏者)·오백결집사(五百結集事)로 했다.[132] 후기 문헌인 대지도론과 『대당서역기』에 의하면 결집 인원이 1000명이었다.[133] 찬집삼장급잡장전에서는 무려 '8만 명'이라는 황당한 숫자를 말하고 있다.[134]

결집 비구의 수가 500명 또는 1000명으로 정해진 이유에 대해 분명하게 설명하고 있는 자료는 두 곳뿐이다. 마하승기율은 '라자그리하의 신심 깊은 아자따샤뜨루왕이 500명을 위한 침상과 공양물을 갖

---

131 율장 권4, 소품11(남전장 4권, p.437); 오분율 권30(대정장 22권, p.192상24~25); 凡五百阿羅漢不多不小 是故名爲 五百集法.

132 십송율 권60(대정장 23권, p.445하11); 마하승기율 권32(同上, 22권, p.489 하26); 유부비나야잡사 권39(同, 24권, p.402상22); 사분율 권54(同, 22권, p.966상16); 集法毘尼五百人; 오분율 권30(同, 22권, p.190중13); 五百集法; 비니모경 권4(同, 24권, p.819중1); 五百比丘所集法藏; 율장 권4, 소품11(남전장 4권, p.426); 五百 [結集]犍度.

133 대지도론 권2(대정장 25권, p.67하18~25); 『대당서역기』 9권(同, 51권, p.922하11); 百九十人은 999인(아난다를 제외한 숫자)의 잘못 인쇄. 註17과 水谷眞成 譯, 『大唐西域記』, p.224에서 바로 잡아 놓았음.

134 찬집삼장급잡장전(同上, 49권, p.1하28~29와 p.2상27~29). 까샤빠가 결집 개최를 위해 간띠(ghaṇṭī, 일종의 鐘)를 울리자 8만 명의 아라한이 몰려왔고, 축출되었던 아난다가 결집장에 되돌아왔을 때는 8만여 대중이 모두 자리에서 일어나 합장하고 그를 환영했다. 8만이라는 수는 '많다'라는 다른 표현에 지나지 않는 것이라고 보아야 할 것이다.

추고 있었기 때문'이라 했다.[135] 대지도론에 의하면 이것을 좀 더 발전시켜, 아자따샤뜨루의 부왕인 빔비사라가 "항상 음식을 준비해 1000명의 수행자들에게 공양하라고 궁중에 명령을 내려놓았는데, 아자따샤뜨루왕이 그 법을 따르고 있기 때문이었다."[136] 그러나 결집을 하기 위해 비구들이 모이다 보니 '우연히' 500명이 된 것처럼 말하고 있는 곳도 있다. 오분율에 의하면 와이샬리의 중각(重閣) 강당에서 까샤빠가 결집할 것을 제의했는데 마침 그곳에 500명의 아라한이 있었다. 그들은 아무런 검증 절차도 없이 모두 결집 비구로 되었다. 오직 아난다만이 유학(有學)으로 삼독(三毒)에 얽혀 있었기 때문에 인선에서 제외되었다. 그러나 그는 마지막 순간에 아라한이 됨으로써 500 숫자를 채웠다.[137]

유부비나야잡사·아육왕전·아육왕경에 따르면 결집을 위해 종(鐘)과 같은 기구인 건치(揵稚, ghaṇṭā)를 치자 사방에서 아라한들이 몰려왔는데 그 수가 499명이었다. 자격의 검증이나 선출 절차 없이 이들 모두가 결집 비구로 되었다. 아난다는 유학(有學)이었기 때문에 인선에서 제외되었지만 마지막 순간에 아라한이 됨으로써 500 숫자를 채

....

135 마하승기율 권32(同上, 22권, p.490중29~하3); 彼王有五百人床臥供具 應當詣彼.

136 대지도론 권2(同上, 25권, p.67하18~25); 삼론현의(同上, p.8중7~8)에서도 간략하지만 같은 내용이 나온다. 대지도론에서 참고했다는 것을 밝히고 있다.

137 오분율 권30(同上, 22권, p.190중14~16과 중29~하19). 有學이란 4성제를 알고 자각했지만 아직 번뇌를 끊어 없애지 못해 三學을 배우고 닦을 것이 남아 있는 수행자이다. 多屋賴俊(외), 『佛敎學辭典』, p.34(b).

웠다.[138]

비니모경의 설명은 약간 불분명하다. "비구들은 법장을 결집하려
고 했다. 그때 마하까샤빠가 손으로 땅을 쳤다. 그 진동 소리는 구리로
만든 종소리처럼 크게 울렸다. 그때 라자그리하성 중에는 500명의 아
라한이 오래전부터 사자(獅子)의 아란야(āraṇya, 阿蘭若, 靜處)에 머물고
있었는데, 그들은 이 진동 소리를 듣고 '드디어 법장을 결집할 때가 되
었구나'라고 서로 말했다."[139] 그들 500아라한이 모두 결집 참여자가
되었다는 설명은 없지만 미루어 보아 그렇게 되었을 것이다.

대지도론에 의하면 까샤빠가 수미산 꼭대기에서 구리로 만든 건
치를 치면서 게송을 읊자 부처님의 제자들은 모두 그 소리를 듣고 신
통력으로 까샤빠가 있는 곳에 와서 모였다. 까샤빠는 그들 가운데서
1000명을 선정했는데 아난다를 제외하고 모두 아라한이었다. 까샤빠
는 천안으로 아난다가 아직 번뇌를 다 여의지 못했다는 것을 알고 그
를 결집장에서 축출했다. 그러나 아난다는 곧 아라한이 되어 그곳으로
돌아가 1000명의 숫자를 채웠다.[140]

나머지 문헌들에서는 다른 설명을 하고 있다. 율장에 의하면, 까

---

138 유부비나야잡사 권39(同上, 24권, pp.402하21~26, 404상3~21, 406상16~19); 아육왕전 권
4(同上, 50권, p.112중21~23과 하18~21, 그리고 p.113상1~8); 아육왕경 권6(同上, p.150중27~29
와 p.151중1~4).

139 비니모경 권4(同上, 24권, pp.818하26~819상3); 時摩訶迦葉 以手拍地 聲震之響 喩如
銅鐘 爾時王舍城中 舊住五百羅漢 師子阿蘭那 聞此之音 共相告言 集法藏時至;
Przyluski(앞의 책, p.195)는 舊住를 'résidaient depuis longtemps(오래전부터 머물렀다)'
라 하고, 師子阿蘭那를 '獅子의 아란야(āraṇya, 淨處)'라고 번역했다.

140 대지도론 권2(同上, 25권, pp.67중29~하13, 68중15~17, 69상12~19).

샤빠가 부처님의 다비식에 참석한 비구들에게 경전 결집을 제의하자 대중들은 "대덕 장로여, 결집에 참석할 비구들을 선정해 주십시오."라고 그에게 인선 문제를 위임했다. 까샤빠는 즉석에서 499명을 선출했다. 선출 절차나 방법에 대한 설명은 없다. 마지막으로 대중들의 추천에 따라 아난다를 결집 대중에 포함시킴으로써 500명이 되었다.[141]

율장의 주석서인 선견율비바사와 일체선견율주서 역시 같은 내용을 말하고 있다. 다른 점은 유학으로서 자격 미달인 아난다를 결집 비구에 포함시켜 줄 것을 대중들이 요청했지만 까샤빠가 거절했다는 것이다. 그러나 아난다가 마지막 순간에 아라한이 됨으로써 500명의 숫자를 채웠다.[142]

십송율에 의하면, 까샤빠가 비구들 가운데서 '한 사람씩 이름을 불러' 499명을 선정했다. 표현은 이렇게 되어 있지만 실제로 이름을 부른 것은 아니다. 마지막으로 까샤빠가 아난다를 대중에게 추천해서 승인을 받아 500 숫자를 채웠다.[143] 마하승기율에 따르면 부처님의 다비를 끝내고 까샤빠가 결집을 하기 위해 1000명의 비구와 함께 라자 그리하로 갔다. 그곳에서 대중들과 의논해서 499명의 비구를 선정했다. 그러나 선정 방법과 절차에 대한 설명은 없다. 마지막 한 사람이 부족했다. 까샤빠는 한 비구를 시켜 결집 장소에 나타나지 않은 여러 장

141 율장 4(남전장 4권, p.427); Przyluski, 앞의 책, p.137.

142 선견율비바사 권1(대지도론, 24권, pp.673하18~674상3과 同上, 하2~21); 일체선견율주서(남전장 65권, pp.10~12와 16~17).

143 십송율 권60(同上, 23권, p.447중11~27).

로들을 찾아다니면서 결집에 참석해 줄 것을 요청하게 했다. 장로들은 그 비구로부터 부처님의 열반 소식을 전해 듣고 자신들도 모두 열반에 들어가 버렸다. 결국 아난다가 아라한이 되어 결집에 참석함으로써 500 숫자를 채웠다.[144]

도왕통사에 의하면 결집하기 위해 모인 아라한들의 숫자는 70만 명이었는데, 이들 가운데서 투표로 500명의 장로들을 선발했다. 투표의 절차나 방법에 대한 설명은 없다. 아난다의 자격 역시 문제가 되지 않았다. 대왕통사에 따르면 꾸시나가라에 모인 70만 명의 아라한[145] 가운데서 까샤빠가 "500명에서 1명이 모자라는 수의 아라한을 선정했다." 마지막으로 비구들의 요청에 따라 아난다를 포함시켰다. 인선에 대한 언급도 없고 아난다의 자격 문제도 제기되지 않았다.[146]

찬집삼장급잡장전에 의하면, 결집 참석자 수가 8만 명이었다. 까샤빠가 결집을 하기 위해 건치(犍稚, ghantā)를 울리자 각 처에서 몰려온 아라한들이 이와 같이 많은 수였는데, 그들 모두를 결집 비구로 삼았다. 이 가운데서 아난다만이 수다원(須陀洹)이었기 때문에 자격 미달로 결집에 참여할 수 없었다. 그러나 곧 그 역시 아라한이 됨으로써 8만 명을 채웠다.[147]

빨리율·선견율비바사·일체선견율주서에 따르면 결집 모임에 참

---

144 마하승기율 권32(同上, 22권, pp.490하8~491 중18).

145 도왕통사 4장(남전장 60권, pp.25~26).

146 대왕통사(同上, 60권, p.164).

147 찬집삼장급잡장전(同上, 49권, p.1하 18~19; 同上, p.2상9~12와 23~29).

여한 500비구들을 제외한 다른 비구들은 라자그리하에서 안거를 보내지 못하게 했다. 왜냐하면 결집하는 데 방해가 될 것을 우려했기 때문이었다.[148] 그러나 마하승기율에서는 다르게 기술하고 있다. 결집 모임에 참석할 수 없었던 1000명의 다른 비구들을 결집이 끝난 뒤 결집장에 들어오게 해서 그들에게 결집 결과를 알려주었다.[149]

3) 경장 송출자 - 아난다

경장 결집을 위해 가장 중요한 인물은 아난다였다. 아난다가 없었다면 경장의 결집은 불가능했을 것이다. 여러 율장에서 이 사실을 직접 말하고 있다. "아난다 없이 우리가 어떻게 결집을 하겠는가."[150] "우리가 경장을 결집하는 데 반드시 아난다가 필요하다."[151] 선견율비바사에서도 마찬가지다. "아난다가 없으면 법[經]을 송출할 사람이 없다."[152] 그러나 거의 모든 결집 문헌에 의하면 아난다의 결집 참여를 기정사실로 하고 있으면서도 자격을 갖추지 못했다는 이유로 인선에서 탈락시켰다. 이와 같은 주장을 고집한 사람은 결집의 주재자로서 결집에 참여할 비구들을 선정할 권한을 가지고 있었던 까샤빠였다. 결집 비구

---

148 율장 권4, 소품11(남전장 4권, p.428); 선견율비바사 권1(대정장 24권, p.674상10~11); 일체선견율주서2(남전장 65권, p.12).

149 마하승기율 권32(대정장 22권, p.492하4~6); 比尼藏竟 喚外千比丘入 語言諸長老 (如是集法藏) 如是集比尼藏.

150 유부비나야잡사 권39(同上, 24권, p.405하25~26); 無阿難陀 我等云何 而爲結集.

151 비니모경(同上, 24권, p.818상12~13); 諸阿羅漢答言 我等集於經藏須於阿難. 사분율 권54(同上, 22권, p.966하26~28); 오분율 권30(同上, 22권, p.190하1~2).

152 선견율비바사 권1(同上, 24권, p.674상1); 若無阿難 無人出法.

80

들의 선정에 대한 내용은 "500명 가운데서 499명의 아라한을 선정했다."라고 한마디로 처리했지만 아난다에게만은 아주 까다로운 통과 절차가 적용되었다. 그래서 결집 비구들의 선정에 관한 내용의 대부분은 아난다와 관계된 이야기로 이루어져 있다.

율장[빨리율]에 의하면 까샤빠가 결집에 필요한 비구 500명을 선정하면서 아난다를 제외한 499명만 뽑았다. 그 이유는 아난다가 아라한이 아니라는 것이었다. 비구들은 까샤빠에게 아난다가 비록 '유학(有學, sekha)[153]이지만 탐욕심·성냄·어리석음·두려움으로 인해 나쁜 곳[非道]에 떨어지지 않았고 항상 부처님을 따라다니면서 많은 법과 율을 배웠다'는 점을 들어 결집 비구에 포함시킬 것을 요청함으로써 인선에 들 수 있었다. 그러나 아난다는 결집 모임 전날 밤, 자신이 유학 신분으로 결집 모임에 참석하는 것이 마땅하지 않다는 생각을 하고 온밤 동안 정진했다. 새벽에 잠자리에 누우려는 순간 모든 번뇌를 끊고 아라한이 되어 결집 모임에 참석했다.[154]

사분율의 내용도 거의 동일하다. 아난다에게는 '애착·성냄·두려움·어리석음이 남아 있다'는 이유로 까샤빠가 아난다를 인선에서 탈락시켰다. 그러나 대중들이 '아난다는 부처님의 시자로서 항상 부처님을 수행하면서 가르침을 받았다는 점, 역시 부처님 가르침 가운데 의심이 되는 문제를 부처님께 자세히 물어두었을 것이라는 점'을 강조하

---

153 有學이란 아직 배워야 할 것이 남아 있는 경지(또는 성자). 아라한[無學] 이전의 모든 성자. 中村元, 앞의 사전, p.177(4).

154 율장 권4, 소품11(남전장 4권, pp.428~429); Przyluski, 앞의 책, p.137.

면서, 그를 "반드시 인선에 포함시켜야 한다."는 것을 역설했다. 까샤빠는 대중의 뜻을 따랐다.[155]

그러나 아난다는 자신을 어린 송아지에 비유하면서, '갓 태어난 송아지가 아직 젖을 먹기 때문에 500마리의 큰 소들과 함께 다니는 것처럼, 나 역시 지금 배울 것이 있는 사람[學人]이므로 500의 아라한과 함께 다니는 것이다'라고 생각했다. 까샤빠를 비롯한 결집 비구들이 모두 와이샬리를 거쳐 라자그리하로 갔지만 아난다는 와이샬리에 남아 많은 사람들을 가르쳤다. 그곳에서 브리지족 출신의 한 비구가 천안통으로 아난다가 아직 아라한이 되지 못했다는 것을 알고 그를 분발시키기 위해 짧은 게송을 읊었다. "조용히 나무 밑에 앉아 마음으로 열반을 생각하라. 좌선을 하면서 방일하지 마라. 많은 말을 하는 것이 무슨 소용이 있는가." 아난다는 이 게송을 듣고 그날 밤 조용한 곳에서 경행(經行: 조용히 걸음)을 하면서 열심히 정진했다. 다음 날 새벽에 몹시 피로해서 잠깐 누우려는 순간, 머리가 아직 베개에 닿기 전에 별안간 마음에 번뇌가 다하고 해탈을 얻어 아라한이 되었다.[156]

오분율에서는 아난다를 결집에 참여시킬 수 없다는 말이 나오지도 않았는데, 비구들은 까샤빠에게 "아난다는 항상 부처님을 모셨고 총명하고 다문(多聞)해서 법장을 모두 지니고 있습니다. 이제 결집 비구 숫자에 그를 포함시켜야 합니다."라고 말했다. 그러나 까샤빠가, "아난다는 아직 배우는 자리[學地]에 있으므로, 애착·성냄·어리석음·

---

155 사분율 권54(대정장 22권, pp.966하20~29).

156 同上, p.967상5~12에서 간단하게 설명했지만, 상12~28에서는 그 반대다.

두려움이 남아 있다. 그래서 결집 비구로 받아들일 수 없다."라고 거절했다.

그때 아난다는 와이샬리에서 사부대중을 위해 밤낮으로 법을 설했다. 그에게는 부처님이 생존했을 때와 비슷하게 많은 사람의 왕래가 있었다. 이와 같은 소란 때문에 아난다는 해탈삼매에 들 수 없었다. 그것을 본 브리지족 출신의 한 비구가 그를 분발시켜 아라한이 되도록 하기 위해, 사분율에서 본 것과 같은 내용의 게송을 읊었다. 역시 여러 비구가 그에게 "까샤빠 장로가 지금 비나야 법[律藏]을 결집하려고 하는데 장로는 그대가 결집 비구의 수에 포함되는 것을 허락하지 않습니다."라고 말했다. 아난다는 분발해서 그날 밤이 새도록 부지런히 경행을 하면서 정진했다. 새벽에 몹시 피로했기 때문에 잠깐 누우려는 순간, 머리가 베개에 채 닿기도 전에 번뇌가 모두 없어졌다. 비구들은 아난다가 해탈했다는 사실을 까샤빠에게 알려 그를 결집에 참여할 수 있도록 했다.[157]

십송율은 다른 율장들의 경우와는 반대로 아난다를 결집 비구에 넣도록 대중에게 요청한 사람은 까샤빠였다. 그는 비구들에게 이렇게 말했다. "아난다는 배우기를 매우 좋아하는 사람으로, 부처님께서 아난다를 '다문인(多聞人)'들 가운데 제일이라고 말씀하셨습니다. 우리는 지금 아난다를 '법 결집하는 사람들'에 넣어야 합니다." 대중들은 까샤빠의 제의를 이의 없이 받아들였다.[158]

---

157 오분율 권30(同上, 22권, p.190중26~하19).

158 십송율 권60(同上, 23권, p.447중15~27).

　유부비나야잡사의 내용은 정리하기 어려울 정도로 장황하다. 아
난다의 결집 참여에 대해 문제를 제기한 사람은 까샤빠가 아니라 '어
떤 비구'였다. 그는 대중에게, "우리는 모두 아라한과를 증득했는데 오
직 아난다만이 홀로 유학의 자리에 머물러 있습니다. 그런데 아난다
는 부처님의 시자였으므로 부처님으로부터 모든 가르침을 받아 지니
고 있습니다. 그러나 아직 아라한과를 원만하게 갖추지 못하였으니 이
일을 어떻게 해야 합니까."라고 말했다. 까샤빠는 아난다를 결집에 참
여시키면 다른 비구들이 말썽을 일으킬 것을 염려해서 방편으로 그를
행수인(行水人: 물 돌리는 사람)의 자격으로 대중 가운데 넣기로 했다. 비
구들은 까샤빠의 제의를 받아들였다.[159]

　그러고 나서 까샤빠는 아난다가 스스로 아라한과를 증득할 수 있
도록 방법을 궁리했다. 그는 아난다에게 위로와 격려를 해 주기보다
꾸짖어 주는 편이 더 효과적일 것이라고 생각했다. 까샤빠는 그를 대
중 가운데로 불러낸 다음, "그대는 여기에서 나가야 합니다. 이 훌륭한
대중들과 함께 결집을 할 수 없습니다."라고 말했다. 아난다는 이 말을
듣고 화살이 심장을 뚫는 것 같은 괴로움을 느끼면서 "아무런 법도 어
기지 않았는데 왜 갑자기 쫓아냅니까."라고 항의했다. 까샤빠는 아난
다가 한 말을 받아, 그가 지난날 지은 여덟 가지 잘못을 추궁했다. 아
난다는 그것을 모두 해명했다. 그러나 까샤빠는 그를 기어이 결집 대
중과 함께 있지 못하게 했다.[160] 결집장에서 추방된 아난다는 '증승(增

<hr>

159　유부비나야잡사 권39(同上, 24권, p.404상2~18).
160　同上, pp.404중27~405하24. 요약 정리했음.

勝)'이라는 마을로 가서 열심히 정진했다. 아난다는 자신의 시자로 삼고 있던 동자가 그를 위해 읊은 게송을 듣고 더욱 분발해서 경행(經行)을 했다. 휴식을 취하기 위해 방에 들어가 누우려는 순간 머리가 베개에 닿기 전에 모든 번뇌를 끊고 해탈을 얻어 아라한이 되었다. 아난다는 다시 대중들이 있는 곳으로 가서 결집 비구가 되었다.[161]

마하승기율의 내용은 매우 다르다. 까샤빠는 결집에 참여할 500번째의 비구를 찾기 위해 이바제(梨婆提) 장로를 시켜 33천의 여러 비구들을 차례로 방문하게 했다. 그러나 그들은 부처님의 반열반 소식을 듣자 모두 열반에 들어가 버렸다. 까샤빠는 더 이상 다른 비구를 찾지 않기로 했다. 계속한다면 이 세상에 복전(福田: 비구)은 더 이상 남아 있지 않게 될 것이라고 생각했기 때문이었다.[162]

한 비구가 대중에게 "장로들이여, 존자 아난다는 부처님의 시자로서 몸소 법과 가르침을 받았습니다. 역시 부처님께서 말씀하시기를, 아난다는 세 가지 일[三事]에 제일이라고 하셨습니다. 그를 불러와야 합니다."라고 말했다. 까샤빠는 "안 됩니다. 이와 같은 학인[有學]이 덕(德)과 역(力)과 자재(自在)[163]를 갖춘 무학(無學: 아라한)의 무리 가운데 들어오는 것은 마치 옴이 옮은 들 여우가 사자 무리에 들어가는 것과

---

161 同上, pp.405하24~406상19.

162 마하승기율 권32(대정장 22권, pp.490하25~491상19).

163 德力自在의 의미가 명확하지 않다(同上, p.491상22). Przyluski는 德을 les puissances(능력), 力을 les forces(힘), 自在를 les maîtrises(自在力)라고 번역했다. 그의 책, p.208.

같습니다."라는 심한 표현을 쓰면서 반대했다.[164]

한편, 아난다는 부처님의 다비 후 사리 공양 문제 때문에 꾸시나가라에 남아 있다가 대중들보다 늦게 라자그리하로 가고 있었다. 어떤 신이 그에게 "까샤빠가 존자님을 옴이 옳은 여우라고 했습니다."라고 말했다. 아난다는 이 말을 듣고 언짢게 생각했지만 자신이 아직 번뇌를 다 소멸하지 못했기 때문에 까샤빠가 그렇게 말한 것이라고 이해하고 더욱 노력을 했다. 그는 도중에 휴식을 취하기 위해 몸을 기울여 누우려고 하는데 머리가 베개에 닿기 전에 번뇌를 다 없애고 3명(三明)과 6통(六通)과 덕(德)과 역(力)과 자재(自在)를 얻었다. 즉 아라한이 되었다. 곧 신족통(神足通)으로 공중을 날아 결집장으로 갔다. 아난다는 까샤빠의 영접을 받으며 비워둔 마지막 자리에 앉았다. 까샤빠는 자신이 심한 말을 했던 것에 대해, "내가 거만해서가 아니고 역시 그대를 업신여겨서도 아닙니다. 일부러 그렇게 말했던 것은 다만 그대가 도를 구하는 데 정진하지 않기에 부지런히 노력해서 모든 번뇌를 없애도록 하기 위해서였습니다."라고 해명했다. 아난다는 그와 같은 까샤빠의 의도를 이미 알고 있었다고 대답했다.

가섭결경에 의하면, 라자그리하의 결집장에서 까샤빠의 지시에 따라 천안통을 가진 아니룻다(Aniruddha, 阿那律)가 그곳에 모인 비구들을 관찰한 결과 아난다가 번뇌를 여의지 못한 범부라는 것을 알게 되었다. 그는 이 사실을 까샤빠에게 말했고 까샤빠는 아난다에게 결집장

---

164 同上, p.491 상21~중21.

을 떠나도록 명령했다. 아난다는 자신이 계를 어기지 않았고 사견(邪見)도 없고 업(業)을 파괴하지도 않았고 좋지 않은 행동도 하지 않았고 승가에 대해 잘못을 저지르지도 않았다고 항의했다.[165] 그러자 까샤빠는 아난다가 이전에 지었다는 아홉 가지 잘못을 하나씩 차례로 들어 추궁했다. 아난다는 그것을 모두 해명했다. 그러나 까샤빠는 그의 추방을 고집했다.[166]

아니룻다는 아난다를 옹호하면서 까샤빠에게 말했다. "우리가 어떻게 아난다와 헤어질 수 있습니까. 아난다는 부처님의 시자로서 부처님의 가르침을 많이 들었고 그것을 모두 지니고 있습니다. 그는 부처님을 이어 세 번째 인물로서 경의 핵심을 결집할 수 있지 않겠습니까."[167] 그러나 까샤빠는 "유학의 무리[方學之類][168]인 아난다와 함께 결집할 수 없다."고 하면서 그를 추방했다. 결집장에서 쫓겨난 아난다는

---

165 가섭결경(대정장 49권, p.5하12~19); 我不缺戒 亦無邪見 亦不壞業 亦不失行 亦不犯衆. Przyluski(앞의 책, p.12)는 不壞業을 'corrompu les rites(관습의 손상)'라고 번역. 그러나 유부비나야잡사 권39(同上, 24권, p.404하12~13)에서는 동일한 경우 '破威儀'라고 되어 있다.

166 同上, p.5하25~p.6중9. 긴 내용이다. 아난다의 아홉 가지 죄에 대해서는 다음 '7의 1) 아난다의 죄'에서 자세하게 기술할 것이다.

167 同上, p.6중9~12; 阿難佛之侍者 博聞總持積要之藏 次佛第三而結經要乎.'積要之藏'을 Przyluski(앞의 책, p.16)는 'Corbeilles (de la Loi) développée et abrégée(발전되고 요약된 法藏)'이라고 번역. 여기서는 '부처님의 가르침'이라고 意譯했음. 역시 結經要를 'pour composer l'Essence des Paroles sacrées(성스러운 말씀의 眞髓를 결집하는 것)'라고 번역.

168 아라한이 되지 못한 비구를 方學之類(同上, p.6중12~13)라 했다. Przyluski(앞의 책, p.16)는 la catégorie de ceux qui sont en cours d'étude(공부 중에 있는 사람들의 부류), 즉 有學이라 번역했다.

그날 밤 한 기지자(祇支子, Vṛjiputra)[169]의 가르침을 듣고 모든 번뇌를 끊어 아라한이 되었다. 아난다가 다시 결집장으로 돌아가자 까샤빠는 누구보다도 기뻐했다. 모든 장로들도 그를 환영했다. 아난다는 사자왕이 사자 무리 가운데 자리 잡는 것처럼 결집장에 들어가 자리에 앉았다.[170]

　　불반니원경과 반니원경에서는 까샤빠가 아니룻다(Aniruddha, 阿那律)와 까띠야나(Kātiyāna, 摩訶迦栴延)에게 결집 개최에 대해 의논했다. "아난다는 오랫동안 부처님을 모셨으므로 부처님께서 교화하신 모든 일과 가르치신 큰 법을 마음에 간직하여 모르는 것이 조금도 없을 것입니다." 그러나 그는 백의(白衣)[171]로서 탐내는 마음이 있어 중요한 내용을 숨겨두고 다 말하지 않을지도 모른다고 생각했다. 그래서 아난다를 대중들 모임에 불러 경의 요점[要旨]을 물어보면서 그의 성실성을 시험해 보기로 했다. 먼저 까샤빠는 비구대중에게, "부처님의 율(律)과 4아함이라는 경(經)을 결집합시다."라고 말했다. 비구들은, "오직 아난다만이 그것을 알고 있으니 4아함은 당연히 아난다가 송출해야 합니다."라고 말했다. 까샤빠가 아난다에 대해 자신이 가지고 있던 우려를 말하자 대중들은 아난다가 지난날 지었다는 일곱 가지 잘못을 문제

169　Przyluski(p.16)는 '기지자(祇支子)'를 Vṛjiputra라 했는데, 사실 오분율 권30(대정장 22권, p.190하4~14)에 의하면, 아난다에게 충고를 해 준 비구는 '한 브리지족 출신의 비구[跋耆比丘]'이다. 유부비나야잡사 권39(同上, 24권, p.406상 2~13)에서는 '증승마을[增勝聚落]의 한 童子'로, 아난다의 侍者처럼 되어 있다.

170　가섭결경(대정장 49권, p.6중12~하6). 내용 요약 정리했음.

171　白衣는 在家者라는 의미인데(대정장 1권, p.175상28), 반니원경에서는(同, p.191상2) 未道者, 즉 '아직 道를 이루지 못한 자'라고 했다. 다른 곳에서는 이 경우 有學이라 했다.

삼아 그를 꾸짖고 경을 물어보자고 제의했다. 그래서 비구들은 아난다를 높은 자리에 올라가 앉게 한 다음 그가 지었다는 잘못에 대해 물었다. 아난다는 해명했다. 그러나 그것은 일곱 가지 잘못이 아니고 단 한 가지뿐이었다. 그것으로 끝이었다. 아난다의 자격 문제에 대한 언급도 없이 그 자리에서 바로 결집이 시작되었다.[172] 이본(異本)인 대반열반경에서는 다른 설명 없이 한마디로 "부처님의 사리탑 건립이 끝난 뒤 까샤빠는 아난다 및 비구들과 함께 라자그리하에서 3장을 결집했다." 라고 말했다.[173]

아육왕전과 아육왕경에 의하면, 까샤빠가 아난다를 결집장에서 추방하지도 않았고, 지난날 그가 지었다는 죄를 추궁하지도 않았다. 결집 소식을 듣고 꾸시나가라에 모인 500명의 아라한들 앞에서 까샤빠는 아난다를 칭찬했다. "그대는 부처님 제자들 가운데서 다문과 역시 큰 지혜를 가지고 있습니다. 항상 부처님을 따라다녔습니다. 그대의 행(行)은 청정하고 지견(知見)을 모두 갖추고 있습니다. 그대는 최후까지 법 가운데서 승가의 이익과 편안을 보장할 것입니다. 그래서 부처님께서 그대를 칭찬하셨습니다."[174]

500아라한들은 결집을 위해 꾸시나가라를 떠나 라자그리하로 갔다. 도중에 아난다는 제자인 브리지뿌뜨라(Vṛjiputra, 婆闍弗哆)를 데리

....

172 불반니원경 권하(同上, 1권, p.175상25~중26); 반니원경 권하(同上, pp.190하28~191상17). 두 경의 내용은 좀 산만하다. 아울러 요약 정리했음.

173 대반열반경 권하(同上, 1권, p.207하10~11); 其後迦葉共於阿難及諸比丘 於王舍城 結集三藏.

174 아육왕전 권4(同上, 50권, p.112하20~23); 아육왕경 권6(同上, p.151상11~17).

고 와이샬리의 브리지 마을(Vṛji, 婆利闍聚落)로 갔다.[175] 그는 부처님의 열반 소식을 듣고 큰 슬픔에 빠진 그곳 주민들에게 법을 설해 주고 위로했다. 제자 브리지뿌뜨라는 스승 아난다가 아직 유학 신분이라는 것을 알고 그를 각성시켜 열반을 이루게 할 게송을 읊었다. 아난다는 그것을 듣고 온밤 동안 경행과 좌선을 하면서 정(定)에 들었다. 새벽에 오른쪽 옆구리를 바닥에 대고 누우려고 하는데 머리가 베개에 닿기 전에 마음이 크게 열리고 번뇌에서 해탈하면서 아라한과를 얻었다. 아난다는 라자그리하로 가서 결집 대중에 합류했다.[176]

일체선결율주서와 선견율비바사는 앞에서 언급한 것처럼 빨리율의 주석서이다. 그러나 빨리율에는 없는 내용을 많이 말하고 있다.

일체선결율주서에 의하면 까샤빠는 수천의 비구들 가운데 499명의 아라한들을 선출했다. 마지막 한 사람을 채우지 않았던 이유는 아난다를 위해서였다. 다른 문헌의 경우와는 달리 까샤빠는 아난다와 매우 친밀한 사이였다. 그러나 아난다는 유학 신분이기 때문에 결집 비구에 포함시킬 수 없었다. 게다가 아난다가 샤까족 출신이고 부처님과 사촌 형제이기 때문에 인정에 치우쳐 많은 무학[아라한]의 비구를 제쳐놓고 유학인 아난다를 결집 비구에 포함시킨다면 비구들의 비난을 받을 우려가 있었다. 그렇지만 아난다 없이는 결집을 할 수 없었다. 결국

175　同上, p.151상21~22. Przyluski(그의 책, p.34)는 婆闍弗哆(=치)와 毘梨時弗多는 그의 제자 Vṛjiputra로, 婆利闍聚落과 毘梨時國은 Vṛji 마을들(villages, 또는 royaume)로 번역했다.

176　同上, p.112하25~113상8; 아육왕경 권6(同上, p.151상21~중4).

이 일은 비구들이 나서서 까샤빠에게 이렇게 요청함으로써 해결되었다. "존자여, 아난다는 아직 유학이지만 탐욕·노여움·무명·두려움 때문에 나쁜 길로 가지 않았고 부처님 곁에서 법과 율을 많이 듣고 배워 통달한 것이 많습니다. 존자여, 아난다를 선출해 주십시오." 이렇게 해서 까샤빠는 비구들의 승인 아래 아난다를 결집 비구로 받아들일 수 있었다.[177]

한편, 아난다는 부처님의 다비를 마치고 곧 쉬라와스띠(Śrāvastī, 舍衛城)로 가서 부처님의 열반 때문에 슬픔에 빠진 그곳 사람들을 위로하고 가르쳤다. 역시 부처님이 생전에 거처했던 제따와나위하라[祇園精舍]의 방[香房]을 소재해서 정돈하고 사람을 시켜 정사의 파손된 곳을 수리하게 한 뒤 라자그리하로 갔다. 몇몇 비구들이 아난다에게 "벗이여, 내일 결집을 위한 집회가 있는데 그대는 수행 중의 학지(學地, 有學) 신분이므로 집회에 참가할 자격이 없으니 정진하십시오."라고 말했다. 아난다는 분발해서 그날 밤, 선정에 몰두하면서 경행(經行)을 했다. 새벽에 잠시 휴식을 취하기 위해 침상에 누우려고 하는 순간 모든 번뇌에서 해탈하면서 아라한이 되었다. 이렇게 해서 아난다는 결집장에 들어가 자신을 위해 비워둔 마지막 자리를 채웠다.[178] 선결율비바사의 내용도 거의 동일하다.[179]

....

177 일체선견율주서(남전장 65권, pp.10~15); Jayawickrama, *The Inscription of Discipline and the Vinaya Nidāna*, pp.5~6.

178 同上, pp.13과16~17; Jayawickrama, 위의 책, pp.9~11.

179 선견율비바사 권1(대정장 24권, pp.673하24~674상7과 하3~14와 18~21).

비니모경에 따르면 까샤빠가 500[499]명의 아라한 앞에서 경장을 결집해야 한다는 것을 말하자 대중들은 곧바로 "우리는 경장을 결집하기 위해서 아난다가 필요하다."고 말했다. 까샤빠가 "아난다는 아직 번뇌를 다하지 못했는데 어떻게 이 대중 가운데 자리를 차지할 수 있겠습니까."라고 반대했다. 그러자 아라한들은 "결집 중에 빠진 것과 잊어버린 것이 있을 때 그에게 그것을 들어야 한다."고 말했다. 결국 까샤빠는 대중들의 요구를 받아들여야 했다. 그래서 아난다는 유학 신분으로 결집에 참여했다.[180]

대지도론에 의하면, 까샤빠는 자신이 선출한 1000명의 아라한을 선정(禪定)에 들어가 천안으로 관찰했는데 이들 중에서 번뇌를 다하지 못한 사람은 오직 아난다뿐이었다. 까샤빠는 아난다에게, "지금 청정한 대중이 모여 경장을 결집하려고 하는데 그대는 번뇌를 다하지 못했으므로 여기에 있으면 안 됩니다."라고 말했다. 아난다는 까샤빠에게 자신의 처지를 설명했다. "내가 도를 얻을 힘을 갖춘 지는 오래되었습니다. 다만 부처님들의 법에, 아라한이 된 사람은 다른 사람의 시봉이 될 수 없게 되어 있기 때문에 내가 부처님의 시봉을 들기 위해 번뇌를 남겨두고 다 끊지 않았던 것일 뿐입니다." 이 말을 들은 까샤빠는 느닷없이 아난다가 지난날 지었다는 여섯 가지 돌길라(突吉羅; duṣkṛita: 惡作罪)를 추궁하면서 참회하게 했다. 아난다는 그것에 대해 모두 해명하고 대중들에게 참회했다. 참회가 끝나자 까샤빠는 아난다를 손으로

---

180 비니모경 권3(同上, 24권, 818상11~15); Przyluski, 앞의 책, pp.171~172.

끌어내면서, "그대는 번뇌를 다 끊은 다음에 이곳에 들어오시오. 번뇌를 다 끊기 전에는 오지 마시오."라고 말한 다음 결집장의 문을 닫아버렸다.[181]

아난다는 그날 밤 좌선과 경행을 하면서 간절한 마음으로 도를 추구했다. 새벽 무렵 심한 피로로 인해 잠시 쉬려고 자리에 눕다가 머리가 베개에 닿으려는 찰나 깨달음을 얻었다. 바로 그 순간 모든 번뇌를 끊고, 3명(三明)과 6신통을 갖게 되었을 뿐 아니라 해탈을 이루고 아라한이 되었다. 아난다가 결집장에 되돌아가자 까샤빠는 그를 시험하기 위해 문을 열어주지 않았다. 아난다는 신통력으로 문의 자물쇠 구멍을 통해 안으로 들어갔다. 까샤빠는 "내가 그대로 하여금 스스로 도를 얻도록 하기 위해 고의로 그렇게 했던 것입니다. 그대는 나를 미워하거나 원망하지 마십시오. 나 역시 그대를 미워하거나 원망하지 않겠습니다."라고 말하면서 아난다를 받아들였다.[182]

찬집삼장급잡장전에서도 비슷한 내용이다. 까샤빠는 부처님이 설한 '12부법의 내용[十二部經法義]'을 결집할 수 있는 사람은 아난다뿐이라는 것을 알고 있었다. 그러나 아난다는 아직 유학 신분이었으므로 아라한이 되도록 하기 위해 방편을 써야 했다. 까샤빠는 아난다에게 "그대는 대중 가운데에 들어올 수 없습니다. 그대는 여기에 들어와서는 안 됩니다. 지금 이곳에서 나가야 합니다."라고 말했다. 아난다는 "상좌여, 왜 그렇습니까. 내가 삼존(三尊)에 대해 무슨 잘못을 저질렀습

<hr>

181　대지도론 권2(同上, 25권, p.68상4~중17). 긴 내용 요약 정리.

182　同上, p.69상7~23. 산만한 내용 요약 정리.

니까."라고 항의했다. 까샤빠는 아난다가 부처님과 승가에 저지른 네 가지 잘못[四過]을 상기시킨 뒤 결집장에서 추방했다.[183]

아난다는 슬픔과 고통으로 눈물을 흘리면서 한 나무 밑에 앉아 정근(精勤)함으로써 번뇌를 여의고 아라한이 되어 결집장으로 되돌아 갔다. 까샤빠는 그를 멀리서 보고 비구들에게, "여러분, 빨리 일어나십 시오. 아난다가 지금 도착했습니다."라고 말한 다음, 손을 들어 아난다 에게 환영 인사를 하고 경전 송출자를 위해 마련된 높은 자리에 올라 가게 했다.[184]

도왕통사는 단지 '아난다에게 법을 물어 비구들은 경[經法]을 결 집했다'라는 간단한 내용으로 아난다의 결집 참여 사실을 말하고 있 다.[185] 이와 달리 대왕통사는 다른 여러 문헌에서 기술하고 있는 것과 비슷한 내용을 말하고 있다. 즉 까샤빠는 아난다를 제외한 499명의 아 라한을 선발했다. 대중들은 아난다 없이 결집을 할 수 없으므로 그를 인선에 포함시킬 것을 요구했다. 그러나 그 요구는 받아들여지지 않 았다. 결집 전날 장로들은 "아난다여, 내일 결집 모임이 있는데 그대는 유학 신분으로 그곳에 가는 것은 마땅하지 않습니다. 그러므로 그대는 아라한과를 얻기 위해 정근하십시오."라고 말했다. 아난다는 그날 밤

183 찬집삼장급잡장전(同上, 49권, p.2상6~29).

184 同上, p.2상13~20; 三尊이란 佛·法·僧이고, 네 가지 잘못이란 (1)勸佛度於母人: 부처님의 어머니 출가를 부처님께 권한 것, (2)不問細微戒: 부처님께 細微戒가 어 떤 것인지 묻지 않은 것, (3)踏佛大衣: 부처님의 대가사를 밟은 것, (4)不渴索水不 與: 부처님께서 목이 말라 물을 청했는데도 떠다 드리지 않은 것.

185 도왕통사 4장(남전장 60권, p.26).

에 아라한과를 이루고 결집장으로 가서 그를 위해 남겨둔 자리를 차지하면서 결집에 참여했다.[186]

『대당서역기』의 설명은 짧지만 줄거리는 대지도론의 내용과 비슷하다. 까샤빠가 결집을 위해 모인 많은 비구들에게 아라한과를 성취한 사람들만 남고 다른 사람들은 그곳을 떠나도록 하자 아난다를 포함한 1000명의 비구들이 남게 되었다. 그러나 아난다는 아직 유학 상태에 있었기 때문에 까샤빠가 그를 결집장에서 축출했다. 아난다는 조용한 곳으로 가서 정근하다가 피로에 지쳐 잠깐 졸았는데, 머리가 베개에 닿기 전에 아라한과를 성취했다. 신통력을 발휘해 결집장의 잠긴 문의 열쇠 구멍을 통해 안으로 들어가 자리에 앉았다.[187]

❶ **요약 정리** ❶

아난다의 결집 참여에 대한 내용은 장황하기도 하지만 문헌에 따라 다양하다. 때로는 두 가지 내용이 겹치기도 한다.

(1) 처음부터 문제가 없이 결집을 위한 인선에 들었다: 도왕통사

(2) 자격 미달로 문제가 되었지만 대중들의 요청에 의해 인선에 들었다: 빨리율·일체선견율주서와 선견율비바사서품·비니모경·불반니원경과 반니원경

(3) 자격이 문제 되었기 때문에 스스로 정진해서 아라한이 된 다음 결집

---

186   대왕통사 3장(同上, pp.164~166).

187   玄奘의 『대당서역기』 권9(대정장 51권, p.922하8~21).

에 참여했다: 사분율·오분율·아육왕전과 아육왕경(문제 제기 안 됨).

(4) 결집장에서 축출되었다가 아라한이 된 다음, 결집에 참여했다: 가
섭결경·당서역기

(5) 분발시켜 아라한이 되도록 까샤빠가 방편으로 아난다를 결집장
에서 축출했는데, 그는 아라한과를 성취한 다음 결집에 참여했다:
십송율·유부비나야잡사·마하승기율·가섭결경·대지도론·찬집
삼장급잡장전

4) 율장 송출자 – 우빨리와 아난다

율장의 송출자는 우빨리(Upāli, 優波離) 또는 아난다로 되어 있다. 경장
결집의 경우와는 달리 송출자의 자격 문제에 대해서는 아무런 언급이
없다. 빨리율·사분율·오분율에서는 송출자의 선출 과정도 없을 뿐 아
니라 우빨리가 율장의 송출자로 되어야 하는 이유에 대해서도 설명이
없다. 당연히 우빨리가 그 역할을 맡아야 하는 것으로 되어 있다. 결집
장소에서 까샤빠는 대중에게 바로, "승가가 괜찮다고 생각한다면, 나
는 우빨리에게 율(律)을 묻겠습니다."라고 선언했다. 우빨리 역시, "승
가가 괜찮다고 생각한다면,[188] 나는 율에 대한 까샤빠 존자의 물음에

---

188 남전장은 '若し 僧伽に 機熟さば', 사분율과 오분율은 若僧時到僧忍聽. Przyluski
의 앞의 책을 참조했음(p.143); Si Saṃgha le juge opportun(승가가 그것을 적절하다고 생
각한다면).

대답하겠습니다."라고 하고 율장 송출을 시작했다.[189]

마하승기율에 의하면, 까샤빠가 비구들을 향해 "누가 율장[毘尼藏]을 결집해야 합니까."라고 묻자 모든 비구들은 "우빨리 장로가 그 일을 맡아야 합니다."라고 대답했다. 그러나 우빨리는 "아닙니다. 다른 장로 비구가 있습니다."라고 사양했다. 비구들은 "비록 다른 장로 비구가 있다고 해도 부처님께서 말씀하시기를, 우빨리 장로가 14법을 성취했고 여래·응공·정변지를 제외하고 율을 지니는 사람들 가운데서 우빨리가 제일이라 하셨다."고 하면서 그의 사양을 받아들이지 않았다.[190]

십송율에서는 까샤빠가 결집 대중에게, "부처님께서는 '율을 낭송하는 데 비구들 가운데 우빨리 비구가 제일 명료하다.'라고 항상 칭찬하셨습니다. 우빨리 비구는 우리가 어려운 질문을 하더라도 그 질문에 따라 대답할 수 있을 것입니다."라 하고 그를 율장 송출자로 선정했다. 이의를 제기하는 사람은 없었다.[191]

유부비나야잡사의 내용도 거의 동일하다. 까샤빠는 결집 대중에게, "존자 우빨리가 비나야에 대해 모두 밝게 알고 있습니다. 부처님께서 말씀하시기를, '계율을 지니는 사람들 가운데 우빨리가 제일이다.'라고 하셨습니다. 그렇기 때문에 우리는 그에게 비나야의 결집을 청합

---

189 율장 권4, 소품11(남전장 4권, p.429); 사분율 권54(대정장 22권, p.968상3~6; 오분율 권30(同上, 22권, p.190하25~28).

190 마하승기율 권32(同上, 22권, pp.491하27~492상1). 우빨리가 성취했다는 14法에 대해 언급한 문헌은 찾을 수 없다.

191 십송율 권60(同上, 23권, p.447하20~22).

시다."라고 말했다. 대중들은 까샤빠의 제의에 찬성했다.[192] 선결율비
바사와 일체선견율주서에서도 거의 같은 내용을 말하고 있다.[193]

아육왕전과 아육왕경에 따르면, 까샤빠가 '부처님께서는 우빨리
존자가 율을 지니는 데 제일이라고 말씀하셨다. 우빨리는 일체율을 모
두 부처님으로부터 받았다. 마땅히 우빨리에게 물어서 비나야를 결집
해야겠다'라고 생각하고, 혼자 결정해서 그대로 했다.[194]

대지도론에 의하면 우빨리를 율의 송출자로 선정한 것은 까샤빠
가 아니라 결집에 참석한 아라한들이었다. 그들은 '누가 비나야 법장
을 명확하게 잘 결집할 수 있을까'라고 생각했다. 그리고 "우빨리가
500아라한 가운데 율을 제일 잘 지니고 있다. 우리는 지금 그에게 율
의 송출을 요청하자."라고 하면서, 그를 송출자로 선정했다.[195]

이처럼 대부분의 문헌에서는 우빨리가 율장의 송출자가 되는 데
이의를 제기한 사람은 없었다. 그런데 찬집삼장급잡장전·불반니원경
과 반니원경·비니모경에서는 율장을 송출한 사람이 아난다로 되어
있다. 아난다는 별도로 송출자로 선출된 것이 아니라 경장 송출을 끝
낸 다음 바로 그 자리에서 율장도 송출했다. 그러나 너무 간략하게 기
술하고 있기 때문에 내용을 파악하기 어렵다.

....

192 유부비나야잡사 권39(同上, 24권, p.407하8~13).

193 선견율비바사 권1(同上, 24권, p.675상4~6); 我聲聞弟子中 持律第一優波離耶. 일체선
     견율주서(남전장 65권, pp.17~18).

194 아육왕전 권4(대정장 50권, p.113중25~29); 아육왕경 권6(同, p.152상8~12).

195 대지도론 권2(同上, 25권, p.69하6~8).

98

찬집삼장급잡장전에 의하면, "아난다는 … 경들을 전부 모아 제1장(藏)으로 하고, 율로써 제2장으로 했다."라는 것이다.[196] 불반니원경은 "아난다가 비구계 250계와 비구니계 500사(事), 우바새와 우바이를 위한 5계와 10계를 송출하고 아라한들이 그것을 받아썼다."라고 했고, 반니원경에서도 같은 내용을 말하고 있다.[197] 비니모경에서는 불분명하게 기술되고 있지만, 역시 아난다가 율장을 송출한 것으로 되어 있다.[198]

5) 논장 송출자 – 아난다와 까샤빠

몇몇 문헌에서는 부처님 열반 직후 경장과 율장의 결집과 함께 논장도 결집되었다고 기록하고 있다. 논장의 송출자는 문헌에 따라 아난다, 까샤빠 또는 500명의 대중이라고 다르게 말하고 있다.

십송율에 의하면, 까샤빠가 결집 비구들에게 아난다를 논장 송출자로 추천했다. "부처님께서는 아난다 비구가 모든 다문(多聞) 비구 가운데서 제일이라고 항상 칭찬하셨습니다. 우리는 아난다에게 … 아비담(阿毘曇: 論)을 물어서 결집합시다." 까샤빠의 제의에 반대하는 사람은 아무도 없었다.[199]

---

196 찬집삼장급잡장전(同上, 49권, p.3상17~19); 阿難以經 爲大衆說 盡集諸經 以爲一藏 律爲二藏 大法三藏.

197 불반니원경 권하(同上, 1권, p.175하2~3과 7~9; 반니원경, 同上, 1권, p.191상19~20과 25~26).

198 비니모경 권3(同上, 24권, p.818상12~20). 이곳의 '經'은 '律'을 가리킨다. Przyluski, 앞의 책, p.172, pp.177~178.

199 십송율 권60(同上, 24권, pp.448중3~11과 449중5~7); 何等比丘誦…阿毘曇明了 我等難

찬집삼장급잡장전은 "아난다가 (경과 율로써 각각 제1장과 제2장으로 하고) 대법(大法, 論)으로써 제3장으로 했다."[200]라고 기술하고 있다. 여기에서 대법이란 논(論)의 다른 이름이라는 것을 알 수 있다. 가섭결경 역시, "논장의 결집은 아난다가 했다."고 말한다. 그러나 논장이라는 말 대신 제법장(諸法藏)이라 했다. 즉 "아난다는(경장을 결집하고, 율장을 결집하고) 제법장을 결집했다."는 것이다.[201] 대지도론에 의하면 율장 결집이 끝나자 아라한들은 '누가 아비담장(阿毘曇藏, 論藏)을 확실하게 결집할 수 있을까'라고 생각했다. 그들은 '아난다 장로가 500아라한 가운데 아비담의 의미[修妬路義][202]를 가장 잘 이해하고 있다'고 생각하고, 그에게 아비담장, 즉 논장의 결집을 요청했다. 아난다는 까샤빠의 물음에 따라 논장을 송출했다.[203]

이 경우와는 달리 다음 문헌들에서는 까샤빠가 논장의 송출자로 되어 있다. 유부비나야잡사에 의하면, 까샤빠가 '후세 사람들은 지혜가 적고 근기(根機: 법을 깨닫는 능력)가 둔해서 경과 율의 문장대로 해

....

    問能隨問答 我等當從此人 集修妬路阿毘曇 卽時作是念 佛讚阿難比丘 於諸多聞比丘中最第一 持一切修妬路一切阿毘曇⋯

200 찬집삼장급잡장전(同上, 49권, p.3상17~19); 阿難以經 爲大衆說 盡集諸經 以爲一藏 律爲二藏 大法三藏.

201 가섭결경(대정장 49권, p.7상2~5와 11); 從阿難聞是言已⋯結集正經藏 結集 律藏 結集 諸法藏.

202 대지도론 권2(同上, 25권, p.69하16~20). 修妬路義(=수뜨라의 의미)로 되어 있지만 문장의 전후에는 阿毘曇藏으로 나온다.

203 同上, p.69하15~19 이하; 誰能明了集阿毘曇藏 念言長老阿難 於五百阿羅漢中 解修妬路義第一 我等今請卽請言 起就師子座處坐 佛在何處初說阿毘曇 阿難 受僧敎 師子座處 坐說. Przyluki, 앞의 책, p.71.

석하면 그 깊은 뜻을 이해하지 못할 것이므로 내가 지금 마땅히 마질리가(摩窒里迦)를 설하여 경과 율의 의미를 잃어버리지 않도록 해야겠다'고 생각했다. 까샤빠는 대중에게 승인을 받은 다음 송출자를 위해 마련된 높은 자리에 올라가 '마질리가'를 송출했다.[204] 마질리가란 Mātṛkā의 음사로서 글자 그대로의 의미는 논모(論母: 논의 주제)이지만, 초기에는 논장(Abhidharmapiṭaka)이라는 말 대신 사용되기도 했다.[205]

아육왕전의 내용도 동일하다. 율장 결집이 끝난 다음 까샤빠는 자신이 '마득륵가장(摩得勒伽藏)'을 송출해야겠다'고 생각하고, 대중에게 마득륵가장을 송출했다. 아육왕경에 의하면, 마득륵가라는 말 대신 번역어인 지모(智母)라 했다.[206] 비니모경에 의하면, 논장의 결집자는 아난다도 까샤빠도 아닌 500명의 비구들이다. "500명의 비구들은 자리에 앉았다. 그들은 (5부의 경을 가지고 3장으로 결집하고…), 유문분별(有問分別)·무문분별(無問分別)·상섭(相攝)·상응(相應)·처소(處所) 등, 이들 5종을 '아비담장'이라 했다."[207]

<hr>

204 유부비나야잡사 40권(同上, 24권, p.408중2~7).

205 中村元, 『原始佛敎の 思想』(下), p.293과 pp.478~479; 多屋賴俊(外), 『佛敎學辭典』, p.421. 智母·行母·本母라고도 번역.

206 아육왕전 권4(대정장 50권, p.113하3~8); 아육왕경 권6(同, p.152상14~19).

207 비니모경 권3(同上, 24권, p.818상15~16과 同, 28~29); 五百僧坐已 取五部經集爲三藏… 有問分別無問分別 相攝相應處所 此五種名爲阿毘曇藏.

6. 결집 과정

1) 결집 준비

꾸시나가라에서 부처님의 다비를 끝낸 다음 비구들은 부처님의 가르침을 결집하기로 했다. 먼저 그곳에 모였던 비구들 중에서 결집에 참여할 비구들을 선정했다. 선발된 500명의 비구들은 라자그리하로 갔다.[208] 그들이 그곳에서 먼저 해야 했던 일은 결집 장소를 정하고 거처할 방사(房舍)와 이부자리[臥具]를 준비하는 것이었다.

율장은 결집 준비에 대해서 한 문장으로 말하고 있다. "장로들은 제1월에 정사의 파손된 곳을 수리하고, 2월[中月]에 함께 모여 법과 율을 결집했다."[209] 사분율의 내용도 거의 동일하다.[210] 오분율에 의하면,

---

208 불반니원경(대정장 1권, p.175중2 이하)과 찬집삼장급잡장전(同, 49권, p.4상17~18)에서는 결집 장소를 각각 Kusinagara와 Saṃkāśya라고 기록하고 있다는 것은 앞의 2장 4. 결집 장소에서 보았다.

209 율장 권4, 소품11(남전장 4권, p.428). 第一日과 中日로 되어 있다. 잘못된 내용이 분명하다. Przyluski(그의 책, p.142)는 '첫째 달과 둘째 달'이라 번역했다. 율장의 주석서인 일체선견율주서(남전장 65권, p.14)와 오분율 권54(同上, 22권, p.190하23)에서도 각각 一月과 中月, 夏初月과 二月이다.

210 사분율 권54(同上, 22권, p.967중4~5); 皆言先當治房舍臥具 卽便當治房臥具.

"장로들은 여름 첫 달에 방사를 보수하고 이부자리를 손질했다. 둘째 달에는 해탈을 위한 선정(禪定)에 전념하고 셋째 달부터 결집을 위해 모두 한곳에 모였다.[211] 유부비나야잡사에서는, 여름을 전과 후로 나누어 여름의 앞부분은 방사의 수리와 이부자리를 수선하는 데 바치고, 뒷부분은 결집을 하는 데 사용했다."[212]

십송율은 좀 더 자세하게 설명하고 있다. "까샤빠는 혼자 먼저 라자그리하로 가서 정사를 수리했다. 진흙으로 벽에 난 구멍들을 막고 바닥을 고른 다음 평상을 놓고 물을 뿌리고 빗자루로 쓸고 이부자리를 털고 의약품을 준비하게 하고, 음식과 의복과 침구를 마련하게 했다. 까샤빠는 안거 때가 된 것을 알고 500비구들과 함께 왕사성에서 안거에 들어갔다."[213] 마하승기율의 내용은 특색이 있다. "까샤빠는 1000명의 비구들과 함께 꾸시나가라에서 라자그리하의 칠엽산(七葉山) 굴로 갔다. 그들은 그곳에 평상과 방석들을 배치하고 부처님의 자리를 꾸몄다. 부처님의 자리 왼쪽에 존자 샤리뿌뜨라의 자리를, 오른쪽에 존자 마우드갈랴야나의 자리를, 다음에 까샤빠의 자리를 배치했다. 이와 같이 차례로 모든 비구의 평상과 방석을 놓고, 비구들은 결집 4개월(?)을 위한 공양물을 확보했다. 왜냐하면 법장(法藏)을 결집하기

<hr>

211 오분율 권30(同上, 22권, p.190하23~24); 於夏初月補治房舍臥具 二月遊戲諸禪解脫 三月然後共集一處; Przyluski는(p.142), 遊戲諸禪解脫을 "Ils se livrèrent aux méditations sur la Délivrance"라고 번역.

212 유부비나야잡사 권39(同上, 24권, p.404중26~27); 於前夏中可修營房舍臥具 至後夏時 當爲結集.

213 십송율 권60(同上, 23권, p.447하10~13); (摩訶迦葉獨身先往治精舍) 泥塗壁孔治土埵 敷床 灑掃抖擻被褥 敎備藥具飲食衣被; Przyluski, 앞의 책, p.226.

위해서 외부와 인연을 모두 끊어야 하기 때문이었다."[214]

선견율비바사의 내용은 요약해야 한다. 부처님의 다비식을 끝낸 후 까샤빠를 비롯한 500명의 비구들은 라자그리하로 갔다. 그들이 그곳에 도착했을 때 18개의 큰 절들이 한꺼번에 무너져 버린 상태였다. 결집 비구들은 먼저 방사를 수리해야 했다. 까샤빠와 장로들은 아자따샤뜨루(Ajātaśatru)왕에게 필요한 것을 요청하자 왕은 방사를 수리할 사람들과 물품을 주었다. 비구들은 여름 첫 달 동안 정사의 내부를 수리했다.

이 일을 끝낸 다음, 다시 까샤빠와 장로들은 왕에게 법장과 비니장의 결집을 위한 강당을 세워줄 것을 요청했다. 왕은 순식간에 범천의 궁전처럼 아름다운 건물을 웨바라(Vebhāra, 底槃那波羅)산 중턱의 선실 문 근처에 지어주고 비구들을 위해 500개의 평상을 북쪽을 향해 배치한 다음, 온갖 귀한 장식을 갖춘 높은 좌석은 동쪽을 향해 놓았다. 이것은 법을 송출할 비구가 앉을 자리였다.[215]

일체선견율주서의 내용도 거의 동일하다. 비구들은 아자따샤뜨루왕의 도움을 받아 안거의 첫째 달인 1월에 모든 정사를 수리했다. 다시 왕에게 결집을 위한 집회 장소를 웨바라산 중턱의 칠엽굴 앞에 지어줄 것을 요청했다. 왕은 범천의 궁전을 능가할 정도의 웅장하고 아름다운 집회당을 짓고 500비구들을 위해 값비싼 방석을 마련했다. 남쪽에서 북쪽을 향해 대덕들의 좌석을 놓고 중앙에는 동쪽을 향해

....

214 마하승기율 권32(同上, 22권, p.490하8~13); Przyluski, 앞의 책, p.204.

215 선견율비바사 권1(同上, 24권, p.674중5~하2).

높은 법좌(法座)를 준비하게 해서 상아(象牙)를 상감한 불자(拂子: 일종의 부채)를 세웠다. 비구들은 중간 달 두 번째 날에 점심 공양을 끝내고 결집을 위해 법당에 모였다.[216]

대왕통사에 의하면, 까샤빠를 비롯한 500비구는 우안거 첫째 달에 아자따샤뜨루왕의 도움을 받아 모든 거주처를 수리했다. 다시 그들은 왕에게 정법의 결집을 위한 장소를 요청했다. 왕은 웨바라산 중턱의 칠엽굴 입구에 천신들의 집회당과 같은 쾌적한 임시 건물을 지어 온갖 장식을 하고, 비구들의 숫자에 맞추어 값비싼 방석을 깔았다. 남쪽 부분에는 북쪽을 향해 장로들이 앉을 자리를 놓고 중앙에는 동쪽을 향해 법을 송출할 비구들의 자리를 마련했다.[217]

아육왕전과 아육왕경에 의하면, 까샤빠가 500명의 비구와 함께 라자그리하에 도착하자 아자따샤뜨루왕이 마중을 나왔다. 까샤빠는 왕에게 결집을 위한 단월(檀越, 施主)이 되어줄 것을 요청했다. 왕은 기꺼이 비구 대중들에게 필요한 방사와 이부자리·의약·의복·음식을 공급하겠다고 약속했다. 까샤빠는 먼저 죽림정사에 갔다. 방사는 넉넉하게 많았지만 그곳에 거주하고 있는 비구들 때문에 방해를 받게 될 것이 염려되었다. 그 근처에 있는 필발라굴(畢鉢羅窟, Pippalīguhā)에는 많지도 적지도 않은 방사와 이부자리가 갖추어져 있었다. 500비구들은 그곳으로 갔다.[218]

....

216　일체선견율주서(남전장 65권, pp.14~18).

217　대왕통사 3장(同上, 60권, p.165).

218　아육왕전 권4(대정장 50권, p.113상9~11과 19~25); 아육왕경 6권(同上, p.151중4~7과 16~22).

십송율에서는 분명한 설명을 하고 있지 않지만 선견율비바사의 내용과 거의 동일하다. 결집 비구들은 평상 위에 방석을 간 자리를 사용했던 것 같다. 까샤빠가 결집 준비를 하면서 "정사에 평상들을 놓고 물을 뿌려 청소를 하고 이불과 방석들을 털었다."라든지,[219] 아난다가 경의 송출을 위해 "높은 자리에 올라가 앉았다. … 아난다가 '나는 이렇게 들었습니다. 어느 때 부처님께서 와라나시 선인(仙人)들의 거주처인 녹야원에 계셨습니다.'라고 말하자 500비구들은 부처님을 생각하면서 모두 평상에서 바닥으로 내려가 무릎을 꿇고 눈물을 흘렸다."[220]라는 내용으로 그것을 추측할 수 있다.

가섭결경에 의하면, 아난다는 경을 송출하기 위해 사자좌(獅子座)에 올라갔고 비구들은 사자좌를 둘러싸고 앉았다. 아난다가 "나는 이렇게 들었습니다."라고 하면서 경 송출을 시작하자 비구들은 자리에서 바닥으로 내려가 앉아 부처님을 생각했다.[221] 유부비나야잡사는 결집의 주재자인 까샤빠가 결집에 대한 말을 할 때, 아난다와 우빨리가 경과 율을 송출할 때, 그들은 모두 높은 자리에 올라갔다는 것과 그 자리의 이름이 사자좌라는 것을 말하고 있다.[222] 마하승기율에 의하면,

---

219 십송율 권60(同上, 23권, p.447하10~12); 迦葉敷床 灑掃抖擻被褥.

220 同上, p.448중11~15; 摩訶迦葉 敷好高座 阿難昇高座坐竟…五百比丘皆下地 蹦跪涕零.

221 가섭결경(同上, 49권, p.6하5~6과 15~18); 衆比丘僧周匝圍繞(獅子座)…時一切衆羅漢等聞是言已 便皆避座下處于地.

222 유부비나야잡사 권39(同上, 24권, p.406상26~27); 大迦葉波昇獅子座; p.407하4; 作是說已便下高座; 同上, 하18~19); 鄔波離卽昇獅子座. 사자좌란 부처님의 좌석, 또는 경전을 강의하기 위해 앉는 자리. 中村元 앞의 사전, p.544(1).

비구들은 찰제산굴(刹帝山窟, 七葉窟) 안에 평상을 놓고 그 위에 방석을 깔아 부처님의 자리를 꾸미고 좌우에 각각 샤리뿌뜨라와 마우드갈랴야나의 자리를 깔았다. 역시 다른 비구들을 위해 평상을 놓고 방석을 깔았다.[223] 대지도론에서는, 아난다와 우빨리가 법장과 율장과 아비담장을 사자상(獅子床), 또는 사자좌에 앉아 송출했다는 말을 하고 있을 뿐 다른 설명은 없다.[224] 찬집삼장급잡장전은 더 간단하게, '아난다가 높은 자리에 올라갔다'는 것이다.

2) 결집 시작

문헌에 따라 3장의 결집 차례가 다르다. 그러나 관례처럼 3장의 순서를 경장·율장·논장으로 하기로 한다.

결집의 진행에 대해 가장 구체적으로 서술하고 있는 문헌은 십송율이다. 먼저 까샤빠가 높고 좋은 자리를 깔아 아난다를 올라가 앉게 한 다음, "부처님께서는 수뜨라를 처음 어디에서 설했습니까."라고 물었다. 아난다는, "나는 이렇게 들었습니다. 어느 때 부처님께서 와라나시(Vārāṇasī, 波羅奈)의 선인(仙人)들 거주처인 므리가다와(Mṛgadāva, 鹿野苑)에 계셨는데, 그곳에서 설하셨습니다."라고 대답했다. 아난다의 말을 들은 500비구들은 모두 자리에서 내려가 바닥에 꿇어앉아 눈물을

223 마하승기율 권32(대정장 22권, p.490하8~12); 詣王舍城至刹帝山窟 敷置床褥莊嚴世尊座 世尊座左面敷尊者舍利弗座 右面敷尊者大目連座 次敷大迦葉座 如是次第安置床褥已.

224 대지도론 권2(同上, 25권, p.69중1~2하9~10과 하19~20).

흘리면서, "내가 그때 부처님께 직접 법을 들었는데 이제 다시 듣게 되었다."라고 말했다. 까샤빠는 아난다의 말을 듣고 "이후부터 모든 경·율·논은 처음에 '여시아문일시(如是我聞一時)', 즉 '나는 이렇게 들었다. 어느 때'라는 말로 시작하라."고 지시했다.[225]

3) 경장 결집

아난다는 므리가다와에서 5비구에게 설하신 전법륜경(轉法輪經)을 자세하게 송출했는데 그 내용은 4성제였다. 아난다의 송출이 끝나자 까샤빠는 부처님의 첫 설법에 참석했던 아즈냐따 까운디냐(Ajñata Kaundinya, 阿若憍陳如)에게 아난다가 말한 것이 사실인지 물었다. 까운디냐는, "나 역시 아난다가 말한 것처럼 알고 있습니다."라고 대답했다. 까샤빠는 계속해서 장로 균타(均陀)와 십력가섭(十力迦葉)에게 묻고 차례로 500아라한들에게 물어서 아난다의 송출 내용이 그들이 알고 있는 것과 같다는 것을 확인했다. 그러나 표현이 이렇게 되어 있을 뿐 실제로 모든 참석자들에게 한 사람씩 물은 것은 아니다. 마지막으로 우빨리가 까샤빠에게 물어 확인을 받았다. 결집 과정을 구체적으로 보여준 것은 전법륜경뿐이다. 그러나 "이와 같이 차례로 물어서 일체 수뜨라장[經藏]의 결집을 끝냈다."라는 말로써 모든 경들이 하나하나 이렇게 결집되었다는 것을 말하고 있다.[226]

---

225 십송율 권60(同上, 23권, p.448중11~18); 摩訶迦葉語阿難 從今日一切修妬路 一切毘尼 一切阿毘曇.

226 同上, pp.448중18~449상14. 마지막 부분은 이렇게 되어 있다; (長老迦葉) 次問長老

경장 결집이 끝나자 까샤빠는 대중들에게 큰 소리로 말했다. "대덕들이여, 들어주십시오. 이것이 법이고 (이것이 율이고) 이것이 부처님의 가르침입니다. 이 법을 비법(非法)이라고 말하거나 비법을 정법(正法)이라고 말하거나, 이 율을 비율(非律)이라고 말하거나 비율을 정율(正律)이라고 말한 비구는 아무도 없습니다. 이것이 법이고 이것이 율이고 이것이 부처님의 가르침입니다. 승가는 승인하는 의미로 침묵했습니다. 이것을 이와 같이 지니십시오." 까샤빠는 이 말로써 경장 결집이 끝났다는 것을 선포했다.[227]

경장만 결집했는데도 율장 결집에 대한 확인까지 한 것으로 되어 있다.

유부비나야잡사에 의하면, 경의 송출을 시작하기 직전에 아난다는 자신이 부처님께 들은 내용들 가운데는 전설도 있고 용궁과 천상에서 설해진 것도 있는데, 이 문제를 어떻게 할 것인지 생각했다. 그는 송출하려고 하는 모든 것은 자신이 부처님께 받아 지녀 잊어버리지 않았으므로 모두 송출하기로 했다.[228]

均陀 次問十力迦葉 乃至次問五百阿羅漢 末後問優波離 如阿難所說不 答言爾 長老優波離 問摩訶迦葉 如阿難所說不 答言爾 長老優波離我亦如是知 如阿難所說 如是展轉問已 一切修妬路藏集竟 爾時摩訶迦葉 僧中唱大德僧聽 一切修妬路集竟.

227 同上, p.449상 15~19; 是法是毘尼是佛敎 無有比丘言 是法言非法 非法言是法 是毘尼言非毘尼 非毘尼言是毘尼 是法是毘尼是佛敎 僧忍黙然故 是事如是持. Przyluski, 앞의 책, p.228 번역 참조. 법[經藏]의 결집인데도 비니[律藏] 결집까지 언급하고 있는 이유는 이 구절들이 정형화되어 있기 때문이다.

228 유부비나야잡사 권39(대정장 24권, p.406중17~19); 我於佛所親聞是經 或有傳說 或龍宮說 或天上說 '悉皆受持而不忘失 我今應說'.

까샤빠는 아난다에게 게송으로, "이제 부처님의 말씀을 펴십시오. 모든 법 가운데 최상인 법, 큰 스승께서 설하신 이 법은 모두 중생에게 이익이 됩니다."라고 말했다. 아난다는 부처님의 이름을 듣자 머리를 돌려 부처님께서 열반에 드신 곳을 바라보면서 경건하게 합장하고 말했다. "나는 이렇게 들었습니다. 어느 때 세존께서 선인(仙人)이 하늘에서 떨어진 곳인 와라나시의 므리가다와[施鹿林]에 계셨습니다. 그때 세존께서 5비구에게 말씀하셨습니다." 계속해서 아난다는 부처님께서 5비구에게 삼전법륜경을 설하신 것을 말했다. 그러자 첫 설법을 직접 들었던 5비구 중의 한 사람인 아즈냐따 까운디냐(Ajñāta Kauṇḍinya, 阿若憍陳如)가 까샤빠에게 "나는 이 미묘한 법을 직접 부처님께 들었습니다. 세존께서는 자비로써 나를 위해 설해 주셨습니다."라고 확인해 주었다.[229]

계속해서 제2경으로 4성제를, 제3경으로 5온과 무아를 결집했다. 그 자리에 참석했던 아라한들은 '나머지 경법(經法)부터는 세존께서 왕궁·마을·성읍(城邑)에서 설하신 것인데 이제 아난다가 모두 자세하게 말했다'라고 생각했다. 이렇게 송출된 여러 종류의 많은 경들을 내용과 형식에 따라 분류해서 상응아급마(相應阿笈摩)·장아급마(長阿笈摩)·중아급마(中阿笈摩)·증일아급마(增一阿笈摩)라고 이름을 붙였다.[230]

---

229 同上, p.406중26~하7; …此微妙法親從佛聞 世尊慈悲爲我宣說.

230 同上, pp.406하29~407하2. 길고 복잡한 내용 요약. 마지막 부분(同上, p.407); 經與伽相應者 此卽名爲相應阿笈摩(舊譯은'相應' 대신 '雜') 若經長長說者 此卽名爲長阿笈

이 일이 끝나자 까샤빠는 아난다에게 "오직 이 아급마경뿐입니까."라고 물었다. 아난다는 "더 이상 다른 것이 없다."고 대답하고, 송출자의 높은 자리에서 내려왔다. 그러자 까샤빠는 대중들을 향해, "여러분, 아십시오. 세존께서 설하신 수뜨라는 이렇게 해서 함께 결집을 했습니다."라고 결집이 끝났음을 선언했다.[231] 그러나 합송은 없었다. 대중들은 제4선에 들어가 관찰함으로써 아난다의 말을 확인했을 뿐이다.

아육왕전과 아육왕경에서 전하고 있는 경장의 결집 내용도 거의 동일하다. 먼저 아육왕전에 의하면, 까샤빠가 수뜨라의 송출자로 아난다를 대중에게 추천했다. 아난다는 송출자를 위해 설치된 높은 자리에 올라가 앉았다. 그는 먼저 이렇게 생각했다. "나는 부처님께 직접 들은 경(經)도 있고 성문(聲聞)들로부터 간접적으로 들은 것도 있다(그러나 나는 자신이 직접 들은 것처럼 모두 송출하자)."[232]

까샤빠가 "부처님께서는 어느 곳에서 처음 수뜨라를 설하셨습니까."라고 묻고, 아난다는 "나는 이와 같이 들었습니다. 어느 때 부처님께서 와라나시 므리가다와의 옛 선인(仙人)들의 거주처에 계셨습니다. 부처님께서는 그곳에서 5비구를 위해 법의 바퀴를 세 번 굴렸습니다. 이 고성제를 이와 같이 널리 설하였습니다."라고 대답했다.

....

摩, 若經中中說者 此卽名爲中阿芨摩 若經說一句事二句事乃至十句事者 此卽名卽爲增一阿芨摩.

231 同上, p.407하3~6; 爾時大迦葉波告阿難陀曰 唯有爾許阿芨摩經 更無餘者 作是說已便下高座 爾時具壽迦葉波告大衆曰 汝等應知 世尊所說蘇怛羅已共結集.

232 아육왕전 4권(上同, 50권 p.113중1).

그때 까운디냐(Kauṇḍinya, 憍陳如)는 '옛날 부처님께서 우리를 위해 이와 같이 법을 설하셨다. 지금 아난다가 송출한 것은 부처님께서 설하신 본래 내용과 다른 것이 없다.'라고 생각했다.

까샤빠는 비구들에게 아난다가 송출한 것이 사실과 같은지 묻고 그들은 모두 그렇다고 대답했다. 경장 결집에 대한 내용은 이것이 전부다. 맨 끝에 '아난다는 이와 같이 수뜨라장을 모두 송출했다'라는 한 문장으로 경장 전체의 결집이 이루어졌다는 것을 나타내고 있다.[233]

●— 확인만 있었을 뿐 합송은 없었다.

아육왕경에 의하면, 경전의 송출이 끝난 뒤 까샤빠가 비구들에게 "아난다가 송출한 것이 어떤 수뜨라입니까."라고 물었다. 그러자 500아라한들은 삼매에 들어가 아난다가 송출한 경을 관찰하고 삼매에서 나와, "이것은 이러한 수뜨라이고, 저것은 저러한 수뜨라입니다."라고 확인했다. 이렇게 해서 아난다는 네 가지 수뜨라까지 송출해 경장 결집을 끝냈다.[234]

●— 500아라한들이 삼매에 들어가 아난다가 말한 것을 확인만 했을 뿐 합송[결집]은 하지 않았다.

가섭결경에서는 까샤빠가 게송으로 아난다에게 부처님의 첫 설법에 대해 이렇게 물었다. "부처님께서 가장 먼저 경을 설하신 곳은 어디입

233　同上, p.113중12~24. Przyluski, 앞의 책, pp.42~43.

234　아육왕경 권7(대정장 50권, p.152상4~8); Przyluski, 앞의 책, pp.42~44.

니까.” 아난다는 멀리 부처님이 열반에 드신 곳을 향해 마음을 모아 합장하고 역시 게송으로, “나는 이렇게 들었습니다. 어느 때 부처님께서 와라나시 선인(仙人)들의 거주처인 므리가다와에 계시면서 법륜경을 전부 설하셨습니다.”라고 대답했다. 아난다는 대중들의 요청에 따라 사자좌(獅子座)에 올라갔다. 그는 부처님께서 머물렀던 여러 장소에서 자신이 들었던 경들을 모두 다 송출했다.[235]

까샤빠는 아즈냐따 까운디냐를 비롯한 5비구에게 그들이 부처님께 직접 들은 것이 아난다가 송출한 것과 동일하다는 것을 물어 확인했다. 그러고 나서 ‘이런 식으로 정경장(正經藏, 經藏)을 결집했다’라고 한 문장으로 마무리했다.[236]

● — **5비구의 확인만 있었을 뿐 합송은 없었다.**

대지도론에 의하면, 결집장에서 아누룻다(Anuruddha, 阿那律)가 대중들에게 아난다를 법장(法藏)의 송출자로 추천했다. “아난다 장로는 부처님을 가까이 모시면서 항상 경을 듣고 간직해 지니고 있었습니다. 그래서 부처님께서 칭찬하시기를, ‘아난다는 경장을 결집할 수 있을 것이다.’라고 하셨습니다.” 그러자 까샤빠는 아난다에게 말했다. “부처님께서 그대에게 법장을 지니라고 부촉하셨으니 그대는 부처님의 은혜에 보답하십시오. 부처님께서는 어디에서 처음으로 법을 설하셨습니

235 가섭결경(同上, 49권, p.6하6~18); Przyluski, 위의 책, pp.19~20.

236 同上, p.7상2~4; 大迦葉從阿難聞是言已 便懃受轉法輪經 告阿若拘隣五比丘 汝等所受如是不 答曰若斯如是 比類結集正經藏.

까. 법장을 지키고 보호할 수 있는 부처님의 큰 제자들은 모두 열반에 들어가 버렸고 오직 그대 한 사람만 남아 있습니다. 그대는 지금 부처님의 생각을 따르고 중생을 가엾게 여기는 마음으로 부처님의 법장을 결집해야 합니다." 까샤빠의 말이 끝나자 아난다는 참석한 비구들에게 예를 올리고 사자좌에 올라갔다.[237]

아난다는 한마음으로 합장하고 부처님이 열반에 드신 곳을 향해 게송으로 이렇게 말했다. "부처님께서 처음으로 법을 설하셨을 때 나는 그것을 보지 못했다. 그래서 나는 이와 같이 전해 들었다. '부처님께서 와라나시에 계셨다. 부처님께서 다섯 비구들을 위해 처음으로 감로의 문을 열어 네 가지 진리의 법[眞諦法, 四聖諦]을 설하셨는데, 그것은 고집멸도제(苦集滅道諦)였다. 아즈냐따 까운디냐(Ajñāta Kauṇḍinya)가 최초로 도(道)를 볼 수 있었고, 8만의 신들 역시 모두 도의 길에 들어갔다.'"

이 게송 다음에 다른 설명 없이 까샤빠가 아난다에게, "최초의 경인 전법륜경에서 최후의 경인 대반열반경까지 모든 경들을 모아서 네 가지 아함인 증일아함·중아함·장아함·상응아함을 만드십시오. 이것이 수뜨라법장(修妬路法藏)입니다."라고 말했다.[238]

지금까지 본 문헌들에 의하면, 결집된 경전은 전법륜경이고 그 내용은 4성제다. 그리고 네 가지 아함(阿含)의 이름과 그것이 경장(經藏, 修妬路法藏)을 구성한다는 정도의 간단한 설명뿐이었다. 그러나 이

---

237 대지도론 권2(同上, 25권, p.69상24~중3).

238 同上, p.69중10~17과 하4~6; 大迦葉語阿難 從轉法輪經至大般涅槃(經)集作四阿含 增一阿含中阿含長阿含相應阿含 是名修妬路法藏.

제부터 추구할 문헌들에서는 좀 더 자세한 설명을 볼 수 있다.

율장에 의하면, 결집을 시작하면서 곧바로 까샤빠가 아난다에게 "범망경(梵網經, Brahmajāla Sutta)은 어디에서 설해졌습니까."라고 묻고, 아난다는 "라자그리하와 날란다(Nalanda) 중간에 있는 왕의 집[王屋] 암발랏티까(Ambalaṭṭhikā, 菴羅絺)에서 설해졌습니다."라고 대답했다. "누구에게 설해졌습니까." "보행(普行) 바라문 숩삐야(Suppiya, 須卑)와 젊은 바라문 브라흐마닷따(Brahmadatta, 梵達磨)에게 설해졌습니다."라고 대답했다. 다시 까샤빠는 사문과경(沙門果經, Sāmaññaphalasutta)이 설해진 장소와 사람에 대해 물었다. 아난다는 "라자그리하의 지와까(Jīvaka, 耆婆) 망고 동산에서 위데하(Videha, 韋提希) 왕비의 아들 아자따샤뜨루(Ajātaśatru, 阿闍世)왕에게 설해졌다."는 것을 말했다. 그리고 "이와 같이 해서 까샤빠는 5부경(五部經)에 대해 묻고 아난다는 그것에 대해 대답했다."라는 한 문장으로 끝난다.[239](대중의 확인 절차도 없었고 경장의 합송도 없었다.) 사분율의 내용은 좀 더 자세하다. 먼저 까샤빠와 아난다는 결집 대중에게 자신들이 법[法毘尼]에 대해 묻고 대답할 것이라고 말했다. 까샤빠는 아난다에게 물었다. "범동경(梵動經, Brahmajālasutta)은 어디에서 설해졌는가, 증일(增一)은 어디에서 설해졌는가, 증십(增十)은 어디에서 설해졌는가, 세계성패경(世界成敗經)은 어디에서 설해졌는가, 승기타경(僧祇陀經)은 어디에서 설해졌는가, 대인연경(大因緣經)은 어디에서 설해졌는가, 천제석문경(天帝釋問經)은 어디에서 설해졌는

---

239 율장 권4, 소품11(남전장 4권, p.430); PTS, *Vinayapiṭaka*, V. p.398.

가."라고 물었다. 그 사이에 아난다의 대답은 한 번도 없었다. 단지 질문의 끝부분에서, "아난다는 모두 대답했다. 그것은 장아함에 설해진 것과 같다."라는 짧은 말로써 설명을 대신했다.[240]

아난다는, "모든 긴 경을 모아 장아함으로 하고, 모든 중간 길이의 경을 모아 중아함으로 하고, 1사(一事, 法)에서 10사까지, 10사에서 11사까지의 경을 모아 증일아함으로 했다." 그리고 "잡비구·(잡)비구니·(잡)우바새·(잡)우바이·제천(諸天)·잡제석(雜帝釋)·잡마(雜魔)·잡범왕(雜梵王)에 대한 경을 모아 잡아함으로 했다. 이와 같이 생경(生經, Jātaka)·본경(本經, Itivṛtaka)·선인연경(善因緣經)·방등경(方等經, Vaipulya)·미증유경(未曾有經, Adbhutadharma)·비유경(譬喩經, Avadāna)·우바제사경(優婆提舍經, Upadeśa)·구의경(句義經, Arthapada)·법구경(法句經, Dharmapada)·바라연경(波羅延經, Pārāyaṇa)·잡난경(雜難經)·성게경(聖偈經, Munigāthā)을 모아 잡장(雜藏)으로 했다."[241]

●── 아난다가 송출한 경들에 대한 500비구들의 확인도 합송도 없었다.

오분율의 결집 내용은 사분율의 내용과 거의 비슷하지만 결집의 진행 과정이 다르다. 아난다가 경들을 송출하고 비구들이 그것을 결집[合誦]했다기보다는 까샤빠가 일방적으로 '선포'한 것처럼 되어 있다. 까샤빠는 결집의 시작과 더불어 곧바로 아난다에게 "부처님은 어디에서

<hr>

240 사분율 권54(대정장 22권, p.968중13~19); Przyluski, 앞의 책, pp.193~194.

241 同上, p.968중19~26; Przyluski, 앞의 책, pp.194~195; 前田惠學, 原始佛教聖典の研究, pp.682~983, 東京, 1975.

증일경을 설하셨습니까. 어디에서 증십경·대인연경·승기타경(僧祇陀經)·사문과경·범동경(梵動經)을 설하셨습니까. 어떤 경들을 비구들에게 설하셨으며, 어떤 경들을 비구니·우바새·우바이·천자·천녀들에게 설하셨습니까."라고 물었다. 이 긴 질문에 "아난다는 모두 부처님께서 설하신 대로 대답하였다."라고 한 구절로써 답을 대신했다.[242]

까샤빠는 이와 같이 모든 경에 대해 질문을 한 다음, 대중을 향해 큰 소리로 말했다. "이것은 긴 경들인데, 지금 이것들을 모아 1부(部)로 해서 장아함이라고 부르겠습니다. 이것은 길지도 짧지도 않은 경들인데, 지금 이것들을 모아 1부로 해서 중아함이라고 부르겠습니다. 이것은 뒤섞인[雜] 경들인데 비구·비구니·우바새·우바이·천자·천녀를 위해 설하신 것으로, 지금 이것들을 모아 1부로 해서 잡아함이라고 부르겠습니다. 이것은 1법에서 11법까지 법수(法數)가 증가한 경인데, 지금 이것을 모아 1부로 해서 증일아함이라고 부르겠습니다. 그 밖의 '다른 잡설(雜說)'을 모아 1부로 해서 잡장(雜藏)[243]이라고 부르겠습니다. 이것을 전부 합해서 수다라장(修多羅藏)이라고 부르겠습니다. 우리는 법을 결집하여 마쳤습니다."라고 하면서 까샤빠는 경장 결집의 종료를 선언했다.[244]

---

242 오분율 권30(同上, 22권, p.191 상18~22); …阿難皆隨佛說而答.

243 명칭은 '장(藏)'이지만 '삼장(三藏)'의 장(藏)이 아니라 '경장(經藏)'에 포함된 '제5아함'인 *Kṣudraka-āgama*이거나, 별개의 *piṭaka*를 이루는 '雜藏'일 것이다. Przyluski, 앞의 책, p.148의 註1. 이 문제에 대해서는 라모뜨(호진 역), 『인도불교사』(1), pp.314~316에서 자세하게 설명하고 있다.

244 오분율 권30(同上, 22권, p.191 상23~중1); Przyluski, 앞의 책, pp.147~148.

마하승기율의 내용은 좀 특별하다. 결집의 주재자인 까샤빠의 개입은
없다. 비구들의 뜻에 따라 법장 결집의 책임을 맡은 아난다는 먼저 법
장을 어떻게 결집할 것인가를 생각했다. 그러고 나서, "일체 법장을 이
렇게 송출하기로 했다."라는 말과 함께 아무런 절차도 설명도 없이 다
음과 같은 내용이 나온다.[245]

아난다는 문구(文句)가 긴 것을 모아 장아함으로 하고, 문구가 중간
인 것을 모아 중아함으로 했다. 문구가 섞인 것을 모아 잡아함으로 했다.
이른바 근잡(根雜, indriya)·역잡(力雜, bala)·각잡(覺雜, bodhi)·도잡(道雜,
mārga)이고, 이와 비슷한 것들을 '잡(雜)'이라 불렀다. 법수(法數)가 하나
증가하고, 둘 증가하고, 셋 증가하고, 내지 백까지 증가하는 그 수의 종
류에 따라 모은 것을 증일아함으로 했다. 잡장(雜藏, Kṣudrakapiṭaka)은 이
른바 벽지불(辟支佛)과 아라한 자신들이 설한 그들의 본행인연(本行因
緣: 전생담)이다. 이와 같은 모든 게송을 모아 잡장이라 했다.[246]

....

245 마하승기율 권32(同上, 22권, p.491하1~2에서 하16까지); 時尊者阿難卽作是念 我今云何
結集法藏…阿難誦如是等一切法藏.

246 同上, p.491하16~22; 所謂辟支佛 阿羅漢自說本行因緣 如是等比諸偈誦 是名
雜藏. 塚本啓祥, 『初期佛教教團史の研究』, p.182; Przyluski, 앞의 책, p.211; Le
Tsatsang est le récit fait par les Pratyekabuddha et par les *arhat* eux-mêmes des
circonstances de leur carrière(*caryā*)depuis le début; tous les récitatifs et *gāthā* de
cette sorte sont ce qu'on appelle *Tsatsang*.

으로 경들을 모아 분류하고 정리했다.

비니모경의 내용은 마하승기율의 경우와 비슷하다. 경장 결집을 위한 까샤빠의 역할은 거의 없다. 단지 부처님이 남기신 가르침을 결집해야 할 이유를 비구들에게 설명하고 그것을 송출할 사람을 선정한 것으로 끝났다.[247]

결집에 대한 내용은 다른 설명 없이 바로 시작된다. "500비구는 결집장(結集場)에 앉았다. 그들은 5부경을 가지고 3장으로 결집했다." 라고 기술하고, 먼저 율장 결집에 대해 간략하게 언급했다. 그다음, 경장 결집에 대한 내용이 나온다. "설해진 모든 경들 가운데서 장아함과 상응(相應)하는 것을 모아서 장아함으로 했다. 설해진 모든 경들 가운데서 중아함과 상응하는 것을 모아 중아함으로 했다. 1·2·3·4, 내지 11수(數)까지 증가하는 경들을 모아 증일아함으로 했다. 비구·비구니와 상응하는 것, 제석(帝釋, Śakradevendra)과 상응하는 것, 신들(諸天, deva)과 상응하는 것, 범왕(梵王, Brahma)과 상응하는 것, 이들 모든 경들을 모아 잡아함으로 했다. 그리고 법구(法句, Dharmpada), 설의(說義, Arthavarga, 句義), 바라연(波羅延, Pārāyaṇa)과 같이 여래가 설한 것, 수뜨라(須妒路)에서 우바제사(優波提舍, Upadeśa)까지의 모든 경전, 잡장(雜藏, Kṣudrakāgama)과 상응하는 모든 경들은 잡장(雜藏, Kṣudrakapiṭaka)이 되었다. 이들 5종의 경들을 합쳐서 수뜨라장(Sūtrapiṭaka, 修妒路藏)이라 했

247 비니모경 권4(同上, 24권, p.818 상4~15).

다."[248]

●── **아난다의 경전 송출도 없었고 비구들의 확인이나 합송도 없었다.**

불반니원경에서 전하고 있는 결집 내용은 산만하고 엉뚱하다. 부처님의 다비(茶毘) 후 90일이 지난 다음, 까샤빠·아니룻다(Aniruddha, 阿那律)·까따야나(Kātyāyana, 迦旃延)는 "부처님께서 가르치신 모든 일과 큰 법을 아난다가 마음에 간직하여 조금도 모르는 것이 없으니 아난다에게 법을 받아서 빠짐없이 대나무 조각[竹簡]과 비단[帛]에 기록해야겠다."고 의논했다.[249]

까샤빠는 꾸시나가라에 모여 있던 3000명의 비구들에게 "부처님의 경을 결집해야 하는데 4아함이라고 하는 것입니다. 아난다가 부처님을 따라다니면서 오직 홀로 부처님과 친밀하였습니다."라고 말했다. 비구들은 "오직 아난다만이 알고 있다. 4아함은 아난다가 송출해야 한다."라고 하면서 결집에 동의했다. 까샤빠는 비구들 중에서 40명의 아라한들을 선출해서 아난다가 송출한 4아함을 흰 비단[素]에 받아 쓰게 했다. 그러나 표현만 이렇게 되어 있을 뿐 실제로는 한마디도 송

....

248 同上, p.818상20~28. Przyluski, 앞의 책, pp,178~179. Przyluski는 두 가지 雜藏 가운데, 앞의 것은 Kṣudraka-āgama(잡아함)를 가리키는 것이라고 그의 책 p.179의 註1에서 설명했다.

249 불반니원경 권하(大正藏 1권, p.175상23~28). 이 내용은 중국의 역경자들이 가필한 것임에 틀림없다. 설사 제1결집에서 문자로 결집을 했다고 해도, 인도에서는 비단에 글을 쓰지 않고 종려(棕櫚, tāla)나무 잎[貝葉, pattra]에 썼기 때문에 '60필 운운'이라는 표현은 사용할 수 없다. 경전 書寫의 재료에 대해서는 水野弘元, 『經典-その成立と展開』, pp.99~102(東京, 昭和 55년); 『ブッダ, 大いなる旅路』(1), pp.63~66, 「佛典の書寫」, NHK出版, 高崎直道 監修, 1999.

120

출하지 않았다. 각 아함(阿含)의 분량은 60필(疋)씩이었다.[250]

●── 아난다가 송출하고 40명 비구들이 비단에 받아썼을 뿐 비구들의 합송은 없었다.

반니원경은 불반니원경의 내용을 약간 다르게 기술하고 있다. 부처님의 반열반 후 90일이 되었을 때, 까샤빠와 아니룻다 등 여러 비구들이 모여 이렇게 의논했다. "부처님은 12부경과 4아함을 설했다. 오직 아난다가 부처님을 오랫동안 모셨기 때문에 부처님께서 설하신 것을 모두 암송하고 있다. 우리는 그것을 아난다에게 받아서 써야 한다." 까샤빠는 비구들 가운데서 40명의 아라한을 선출해 아난다가 송출한 네 가지 아함을 흰 비단에 받아쓰도록 했다. 각 '아함'의 분량은 60필(疋)씩이었다.[251]

반니원경에서는 결집된 경전의 분류 방법이 다른 문헌에서 말하는 것과 같지 않다. 경의 길이나 내용으로 분류된 것이 아니라 설해진 목적으로 분류되었다. 차례 역시 첫째는 중아함, 둘째는 장아함, 셋째는 증일아함, 넷째는 잡아함으로 했다. "중아함은 탐욕스럽고 음란한 사람을 위해, 장아함은 기뻐하고 성내는 사람을 위해, 증일아함은 어리석은 사람을 위해, 잡아함은 부모에게 효도하지 않고 스승에게 순종하지 않는 사람을 위해 지어졌다." 이어서 "아라한들은 의논해서 부처

<hr>

250 同上, p.175중5~하3. 복잡한 내용, 요약 정리했음.

251 반니원경 권하(大正藏 1권, pp.190하28~191상19~20과 23~24); 大迦葉阿那律 衆比丘 會 共議 佛十二部經 有四阿含 獨阿難侍佛久 佛之所說 阿難悉諷 當從書受…大迦 葉 卽選衆四十應眞 從阿難受得四阿含…四阿含文 各六十疋素 衆比丘言用寫四 文; Przyluski, 앞의 책, p.79와 p.85.

님의 12부경(十二部經)을 각각 나누어 받아쓰셨다."라고 마무리했다.[252]

●━ 아난다가 송출하고 몇몇 비구들이 비단에 받아썼다. 합송은 없었다.

대반열반경은 결집 과정에 대해서 한마디도 언급하지 않았다. 경의 맨 마지막에, 비구들은 다비(茶毘)를 하고 사리를 나누어 10기(基)의 탑을 세운 뒤, "까샤빠는 아난다 및 모든 비구들과 함께 라자그리하에서 3장을 결집했다."라고 단 한 구절로써 결집에 대해 언급하고 있다.[253]

●━ '비구들이 결집을 했다'는 한마디 말뿐이다.

찬집삼장급잡장전은 경장 결집에 대해 길게 기술하고 있다.[254] 경 송출을 위해 높은 자리에 올라가 앉은 아난다에게 까샤빠가 말했다. "경을 송출할 때가 되었습니다. 이 보배상자의 내용을 드러내 보여주십시오. 최상의 법을 명확하게 설명해 주십시오. 무엇을 증일(增一, ekottara)이라 하고, 무엇을 증십(增十, daśottara)이라 하고, 무엇을 본기(本起, mūlaparyāya)라 하고, 무엇을 제계(諸界, dhātu)라고 합니까." 아난다는 대답했다. "나는 이렇게 들었습니다. … 증일은 쉬라와스띠에서, 증십은 명피(名彼)[255]에서, 본기는 샤꺄국[釋中, Śākya]에서, 제계는 마가다국[魔

....

252 同上, p.191상21~25; 此四文者 一爲貪婬作 二爲喜怒作 三爲愚癡作, 四孝不師作…(阿羅漢) 遂相撿歛 分別書佛十二部經). Przyluski, 앞의 책, p.85.

253 대반열반경 권하(同上, 1권, p.207하10~11); 其後迦葉共於 阿難及諸比丘 於王舍城結集三藏.

254 찬집삼장급잡장전(同上, 49권, p.3상10~하29). Przyluski, 앞의 책, pp.103~109.

255 Przyluski는 "Dīganikāya(제272경, PTS, Ⅲ, p.250)에 의하면, 增十經, Dasutta-

竭]에서 설하셨습니다.”

이어서 “아난다는 다른 경들에 대해서도 이와 같이 말했다. 경들이 설해진 장소에 따라 아난다는 결집 대중을 위해 경을 송출했다. 그는 송출한 모든 경을 모아 첫째 장(藏, 經藏)으로 했다. … 다시 경장을 넷으로 나누어 아함(阿含)이라 했는데, 그것은 증일아함·중아함·장아함·잡아함이었다.”[256]

이들 4아함의 의미에 대한 까샤빠의 질문에 아난다는 하나하나 대답했다. “비구가 부처님을 생각함으로써 마음을 다스린다. 그래서 증일아함이라 한다. 다음에 오는 2법은 사유(思惟)와 선심(善心)인데, 이 두 법은 분별심을 그치게 한다. … 9처(處)는 9지(止, séjours)를, 10처는 10력(力)을 다루고 있다. 11처는 방우아경(放牛兒經)이고 자경(慈經)으로써 증일아함이 끝난다.”[257]

중아함은 “길이가 지나치게 길지도 짧지도 않고, 잘 조화된 의미를 결합시키고 그 표현(expression, 字)이 거칠지도 너무 세밀하지도 않고 말과 의미가 ‘같은 수준[正等, même niveau]’이기 때문에 중아함이라고 한다.”[258] 장아함은 “선세(先世, âges anterieurs)와 겁세(劫世, âges Kalpa)

---

rasuttanta)의 설처(說處)가 Campā로 되어 있는데, 그것이 여기서는 어떻게 名彼로 音寫될 수 있었는지 알 수 없다.”라고 말하고 있다. 그의 책, p.104 註1.

256 大正藏(同上, 1권, p.3상11~23); 何說增一 何說增十 何說本起 何說諸界…舍衛增一 名彼增十 釋中本起 魔竭諸界 餘經亦爾 處處演說. Przyluski(앞의 책, p.103)는 本起를 “les Causes fondamentales(근본 원인들)”이라고 이해했다.

257 同上, p.3상26~중6. ‘增一’이라는 명칭에 대한 긴 설명이 계속된다.

258 同上, p.3중17~19. Przyluski, 앞의 책, pp.106~107. 내용 요약했음.

까지 거슬러 올라가면서 길게 설하고 있기 때문에 장아함이라고 한다. … 과거 7불뿐 아니라 대승과 부처님의 열반도 여기에서 다루고 있기 때문에 장아함이라 한다." 잡아함은 앞의 3부 아함 외의 잡경(雜經)들과 신[天]들이 찬탄하면서 읊은 게송들이 모두 여기에 포함되어 있다. 그 때문에 잡아함[等含, saṃyuktāgama]이라 한다.[259]

경·율·논장의 3장 외에 잡장(雜藏)이라는 이름으로 제4장의 결집을 말하고 있다. 잡장은 3장의 결집이 끝난 다음에 결집되었다.[260] 그러나 내용상으로는 제4아함에 연결되는 제5아함에 해당된다.[261] 까샤빠가 아난다에게 "무엇을 제4장이라고 합니까."라고 묻자 아난다는 이렇게 설명했다. "이것은 여러 가지 생각[意, intentions]과 행동[行, actes]에 따라 각각 다릅니다. 그래서 이것을 잡장이라고 합니다. 붓다들, 아라한들, 신들, 범(梵)들과 외도들이 그들의 과거 생에 대해 말한 이야기[宿緣, récit]를 잡장이라고 합니다. 잡장은 많은 게송과 12인연에 대한 물음, 여러 가지 입[各異入, āyatana]을 포함하고 있습니다. 그래서 이것을 잡장이라고 하는 것입니다. 3아승기겁에 걸친 보살의 전생에서 나온 인연을 말하고 있기 때문에 잡장이라고 합니다. 이들 많은 전생의 이야기에서 나온 것은 아함의 내용과 다릅니다. 그래서 이것을 잡장이

---

259 同上, p.3중20~21; Przyluski, 앞의 책, pp.107~108.

260 同上, p.3하5~21; Przyluski, 앞의 책, pp.108~109.

261 다른 문헌에 의하면 「雜藏」은 '제5아함'이다. 율장 권4, 소품11(남전장 4권, p.430); 오분율 권30(대정장, 22권, p.191상28~29); 비니모경(同上, 24권, p.818상 25~28); 선견율비바사 권1(同上, 24권, p.675중19~24); 사분율 권54(同上, 22권, p.968중21~26).

라고 합니다."[262]

●— 까샤빠가 아난다에게 설명한 5아함의 구성 내용일 뿐 결집은 없었다.

일체선견율주서의 결집 내용은 주석서답게 세부적으로 매우 자세하다. 그러나 핵심은 거의 동일하다. 율장 결집이 끝나자 곧 까샤빠와 결집 비구들은 아난다를 법(法, 經)의 합송을 위한 상수(上首)로 선정했다. 아난다는 상좌 비구들에게 예를 올린 다음 상아(象牙)로 장식된 부채를 들고 법좌(法座)에 올라가 앉았다. 곧 까샤빠와 아난다의 문답이 시작되었다. "범망경(梵網經, Brahmajālasutta)은 어디에서 설해졌습니까." "라자그리하와 날란다 중간에 위치한 망고 숲속, 왕의 별장에서 설해졌습니다." "누구로 말미암아 설해졌습니까." "보행외도(普行外道) 숩삐야(Suppiya)와 그의 제자 브라흐마닷따(Brahmadatta, 梵達磨)로 말미암아 설해졌습니다." "무슨 일 때문이었습니까." "칭찬과 비난 때문이었습니다."

이와 같이 까샤빠는 범망경의 연기(緣起: 경이 설해진 유래)와 인물(人物: 관련된 사람)에 대해 묻고 아난다는 대답했다. 다시 까샤빠는 사문과경(沙門果經, Sāmaññaphala)이 설해진 장소와 관계된 사람에 대해 물었다. 아난다는 '라자그리하의 지와까(Jīvaka, 耆婆) 망고 숲속에서 비구들이 위데하(Videha, 韋提希) 왕비의 아들 아자따샤뜨루왕과 함께 있는 자

---

262 同上, p.3하21~29; 此說各異 隨衆意行 是名雜藏 佛說宿緣 羅漢亦說 天梵外道 故名雜藏 中多偈頌 問十二緣 此各異入 是名雜藏 三阿僧祇 菩薩生中 所生作緣 故名三藏 中多宿緣 多出所生 與阿含異 是名雜藏. 내용이 이해하기 어렵고 복잡하다. Przyluski의 번역 역시 마찬가지다. 그의 책, p.109.

리에서 설해졌다.'고 대답했다." 이와 같은 방법으로 5부에 대해 묻고 대답했다. 5부란 장부(長部)·중부(中部)·상응부(相應部)·증지부(增支部)·소부(小部)인데, 소부란 4부를 제외한 나머지 모든 경전이다.[263]

이것이 경장 결집에 대한 설명의 전부다. 그렇지만 범망경과 사문과경에 대한 송출만 구체적일 뿐 그 외에는 설명이 없다.

● 결집된 경전에 대한 대중들의 확인도, 합송에 대한 언급도 없다. 까사빠가 결집에 참여한 모든 비구들에게, 아난다가 송출한 내용의 사실 여부를 개별적으로 확인한 것으로 되어 있다.

이렇게 경장 결집에 대한 설명이 끝나고 다시 「붓다의 모든 말씀에 대한 분류」라는 소제목으로 경장에 대해 여러 가지 방식으로 분류한 다음, 5부에 대한 구체적인 경전의 수를 말하고 있다.[264]

선견율비바사의 내용은 일체선견율주서와 거의 동일하다. 법장(法藏)의 송출자로 선정된 아난다는 높은 자리에 올라가 앉아 상아(象

---

263 일체선견율주서(남전장 65권, pp.20~21); Jayawickrama, *The Inception of Discipline and the Vinaya Nidāna*[*Samantapāsādikā*], pp.13~14.

264 同上, pp.21~24; Jayawickrama, 위의 책, pp.14~15. 梵網經을 시작으로 34경을 長部(Dīghanikāya)로 하고, 根法門經을 시작으로 152경을 中部(Majjhimanikāya)로 하고, 漏度經을 시작으로 7,762경을 相應部(Saṃyuttanikāya)로 하고, 心醉經을 시작으로 9,557경을 增支部(Aṅguttaranikāya)로 했다(합계 17,505경). 그리고 小誦經·法句經·自說經·如是語經·小經集經·天宮事經·餓鬼事經·長老經·長老尼經·本生經·義釋經·無礙辯道經·譬喻經·佛種姓經·小行藏經의 15分을 小部(Khuddakanikāya)로 했다.
이 부분은 형식상으로 보아서도 제1차 결집에서 작성된 것이 아니고 훨씬 뒷날에 첨가된 것임에 틀림없어 보인다. 제1차 결집에서는 이와 같은 분류 방법을 사용했다는 언급이 없을 뿐 아니라, 그것이 가능하지도 않았을 것이다.

牙)로 장식된 부채를 손에 들었다. 곧 까샤빠와 아난다의 문답이 시작되었다. 법장 가운데 범망경(梵網經)과 사문과경(沙門果經)이 설해진 장소와 관련된 사람과 경들이 설해지게 된 동기에 대해 묻고 대답했다. 이와 같은 방식으로 5부경을 결집했다. 5부경이란 장아함경·중아함경·승술다경(僧述多經, 雜阿含經)·앙굴다라경(殃堀多羅經, 增一阿含)·굴타가경(屈陀迦經, 小部經)이다. 굴타가경은 "4아함(四阿含)을 제외한 나머지 모든 경이다."[265]

이것이 경장 결집에 대한 설명의 전부다. 바로 이어서 일체선견율주서에서 본 것과 같이 결집된 경장을 여러 가지 방식으로 분류하고 5부경에 포함된 경전 수를 구체적으로 제시했다.[266]

4) 율장 결집

앞에서 언급한 것처럼 모든 율장 관련 문헌에서는 율장부터 먼저 결집한 것으로 되어 있다. 까샤빠가 결집을 시작하면서 대중들에게 물었

---

265 선견율비바사 권1(대정장 24권, p.675중4~24); 除四阿鍮餘者一切佛法.

266 同上, p.676상1~10. 梵動經을 비롯해서 44修多羅를 모두 長阿鍮에 넣었고, 根牟羅波利耶(Mūlapayyā-sutta)를 비롯해서 252수다라를 모두 中阿鍮에 넣었고, 烏多羅阿婆陀那(Oghatara-apadāna)를 비롯해서 7,762수다라를 모두 僧述多(Saṃyukta)에 넣었고, 折多波利耶陀那修多羅(Cittapariyādāna-sutta)를 비롯해 9,557수다라를 殃堀多羅에 넣었다. 합계 17,615경이다. 法句(Dhammapada)·喩嫗陀那(Uādana)·伊諦佛多伽(Itivuttaka)·尼波多(Suttanitada)·毘摩那(Vimānavatthu)·卑多(Petavatthu)·涕羅伽陀(Therāgāthā)·涕利伽陀(Therīg āthā)·本生(Jātaka)·尼涕婆(Niddesa)·波致參毘陀(Paṭisambhidā)·譬喩(Apadāna)·佛種性(Buddhavaṃsa)·若用藏(Cariyāpiṭaka)을 14分으로 나누어 모두 屈陀迦(Khuddakapāṭha, 小部)에 넣었다. 이것을 修多羅藏이라 했다. 경전의 빨리어 표기는 같은 책, p.676의 註에서 취했다.

다. "먼저 결집해야 할 것은 법장(法藏, 經藏)입니까, 비니장(毘尼藏, 律藏) 입니까." 비구들은 대답했다. "대덕이여, 비니장은 바로 불법의 생명 [佛法壽]입니다. 비니장이 살아 있으면 불법도 살아 있게 됩니다. 그러 므로 우리는 먼저 비니장을 송출합시다."[267]

율장 결집도 경장 결집의 경우와 거의 동일하다. 까샤빠가 묻고 우빨리(Upāli)가 대답했다.[268] 그러나 몇몇 문헌에서는 우빨리 대신 아 난다가 송출자로 되어 있다.[269] 경장의 경우와 다른 점은 모든 관련 문 헌에서 율장의 첫 조(條)부터 마지막 조까지 차례대로 송출(誦出)되었 다는 것이다.[270] 오직 마하승기율만이 예외다.[271]

●— 까샤빠와 우빨리의 문답식으로 된 율장의 송출일 뿐, 500결집 비구들의 합송은

....

267 선견율비바사 권1(同上, 24권, pp.674하21~675상2); 爲初說法藏毘尼藏耶 諸比丘答曰 大德毘尼藏者是佛法壽 毘尼藏住佛法亦住 是故我等先出毘尼藏.

268 율장 권4, 소품11(남전장 4권, p.429); 사분율 권54(대정장 22권, p.968상3~중11); 오분율 권 30(同上, 22권, pp.190하25~191상14); 십송율 권60(同上, 23권, pp.447하23~448상27); 유부비 나야잡사 권39(同上, 24권, pp.407하26~408중1); 선견율비바사(同上, 24권, p.675상12~중2); 일체선견율주서(남전장 65권, pp.18~20); 아육왕전 권4(대정장 50권, p.113중29~하13)와 아 육왕경 권6(同上, 50권, p.152상10~14). 그러나 마하승기율 권32(同上, 22권, p.492상1~4)에 서는 까샤빠의 개입 없이 우빨리가 송출했다.

269 불반니원경 권하(同上, 1권, p.175하2~9); 반니원경 권하(同上, 1권, p.191상19~26); (同上, 24 권, p.818 12~20). 이 문헌들은 비니모경을 제외하고는 모두 경전(經典)이다. 아난다가 율장을 송출했다는 것을 분명하게 나타내지는 않았지만, 경장을 송출하고 이어서 율 장 결집이 송출된 것처럼 기술되고 있다. 율장 송출을 우빨리와 연결시키지 않았다.

270 율장 권4, 소품11(남전장 4권, p.429); 사분율 권54(대정장 22권, p.968상7 이하); 오분율 권 30(同上, 22권, p.190하29 이하); 십송율 권60(同上, 23권, p.447하23 이하); 선견율비바사(同 上, 24권, p.675중12 이하); 유부비나야잡사 권40(同上, 24권, pp.407하29~408상1 이하); 아육 왕전 권4(同上, 50권, pp.113중29~하1~3)와 아육왕경 권6(同上, 50권, p.152상12~14); 대지 도론 권2(同上, 25권, p.69하11 이하).

271 마하승기율 권32(同上, 22, p.492상5 이하).

아니다.

율장에 의하면, 까샤빠가 비구들에게 "승가가 동의한다면 나는 우빨리에게 율(律)에 대해 묻겠습니다."라고 말했다. 우빨리 역시 "승가가 동의한다면 나는 까샤빠 존자가 율에 대해 할 질문에 대답하겠습니다."라고 말했다. 그러고는 바로 율에 대한 문답에 들어갔다. "벗 우빨리여, 제1 바라이(波羅夷, pārājika)는 어디에서 제정되었습니까.""대덕이여, 와이샬리성에서 제정되었습니다.""누구 때문에 제정되었습니까." "깔란다(Kalanda, 迦蘭陀)의 아들 수딘나(Sudinna, 須提那) 때문에 제정되었습니다.""무슨 일 때문이었습니까.""부정법(不淨法, 淫行) 때문이었습니다."

그때 까샤빠는 우빨리에게 제1 바라이의 사(事)를 묻고 인연(因緣)을 묻고 인(人)을 묻고 제(制)를 묻고, 2제(二制)를 묻고 범(犯)을 묻고 불범(不犯)을 물었다.

사(事)는 해당되는 계(戒)이고, 인연은 계를 제정할 필요가 생긴 사건이고, 인(人)은 계의 제정에 관계된 사람이고, 제(制, 또는 結戒)는 계문(戒文)의 제정이고, 2제(또는 隨結)는 제정된 계문에 새로운 내용의 추가이고, 범과 불범은 계의 적용에 대한 설명이다.[272]

두 장로는 계속해서 제2·제3·제4바라이에 대해 첫 바라이의 경우처럼 묻고 대답했다. 이 문답 끝에, "이와 같이 해서 까샤빠는 2부율,

---

272 佐藤密雄(崔法慧 역), 율장, pp.18~19; 같은 저자, 『原始佛教教團の研究』, p.810에서 자세하게 설명하고 있다.

즉 비구율과 비구니율에 대해 질문하고 우빨리는 대답했다."라는 말
로써 율장의 송출을 끝냈다.[273]

●— 우빨리가 송출한 율장에 대한 결집 비구들의 확인도 합송(合誦)도 없었다. 단지
까싸빠의 질문과 우빨리의 대답뿐이었다.

사분율은 빨리율보다 좀 더 구체적으로 기술되었다. 까샤빠가, "첫째
바라이는 어디에서 처음으로 제정되었으며 누가 처음으로 범했습니
까."라고 묻고, 우빨리가, "와이샬리에서 제정되었고, 깔란다의 아들
수딘나가 처음으로 범했습니다."라고 대답했다. 역시 둘째 바라이에
서 넷째 바라이까지 제정된 장소와 관련된 비구에 대해 묻고 대답했
다. 계속해서 승잔법(僧殘法, saṃghāvaśeṣa: 교단에서 일시적으로 추방되는 죄)
·부정법(不定法, aniyata: 분명치 않은 죄)·니살기(尼薩耆, niḥsargika, 捨墮法:
부당하게 얻은 물건을 버려야 하는 죄)·바일제(波逸提, pātayantika: 참회해야 하는
죄)·바라제제사니(波羅提提舍尼, pratideśanīya: 고백해야 하는 죄)·중학법(衆
學法, śaikṣa: 식사·복장·예의 등에 대한 참회 죄)에 대해 제정된 장소와 관련된
비구에 대해 묻고 대답했다. 그리고 "비구니별계(比丘尼別戒)도 비구율
처럼 송출되었다."[274]

　　계속해서, 최초로 대계(大戒: 구족계)를 준 곳과 이 일에 관련된 비
구들에 대해 묻고 대답했다. 역시 처음으로 설계(說戒, 布薩)·안거(安居,

273　율장 권4, 소품11(남전장 4권, pp.429~430); Przyluski, 앞의 책, pp.143~146; I.B.
　　　　Horner, *The book of the discipline*(Ⅴ), pp.396~397, PTS, 1975.

274　사분율 권54(대정장 22권, p.968상10~25); 라모뜨(호진 옮김), 『인도불교사』(1), p.328.

varṣa)·자자(自恣, pravāraṇā: 안거가 끝나는 날에 행하는 의식)를 행한 장소와
이 일들과 관련된 비구들에 대해 묻고 대답했다. 이렇게 계속된 문답
은 비니증일(毘尼增一)에 이르러서 끝났다.

결집 비구들은 비구와 관련된 계를 모두 모아서 비구율(比丘律)로
하고, 비구니와 관련된 모든 계를 모아서 비구니율로 했다. 역시 모든
수계법을 한곳에 모아 수계건도(受戒犍度)로 하고, 모든 포살법(布薩法)
을 한곳에 모아 포살건도로 했다. 계속해서 모든 자자법(自恣法)·피혁
법(皮革法)·의법(衣法)·약법(藥法)·가치나의법(迦絺那衣法)을 모아 자자
건도·피혁건도·의건도·약건도·가치나의건도로 했다. 그리고 비구·
비구니 두 가지 율과 모든 건도(犍度, khandhaka: 品 또는 章)와 조부(調部)
와 비니증일을 합쳐 비니장(毘尼藏)으로 했다.[275]

● — 율장의 송출(誦出)에 대한 결집 비구들의 확인과 합송은 없었다.

오분율은 빨리율의 경우처럼 4바라이밖에 기술하지 않았다. 까샤빠
는 우빨리에게 물었다. "부처님께서는 어느 곳에서 첫 계를 제정하셨
습니까." "와이샬리에서 했습니다." "누구 때문에 제정하셨습니까."
"깔란다의 아들 수딘나(Sudinna-Kalandaputta) 때문이었습니다." "어떠
한 일 때문에 제정하셨습니까." "옛 아내와 음행을 했기 때문입니다."
"2제(二制)가 있었습니까." "있었습니다. 어떤 비구가 원숭이와 음행

---

275 同上, p.968상25~중11; Przyluski, 앞의 책, pp.188~192. 調部는 계율의 보충 설명
부분이고, 비니증일은 증가된 계율을 法數 1에서 22까지 차례로 정리한 것이다. 사
분율의 55~60권(pp.971~990)에 포함되어 있다.

을 했기 때문입니다." "어느 곳에서 두 번째 계를 제정하셨습니까."
"라자그리하에서였습니다." "누구 때문에 제정하셨습니까." "다니야
(Dhaniya, 達膩吒) 때문이었습니다." "어떠한 일 때문에 제정하셨습니
까." "다니야가 빔비사라(Bimbisāra, 瓶沙)왕의 재목(材木)을 훔쳤기 때문
이었습니다." 이어서 세 번째 계와 네 번째 계의 제정에 대한 문답이
있었다. 그다음, "까샤빠는 이와 같이 해서 모든 율[毘尼]에 대해 질문
했다."라는 한 문장으로, 율장 전체의 송출이 있었다는 것을 나타내었
다. 이어서 까샤빠는 비구들에게 "이것이 비구의 율이고 이것이 비구
니의 율로서 합해서 율장[毘尼藏]이라고 합니다."[276]라고 선언했다.

● — 송출된 내용에 대한 결집 비구들의 확인도 합송도 없었다.

십송율에 의하면, 까샤빠는 우빨리를 위해 법좌(法座)를 설치해 주었
다. 우빨리가 자리에 올라가 앉자 까샤빠는 곧 질문을 시작했다. "첫
바라이는 어떤 인연으로 어디에서 제정되었습니까." "와이샬리에서
깔란다의 아들 수딘나 비구 때문에 제정되었습니다." "여기에서 무엇
이 범하는 것이고 무엇이 범하지 않는 것입니까." 우빨리는 범하고[犯]
범하지 않는[不犯] 비나야의 상(相: 상태, nature)을 자세하게 설명했다.[277]

---

276 오분율 권30(同上, pp.190하29~191상14). 생략된 율장 내용의 일부는 '소소계 문제'가
제기되었을 때 衆學法·四波羅提提舍尼·波逸提, 尼薩耆波逸提가 언급되는 데서
엿볼 수 있다. 同上, p.191하7~12.

277 십송율 권60(同上, 23권, p.447하26~27); 優波離廣說 犯不犯相(犯과 不犯의 相을 자세히 설
했다)이라고 기술하고 있지만 실제로 설명은 없다. Przyluski(앞의 책, p.227)는, "Upāli
exposa la nature de la prohibition et la non-prohbition"라고 번역. 佐藤密雄 著·
崔法慧 譯, 律藏(동국역경원, 1994, p.19)에 의하면 犯이란 어떤 행위가 戒에 저촉되는

까샤빠는 부처님의 첫 제자인 아즈냐따 까운디냐에게 "우빨리가 말한 것이 사실입니까."라고 묻고, 까운디냐는 "그렇습니다. 내가 부처님께 들은 것은 우빨리가 말한 것과 같습니다."라고 대답했다. 차례차례로 까샤빠는 균타(均陀, Cunda) 장로·십력까샤빠(十力迦葉, Daśabala Kāśyapa)·500아라한들과 아난다에게 같은 질문을 했다. 아난다는, "나 역시 그와 같이 들었습니다. 이것이 법이고, 이것이 선(善)입니다. 우빨리 장로가 말한 것과 같습니다."라고 대답했다. 마지막으로 아난다가 까샤빠에게 같은 질문을 하고 같은 대답을 들었다.[278]

이와 같은 절차가 끝나자 까샤빠가 비구들에게 큰 소리로 말했다. "첫 바라이법이 결집되었습니다. 이것이 법(法)이고 이것이 율(律)이고 이것이 부처님의 가르침입니다. 이 법을 비법(非法)이라고 말하거나 비법을 정법(正法)이라고 말하거나, 이 율을 비율(非律)이라고 말하거나 비율을 정율(正律)이라고 말하는 비구는 아무도 없습니다. 이것은 법이고 이것은 율이고 이것은 부처님의 가르침입니다. 승가는 승인하는 뜻으로 침묵했습니다. 그러므로 이것을 이와 같이 지니십시오." 제2·제3·제4 바라이 역시 제1바라이 경우처럼 송출되고 결집되었다.

계속해서 승가바시사(僧伽婆尸沙)의 일부, 즉 13계 가운데 5계의 결집에 대해 자세하게 말한 다음, "이와 같이 차례로 모든 율의 결집을 끝마쳤다."라는 말로써 전체 결집이 마무리된 것을 나타내고 있다. 까

것이고, 不犯이란 동일한 행위라도 어떤 경우에는 계에 저촉되지 않는 것을 말한다.
278   同上, pp.447하27~448상3.

샤빠는 대중들에게 큰 소리로 말했다. "대덕 승들은 들어주십시오. 이것이 법이고 이것이 율이고 이것이 부처님의 가르침입니다. … 승가는 승인하는 뜻에서 침묵했으므로 이것을 이와 같이 지니십시오."[279]

● 우빨리가 송출한 계율 내용을 비구들이 들었다는 것을 까샤빠가 확인했지만, 비구들의 합송은 없었다.

유부비나야잡사의 내용은 뒤섞여 약간 혼란스럽다. 처음으로 송출된 내용은 율장 가운데 제7장의 중다학법(重多學法)인데, 비구들의 위의(威儀)에 관계되는 내용이다. 우빨리가 비나야를 송출하기 위해 사자좌(獅子座)에 올라가자 까샤빠가 그에게 물었다. "부처님께서는 어디에서 제1학처(學處, śikṣāpada: 계율조목)[280]를 제정하셨습니까." 우빨리는 대답했다. "와라나시에서 제정하셨습니다." "이것은 누구를 위해 설하셨습니까." "5비구를 위해 설하셨습니다." "이것은 무엇입니까." "군(裙: 속옷)을 바르게 입되 너무 올려 입거나 너무 내려 입지 말도록 배워야 한다는 것입니다."

문답이 끝나자 참석한 아라한들은 함께 변제정(邊際定)[281]에 들어

279 同上, p.448상3~중3.

280 學處란 '비구와 비구니들이 배워야 할 근거'라는 의미로, 5계·8계·10계 등의 계율 條目이다. 多屋賴俊(外), 위의 사전, p.62(2)와 450(3).

281 色界의 제4선(禪, 靜慮). 邊際는 '최상'의 의미로서, 제4선이 다른 3선에 비해 가장 뛰어난 선[定]이기 때문에 邊際定이라 한다. 中村元, 앞의 사전, p.1214(1); 多屋賴俊(外), 『佛敎學辭典』, p.256(3); 下下品에서 上上品까지 9품의 定 가운데서 마지막 경지인 上上品의 定이 邊際定이다.

가 관찰함으로써, 우빨리의 말이 사실이라는 것을 확인했다. 그때 까샤빠는 생각했다. '우리는 세존께서 설하신 최초의 학처를 결집했다. 비구들 가운데 반대하거나 비난하거나 싫어하는 사람은 없었다. 그러므로 이 위나야[毘奈耶]는 부처님께서 설하신 것임을 알아야 한다.'[282]

●— 변제정(邊際定)에 들어가 관찰했을 뿐 합송(合誦)은 없었다.

까샤빠는 이어서 제2학처에 대해 같은 식으로 질문했다. 우빨리는, "제2학처 역시 와라나시에서 5비구에게 설해졌는데, 그것은 3의(三衣)[283]를 바르게 입도록 배워야 한다."는 것이라고 대답했다. 결집 아라한들은 역시 변제정에 들어가 관찰함으로써 그것을 확인했다. 까샤빠는 '우리는 세존께서 설하신 제2학처를 결집하였다'라고 생각했다.

그는 다시 우빨리에게 부처님이 어디에서 누구를 위해 제3학처를 설하셨는지 물었다. 우빨리는 "와이샬리의 깔란다까촌(羯蘭鐸迦村)에서 깔란다까(Kalandaka)의 아들 수딘나(Sudinna, 蘇陣那)가 비구를 위해 설하셨다."고 대답했다. 그리고 "비구가 이 금계(禁戒)를 받고 다른 비구에게나 축생에게 음욕(淫慾)을 행하면 바라시가(波羅市迦, pārājika, 波羅夷) 죄를 범하게 되고, 다른 비구들과 함께 살 수 없다고 말씀하셨다."고 설명했다. 역시 아라한들은 변제정에 들어가 관찰함으로써 우

....

282 유부비나야잡사 권40(대정장 24권, pp.407하26~408상7).

283 비구가 가질 수 있는 세 가지 옷으로 大衣와 2종의 上衣이다. 외출과 탁발할 때 입는 正裝인 僧伽梨, 예배와 포살할 때 입는 鬱多羅僧, 작업과 취침할 때 입는 安陀會이다. 中村元, 앞의 사전, p.455(3~4).

빨리의 말이 사실이라는 것을 확인했다. 그때 까샤빠는, '우리는 제3학
처에 대한 결집을 끝냈다'라고 생각했다. 제2학처의 경우처럼 그것을
'널리 설했다'라는 말로써 까샤빠가 제3학처의 결집을 확인하고 선포
했다는 사실을 나타냈다.[284]

여기서 갑자기, "나머지 학처는 세존께서 왕궁과 마을에서 모든
비구들을 위하여 널리 제정하신 것인데, 그때 우빨리가 모두 갖추어
말하였고, 아라한들이 결집했다."[285]라고 하면서, 훨씬 후기에 작성되
었을 율장의 전체 내용을 이렇게 말했다.[286] "비구계로 바라시가법(波
羅市迦法)·승가벌시사법(僧伽伐尸沙法)·2부정법(二不定法)·30사타법
(三十捨墮法)·90바일저가법(九十波逸底迦法)·4바라저제사니법(四波羅底
提舍尼法)·중다학법(衆多學法: 위에서 언급된 1~2학처법은 여기에 포함되어 있
다)·7멸쟁법(七滅諍法)이다." 그리고 건도(犍度)로서 "출가(出家)·수근
원(受近圓)[287]·단백(單白)과 백이(白二)와 백사갈마(白四羯磨)·응도(應度)

....

284 同上, 권40(대정장 24권, pp.408상13~20). 제3학처에 대해서는 율장의 편찬자가 혼동
한 것 같다. 제1학처와 2학처가 '衆多學法'의 제1학처와 제2학처였으므로 제3학
처는 反抄入白衣舍戒(=袈裟의 한끝을 뒤집어 어깨에 걸친 모습으로 신도 집에 들어간 것)이어
야 하는데, 여기서는 가장 엄중한 계인 4바라이 가운데 제1淫戒를 들고 있다(同, 상
14~17). 佐藤密雄(崔法慧 역), 『律藏』, p.75와 pp.188~190 참조.
바로 아래에서 볼 수 있겠지만 여기서 말한 제1~2학처 법은 7번째 중다학법의 1~2
계에 속하고, 제3학처법인 바라시가법이라고 한 것은 1번째 바라시가법, 즉 바라이
법의 제1계에 속한다.

285 同上, p.408상20~22.

286 同上, p.408상22~중2. 塚本啓詳, 『初期佛教敎團史の研究』, p.183 참조.

287 受近圓은 具足戒를 받는 것. 近圓의 圓은 열반을 의미한다. 구족계는 열반에 가까
이 가는 法이기 때문에 이렇게 부른다. 中村元, 앞의 사전 p.430(3); 佐藤密雄(崔法
慧 역), 『律藏』, p.170.

와 불응도(不應度)[288]·포쇄타(褒灑陀, 布薩)·안거(安居)·수의(隨意, 自恣), 그리고 제사(諸事) 및 잡사(雜事)이다.[289] 마지막으로 "니다나(尼陀那)와 목득가(目得迦)[290]이다." 그러고 나서, "우빨리는 위나야의 결집을 끝내고 높은 자리에서 내려왔다."라는 문장으로 율장 결집에 대한 설명을 끝냈다.[291]

●— **까사빠가 묻고 우빨리가 설명하고, 비구들은 변제정에 들어가 관찰함으로써 확인했을 뿐 합송은 없었다.**

마하승기율이 전하고 있는 율장의 결집 내용은 다른 문헌에 비해 복잡할 뿐 아니라 독특하다. 결집 비구들이 우빨리에게 율장 결집을 요청하자, 그는 "자신보다 더 잘할 수 있는 다른 장로 비구들이 있다."라고 하면서 사양했다. 그러나 거듭된 요청 때문에 비구들의 뜻을 따르기로 하면서 몇 가지 조건을 제시했다. "결집을 하라고 하면 하겠습니

---

288 應度와 不應度는 다른 율장에서 사용하지 않는 표현이다. 승가의 決議 방법[羯磨]에 따르면 제출된 안건에 대해 '인[忍, 찬성]'하는 경우에는 침묵하고, 반대하는 경우에는 '설(발언)'해야 하는데, '應度와 不應度'는 이 '忍'과 '說'을 가리키는 것 같다. 佐藤密雄(崔法慧 역), 위의 책, pp.44~45.

289 '諸事와 雜事'가 있는 부분에 사분율의 경우, 皮革건도·衣건도·藥건도·迦絺那衣(功德衣)건도가 놓여 있는 것으로 보아 동일한 내용이라고 생각된다.

290 尼陀那(nidāna)는 계율을 제정하게 된 이유를 밝혀놓은 것이고(대정장 24권, p.415 이하), 「目得迦」는 부처님과 제자들의 전생담과 계율에 대한 교리적인 설명을 서술해 놓은 것이다. 根本說一切有部尼陀那目得迦, 同上, p.415 이하; 한글대장경 제186권(율부 14), 해제, pp.12~13.

291 유부비나야잡사 권40(대정장 24권, p.408상20~중2).

다. 그러나 내가 말하는 것이 법에 맞으면 승인해 주시고 법에 어긋나면 중지시켜 주십시오. 법에 맞지 않으면 반드시 중지시켜 주십시오. 나에게 존경을 표하느라고 중지시키는 것을 피하지 마십시오. 의미[義]에 일치하는 것과 의미에 어긋나는 것을 나에게 알려주시기 바랍니다." 비구들은 그의 제의를 받아들였다.[292]

● — 여기서 결집이란 말은 합송(合誦)이 아니고 편찬(編纂)이다.

우빨리는 먼저 율장 결집을 어떻게 할 것인가를 생각한 다음, 5정법(五淨法)[293]을 기본 방침으로 하기로 하고 그것을 결집 비구들에게 말했다.[294] 5정법이란, 첫째 제한정(制限淨), 둘째 방법정(方法淨), 셋째 계행정(戒行淨), 넷째 장로정(長老淨), 다섯째 풍속정(風俗淨)이다.[295]

---

292 마하승기율 권32(同上, 22권, pp.491하27~492상5); Przyluski(p.212)는 '勿見尊重'을 "n'évitez pas d'interrompre pour me montrer du respect"라고 번역.

293 佐藤密雄, 『原始佛敎敎團の硏究』, p.611, 東京, 1972; 塚本啓祥, 『初期佛敎敎團史の硏究』, p.160; 淨法의 淨인 kalpa는 淸淨의 의미가 아니라, 율의 조문에 비추어서, '적절하다, 타당하다, 합법이다'라는 의미로서, 漢譯『律藏』에서는 淨이라고 번역, '죄에 저촉되지 않는다'는 의미이다.

294 본문에서는 우빨리가 五淨法을 단지 '생각한 것[作是念]'으로 되어 있지만 실제로는 그것을 대중들에게 말했을 것이다. Przyluski는 이것을 註로써 설명했다(그의 책, p.212 註1).

295 마하승기율 권32(同上, 22권, p.492상7~18); Przyluski, 위의 책, pp.212~213. 이 5정법은 율장을 결집하기 위한 방법으로, 율장의 내용이 아니다(我今云何結集律藏, 5~6줄). 佐藤密雄, 앞의 책, p.583과 前田惠學, 『原始佛敎聖典の成立硏究』, p.564. 그러나 塚本啓祥은 이것을 결집 내용으로 잘못 생각한 것 같다. 그의 책, p.183.

① 제한정: 비구들이 거주하는 곳의 범위를 정하는 것이다[諸比丘住處作制限]. 4대교법(四大敎法)[296]과 서로 어긋나지 않으면 채택하고 서로 어긋나면 버린다.[297]

② 방법정: 국토의 법이다[國土法爾]. 4대교법과 서로 어긋나지 않으면 채택하고 서로 어긋나면 버린다.[298]

③ 계행정: 나쁜 짓을 한 비구가 "나는 계를 지니고 있는 어떤 비구가 이것[法]을 행하는 것을 보았다(我見某持戒比丘行是法)."라고 말하는 경우 "그것이 4대교법과 서로 어긋나지 않으면 채택하고 서로 어긋나면 버린다."이다.

④ 장로정: 나쁜 비구가 "나는 어떤 장로 비구·존자 샤리뿟뜨라와 마우드갈랴야나가 이 법을 행하는 것을 보았다."라고 말하는 경우, 그것이 4대교법과 서로 어긋나지 않으면 채택하고 어긋나면 버린다.

⑤ 풍속정: 이것은 본래 세속법으로서 출가자가 행해서는 안 된다. 비시식(非時食: 때가 아닌 때 하는 식사)·음주·행음(行淫)과 같은 일은 세속정(世俗淨)으로서 출가정(出家淨)이 아니다.

---

296 佐藤密雄, 『原始佛敎敎團の硏究』, pp.577~578.

297 위의 책, p.580에 의하면, 제2결집의 住處淨과 동일하다. 비구들은 同一界(samanasima) 원칙인데 사정에 따라 여러 곳에서 따로 포살을 해도 좋다는 주장이다.

298 方法淨이란 지방의 사정에 따라 인정된 略式의 계율을 행하는 것. 변방인 수나국(輸那國, Sunāparanta)의 예에서 구체적으로 볼 수 있다. 마하승기율 권23(대정장 22권, p.416상9~23); 佐藤密雄, 앞의 책, pp.584~585; 平川彰, 『律藏の硏究』, pp.529~530.

이렇게 5정법[299]을 설명한 다음, 우빨리는 "장로들이여, 이와 같습니다. 내가 말하는 것이 법에 맞으면 승인해 주시고 법에 맞지 않으면 중지시켜 주십시오."라고 말했다. 비구들은 "법에 어긋나지 않으면 승인하고, 어긋날 경우 틀림없이 중지시키겠다."고 약속했다.[300]

비구들의 말이 끝나자 우빨리가 느닷없이 아난다에게 그가 지난 날 지었다는 일곱 가지 죄를 하나하나 추궁하면서 참회하게 했다.[301] 아난다의 참회가 끝나자 곧 위나야(vinaya)의 송출이 시작되었다.

다른 여러 문헌에서는 결집의 주재자가 묻고 송출자가 대답하는 식으로 결집이 진행되었지만 이곳에서는 묻는 비구 없이 우빨리 혼자 송출했다. "장로들이여, 이것이 9법서(九法序)[302]입니다. 무엇이 9법서인가 하면, ①은 바라이(波羅夷), ②는 승가바시사(僧伽婆尸沙), ③은 2부정법(不定法), ④는 30니살기(尼薩耆), ⑤는 92바야제(波夜提), ⑥은 4바라제제사니(波羅提提舍尼), ⑦은 중학법(衆學法), ⑧은 7멸쟁법(滅諍法), ⑨는 법수순법(法隨順法)입니다. 부처님께서는 이러이러한 곳에서 이러이러한 비구를 위해 이 계를 제정하셨습니까." 비구들은 모두 "그렇

....

299 塚本啓祥(앞의 책, p.159 註4)와 平川彰(앞의 책, p.676)의 책에서 간략하게 설명하고 있다. 制限淨은 특정 精舍의 관습적 규정이고, 方法淨은 그 나라[國土]의 관습적 규정이고, 戒行淨은 持戒 비구의 관습적 규정이고, 風俗淨은 재가자의 관습으로 非時食·飮酒·行淫 등을 말한다.

300 마하승기율 권32(대정장 22권, p.492상5~20); Przyluski, 앞의 책, pp.212~213.

301 同上, p.492상20~중14.

302 平川彰에 의하면(그의 책, p.694 註20), '九法序'에서 단지 '九法'만을 설명하고 있는데, 序(=서문)라는 말이 사용된 이유가 분명하지 않다는 것이다. 사실 九法序의 내용은 아홉 가지 계율 항목을 말할 뿐이다. Przyluski는 이것을 'neuf séries de préceptes(法의 9가지 組)'라고 번역했다. 그의 책, p.216.

습니다. 우빨리여, 그렇습니다. 우빨리여."라고 확인했다.[303]

우빨리는 다시 말했다. "비니(比尼, Vinaya)에 5사기(五事記)가 있습니다. 5사기란 첫째는 수다라(修多羅), 둘째는 비니, 셋째는 의(義), 넷째는 교(敎), 다섯째는 경중(輕重)입니다. 수다라란 5수다라[304]이고, 비니란 2부(部)의 비니로 약비니(略毘尼)와 광비니(廣毘尼)입니다. 의(義)란 '구절마다 의미가 있는 것[句句有義]'[305]입니다. 교(敎)란 부처님께서 찰제리와 바라문과 거사를 위해 설한 4대교법[306]입니다. 경중(輕重, 죄의 判定)이란 도만오중(盜滿五重)과 감오투란차(減五偸蘭遮)[307]입니다. 이것을 5사기비니(五事記毘尼)라고 합니다." 우빨리의 송출은 계속되었다. "다시 5비니(五毘尼)가 있습니다. 첫째는 약비니(略比尼)이고, 둘째는

....

303　마하승기율 권32(대정장 22권, p.492중15~20); Przyluski, 위의 책, p.215.

304　五篇罪로서(平川彰, 앞의 책, p.676), 비구 250계를, 波羅夷·僧殘·波逸提·提舍尼·突吉羅 등, 5종류로 나눈 것. 中村元, 앞의 사전, p.374(3).

305　Przyluski(앞의 책, p.216)는 '義'의 설명인 '句句有義'를 '각 구절에 대한 설명(explication phrase par phrase)'이라고 번역했다. 그러나 平川彰(앞의 책, p.676)에 의하면 '義'는 '經分別(suttavibhaṅga)'이다. 비구·비구니계 각 250계와 348계(pratimokṣa, 戒本)의 제정된 유래와 戒文을 해석해 놓은 부분이다(佐藤密雄, 崔法慧 역, 『律藏』, p.18).; 中村元, 앞의 사전, p.165(3).

306　장아함 3권 2의 遊行經(대정장 1권, pp.17하1~18상22). 비구가 어떤 교리에 대한 가르침을 ①붓다나 ②승가 또는 ③많은 비구[衆多比丘]나 ④어떤 한 비구로부터 직접 들어 받았다[聞, 受]고 하면, 그것을 긍정도 부정도 하지 말고 자기 자신이 직접 經과 律에서 확인한 다음 받아들이라고 가르치신 부처님의 4대 교법[四大敎法]이다. 佐藤密雄, 앞의 책(pp.577~578)과 中村元, 앞의 사전(pp.526~527) 참조.

307　'輕重'이란 죄의 判定이다. 盜滿五重은 도둑질에 대한 다섯 가지 加重처벌이고, 減五偸蘭遮는 未遂罪[偸蘭遮, sthūlātyaya]에 대한 다섯 가지 輕減처벌이다. Przyulski, 앞의 책, p.216; La Gravité, ce sont les cinq (circonstances) aggravantes dans l'accomplissement d'un vol et ce qui atténue les cinq 偸蘭遮(sthūlātyaya). 平川彰, 앞의 책, p.676.

광비니(廣比尼)이고, 셋째는 방면비니(方面比尼)이고, 넷째는 견고비니(堅固比尼)이고 다섯째는 응법비니(應法比尼)입니다."308

이어서 5비니를 설명했다.309 "약비니란 5편계(五篇戒)310이고, 광비니란 2부비니(二部毘尼)입니다. 방면비니란 수노(輸奴 또는 輸那國, Sunāpartaka)라는 변방 지역을 위해 허락된 다섯 가지 일[輸奴邊地聽五事]이고,311 견고비니란 가치나의(迦絺那衣, kaṭhina)를 받을 때 다섯 가지 죄의 면제[捨五罪]와 별중식(別衆食) 내지 불백이동식(不白離同食: 대중에게 알리지 않고 離同食을 하는 것)의 특전을 가지게 되는 것입니다.312 그

---

308 마하승기율 권32(同上, 22권, p.492중20~28); Przyluski, 위의 책, p.216.

309 同上, p.492중28~하4.

310 비구 250계를 5가지로 나눈 것. 즉 波羅夷·僧殘·波逸提·提舍尼[波羅提提舍尼]·突吉羅. 佐藤密雄·崔法慧 역, 『律藏』, pp.20~21; 中村元, 앞의 사전, p.374.

311 同上, p.416상13~20)에서 '輸那邊國五願'이라는 제목 아래 자세하게 설명하고 있다. ① 이곳 비구는 청결을 좋아하기 때문에 매일 목욕하는 것을 허락한다(清潔自喜 聽日日澡洗). ② 자갈과 흙덩이, 그리고 가시나무[刺木]가 많을 경우 겹으로 된 가죽신의 착용을 허락한다(多礓石土塊 及諸刺木 聽着兩重革屣). ③ 방석은 적고 가죽이 많을 경우 가죽으로 방석 만드는 것을 허락한다(少諸敷具 多諸皮韋 聽彼皮韋作敷具). ④ 입을 옷은 적고 죽은 사람의 옷이 많을 경우, 죽은 사람의 옷을 입을 수 있다(少衣物多死人 衣聽彼着死人衣). ⑤ 授戒를 위해 10명의 비구가 필요하지만, 비구가 모자랄 경우, 5명으로 이루어진 승가[五衆]로부터 구족계를 받을 수 있다(少於比丘 聽彼五衆受具足). 佐藤密雄의 앞의 책, pp.584~585; 平川彰의 『律藏の研究』, p.529.

312 同上, p.492하1~2; 堅固比尼者 受迦絺那衣 捨五罪 別衆食乃至 不白離同食. 中村元에 의하면(앞의 사전, p.151), '堅固'는 kaṭhina의 번역으로 迦絺라고 음역하고, 功德이라고 번역한다. 迦絺那衣 즉 堅固衣(또는 功德衣)는 3개월 안거 동안 정진한 비구에게 상으로 주는 것으로, 이 옷을 가진 사람은 다섯 가지 죄의 면제[捨五罪]와 別衆食 내지 不白離同食 등의 특전을 가지게 된다. 平川彰, 『律藏の研究』, pp.714~715; 佐藤密雄, 앞의 책, p.559; Przyluski, 앞의 책, p.216; les dividsions dans la communauté, la nourriture(別衆食), etc···, ne pas parler et tenir éloigné des repas en commun(不白離同食).

142

리고 응법비니란 법갈마와 화합갈마입니다. 다른 것은 갈마가 아닙니다." 이렇게 송출한 다음, "이와 같이 비니장을 결집하여 끝내었습니다."라는 한 문장으로 율장 결집을 마무리했다.[313]

● — 결집 주재자와 송출 비구의 문답도, 결집 비구들의 합송도 없었다. 계율에 대한 우빨리의 일방적인 설명만 있었다.

선견율비바사에 의하면 율장의 송출자로 선출된 우빨리는 높은 자리에 올라앉아 상아(象牙)로 장식된 부채를 손에 들었다. 그리고 까샤빠와 문답이 시작되었다. "부처님은 제1바라이를 어디에서 설하셨으며 그것은 누구 때문에 제정되었습니까." "와이샬리에서 깔란다의 아들 수딘나 때문에 제정되었습니다." "무슨 죄를 지었습니까." "부정죄(不淨罪, 淫行罪)를 지었습니다." 까샤빠는 계속해서 우빨리에게 죄·인연(因緣)·인신(人身)·결계(結戒)·수결계(隨結戒)를 물었고, 역시 유죄[犯]와 무죄[不犯]에 대해 물었다.

제1바라이처럼 이렇게 제2바라이·제3바라이·제4바라이의 인연과 본기(本起: 유죄·무죄)에 대해 까샤빠가 묻고 우빨리가 대답했다. 이것을 4바라이품(品)이라 했다. 이어서 승가바시사·2부정·30니살기바야제·92바야제·4바라제제사니·75중학(衆學, Sekhiya)·7멸쟁법(滅諍法)을 묻고 대답했다. 그러나 실제로 질문한 것이 아니고 이렇게 표현했을 뿐이다. 이와 같이 해서 대바라제목차(大波羅提木叉,

---

313 同上, p.492하2~4; 應法比尼者 是中法羯磨和合羯磨 是名應法比尼 餘者非羯磨; Przyluski, 앞의 책, p.216.

Mahāpātimokkha)가 제정되었다.

그다음 '비구니 8바라이(波羅夷)'를 물었다. 이것을 바라이품(波羅夷品)이라고 했다. 이어서 17승가바시사·30니살기바야제·66바야제·8바라제제사니·75중학·7멸쟁법을 물었다. 이와 같이 해서 비구니바라제목차를 끝냈다. 그다음 건타(犍陀, Khandhaka)를 물었고, 이어서 파리바라(波利婆羅, Parivāra)를 물었다. 우빨리는 이들 물음에 모두 대답했다. 마지막으로, "500아라한이 율장 결집을 끝냈다."라는 문장으로 결집 종결을 나타냈다. 우빨리는 부채를 내려놓고 높은 자리에서 내려가 아라한들에게 인사를 한 뒤 자신의 자리로 돌아갔다. 까샤빠는 참석 대중에게 율장의 결집이 끝났음을 선언했다.[314]

●── 까샤빠와 우빨리의 문답으로 이루어졌을 뿐, 합송도 확인도 없었다. 비구들은 침묵을 하고 앉아만 있었다.

일체선견율주서의 내용도 거의 동일하다. 우빨리는 율장의 송출자로 선정되자 상좌 비구들에게 예(禮)를 올린 다음, 상아로 장식된 부채를 손에 들고 법좌에 올라가 앉았다. 까샤빠가 질문하고 우빨리는 대답했다. "제1바라이는 부처님이 어디에서 제정하셨습니까." "와이샬리성에서 제정하셨습니다." "어떤 사람과 관계가 있었습니까." "깔란다까의 아들 수딘나와 관계가 있었습니다." "무슨 일 때문이었습니까." "음란한 일[淫法] 때문이었습니다."

그때 까샤빠는 우빨리에게 제1바라이의 사건(事件: 문제가 된 죄)을

144

묻고, 연기(緣起, nidāna: 因緣)를 묻고, 인물(人物, puggala)을 묻고, 결계(結戒, paññatti)를 묻고, 수결계(隨結戒)를 묻고, 범죄(犯罪, āpatti, 阿跋提)를 묻고, 무범죄(無犯罪, anāpatti)를 물었다. 역시 제2·제3·제4바라이의 사건을 묻고, … 무범죄를 물었다. 우빨리는 모두 대답했다. 이렇게 해서 이 4바라이를 「바라이장(波羅夷章, Parivāra)」이라 부르게 했다. 이어서 "13학처를 승가지시사(僧伽胝施沙, Saṅghādisesa, 僧殘法)로 정하고, 2학처를 부정(不定, Aniyata)으로 정하고, 3학처를 니살기바일제(尼薩耆波逸提, Nissaggiyapācittiya)로 정하고, 92학처를 바일제(波逸提, Pācittiya)로 정하고, 4학처를 바라제제사니(波羅提提舍尼, Pāṭidesanīya)로 정하고, 75학처를 학(學, Sekhiyā)으로 정하고, 7법을 멸쟁법(滅諍法)으로 정했다." 이렇게 해서 「대분별편(大分別篇, Mahāvibhaṅga)」의 결집을 끝냈다.

계속해서 비구니분별편(比丘尼分別篇)으로는 8학처를 바라이장으로 정하고, 17학처를 승가지시사로 정하고, 30학처를 니살기바일제로 정하고, 166학처를 바일제로 정하고, 8학처를 바일제제사니로 정하고, 75학처를 학(學, 條目)으로 정하고, 7법을 멸쟁법으로 정했다. 이와 같이 해서 비구니분별편의 결집을 끝냈고, 건도부(犍度部, Khandhaka)와 부수부(附隨部, Parivāra)의 결집도 끝냈다. 마침내 두 분별편·건도부·부수부를 포함한 율장이 결집되었다. 까샤빠와 우빨리의 문답이 끝나자 한 문장으로, "500아라한들은 결집된 대로 한자리에서 합송을 했다." 라고 결집이 있었다는 것을 나타내었다.[315]

....

315 일체선견율주서2(남전장 65권, pp.18~20); Jayawickrama, *The Inception of discipline and the Vinaya Nidāna*, pp.11~12.

아육왕전이 기술하고 있는 율장 결집 내용은 간단하다. 경장의 결집이 끝나자 까샤빠가 우빨리에게, "그대는 비나야를 송출해야 합니다. 지금, 우리는 결집[撰集]을 하고자 합니다. 그대는 그것을 설할 수 있겠습니까."라고 묻고, 우빨리는 "할 수 있습니다."라고 대답했다. "부처님께서는 어디에서 최초의 계를 설하셨습니까." "와이샬리국에서 깔란다의 아들 수닷따(Sudatta, 須達)[316] 때문에 첫 계를 제정하셨습니다." "이렇게 해서 제2계(戒), 제3계 내지 널리 율장(律藏)까지 결집했다."라는 한 문장으로 전체 율장의 결집에 대한 설명을 대신했다.[317]

●— 결집 참석 아라한들이 송출된 내용을 합송했다고 말하고 있다.

아육왕경이 기술하고 있는 결집 내용도 아육왕전의 경우와 거의 같다. 경장 결집을 끝낸 다음, 까샤빠는 우빨리에게, "장로여, 그대는 마땅히 위나야[律]를 설해야 합니다. 우리는 결집을 하려고 합니다."라고 했고, 우빨리는 "그렇게 하겠습니다."라고 대답했다. 이어서 까샤빠가, "부처님께서는 어디에서 누구에게 바라이(波羅夷)를 설하셨습니까." 라고 했고, 우빨리는 "브리지국(Vṛji, 毗時國)에서 깔란다의 아들 수딘나

----

316 아육왕전 권4(대정장 50권, p.113하1); 須達(Sudatta)은 須提那(Sudinna)의 잘못이다. 아육왕경(同上, p.152상13)을 비롯한 다른 문헌에 의하면 예외 없이 수딘나로 되어 있다. 同上, 22권, p.191상1~2(오분율); 同上, p.968상8(사분율); 同上, 23권, p.447하25(십송율); 남전장 4권 4, p.429(律藏).
須達은 祇園精舍를 건립해 승가에 헌납했을 뿐 아니라 가난한 사람들에게 많은 보시를 했기 때문에 給孤獨長者(Anātahpiṇḍika)라고 불렸던 인물이다. 三枝充惠, 『인ド佛教人名辭典』, p.18, pp.140~141.

317 同上, p.113중27~하3; 如是第二第三乃至廣集毘尼藏.

(Sudinna)에게 설하셨습니다."라고 대답했다. 이 문장 바로 다음에, "이와 같이 널리 설해서 제2법장, 즉 율장의 결집이 끝났다."라고 단 한 문장으로 마무리했다.[318]

●— 결집 모임에 참여한 비구들이 율장을 합송했다는 말이 있다.

대지도론에 의하면 경장 결집을 위해서 까샤빠가 주재자의 역할을 했지만 율장 결집을 위해서는 아라한들이 까샤빠를 대신했다. 그들은 물었다. "누가 율장[毘尼法藏]을 명료하게 결집할 수 있겠는가." 그들은 모두 말했다. "장로 우빨리는 500아라한들 중에서 율을 지니는 데 제일이다. 우리는 지금 그에게 율장 결집을 청하자." 그러고는 비구들이 우빨리에게, "사자좌에 올라가서 말해 주십시오. 부처님은 어디에서 처음으로 율을 설해서 계를 제정하셨습니까."라고 물었다. 우빨리는 사자좌에 올라앉아 율장을 송출했다. "나는 이렇게 들었습니다. 어느 때 부처님께서 와이샬리에 계셨습니다. 그때 깔란다 장자의 아들 수딘나가 처음으로 음행을 했습니다. 이 때문에 첫 대죄(大罪, 波羅夷罪)가 제정되었습니다. 250계를 뜻으로 나누면 3부·7법(法)·8법·비구니비니·증일(增一)·우바리문(優波離問)·잡부(雜部)·선부(善部)로서, 이들 80부가 「비니장(毘尼藏)」을 구성합니다."[319]

---

318 아육왕경 권6(대정장 50권, p.152상10~14); 如是廣說乃至第二法藏已竟.

319 대지도론 권2(同上, 25권, p.69하12~15); 以是因緣 故結初大罪 二百五十戒 義作三部七法八法 比丘尼比尼增一 優波離問雜部善部 如是等八十部作毘尼藏; Przyluski, 앞의 책, p.71; 塚本啓祥(앞의 책, p.187)은 약간 다르게 이해하고 있다.

5) 논장 결집(율장 혹은 논장)

지금부터 보게 될 6종의 문헌은 경전과 논서인데, 이들 문헌에서 말하는 율장 결집의 내용은 단편적이거나 분명하지 않다.

가섭결경에서는 결집 진행에 대한 언급은 없다. 아난다가 전법륜경을 송출하자 까샤빠는 아즈냐따 까운디냐 등 5비구에게, 그들이 부처님께 들었던 내용과 같다는 것을 확인받았다. '이와 같이 해서(경장을 결집하고), 율장을 결집하고(논장을 결집했다)'라고 한 문장 속에 율장의 결집을 나타내고 있다.[320] 대반열반경의 내용은 좀 뜻밖이다. "까샤빠가 아라한들 가운데서 선출한 40명 비구들이, 아난다가 송출한 비구 250계[淸淨明戒]와 비구니계 500사(事), 우바새 5계와 우바이 10계를 죽(竹: 竹簡)과 비단[帛]에 받아썼다."는 것이다.[321]

반니원경은 율장 결집에 대해서 더욱 불분명하게 말하고 있다. 경(經)의 맨 끝부분에 "(선출된 40명 아라한들은 아난다가 송출한 것을) 서로 의논해서 부처님의 십이부경(十二部經)과 계율과 모든 법을 구별해 받아썼다."라고 했다.[322] 대반열반경은 맨 끝부분에서, "까샤빠는 아난다 및

....

320 가섭결경(同上, 49권, p.7상2~5); 答曰若斯如是 比類結集正經藏 結集律藏 結集諸法藏.

321 불반니원경 권하(同上, 1권, p.175상27~28, 그리고 同, 하2~3과 7~9) ; Przyluski, 앞의 책, p.79와 pp.85~86. 요약 정리했음.

322 반니원경 권하(同上, 1권, p.191상25~26); 遂相撿歛分別書 佛十二部經 戒律法具. Przyluski(앞의 책, p.86)는 이렇게 번역했다; s'étant concertés, ils écrivirent

모든 비구들과 함께 라자그리하에서 3장을 결집했다."라는 한 구절로 써 율장 결집이 있었다는 것을 나타내고 있을 뿐이다.[323]

비니모경의 내용은 더욱 분명하지 않다. "500비구들이 결집 장에 앉았다."는 말과 함께, "그들은 5부경을 3장으로 정리했다. 경들 가운데 비구계와 율을 설해 놓은 것[處]이 있으면 그것을 모아서 비구경[=율]으로 하고, 경[=율]들 가운데 비구니계에 해당되는 계와 율을 설해 놓은 것이 있으면 그것을 모아서 비구니경[=율]으로 했다. 경[=율]들 가운데 가치나(迦絺那, kaṭhina)에 해당하는 것이 있으면 그것을 모아서 가치나건도(迦絺那犍度)로 했다. 건도모경[=율](犍度母經)·증일비구경[=율]·비구니경[=율]을 모두 (모아서) 비니장(毘尼藏)으로 했다.[324] 여기서는 '율(律)'이라는 말 대신 '경(經)'이라는 말을 사용하고 있다.[325]

● — **비구들의 합송-결집은 없었다.**

찬집삼장급잡장전에서는 율장 결집 진행에 대해 거의 아무것도 언급

---

séparément les 12 catégories de Paroles sacrées du Buddha, les Règlements et défenses et l'ensemble des préceptes(法, dharma)(그들은 협의해서 부처님의 12부경과 계와 율과 모든 법을 따로 받아셨다).

323 대반열반경 권하(대정장 1권, p.207하10~11); 迦葉共於阿難及諸比丘 於王舍城 結集 三藏.

324 비니모경 권4(同上, 24권, p.818상 15~20); 諸經中有說 比丘戒律處 集爲比丘經諸 經中有說 戒律與尼戒相應者 集爲尼經 諸經中乃至 與迦絺那相應者 集爲迦 絺那犍度 諸犍度母經 增一比丘經 比丘尼經 總爲毘尼藏; Przyluski, 앞의 책, pp.177~178.

325 비니모경은 설산부(雪山部, Haimavata) 소속 율장의 논서(毘尼母論; Vinaya의 mātṛkā)이지 만 명칭이 '경'으로 되어 있다.

하지 않았다. 앞에서 말했듯이 이 문헌의 모든 내용은 운문으로 간략하게 기술되고 있다. 까샤빠가 아난다에게 부처님께 직접 들은 가르침에 대해 말해 줄 것을 요청하자, "아난다는 대중을 위해 경을 송출했다. 그는 경을 모두 모아 제1장(즉 경장)으로 하고, 율(律)을 송출했는데 그것을 모아 제2장(즉 율장)으로 했다."는 것이 설명의 전부다.[326]

● — 아난다가 까샤빠의 요청에 따라 '율을 송출했다'라는 말이 있을 뿐, 대중들의 합송은 없었다.

6) 논장의 결집

부처님 열반 후 제자들이 경(經)에서 기본적인 조목을 암기하는 데 편리하게 뽑아 모은 것이 논장의 시작이었다. 그것을 Mātṛkā라 하고, 음사해서 마질리가(摩窒里迦), 번역해서 논모(論母)라 했다. 뒷날 경전에 대한 연구가 발전함에 따라 마질리가의 분량이 많아지게 되자 하나의 '장(藏, piṭaka)'으로 독립시켜 마득륵가장(摩得勒伽藏, Matṛkapiṭaka)이라 했다. 마침내 그것은 '법(dharma)에 대한(abhi) 연구의 장(藏)'이라는 의미로 아비달마장(阿毘達磨藏, Abhidharma piṭaka), 즉 논장(論藏)이 되었다.[327] 그렇지만 결집 관련 문헌들에서는 논장 역시 부처님께서 설했고, 제1차 결집에서 제자들이 3장의 하나로 결집한 것이라 말하고 있

....

326 찬집삼장급잡장전(同上, 49권, p.3상17~18); 阿難以經 爲大衆說 盡集諸經 以爲一藏 律爲二藏 大法三藏.

327 赤沼智善,『佛教經典史論』, p.8과 pp.12~13. 中村元, 앞의 사전, p.1279(2~4). 역시, 同上, p.8(2~3)과 p.909(1) 참조; 多屋賴俊, 앞의 사전, p.421(2); 라모뜨(호진 역)『인도불교사』(1), p.354.

다. 논장 결집에 대해 기술하고 있는 문헌들은 10종이다. 그러나 경장이나 율장의 경우처럼 결집 과정과 그 내용을 구체적으로 말하고 있는 문헌은 단지 십송율·대지도론·유부비나야잡사·아육왕전과 아육왕경 뿐이다.[328]

십송율에 의하면, 까샤빠가 대중들에게 율장의 결집이 끝났음을 선포한 다음, 이어서 아난다에게,[329] "부처님께서 아비담(阿毘曇, 論)을 어디에서 처음으로 설하셨습니까."라고 물었다. 아난다는, "나는 이렇게 들었습니다. 어느 때 부처님께서 쉬라와스띠에 계셨습니다. 그때 부처님께서 비구들에게 이렇게 설하셨습니다. '어떤 사람이 다섯 가지 두려움[五怖]·다섯 가지 죄[五罪]·다섯 가지 원한[五怨]·다섯 가지 결점[五滅, défauts][330]을 가지고 있으면 이 사람은 이 다섯 가지 두려움·다섯 가지 죄·다섯 가지 원한·다섯 가지 결점 때문에 죽은 후 즉시 지옥에 떨어진다. 멀리해야 할 다섯 가지 두려움이란 무엇인가.[331] 첫째는 살생이고, 둘째는 투도(偸盜)이고, 셋째는 사음이고, 넷째는 망어이고, 다섯째는 음주이다.

어떤 사람이 다섯 가지 두려움·다섯 가지 죄·다섯 가지 원한·다

---

328 빨리율·오분율·마하승기율·불반니원경·반니원경·도왕통사·대왕통사 등에서는 논장이라는 말조차 볼 수 없다.

329 아난다는 경장의 송출자로 선정될 때 이미 논장까지 송출하도록 되어 있었다. 십송율 60권(대정장 23권, p.448중3~11).

330 五滅의 의미가 분명하지 않다. Przyluski는 cinq défauts라고 번역(앞의 책, p.231)했는데, '부족, 결함' 등의 의미로서 역시 분명하지 않다.

331 何等五인 것을, 이해를 돕기 위해 대지도론(대정장 25권, p.69하25)에서 같은 경우의 설명인 '何等五怖應遠'으로 대신했다.

섯 가지 결점을 가지고 있지 않으면 이 사람은 다섯 가지 두려움·죄·원한·결점이 없기 때문에 죽은 후 즉시 천상에 태어난다. 이 다섯 가지란 무엇인가. 첫째는 불살생이고, 둘째는 불투도이고, 셋째는 불사음이고, 넷째는 불망어이고, 다섯째는 불음주이다. 이와 같이 하면 두려움·죄·원한·결점이 없어진다."[332] 이것이 송출된 논장의 전부이다.

까샤빠는 부처님의 첫 설법 자리에 참석했던 까운디냐(Kauṇḍinya, 憍陳如)에게 아난다가 송출한 것이 그가 들었던 내용과 같은 것인지 물었다. 까운디냐는 "나 역시 아난다가 송출한 것과 같이 알고 있습니다."라고 대답했다. 까샤빠는 장로 균타(均陀)와 십력가섭(十力迦葉)을 비롯해, 차례로 500아라한들에게 같은 질문을 했다. 그러나 이것은 한 문장으로 된 표현일 뿐 실제로 질문은 하지 않았다. 마지막으로 우빨리에게 물었고, 우빨리는 까샤빠에게 물었다. 모든 참석자들은 "나 역시 아난다가 송출한 것처럼 알고 있습니다."라고 대답했다. 그러자 까샤빠는 비구들을 향해 큰 소리로 아비담(阿毘曇, 論)의 결집이 끝났다는 것을 이렇게 선언했다. "대덕들은 들으십시오. 우리는 모든 아비담의 결집을 끝냈습니다. … 이것이 법이고 이것이 율이고 이것이 부처님의 가르침입니다. 승가는 승인한다는 뜻으로 침묵했습니다. 그러므로 이것을 이와 같이 지니십시오."[333]

<hr>

332　십송율 60권(대정장 23권, p.449상19~28); Przyluski, 앞의 책, p.231.

333　同上, p.449상28~중7; 長老摩訶迦葉 問阿若憍陳如 如阿難所說不 答言 長老大迦葉 我亦如是知 如阿難所說…如是一切阿毘曇集已 爾時摩訶迦葉 僧中大唱大德僧聽 一切阿毘曇集竟.

대지도론의 내용은 십송율의 내용과 거의 같다. 그러나 설명이 명확하다. 율장 결집이 끝나자 아라한들은, '누가 아비담장(阿毘曇藏)을 분명하게 결집할 수 있을 것인가'라고 생각했다. 그들은 "장로 아난다가 500아라한들 가운데서 '수뜨라의 의미[修多羅義, 論]'를 가장 잘 알고 있다. 우리는 지금 그에게 (아비담의) 송출을 청하자."라고 뜻을 모았다. 아라한들은 아난다를 사자좌에 올라가 앉게 한 다음, "부처님은 어디에서 처음으로 아비담을 설하셨습니까."라고 물었다. 아난다는, "나는 이렇게 들었습니다. 어느 때 부처님께서 쉬라와스띠에 계셨습니다. 그때, 부처님께서 비구들에게 이렇게 말씀하셨습니다."라고 하고, 부처님께서 설하신 내용을 송출했다. "다섯 가지 두려움[五怖]·다섯 가지 죄·다섯 가지 원한[五怨]이 제거되지 않고 소멸되지 않은 사람은 그 때문에 이 세상에서 몸과 마음에 한없는 고통을 받고 다시 후세에 나쁜 세계[惡道]에 떨어진다. 이 다섯 가지 두려움·다섯 가지 죄·다섯 가지 원한을 가지지 않은 사람은[334] 그 때문에 이 세상에서 몸과 마음으로 온갖 즐거움을 누리고 후세에 천상의 즐거운 곳에 태어난다. 멀리해야 할 다섯 가지 두려움이란 무엇인가. 첫째는 살생이고, 둘째는 도둑질이고, 셋째는 사음이고, 넷째는 거짓말이고, 다섯째는 음주이다. 이것을 아비담장이라 한다." 이렇게 해서 제3법장인 논장의 결집을 끝냈다.[335]

● ― 송출된 논장을 합송도 확인도 하지 않았다.

---

334 십송율의 내용과는 달리 五減[défauts]은 없다.

335 대지도론 2권(대정장 25권, pp.69하15~70상1); (…) 如是等名阿毘曇藏 三法藏集竟.

유부비나야잡사에 의하면, 앞의 두 문헌에서 말하고 있는 내용과는 거의 완전히 다르다. 까샤빠는 '후세 사람들은 지혜가 적고 근기(根機: 종교적 능력)가 둔하기 때문에, 몇 문장으로 설명하면 깊은 뜻을 통달하지 못할 것이다. 그러므로 내가 지금 마질리가장(摩窒里迦藏, 論藏)을 설하여 경과 율의 바른 의미를 잃지 않게 해야겠다.'고 생각했다.

까샤빠가 대중들에게 자신의 뜻을 알리자 그들은 동의했다. 그는 높은 자리에 올라가 비구들에게 말했다. "지금 내가 마질리가를 설해서 완전한 뜻이 전부 밝게 드러나도록 하겠습니다. 이른바 4넘처(念處)·4정근(正勤)·4신족(神足)·5근(根)·5력(力)·보리분(菩提分)·8성도분(成道分)·4무외(無畏)·4무애해(無礙解)·4사문과(沙門果)·4법구(法句)·무쟁(無諍)·원지(願智)·변제정(邊際定)·공(空)·무상(無相)·무원(無願)·잡수제정(雜修諸定)·정입현관(正入現觀)·세속지(世俗智)·점마타(苫摩他)·비발사나(毘鉢舍那, 觀)·법집(法集)·법온(法蘊)으로, 이와 같은 것을 모두 마질리가라고 합니다."

까샤빠의 설명이 끝나자 아라한들은 모두 변제정(邊際定)[336]에 들어가 그가 말한 것을 차례로 관찰[觀]해 보고 앞에서 말한 것과 같다는 것을 확인할 수 있었다. 까샤빠는 결집 비구들에게, "그러므로 … 이 아비달마[論]는 부처님의 진정한 가르침이라는 것을 알아야 합니다."라고 하면서 논장 결집을 끝냈다.[337]

● — 아라한들이 (禪定에 들어가) 관(觀)함으로써 확인은 했지만 합송, 즉 결집(saṃgīti)

336　色界의 4禪定 가운데 최고 경지의 禪定. 中村元, 앞의 사전, p.1214(1).
337　유부비나야잡사 권40(대정장 24권, p.408중2~15).

은 없었다.

아육왕전에 의하면, 까샤빠가 스스로 송출자가 되어서 논장을 결집했다. 까샤빠는, '지금 내가 마득륵가장을 송출해야겠다'고 생각하고 비구들에게 말했다. "마득륵가장이란 이른바 4념처·4정근·4여의족·5근·5력·7각·8성도분·4난행도(難行道)·4이행도(易行道)·무쟁삼매(無諍三昧)·원지삼매(願智三昧)·증일지법(增一之法)·108번뇌·세론기(世論記)·결사기(結使記, saṃyojana)·업기(業記, karma)·정혜등기(定慧等記)입니다. 장로들이여, 이것을 마득륵가장이라 합니다."[338] 이것으로 논장의 결집이 끝났다.

사분율에서는, "유난(有難)·무난(無難)·계(繫)·상응(相應)·작처(作處)를 모아 아비담장[論藏]으로 했다."라고 한 문장으로 논장 결집을 말했다.

● — 논장 결집에 대한 비구들의 합송은 없었다.

아육왕경에 의하면, 까샤빠가 '우리 자신이 지모(智母)를 송출하자'라고 생각했다. 그리고 그는 비구들에게 말했다. "지모란 무엇입니까. 그것은 4념처·4정근·4여의족·5근·5력·7각·8정도·4변(四辯)·무쟁지(無諍智)·원지(願智)입니다. 우리는 이것을 모두 결집합시다. 법신제(法

....

338 아육왕전 4권(同上, 50권, p.113하3~8). 용어의 Sanskrit 표기는 Przyluski, 앞의 책, pp.45~46 참조했음.

身制)의 설명과 적정견(寂靜見) 등이 바로 지모에 대한 설명입니다."[339]
이것으로 논장 결집에 대한 말은 끝났다.

●— 비구들의 확인도 합송도 없었다.

사분율에서는, "유난(有難)·무난(無難)·계(繫)·상응(相應)·작처(作處)를
모아 아비담장[論藏]으로 했다."라고 한 문장으로 논장 결집에 대한 설
명을 했다.[340]

●— 결집 비구들의 합송도 확인도 없었다.

비니모경의 결집 내용은 사분율의 경우와 거의 동일하다. 논장의 송출
자에 대한 언급은 없다. "500비구가 결집장의 자리에 앉았다."라는 문
장 다음에 바로 율장과 경장의 내용을 길게 서술했다.[341] 이어서 "유문
분별(有問分別)·무문분별(無問分別)·상섭(相攝)·상응(相應)·처소(處所)
등 이 다섯 가지를 아비담장이라 한다."라는 한 문장이 나온다. 이것이
'논장' 결집에 대한 언급의 전부다.[342]

....

339 아육왕경 권6(同上, p.152상14~18). 마지막 문장인 法身制說寂靜見等是說智母
의 의미는 불분명하다. Przyluski는 이렇게 번역했다(그의 책, p.45); "L'exposé des
préceptes du corps de Loi et les vues calmes, c'est l'exposé de la Mātṛkā(法身制에
대한 설명과 寂靜見 등이 바로 智母에 대한 설명이다)."

340 사분율 권54(同上, 22권, p.968중26~27); 如是集爲雜藏 有難無難繫相應作處 集爲阿
毘曇藏; Przyluski, 앞의 책, p.195.

341 비니모경 권3(同上, 24권, p.818상12~28).

342 同上, 권4, p.818상28~29; 有問分別無問分別 相攝相應處所此五種 名爲阿毘曇
藏.

● — 비구들의 확인도 합송도 없었다.

찬집삼장급잡장전에서는 경장과 율장의 결집 경우와 마찬가지로 논
장 결집에 대해 거의 아무것도 알 수 없다. 까샤빠가 아난다에게 경전
의 송출을 요청하자, "아난다는 비구들을 위해 경(經)을 송출했다.(그
는 경을 모두 모아 제1장으로 하고, 율(律)을 제2장[律藏]으로 했다.)" 그리고 "대법
(大法: Grande Loi)을 제3장[論藏]으로 했다."는 것이다.[343] 그 이유를 이렇
게 설명했다. "대법은 무명을 깨뜨려 세상을 이롭게 한다. 이것은 많은
경(經)의 빛이다. … 외도들을 완전히 제압하고 그들의 교만을 끊는다.
많은 법의 큰 깃발[牙旗]이다. … 비유하면 밝은 등불과 같아서 모든 물
건을 비추고, 형상을 볼 수 있게 한다. 그래서 논장을 대법이라고 하는
것이다."[344]

● — 비구들의 확인도 합송도 없었다.

가섭결경에서는 논장이라는 말 대신 제법장(諸法藏)이라 했다. 까샤빠
는 아난다가 법륜경을 송출하는 것을 듣고 아즈냐따 까운디냐를 비롯
한 최초의 다섯 비구들에게 그것이 사실이라는 것을 확인했다. 이어서
"이렇게 해서 (경장과 율장, 그리고) 제법장을 결집했다."라고 한마디로 요

---

343 찬집삼장급잡장전(同上, 49권, p.3상 17~19); 阿難以經爲大衆說 [盡集諸經 以爲一藏 律爲
二藏] 大法三藏, 經錄阿含戒律法 三分正等 以爲三藏; Przyluski 앞의 책, p.104.

344 同上, p.3하13~18; 於中破癡 益於世間 此衆經明 故名大法 總持外道 斷於貢高
衆法牙旗 是名大法 譬如明燈 照於衆物 以見諸形 故名大法. Przyluski, 앞의 책,
pp.108~109.

약했다.[345]

●— 비구들의 확인도 합송도 없었다.

대반열반경에 의하면, "까샤빠는 아난다 및 모든 비구들과 함께 라자그리하[王舍城]에서 3장을 결집했다."라는 한 문장으로 논장 결집이 있었다는 사실을 나타내고 있다.[346] 불반니원경과 반니원경에서는 논장 결집에 대한 언급은 없다.

●— 비구들의 확인도 합송도 없었다.

7. 아난다의 죄·소소계 문제·뿌라나의 8사

1) 아난다의 죄

아난다의 소소계 문제는 결집을 시작하기 바로 전에 제기되었다. 결집의 주재자였던 까샤빠는 아난다를 분발시켜 아라한이 되게 함으로써 경전 결집의 송출자로 결집에 참여하도록 하기 위해, 그가 전에 지었다는 여러 가지 죄들을 추궁하고, 그를 결집장에서 추방했다. 결국 까샤빠가 의도했던 대로 아난다는 아라한이 되어 경의 송출자 역할을

345　가섭결경(대정장 49권, p.7상 2~5); 於是大迦葉 從阿難聞是言已 便慇懃受轉法輪經 告阿若拘隣五比丘 汝等所受如是不 答曰若斯如是比類結集正經藏 結集律藏結集諸法藏.

346　대반열반경 권하(同上, 1권, p.207하10~11).

수행할 수 있었다.

이 내용을 말하고 있는 문헌들은 찬집삼장급잡장전·대지도론·유부비나야잡사·가섭결경이다. 문헌에 따라 죄의 내용도 다르고, 그 수(數)도 4종에서 9종으로 되어 있다.

찬집삼장급잡장전에 의하면, 까샤빠는 부처님께서 설하신 경법(經法)을 결집, 또는 송출을 할 사람은 아난다뿐이지만 그는 아직 수다원(須陀洹, śrotāpanna)[347]이기 때문에 방편을 써서 아라한이 되도록 해야 한다고 생각했다. 까샤빠는 아난다를 분발시키기 위해, "그대는 이 대중들 가운데 들어올 수 없습니다. 들어와서는 안 됩니다. 지금 당장 나가십시오."라고 명령했다. 아난다는 "축출하는 이유가 무엇입니까. 내가 삼존(三尊, 三寶)에 대해 무슨 잘못이 있습니까."라고 항의했다. 까샤빠는, "그대는 그것을 알고 싶습니까. 그대는 부처님과 승가에 큰 잘못을 저질렀습니다."라고 하면서, 아난다의 죄를 하나씩 추궁했다.[348]

(1) 붓다의 어머니 출가 문제[度於母人]: "그대가 한 일 때문에[坐汝],[349] 불법(佛法, 正法)의 길이가 천년으로 줄어들게 되었습니다. 그대가 부처님께 어머니의 출가를 청했기 때문입니다."

....

347 아라한보다 세 단계 아래인 聖者位. 多屋賴俊(外), 앞의 사전, p.189(2); 中村元, 앞의 사전, pp.628(4)~629(1).

348 찬집삼장급잡장전(同上, 49권, p.2상8~22). 전체 내용은 운문으로 되어 있기 때문에 자세한 설명은 없다.

349 同上, p.2상15. 坐汝의 '坐'는 '…때문에, 이유로'의 의미이다. 『中韓辭典』(高麗大學校), p.2729. Przyluski는 坐汝를 par ton fait라고 번역. 그의 책, p.97.

(2) 소소계 문제[細微之戒]: "부처님은 작은 계를 분별하시고자 했습니다. 그대는 왜 부처님께 소소계가 무엇인지 묻지 않았습니까. 그때 그대는 무슨 생각을 하고 있었습니까. 그대는 계에 대해 경솔하고 거만하게 행동했습니다. 부처님께서 열반에 드신 지금, 우리는 이 문제를 누구에게 묻겠습니까."

(3) 부처님의 옷을 밟은 문제[踏佛大衣]: "그대는 부처님의 대의(大衣: 대가사)를 밟았습니다."

(4) 부처님께 물을 가져다드리지 않은 문제[佛渴索水汝竟不與]: "부처님께서 목이 말라 물을 찾았지만 그대는 물을 가져다드리지 않았습니다."

이렇게 아난다의 죄를 열거한 다음, 까샤빠는 그를 몰아세웠다. "이런 일들이 잘못이 아니란 말입니까. 이와 같이 많은 잘못을 그대가 지었습니다. 그러나 그대의 입으로 그것을 죄라고 말하지 않았습니다. 그러므로 그대는 이곳에서 나가야 합니다." 아난다는 탄식하고 슬퍼하면서 눈물을 흘렸다. 그는 "부처님께서 바로 얼마 전에 돌아가셨다. 이제 나는 누구를 믿고 의지해야 할 것인가."[350]라고 말하면서 결집장을 떠났다. 아난다는 한 나무 밑에 앉아 열심히 정진했다. 그는 곧 번뇌를 다 없애고 아라한이 되어 결집장으로 되돌아갔다. 까샤빠를 비롯한 대

---

350 同上, p.2 상21과 23. Przyluski(앞의 책, p.98)는 非口所陳을 "ce n'est point ta bouche qui les confesse", 當何恃怙를 "Auprès de qui trouverai-je un appui"라고 번역.

중들의 열렬한 환영을 받고 경장 결집에 참여했다.[351]

대지도론에서는 여섯 가지 죄를 들고 있다.

(1) 번뇌가 다하지 못한 죄[煩惱未盡, 結未盡]: 까샤빠는 결집장에 모인
    1000명의 비구들 가운데서 오직 아난다만이 번뇌를 다하지 못했
    다는 것을 천안(天眼)으로 알게 되었다. 그는 아난다를 손수 대중
    가운데서 끌어내어, "지금 청정한 대중이 모여 경장을 결집하려
    고 하는데 그대는 번뇌가 아직 다하지 못하였으니 (즉 아라한이 아니
    므로) 여기에 있어서는 안 됩니다."라고 말했다. 아난다는 부끄러
    움으로 슬프게 울면서 까샤빠에게 말했다. "내가 도를 얻을 힘을
    갖춘 지는 오래되었습니다. 다만 부처님 법에서는 아라한은 아무
    에게도 시중을 들 수 없게 되어 있으므로, 나는 부처님의 시중을
    들기 위해 번뇌를 남겨두고 완전히 끊지 않았던 것입니다."라고
    자신의 입장을 변호했다.[352] 그러자 까샤빠는 아난다가 이전에 지
    은 죄를 들춰내면서 그를 단죄했다.

(2) 여인을 출가시키게 한 죄[女人出家]: 까샤빠는 추궁했다. "그대는
    역시 죄가 있습니다. 부처님께서는 여인들의 출가를 허락하고 싶

....

351　同上, p.2상20~29.

352　대지도론 권2(同上, 25권, p.68상7~9). 그리고 同, 상12~14; 我能有力久可得道但諸
　　　　佛法 阿羅漢者不得供給左右使令 是故我留殘結不盡斷耳. Przyluski(p.62)는 阿
　　　　羅漢者 不得供給左右使令을 "Les Arhat ne peuvent servir personne, être à la
　　　　disposition de personne, ni exécuter des ordres"라고 번역.

어 하시지 않았는데 그대가 넌지시 권해서 부처님께서 여인들을 도(道, 僧伽)에 들어오게 허락하셨습니다. 그 때문에 부처님의 정법이 500년 뒤에 쇠퇴하게 되었습니다. 이것으로 그대는 돌길라 죄를 지었습니다." 아난다는 해명했다. "나는 구담미(瞿曇彌, Gautamī, 부처님의 이모이고 養母)를 가엾게 여겼습니다. 역시 과거·현재·미래 3세의 부처님들 법에 모두 사부중이 있었는데 어떻게 우리 샤꺄무니 부처님에게만이 사부중이 없겠습니까."

(3) 물을 공급하지 않은 죄[不供給水]: 까샤빠가 추궁했다. "부처님이 열반에 드시려고 했을 때 꾸시나가라성 근처에서, 그대에게 '나는 물이 필요하다.'고 하셨는데 그대는 물을 가져다드리지 않았습니다. 이것으로 그대는 돌길라 죄를 지었습니다." 아난다가 해명했다. "그때 500대의 수레가 강물을 가로질러 건너서 물을 흐려놓았기 때문에 물을 긷지 못했습니다." 까샤빠가 말했다. "설사 물이 흐렸더라도 부처님은 큰 신통력이 있으므로 큰 바다의 흐린 물도 깨끗하게 할 수 있었을 것인데 어찌하여 물을 떠다 드리지 않았습니까. 이것이 그대의 죄입니다. 그대는 돌길라 죄를 지었으니 참회하십시오."

(4) 세상에 머무시기를 청하지 않은 죄[不請住世]: 까샤빠가 추궁했다. "부처님께서 그대에게 물으셨습니다. '어떤 사람이 4신족(四神足) 닦기를 좋아하면 이 세상에 수명을 1겁 또는 약 1겁[若減一劫]353

<hr>

353 Przyluski는 一劫若減一劫을 un *kalpa* ou une fraction de *kalpa*(一劫 또는 劫의 일부분)라고 번역했다(그의 책, p.63). 그러나 그는 아육왕경(대정장 50권, p.152중17~18)의 경

동안 머물 수 있는가. 붓다는 4신족 닦기를 좋아한다. 원한다면 수명을 1겁 또는 약 1겁 동안 머물 수 있다.'354 그런데 그대는 침묵하고 대답하지 않았습니다. 부처님께서는 그대에게 세 번이나 물었지만 그대는 고의로 침묵했습니다. 그대가 '부처님께서는 4신족 닦기를 좋아하십니다.'라고 대답했더라면 부처님은 당연히 1겁 또는 약 1겁을 세상에 머무르셨을 것입니다. 그대 때문에 부처님이 일찍 열반에 드시게 되었습니다. 이것이 그대가 지은 돌길라 죄입니다." 아난다가 해명했다. "마라(魔羅)가 나의 마음을 가렸기 때문에 말하지 못했습니다. 내가 나쁜 생각으로 부처님께 대답하지 않았던 것은 아니었습니다."

(5) 부처님의 승가리 옷을 밟은 죄[僧伽梨衣以足蹈]: 까샤빠가 다시 추궁했다. "그대는 부처님께 승가리(僧伽梨, saṅghāṭi: 大袈裟)를 개어 드릴 때 발로 그 위를 밟았습니다. 이것이 그대가 지은 돌길라 죄입니다." 아난다가 해명했다. "그때 큰바람이 불었는데 도와줄 사람이 없었습니다. 내가 옷을 잡고 있을 때 바람이 불어서 승가리를 내 발밑에 떨어지게 했습니다. 내가 부처님을 공경하지 않았기 때문에 부처님 옷을 밟은 것이 아닙니다."

(6) 음장상을 여인들에게 보여준 죄[陰藏相示女人]: 까샤빠가 추궁했

다. "그대는 부처님의 음장상(陰藏相)을 여인들에게 보여주었습니다. 이것이 부끄러운 일 아닙니까. 이 일로 말미암아 그대는 돌길라 죄를 지었습니다." 아난다가 해명했다. "그때 나는 이렇게 생각했습니다. '만약 여인들이 부처님의 음장상을 보면 곧 자신들의 여자 모습을 부끄럽게 생각하고 남자 몸을 얻으려고 부처님의 상호를 받을 수 있는 여러 가지 선근(善根, 福德根)을 닦고 행할 것이다.' 그래서 나는 여인들이 부처님의 음장상을 보게 해 주었던 것입니다. 이 일은 계를 어긴 것이 아니므로 부끄러움이 없습니다."

까샤빠는 다시 이렇게 말했다. "그대는 여섯 가지 돌길라 죄[355]를 지었습니다. 이 모든 죄를 대중에게 참회해야 합니다." 아난다가 자신이 지은 죄를 인정하고 참회하자 까샤빠는 아난다를 비구들 가운데서 직접 손으로 끌어내어 결집장 바깥으로 내보내면서 말했다. "그대는 번뇌를 모두 끊은 뒤에 들어오시오. 번뇌를 다 끊기 전에는 오지 마시오." 그러고는 그는 결집장 문을 닫아버렸다.[356] 아난다는 그날 밤, 분발해서 정진함으로써 깨달음을 이루고 모든 번뇌를 소멸한 다음 결집장에 되돌아갔다. 까샤빠가 그에게 "내가 그대로 하여금 스스로 도를 얻도록 하기 위해서 고의로 그렇게 했던 것입니다. 그대는 나를 미워하거

<hr>

355 '六種突吉羅罪'라고 거듭 말하고 있지만(p.68중12와 14~15) 실제로는 '5종의 죄'라고 해야 할 것이다. 첫 번째 죄라고 한 '번뇌를 여의지 못한 상태[煩惱未盡, 結未盡, p.68상5 와 상8~9]'를 죄라고 할 수 없기 때문이다.

356 同上, p.68상8~중17(제1죄에서 제6죄까지).

나 원망하지 마시오. 나 역시 그대를 미워하거나 원망하지 않겠습니다."라고 하면서 아난다를 받아들였다.[357]

유부비나야잡사는 아난다의 죄에 대해 구체적인 내용을 기술하고 있다.[358] 까샤빠는 부처님의 반열반 후 즉시 꾸시나가라에서 부처님의 가르침을 결집하기 위해 500명의 비구들을 모았다. 이들은 모두 아라한과를 성취했는데 오직 아난다만이 학지(學地, śaikṣa-bhūmi)[359]에 머물러 있었다. 그 때문에 그는 결집에 참여할 자격이 없었다. 그래서 까샤빠는 대중의 승인을 받아 아난다에게 물 돌리는 소임[行水人]을 맡겨 결집 비구들에 합류하게 했다.[360] 그러나 결집장에서 아난다의 자격이 문제가 되었다. 까샤빠는 그를 위로하고 타일러서 조복(調伏)[361]하게 할 것인지, 아니면 꾸짖어서 조복하게 할 것인지 생각한 다음 두 번째 방법을 사용하기로 했다. 까샤빠는 아난다를 대중 가운데 불러내어 "그대는 여기서 나가야 합니다. 뛰어난 이 대중은 그대 같은 사람과 함께 성전을 결집할 수 없습니다."라고 말했다. 아난다는 이 말을 듣고 화살이 심장을 꿰뚫는 것 같은 심한 고통을 받고 몸을 떨면서 말했다. "대덕 까샤빠여, … 내가 파계도, 파견(破見)도, 파위의(破威儀)도, 파정명

---

357 同上, p.69상18~23(p.68중17~69상6까지는 거의 아무 의미도 없는 긴 내용이다).

358 유부비나야잡사 권39(同上, 24권, p.404상2~18, 하1~16과 21; p.405상1~하24). 요약 정리했음.

359 4성제의 이치를 깨달았지만 아직 번뇌가 남아 있는 비구. 아라한 이전의 단계로서 有學이라고도 한다. 中村元, 앞의 사전, p.178(1).

360 同上, p.404상2~18.

361 調伏 대신 奮發이라는 표현이 옳을 것 같다. 아라한과를 성취하게 하는 것은 그를 조복(=항복)시킴으로써 가능한 것이 아니라 '분발하게 해야 할 것'이기 때문이다.

(破正命)도 하지 않았고, 역시 승가 가운데서 법을 위반한 일도 없는데 어떻게 지금 갑자기 이곳에서 쫓아내려고 합니까.”라고 항의했다.[362]

까샤빠는 이 말을 듣고, “그대가 ‘나는 승가에 위법한 것이 없다.’고 말하지만 어떻게 그대가 승가에 죄를 범한 일이 없다는 말입니까. 여인들은 방자하고 아첨하는 성질을 가지고 있기 때문에 출가를 요청했어도 부처님께서 허락하시지 않을 것을 그대는 알고 있었습니다. 그런데도 그대가 부처님께 여인의 출가를 청했으니 어떻게 죄가 아닙니까.”[363]

(1) 이것이 ‘부처님께 여인의 출가를 청한 죄[請度女人]’로서 까샤빠가 주장한 아난다의 여덟 가지 죄 가운데 첫째였다. 아난다는 해명했다. “내가 여인의 출가를 청한 것은 다른 생각이 없었습니다. 대세주(大世主, Mahāpajāpatī, 大愛道)는 부처님의 이모(姨母)로서 마야부인이 부처님을 낳으시고 7일 만에 목숨을 마치자 대세주가 몸소 자신의 젖으로 (그를) 키웠습니다. 그 은혜가 깊은데 어찌 갚지 않을 수 있었겠습니까. 그리고 과거의 모든 부처님들 역시 사부중(四部衆)[364]이 있었다는 것을 나는 들었습니다. 우리 부처님도 과거 부처님들과 같기를 바랐습니다. 첫째는 그 두터운 은혜에 보답하는 것이고, 둘째는 씨족(氏族)을 생각한 것입니다. 이 때문에 부처님께

362 유부비나야잡사 권39(同上, 24권, p.404 하1~13).

363 同上, p.404하21~29.

364 多屋賴俊, 앞의 사전, p.192; 붓다의 4部 제자들; 비구·비구니·사미·사미니.

여인들의 출가를 요청했으니 이 죄를 용서해 주시기 바랍니다.”

까샤빠는 아난다의 해명에 대해 이렇게 추궁했다. “그것은 은혜를 갚는 것이 아니라 정법신(正法身, 正法)을 파괴하여 멸망시키는 것입니다. 왜냐하면 부처님의 밭[佛田]에 큰 서리와 우박을 내리게 한 것이어서, 정법이 천년 동안 세상에 머물 것인데 그대 때문에 조금밖에 머물지 못했습니다. 그리고 씨족을 생각했다는 것 역시 도리에 맞지 않습니다. 출가한 사람은 영원히 친족에 대한 애착을 버려야 합니다. 그대는 역시, ‘과거의 모든 부처님들께는 사부중이 있었다는 것을 나는 들었다. 우리 부처님도 과거 부처님들과 같기를 바랐다.’라고 말했지만, 옛날 사람들은 모두 욕심이 적어서 탐·진·치와 번뇌가 적고 왕성하지 않았기 때문에 그들이 출가를 해도 괜찮았습니다. 그러나 지금은 그렇지 않기 때문에 부처님께서 허락하시지 않았던 것입니다. 그런데 그대가 간청하여 부처님으로 하여금 허락하시게 한 것입니다. 이것이 그대의 첫 번째 잘못입니다.”

(2) 부처님께 중생을 위해 1겁 동안 세상에 머무시도록 청하지 않은 죄[不爲衆生請佛世尊住世一劫]: 까샤빠가 추궁했다. “사신족(四神足)을 많이 닦고 익힌 사람은 원한다면 이 세상에 1겁 또는 1겁 이상 머물 수 있는데, 그대는 부처님께 중생을 위해 이 세상에 1겁 동안 머물러 주실 것을 청하지 않았습니다.” 아난다는 해명했다. “나는 다른 생각이 없었습니다. 그때 마라[魔羅波旬, Mārapāpimā]가 내 정신을 막고 가렸습니다.” 까샤빠가 추궁했다. “그런 큰 허물을 어떻게 용납할 수 있겠습니까. 부처님을 가까이 모셨으므로 번뇌

가 다했을 것인데도 마라에게 막히고 가림을 당했으니 이것이 두 번째 잘못입니다."

(3) 부처님 앞에서 따로 법을 설한 죄[對佛前別說]: 까샤빠가 추궁했다. "부처님께서 어느 때 비유를 설하셨는데, 그대는 부처님 앞에서 그것을 따로 설했습니다. 이것이 제3의 잘못입니다." 아난다의 해명은 없다.

(4) 부처님의 세군(洗裙, 下衣)을 발로 밟은 죄[洗裙以脚踏捩]: 까샤빠는 계속했다. "세존께서 일찍이 황금색 세군(nivāsana)[365]을 그대에게 세탁하게 했는데, (물을 짜기 위해) 그대는 그 옷을 발로 밟고 비틀었습니다. 어떻게 이것이 잘못이 아니란 말입니까." 아난다는, "도와줄 다른 사람이 없었기 때문에 발로 밟은 것이지 교만한 마음으로 그렇게 한 것이 아니었습니다."라고 해명했다. 다시 까샤빠가 추궁했다. "도와줄 다른 사람이 없었으면 그것을 왜 공중으로 던지지 않았습니까. 공중의 신들이 그대를 도왔을 것입니다. 이것이 네 번째 잘못입니다."[366]

(5) 흐린 물을 부처님께 올린 죄[濁水奉佛]: 까샤빠가 추궁했다. "부처님께서 꾸시나가라의 사라쌍수(沙羅雙樹) 아래로 가셔서 열반을 하려고 했을 때 목이 말라 마실 물을 요구하시자 그대는 흐린 물

....

365 니원승(泥洹僧)이라고 음역(音譯)하고, 군(裙)·하군(下裙)·군자(裙子) 등으로 의역(意譯). 비구들의 腰衣(허리에 동이는 옷). 多屋賴俊(外), 앞의 사전, p.395(中); 中村元, 앞의 사전, p.288⑵과 p.1034⑵.

366 유부비나야잡사 권39(대정장 24권, pp.404하29~405상25).

을 부처님께 떠다 드렸습니다. 이것이 어떻게 잘못이 아니란 말입니까.” 아난다가 해명했다. “내가 물을 길었을 때 마침 500대의 수레가 까꿋타(Kakuṭṭha, 脚拘陀)강을 건넜으므로 맑은 물을 얻을 수 없었습니다. 이것은 나의 허물이 아닙니다.” 아난다의 말을 받아 까샤빠가 추궁했다. “그것은 그대의 잘못입니다. 왜 바로 그때 발우를 위로 들어 올리지 않았습니까. 그렇게 했더라면 신들이 여덟 가지 공덕수[八功德水]를 내려 그대의 발우를 채워주었을 것입니다.”

(6) 소소계에 대해 묻지 않은 죄[不問小隨小戒]: 까샤빠가 추궁했다. “부처님께서 ‘내가 비구들로 하여금 포살 날에 설하게 한 계경(戒經, 別解脫經)[367]에 소소계[小隨小戒]가 있다. 나는 그 가운데 소소계를 폐지하고자 한다. 비구 승가로 하여금 안락하게 살 수 있도록 하기 위해서다.’라고 하셨습니다. 그런데 그대가 묻지 않았기 때문에 그 가운데 어떤 것이 소소계인지 알지 못하게 되었습니다.(소소계에 대한 긴 설명 생략) 그대는 어찌하여 뒷사람을 위해 그것을 부처님께 물어보지 않았습니까. 이 때문에 그대는 당연히 추회죄(追悔罪)[368]를 지었습니다.”

아난다는 소소계에 대해 부처님께 묻지 않았던 것은 자신에게 다른 생각이 있었던 것이 아니고, 그때 부처님의 열반을 맞이하여

---

367 본문에 布薩은 半月半月, 戒經은 別解脫經으로 되어 있다. 平川彰, 『律藏の研究』, p.419; 佐藤密雄, 『原始佛教教團の研究』, p.488 참조.

368 과거에 지은 죄를 후회하면서 붓다·보살·스승·대중에게 고백하고 용서를 빌어야 하는 죄. 多屋賴俊(外), 앞의 사전, p.155(1) 참조.

자신이 큰 근심과 괴로움을 당하고 있었기 때문이었다고 해명했다. 그러나 까샤빠는 "그대가 친히 부처님을 모셨으면서도 어떻게 제행이 무상하다는 것을 알지 못하고 근심과 괴롭다는 생각을 했습니까. 이것은 큰 죄가 됩니다."라고 나무랐다.

(7) 여인들에게 부처님의 음장상을 보여준 죄[諸女前現佛陰藏相]: 까샤빠의 추궁은 계속되었다. "다시 그대에게 죄가 있습니다. 속인들 가운데서, 더구나 여인들 앞에서 부처님의 음장상(陰藏相)을 내보였습니다." 아난다가 해명했다. "나에게 다른 생각은 없었습니다. 여인들은 욕정이 불길처럼 심해서 뜨거운 번뇌에 얽혀 있으므로 부처님의 음장상을 보면 욕정이 곧 식을 것이라고 생각했기 때문이었습니다." 까샤빠는, "그대에게 타심통의 혜안(慧眼)이 없는데 어떻게 여인들이 부처님의 음장상을 보고 욕정이 곧 식을 것을 알 수 있었습니까."라고 하면서, 이것이 일곱 번째 잘못이라고 단죄했다.

(8) 여인들이 눈물로 붓다의 몸[屍身]을 더럽힌 죄[女人淚落霑汚尊儀]: 까샤빠가 말했다. "그대에게 또 잘못이 있습니다. 그대가 스스로 부처님의 황금색 몸을 드러내어 여인들에게 보여주자 그들이 부처님의 몸을 보고 눈물을 흘려 부처님의 몸을 젖게 해서 더럽혔습니다. 이것도 그대의 잘못입니다." 아난다는 해명했다. "나에게 부끄러움이 없었던 것은 아닙니다. 그러나 나는 이렇게 생각했습니다. 즉 '중생들이 만약 부처님의 묘색신(妙色身: 황금색의 몸)을 보면 모두 나의 몸도 틀림없이 부처님 몸과 같이 되기를 바란다'라고 생각할 것입니다." 아난다의 설명에 대해 까샤빠는, "그대에게

타심통의 혜안이 없는데 중생들이 이와 같은 원(願)을 세울 것이라고 어떻게 알았습니까. 이것이 바로 그대의 여덟 번째 잘못입니다."라고 단죄했다.[369]

까샤빠는 애원하는 아난다에게, "이곳에서 빨리 나가십시오. 그대가 해야 할 일은 스스로 정진해서 아라한과를 이루는 것입니다. 그러면 대중이 그대와 함께 결집을 할 것입니다."라고 하면서 그를 추방했다.[370] 아난다는 증승(增勝)이라는 마을로 가서 한 동자(童子)의 도움을 받고 열심히 정진한 결과 모든 번뇌를 끊고 아라한이 되었다. 곧 결집장으로 되돌아가 비구들의 열렬한 환영을 받으면서 결집에 참여했다.[371]

　가섭결경의 내용도 다른 문헌과 거의 동일하다.[372] 까샤빠는 천안통을 가진 아니룻다를 통해 아난다가 아직 '방당학성(方當學成, 有學)'[373] 상태라는 것을 알자, 그에게 한마디로, "그대는 일어나 여기에서 나가시오. 우리는 그대와 함께 경을 결집할 수 없습니다."라고 말했다. 아난다는 항의했다. "나는 계를 어기지 않았고 역시 사견(邪見)도 가지고

....

369　유부비나야잡사 권39(대정장 24권, p.405,상25~중7과 중20~하6).

370　同上, pp.405하7~406상1. 긴 설명 생략. 까샤빠의 마지막 말은 卽宜速出 所應作者 自策勤得 阿羅漢果 衆可與汝同爲結集이었다.

371　同上, p.406상2~17. 긴 내용 요약했음.

372　가섭결경(대정장 49권, p.5하12~19).

373　同上, p.5하15~16. Przyluski는 方當學成을 "Il étudie encore pour parfaire son instruction(그는 붓다의 가르침을 완성하기 위해 아직 공부하고 있다)"라고 번역(그의 책, p.12).

있지 않습니다. 업을 파괴하지 않았고[不壞業],[374] 좋지 않은 행동도 하지 않았고[不失行], 승가에 잘못을 저지르지도 않았습니다[不犯衆]." 까샤빠는 아난다의 항의에 대해, "그대는 어떻게 지은 죄가 없다고 말합니까."라고 하면서 아홉 가지 죄[過]를 추궁했고 아난다는 그것을 전부 해명했다.[375]

(1) 여인출가(女人出家): 까샤빠가 추궁했다. "어찌하여 그대는 부처님께 간청하여 여인들이 출가하여 비구니가 되게 하였습니까." 아난다가 해명했다. "부처님의 어머님이 돌아가신 후, 마하마야 구담미(摩訶摩耶瞿曇彌)가 부지런히 애써서 부처님을 양육하고 몸소 돌보았습니다. 부처님이 아직 어렸을 때 젖과 음식을 먹여 키웠습니다. 그 은혜를 갚기 위해 구담미를 비구니로 만들도록 부처님께 간청하였습니다. 역시 친족에 대한 동정심에서 구담미를 출가하게 하도록 바랐습니다. 그래서 나는 부처님께 구담미를 비구니로 만들어 주실 것을 청했습니다. 역시 과거의 모든 부처님들은 사부중을 가지고 있었다는 말을 들었는데, 나는 부처님들의 법과 가르침의 영향력이 감소하지 않았다고 생각했으므로,[376] 부처님께 구

....

374 Przyluski(그의 책, p.12)는 業을 rites(=慣習, 儀式)라고 이해하고, 不壞業을 "Jen'ai pas corrompu les rites(나는 관습을 어지럽히지 않았다)"라고 번역.

375 대정장 49권, p.5하25~p.6중1. 아홉 가지 죄[過]의 이름은 산만하기 때문에 간략하게 정리했음.

376 同上, p.6상2; 我念世尊法教之化 得無減少故; Przyluski(앞의 책, p.13); Pensant que l'influence de la doctrine et de la Loi du Bhagavat n'était pas moindre.

담미를 비구니로 만들도록 청했던 것입니다.”

까샤빠가 추궁했다. “효도를 하고 은혜를 갚는 것만으로는 부족합니다. 역시 여래의 법신(法身)을 공양하는 공덕이 있습니다. 여인들로 하여금 비구니가 되게 한 것은 마치 벼가 익은 논에, 하늘에서 큰비와 우박이 쏟아져 그것을 파괴해 버린 것과 같습니다. 부처님의 정법은 본래 오랫동안 계속하게 되어 있었는데 여인들을 출가시켜 비구니로 만들었기 때문에 천년 동안만 머물게 되고 말았습니다. 역시 그대는 친족에 대한 동정심 때문에 여인을 비구니로 만들어주실 것을 부처님께 청했다고 말했지만, 이것은 출가사문의 법에 의한 것이 아니라 친족에 대한 애정을 가지고 있었기 때문입니다. 역시 그대는 과거의 모든 부처님들은 사부중을 가지고 있었기 때문에 부처님께 여인들을 비구니로 만들어 주실 것을 청했다고 말했습니다. 그러나 그때의 사람들은 음란·노여움·무명의 사슬에 결박되어 있지 않았고, 그들의 정신은 즐겁고 비어서 마음에 번뇌가 없었습니다. 어떻게 그들을 지금 사람들과 비교할 수 있습니까.” 아난다의 대응은 없었다.[377]

(2) 주세일겁(住世一劫): 까샤빠가 추궁했다. “부처님께서는 그대에게 ‘정진을 해서 4신족(神足)을 얻은 사람은 1겁 또는 그 이상의 겁[踰劫]을 살 수 있다.’고 말씀하셨습니다. 그런데 그대는 어째서 부처님께 이 괴로운 세상을 가엾게 여기시도록 청하지 않았습니까[사

---

377 가섭결경(대정장 49권, p.5하25~p.6상12).

바(娑婆: sahā)의 중생을 가엾게 여겨, 이 세상에 더 머무시도록 청하지 않았습니까]." 아난다가 해명했다. "그때 마라가 내 정신을 어지럽혔기 때문에 부처님께 자비심[378]을 베푸시도록 간청하지 못했습니다." 까샤빠가 추궁했다. "이것이 그대의 큰 잘못입니다. 그대가 어떻게 '무욕인(無欲人: 붓다)'을 시중들었다고 하겠습니까. 그대는 마땅히 마라의 힘을 굴복시켜야 했습니다. 그런데 반대로 마라의 명령을 따랐습니다. 이것이 그대의 두 번째 잘못입니다. 아난다여, 그대는 이 잘못을 인식하지도 못하고 있습니다." 아난다의 대응은 없다.

(3) 범타(犯他: 다른 비구를 모욕함): 까샤빠가 추궁했다. "어느 때 부처님께서 그대를 책망하셨습니다. 그대는 그때 다른 비구들에게 싫은 말을 해서 그들을 모욕했습니다. 이것이 세 번째 잘못입니다."[379] 아난다의 대응은 없다.

(4) 족월금루직의(足越金縷織衣: 가사를 밟음): 까샤빠가 추궁했다. "그대는 금실로 짠 부처님의 옷을 발로 밟았습니다. 이것이 네 번째 잘못입니다." 아난다의 대응은 없다.

(5) 불구수불여(佛求水不與): 까샤빠가 추궁했다. "부처님께서 반열반에 이르렀을 때 쌍수(雙樹: 꾸시나가라)로 가시고자 했는데, 그때 그

<hr>

378 不從佛求哀(同上, p.6상16)에서 '哀'는 바로 윗줄에는 哀愍이다. Przyluski(p.14); Je n'ai pas supplié le Bouddha de se montrer compatissant.

379 同上, p.6상18~19; 世尊訶汝 汝時恨言他 犯他坐是爲三過. Przyluski의 번역에서 도움을 받았다(그의 책, p.14); Le Bhagavat t'ayant blâmé, tu as adressé á autrui des paroles d'aversion, et tu a offensé les autres religieux. En cela[坐], tu t'es rendu coupable d'une troisième faute.

대에게 마실 물을 청했습니다. 그러나 그대는 물을 가져다드리지
않았습니다. 이것이 다섯 번째 잘못입니다." 아난다의 대응은 없다.

(6) 잡쇄수순금계(雜碎隨順禁戒): 까샤빠가 추궁했다. "부처님께서 이
소소계(小小戒) 폐지에 대해 말씀하셨을 때, 그대는 미래의 사람들
을 위해 어떤 것이 소소계인지 분별해서 질문할 생각을 하지 않았
습니다. 이것이 여섯 번째 잘못입니다." 아난다의 대응은 없다.

(7) 음마장(陰馬藏): 까샤빠가 추궁했다. "그대는 부처님의 음마장을 많
은 사람들에게 보여주었습니다. 이것이 일곱 번째 잘못입니다."
아난다의 대응은 없다.

(8) 누오불족(淚汚佛足): 까샤빠가 추궁했다. "그대에게 다시 잘못이 있
습니다. 부처님의 자마금색신(紫磨金色身: 자마금색의 몸)을 여인들에
게 보여주어서, 여인들이 울다가 눈물로 부처님의 발을 더럽혔기
때문입니다. 이것이 여덟 번째 잘못입니다." 아난다의 대응은 없다.

(9) 삼구지하(三垢之瑕): 까샤빠가 추궁했다. "그대는 다시 잘못이 있습
니다. 이 대중 가운데 음란·노여움·무명을 가진 사람은 없는데,
오직 그대만이 이 세 가지 하자(瑕疵: 흠)를 가지고 있습니다.[380] 그
대는 아라한의 도를 이루기 위해 아직 공부하고 있습니다. 여기
모인 사람들[化衆][381]은 모두 해야 할 일을 마쳤는데(즉 아라한과를 성
취했는데), 그대는 아직 거기에 이르지 못했습니다. 이것이 아홉 번

380 同上, p.6상19; 汝獨有三垢之瑕. Przyluski(앞의 책, p.15)는 'seul, tu est souillé par
    ces trois vices(오직 그대만이 세 가지 惡으로 더럽혀졌다)'라고 번역.

381 化衆(p.6상29)은 Przyluski(同上, p.15)의 번역을 취했음; ceux qui sont réunis ici.

째 잘못입니다.”

까샤빠는 이렇게 아난다의 죄를 추궁한 뒤 “일어나서 이 모임에서 나가십시오. 우리는 결코 그대와 함께 경[經要]을 결집하지 않을 것입니다.”라고 말했다. 아난다는 항의했지만 결국 추방되었다. 그러나 곧 아라한이 되어 결집장에 되돌아가 까샤빠를 비롯한 결집 대중들의 환영을 받고 경의 송출 책임자가 되었다.[382]

2) 소소계 문제

소소계(小小戒) 폐지 문제는 부처님의 유언에서 비롯되었다. 이 문제에 관련이 있는 문헌은 5종으로, 빨리어본 열반경인 마하빠리닙바나-숫따따(Mahāparinibbāna-suttanta)와 한역본 대반열반경·불반니원경·반니원경과 장아함 제2권에 포함되어 있는 유행경(遊行經)이다.

유행경은 (붓다의 마지막) 여행경이라는 의미의 이름이지만 내용은 앞의 네 가지 열반경과 동일하다. 이 5종의 열반경 가운데 소소계 문제를 다루고 있는 문헌은 마하빠리닙바나 숫따따와 유행경뿐이다. 대반열반경에서도 비슷한 내용을 말하고 있지만 이른바 소소계 문제 폐지에 대한 내용이라고는 할 수 없다.

마하빠리닙바나-숫따따에 의하면, 부처님께서 열반에 드시기 직전 아난다에게 이렇게 말씀하셨다. “아난다야, 승가는 내가 죽은 뒤에,

---

382　同上, p.6중13~29.

원한다면 사소하고 작은 계율 조항을 폐지해도 좋다."[383] 같은 내용을 유행경에서는 "아난다야, 나는 오늘부터 비구들이 소소계(小小戒)를 버릴 것을 허락한다."라고 하셨다.[384] 대반열반경에서 말하고 있는 내용은 이와 다르다. "아난다야, 내가 반열반에 든 후, 비구들은 … 서로 돌보고 보살펴서 그들 가운데 대계(大戒)를 범하는 사람이 없도록 하고, 다른 사람의 작은 허물을 찾지 마라."라고 되어 있다.[385]

그 외의 문헌에 나오는 소소계 문제는 부처님의 유언과 직접적인 관계는 없다. 부처님께서 열반에 드시고 제자 비구들이 모여 성전의 결집을 모두 끝낸 다음, 아난다가 대중 앞에서 생전의 붓다로부터 들었던 소소계에 대한 유언을 말함으로써 문제로 제기되었다. 그 명칭도 문헌에 따라 다르다. 율장[빨리율]과 오분율에서는 소소계라고 되어 있지만[386] 다른 문헌에서는 소계(小戒),[387] 미세계(微細戒) 또는 세미계(細

---

383 *Last Days of the Buddha*, Sister Vajir & Francis Story 譯, p.75(Kandy, Sri Lanka, 1998); If it is desired, Ānanda, the Sangha may, when I am gone, abolish the lesser and minor rules; 中村元 譯, 『ブッダ最後の旅』(제6장 3), p.156, 東京, 1984; 大般涅槃經 6誦品(南傳藏 7권, p.142).

384 장아함 권4의 2, 유행경(대정장 1권, p.26상28~29); 阿難自今日始 聽諸比丘 小小戒上下相呼.

385 대반열반경 권하(대정장 1권, p.204하1~4); 阿難 我般涅槃後 諸比丘等 各依次第 大小相敬 不得呼姓 皆喚名字 互相伺察 無令衆中 有犯大戒 不應闚覓他細過.

386 율장 권4, 소품11(남전장 4권, p.430); 오분율 30권(대정장 22권, p.191하7~8).

387 아육왕경 권6(대정장 50권, p.152상25).

微戒),**388** 잡쇄계(雜碎戒), 잡쇄수순금계(雜碎隨順禁戒)**389**라고 했다. 소소계의 쓰임새는 두 곳이다. 하나는 결집과 관계된 것이고, 다른 하나는 한 번 결정된 죄는 '고치지도, 버리지도 못한다'는 것이다.

소소계 문제를 다루고 있는 문헌들은 율장·사분율·오분율·십송율·마하승기율·비니모경·찬집삼장급잡장전·아육왕경·아육왕전이다.

율장에 의하면, 결집이 모두 끝났을 때 아난다가 비구들에게 소소계 폐지 문제에 대해 말했다. "세존께서 열반에 드실 때 나에게 이렇게 말씀하셨습니다. '아난다야, 내가 죽은 뒤 승가가 원한다면 소소계는 버려도 좋다.'" 장로 비구들은 물었다. "그대는 소소계가 무엇인지 부처님께 여쭈어보았습니까." 아난다는 물어보지 않았다고 대답했다.

그러자 장로들은 소소계에 대해 여러 가지 주장을 내놓았다. 어떤 장로들은 (1) 4바라이(波羅夷, pārājikā)를 제외한 나머지가 소소계라 했고, 다른 장로들은 (2) 4바라이와 13승잔(僧殘)을 제외한 나머지가 소소계라고 했다. 비구들의 주장은 계속되었다. "(3) 4바라이·13승잔·2부정(不定,aniyata)을 제외한 나머지가 소소계다. (4) 4바라이·13승잔·2부정·30사타(捨墮)를 제외한 나머지가 소소계다. (5) 4바라이·13승잔·2부정·30사타·92바일제(波逸提)를 제외한 나머지가 소소계다. (6) 4바라이·13승잔·2부정·30사타·92바일제·4제사니(提舍尼,

---

388 십송율 권60(同上, 23권, p.449중14); 비니모경(同上, 24권, p.818중5); 마하승기율 권32(同上, 22권, p.492하7); 찬집삼장잡장전(同上, 49권, p.2상17~18); 아육왕전(同上, 50권, p.113하15).

389 사분율 권54(同上, 22권, p.967중12~13); 가섭결경(同上, 49권, p.6상23).

pāṭidesanīya)를 제외한 나머지가 소소계다.”라고 주장하기도 했다.

이와 같이 많은 주장에 대해 까샤빠는 다음과 같이 설명하고, 대안을 제시했다. “승가여, 내 말을 들어주십시오. 우리가 지키고 있는 계 가운데는 재가인과 관계가 있는 것이 있습니다. 그들은 재가자라 해도 ‘이것은 그대 석자(釋子: 부처님의 제자)들에게 맞다, 이것은 맞지 않다’고 우리들에게 들어서 알고 있습니다. 우리가 소소계를 버린다면 사람들은 ‘사문 고따마가 제자들을 위해 제정한 계는 오래가지 못하는 연기와 같아서 스승이 생존해 있을 때는 계를 배우더니 스승이 열반에 든 지금은 계를 배우지 않는구나.’라고 할 것입니다.”

그러고 나서 이렇게 말했다. “승가는 제정되지 않은 계를 새로 제정하지 말고 이미 제정된 계를 폐지하지 말고 제정된 대로 계를 지닙시다.” 장로들은 까샤빠의 제의를 받아들였다.[390]

문제를 이렇게 마무리한 다음, 장로 비구들은 아난다에게 소소계에 대해 부처님께 묻지 않은 일에 대해 추궁했다.

(1) 소소계가 무엇인지 부처님께 묻지 않은 죄: 아난다는 자신의 행동이 고의적인 것이 아니라 부주의에 인한 것이었으므로 돌길라(突吉羅) 죄를 지었다고 생각하지 않았다. 그렇지만 장로들을 믿기 때문에 참회했다.

(2) 부처님의 비옷[雨浴衣]을 밟고 꿰맨 죄: 아난다는 부처님을 존경하

390　同上, pp.431~432; Przyluski, 위의 책, pp.155~156.

지 않았기 때문에 부처님의 비옷을 밟고 꿰맨 것이 아니므로 돌길
라 죄를 지었다고 생각하지 않았다. 그렇지만 장로들을 믿기 때문
에 참회했다.

(3) 여인들에게 먼저 부처님의 사리(舍利, 屍身)를 예배하게 했을 뿐 아
니라, 여인들이 울면서 흘린 눈물로 부처님의 사리를 더럽힌 죄:
부처님께서 꾸시나가라 도시 바깥 외떨어진 나무 밑에서 돌아가
셨기 때문에, 말라족 여인들이 늦은 시간에 마을로[391] 돌아가게 될
것이 걱정되어서 여인들에게 먼저 부처님의 사리에 예배드리게
했다고 설명했다. 아난다는 그것이 돌길라 죄를 범한 것이라고 생
각하지 않았지만 장로들을 믿기 때문에 참회했다.

(4) 부처님께 1겁 동안 세상에 머무시도록 청하지 않은 죄: 부처님께
서 열반에 드실 것을 암시했는데도 중생의 이익과 안락을 위해,
세상에 대한 자비심으로, 인간과 신들의 의리(義利)·이익·안락을
위해 1겁 동안 세상에 머물러 주시도록 부처님께 청하지 않은 것
은 돌길라 죄를 범한 것이라고 주장하면서 참회하게 했다. 아난다
는 그때 "마라에게 홀려 있었기 때문에 부처님께 청하지 못했다."
고 해명했다. 그는 돌길라 죄를 범했다고 생각하지 않았지만 장로
들을 믿기 때문에 참회했다.

(5) 부처님께서 설하신 '법과 율[僧伽]'에 여인들을 출가하게 한 죄: 이
문제에 대해서는 상당히 길게 설명했다. "마하빠자빠띠 고따미

....

[391] 괄호 안의 내용은 오분율 권30(대정장 22권, p.191하1~4)을 참조했음. Malla족은
Kuśinagara에 살았다. 塚本啓祥의 위의 책, p.378.

(Mahāpa-jāpatī Gotamī)는 부처님의 이모(姨母)일 뿐 아니라 양모(養母)이고 포유모(哺乳母, 젖을 먹여 키운 母)로서 생모가 돌아가신 후, 부처님께 젖을 먹여 키워준 것을 생각했기 때문에, 고따미를 비롯한 여인들이 '부처님께서 설한 법과 율'에 출가할 수 있도록 노력했다."는 것이다. 아난다는 이것을 돌길라 죄라고 생각하지 않았지만 장로들을 믿기 때문에 참회했다.[392]

오분율에 의하면, 까샤빠가 율장과 경장의 결집이 끝났음을 선포하자, 아난다가 소소계 폐지 문제에 대한 부처님의 유언을 말했다. "나는 직접 부처님으로부터, '내가 반열반에 든 뒤 너희들이 소소계를 폐지하고 싶으면 폐지하는 것을 허락한다[若欲除小小戒聽除].'라고 하신 말씀을 들었습니다."

까샤빠가 소소계가 무엇인지 묻자, 아난다는 "모르겠다."고 대답했다. 그 이유는 부처님께 물어보지 않았기 때문이라는 것이었다. 까샤빠는 물어보지 않은 이유를 추궁했다. 아난다는, "그때 열반을 앞둔 부처님의 몸이 고통스러운 상태였기 때문에 괴롭혀 드릴 것이 두려워 물어보지 못했다."고 대답했다. 까샤빠는 '소소계의 의미를 물어보지 않은 것은 돌길라 죄에 해당된다.'고 주장하면서 아난다에게 참회하게 했다. 뿐만 아니라 아난다가 지난날 지었다는 다른 죄들까지 추궁했다.[393]

....

392　율장 권4, 소품11 (남전장 4권, pp.432~433); Przyluski, 위의 책, pp.153~159.

393　오분율 권30 (대정장 22권, p.191중3~하6); Przyluski, 위의 책, pp.148~153.

(1) 소소계가 무엇인지 묻지 않은 죄[不問小小戒]: 아난다는 "계를 공경하지 않았기 때문에 그 의미를 묻지 않은 것이 아니라, 그때 열반을 앞둔 부처님의 몸이 고통스러운 상태였기 때문에 괴롭혀 드릴 것이 두려워서 묻지 못했다."고 해명했다.

(2) 부처님의 승가리(僧伽梨, 大袈裟)를 꿰매면서 발가락으로 그것을 누른 죄[爲世尊縫僧伽梨以脚指押]: 아난다는 "부처님을 공경하지 않았기 때문이 아니라 승가리의 끈을 잡아줄 사람이 없었기 때문에 발가락으로 누르고 꿰매었다."고 해명했다.

(3) 부처님께 세 번이나 청해서, 여인들이 정법에 출가할 수 있게 허락받은 죄[三請世尊 求聽女人 於正法出家]: 아난다는 "법을 공경하지 않았기 때문이 아니라 마하빠자빠띠 고따미가 부처님을 보살피고 길렀으므로 부처님께서 큰 출가를 하실 수 있었고 도를 이루시게 되었다. 부처님은 고따미에게 그 공을 갚아야 했으므로 세 번 청했던 것"이라고 해명했다.

(4) 부처님께, 이 세상에 1겁 또는 1겁 이상 머무시도록 청하지 않은 죄[不請佛住世一劫若過一劫]: 까샤빠는 추궁했다. "부처님께서 열반을 하려고 하실 때에 조짐을 나타내면서, 그대에게 '만일 어떤 사람이 사신족(四神足)[394]을 얻으면, 수명을 1겁 또는 1겁 이상 이 세상에 머물고자 해도 그렇게 할 수 있다. 여래는 한량없는 선정법

------

394 신통력을 얻기 위한 4종의 근거[所依]. 欲神足(=뛰어난 명상을 얻으려는 願)·勤神足(=뛰어난 명상을 얻으려는 노력)·心神足(=마음을 가라앉혀 뛰어난 명상을 얻으려는 것)·觀神足(=지혜를 가지고 사유관찰을 해서 뛰어난 명상을 얻는 것). 足이란 禪定을 가리킨다. 신통을 일으키는 근거이기 때문에 神足이라 한다. 中村元, 앞의 사전, p.525(2).

(禪定法)을 성취하셨다.'고 세 번씩이나 암시를 하셨는데도 그대는 부처님께 세상에 1겁 또는 1겁 이상 머무시도록 청하지 않았다. 그래서 돌길라 죄를 범했다. 죄를 인정하고 참회해야 한다." 아난다는 부처님께 이 세상에 오래 머무시도록 청하고 싶지 않았기 때문이 아니라 악마 파순(波旬, Pāpīyas)이 자신의 마음을 가렸기 때문에 그렇게 된 것이라고 해명했다.

(5) 부처님께서 세 번이나 거듭해서 마실 물을 청했는데도 물을 떠다 드리지 않은 죄[三反索水 汝竟不奉]: 아난다는 "물을 떠 드리고 싶지 않았기 때문이 아니라 그때 500대의 수레가 상류에서 앞다투어 강을 건너느라 물이 흐려져 있었기 때문에 부처님께서 그 물을 마시고 병에 드실 것이 염려되어 떠 드리지 않았던 것"이라고 해명했다.

(6) 여인들에게 먼저 부처님의 사리[屍身]에 예배하게 허락한 죄[汝聽女人先禮舍利]: 아난다는 "여인들로 하여금 먼저 부처님의 사리에 예배하도록 하고 싶었던 것이 아니라, 해가 저물면 여인들이 마을에 돌아가기가 어려울 것이라고 생각했기 때문에 그것을 허락했다."고 해명했다. 그러고 나서 아난다는 "나는 이 일에 죄가 있다고 보지 않는다. 그러나 까샤빠 대덕을 존경하고 믿기 때문에 지금 참회하겠다."라고 하고 여섯 돌길라 죄를 참회했다.

아난다의 참회가 끝나자 까샤빠는 소소계 폐지에 따라 야기될 문제들을 비구들에게 말했다. "우리가 중학법(衆學法)을 소소계로 하면 다른 비구들은 곧 네 가지 바라제제사니[四波羅提提舍尼]까지도 소소계로 할 것입니다. 우리가 네 가지 바라제제사니까지를 소소계로 한다면, 다른 비구들은 다시 바일제(波逸提)까지 역시 소소계로 할 것입니다. 우리가 바일제까지 소소계로 한다면, 다른 비구들은 다시 니살기바일제(尼薩耆波逸提)까지 소소계라고 할 것입니다. 갑자기 이렇게 되면 4부중은 어떻게 정[禪定]을 얻을 수 있겠습니까."395

이어서 까샤빠는 말했다. "만일 우리가 소소계의 상[戒相]396을 알지 못하고 함부로 소소계를 폐지하면 외도 무리들이 '사문 석자들의 법은 연기와 같구나. 스승이 세상에 계실 때는 제정한 법을 모두 행하더니 스승이 반열반에 든 뒤에는 다시 법을 배우려 하지 않는구나.'라고 할 것입니다."397

까샤빠는 대중들 앞에서 큰 소리로 다음과 같이 말하면서 소소계 문제를 마무리했다. "우리는 이미 법의 결집을 끝내었습니다. 부처님께서 제정하시지 않은 것이면 함부로 제정하지 말아야 합니다. 이미 제정된 것이면 어기는 일이 있어서는 안 됩니다. 부처님께서 가르치신 대로 열심히 배워야 합니다."398

....

395 同上, p.191하7~13. 마지막 부분의 俄成四種何可得定(同上, 하12~13)은 이해하기 어렵다. Przyluski 앞의 책(p.154)을 참조했음. "Il en résultera que les quatre assemblées (de fideles) ne pourront entrer en contemplation(그 결과 4部衆은 禪定에 들어갈 수 없을 것이다)."

396 계를 지니는 모양. 즉 戒法을 행할 때 持戒와 破戒, 輕犯과 重犯 등으로 구별하는 것을 말한다. 中村元, 앞의 사전, p.164(4).

397 同上[오분율], p.191하13~16.

398 同上, p.191하16~18; (迦葉復於僧中唱言 我等已集法竟) 若佛所不制不應妄制 若已制不得有違 如佛所教應謹學之; Przyluski, 위의 책, p.155.

184

십송율에 의하면, 까샤빠가 대중들에게 결집이 끝났음을 선언하자 아난다는 곧 그에게 소소계[微細戒]에 대한 부처님의 유언을 말했다. "나는 부처님에게 이 말씀을 직접 들어 받았습니다. 부처님께서 '내가 반열반에 든 뒤 승가가 만장일치로 동의하거든 소소계를 버려라.'고 하셨습니다."[399] 그러자 까샤빠는 버릴 수 있는 소소계가 무엇인지 물었다. "아난다가 그것을 부처님께 물어보지 않았기 때문에 모르겠다."라고 대답했다. 그러자 까샤빠는 여섯 가지 잘못된 일을 아난다에게 추궁했다.

(1) 버려야 할 소소계에 대해 부처님께 묻지 않은 것[不問放捨微細戒]: 이것은 돌길라(突吉羅) 죄를 범한 것에 해당된다고 하면서 아난다에게 참회할 것을 요구했다. 아난다는 자신이 계를 가볍게 여겼기 때문에 묻지 않은 것이 아니라 그때 부처님이 열반에 드시려 하고 있었으므로, 자신의 마음이 불안하고 괴로움에 차 있었기 때문에 묻지 못했다고 해명했다. 그러자 까샤빠는 이전에 지었다는 다섯 가지 다른 죄까지 따지면서 참회하게 했다. 아난다는 모두 해명하고 참회했다.[400]

---

399 십송율 권60(대정장 23권, p.449중13~14); 佛言我涅槃後 若僧一心和合 籌量放捨微細戒. Przyluski(앞의 책, p.232)는 '一心和合'을 'consentir unanimement(만장일치로 동의하다)'로, '주량(籌量)'을 'par vote(투표로써)'라고 번역했다. 籌란 대나무[竹] 또는 나무[木]로 만든 투표용의 산가지[算木]이다. 길이는 약 30cm[1尺]. 中村元, 앞의 사전, p.962.

400 同上, p.449중14~하18.

(2) 부처님께 세상에 오래 머무시도록 청하지 않은 죄[不請佛久罪]: 까
샤빠는 추궁했다. "부처님께서 그대에게 세 번이나 말씀하셨습니
다. '염부제(閻浮提: 인간 세상)에는 온갖 일들이 즐겁다. 그중에서 오
래 사는 것이 가장 즐겁다. 만약 어떤 사람이 4여의족(四如意足: 신
통력을 위한 네 가지 수행법)을 닦았으면 그는 수명을 1겁이나 1겁 이
상 이 세상에 머물 수 있다.' 아난다여, 부처님은 4여의족을 잘 닦
으셨습니다. 만약 부처님께서 수명을 1겁이나 1겁 이상 이 세상에
머물고자 하셨다면, 뜻하신 대로 그렇게 하실 수 있었을 것입니다.
그대는 어찌해서 부처님께 세상에 오래도록 머무시도록 간청하
지 않았습니까. 이 때문에 그대는 돌길라 죄를 지었습니다. 이 죄
를 마땅히 법에 따라 참회하고 숨기지 마십시오." 아난다는 해명
했다. "이 세상에 오래 머무시도록 부처님께 간청하지 않았던 것
은 내가 계율을 가볍게 여겨서도 아니었고 부처님을 존경하지 않
아서도 아니었습니다. 그때 악마가 내 마음을 가렸습니다. 그 때문
에 깨닫지 못하고 부처님께 이 세상에 오래 머무시도록 청하지 못
했습니다."

(3) 부처님 옷을 발로 밟은 죄[足躡佛衣]: 까샤빠는 다시 아난다에게 말
했다. "그대는 어느 때 발로써 부처님 옷을 밟았습니다. 그것은 돌
길라 죄를 범한 것입니다. 이 죄를 법에 따라 참회하십시오." 아난
다는 해명했다. "내가 계율을 가볍게 여겨서도 아니었고 부처님을
존경하지 않아서도 아니었습니다. 그때 나는 부처님 옷을 개고 있
었는데 거센 바람이 갑자기 불어와서 도움을 받을 사람이 없었기
때문에 옷을 밟고 개었던 것입니다."

(4) 부처님께서 물을 청했으나 떠다 드리지 않은 죄: 까샤빠는 다시 아난다의 죄를 추궁했다. "부처님께서 그대에게 까꿋타강에서 마실 물을 떠오라고 말씀하시자 그대는 강물이 맑지 않다고 하면서 물을 떠다 드리지 않았습니다. 이 일로 인해 그대는 돌길라 죄를 지었습니다. 이 죄를 법에 따라 참회하십시오." 아난다는 해명했다. "내가 계율을 가볍게 여겨서도 아니었고 부처님을 존경하지 않아서도 아니었습니다. 그때 500대의 수레가 강을 건넌 지 얼마 되지 않았으므로 물이 흐리고 맑지 않았기 때문에 부처님께 물을 떠다 드리지 않았습니다."

(5) 여인을 출가하게 한 죄: 까샤빠의 추궁은 계속되었다. "부처님께서 여인의 출가를 허락하시지 않았는데, 그대가 세 번이나 간청해서 여인을 출가하게 했습니다. 이 일 때문에 돌길라 죄를 지었습니다. 이 죄를 법에 따라 참회하십시오." 아난다는 설명했다. "내가 계율을 가볍게 여겨서도 아니었고 부처님을 존경하지 않아서도 아니었습니다. 단지 과거세의 부처님들께는 모두 4부중(四部衆)이 있었는데 지금 우리 부처님께만 어떻게 4부중이 없을 수 있겠습니까. 이러한 까닭에 세 번이나 간청을 드렸습니다."

(6) 여인에게 부처님의 음장상(陰藏相)[401]을 보여준 죄: 까샤빠는 다시 아난다에게 말했다. "부처님께서 열반에 드신 후, 그대가 어째서 부처님의 음장상을 드러내어 여인들에게 보여주었습니까. 이 일

401　부처님의 32상(相) 가운데 제10상인 馬陰藏相으로, 부처님의 陰莖은 말[馬]의 생식기처럼 내부에 감추어져 있다. 多屋賴俊(外), 『佛教學辭典』, p.160(2).

때문에 그대는 돌길라 죄를 지었습니다. 이 죄를 법에 따라 참회하십시오." 아난다는 설명했다. "이 여인들은 복덕이 천박했으므로 나는 부처님의 음장상을 그들에게 보게 하여, 여인들이 그것을 보고 여자의 몸을 싫어하는 마음을 내어 다음 생에 남자의 몸을 받게 되기를 바랐습니다. 그래서 그들에게 음장상을 보여주었습니다."

마지막으로, "그때 까샤빠는 아난다에게 여섯 돌길라 죄를 대중들 앞에서 참회하게 했다."라는 말로써 이 문제의 논의를 끝냈다.

아난다의 참회가 끝나자 까샤빠는 비구들에게 소소계를 폐지해서는 안 될 두 가지 이유를 말했다. 첫째, 외도이학(外道異學)들이 이 일을 들으면 이렇게 말할지도 모른다는 것이다. "큰 스승이 세상에 계실 때는 제자들이 모두 계를 지키더니 스승이 열반에 드신 후에는 계율을 온전히 지키지 못하고 바로 버리는구나. 부처님 제자들의 법은 머지않아 사라지고 말 것이다. 마치 불이 붙으면 연기가 나다가 불이 꺼지면 연기가 그치는 것과 같을 것이다."

둘째, 폐지할 소소계의 범위를 정하기 어렵다는 점이었다. "소소계의 폐지를 허락하면 여러 비구들이 어떤 것이 소소계인지 모르면서, 돌길라 죄뿐 아니라 4바라제제사니까지 소소계라 할 것이고, 어떤 비구들은 앞엣것은 물론 90바야제·30니살기바야제까지 소소계라 할 것이고, 역시 어떤 비구들은 앞엣것은 물론 2부정법·13승가바시사까지 소소계라 할 것이다. 마침내 어떤 비구들은 4계[바라이]만 받아 지니고 나머지 계들은 모두 폐지하자고 할 것이다." 그렇기 때문에 "소소계

폐지를 허락하지 말았어야 한다."고 말했다.[402]

까샤빠는 이렇게 결론을 내렸다. "비구들은 부처님께서 제정하시지 않은 계는 제정하지 말고 이미 제정하신 계는 폐지하지 말고 부처님께서 설하신 대로 계를 받아 지닌다면 선법(善法)은 더욱 번창해서 소멸하지 않을 것입니다. 그렇기 때문에 우리는 계를 전부 받아 가지되 이를 폐지해서는 안 됩니다."[403]

비니모경의 내용도 다른 문헌의 경우와 비슷하다. 3장의 결집이 끝났을 때 아난다는, "내가 열반에 든 후 비구들을 모아 소소계[微細戒]를 폐지하여라."라는 부처님의 유언을 까샤빠에게 말했다. 까샤빠는 아난다에게 소소계가 무엇인지 물었다. 그는 부처님의 열반을 맞이해서 근심과 고뇌에 빠져 있었기 때문에 그것을 물어보지 못했다고 대답했다. 까샤빠는 아난다의 '부주의'를 꾸짖은 다음, 비구들에게 "우리는 마땅히 함께 그 의미를 생각해 보아야 합니다. 무엇이 소소계입니까."라고 물었다. 한 비구가 "4사(事: 바라이)를 제외한 나머지 모든 계를 소소계라고 한다."고 말했다. 다른 비구들은 "(13승잔·2부정·30사타)·90사

402 십송율 권60(대정장 23권, pp.449중10~450상21).

403 同上, p.450상24~26. '제정하시지 않은 계는 제정하지 말고, … 이미 제정하신 계는 폐지하지 말고…(云云)'라는 내용은 한 「佛經」에서 마가다국의 대신인 婆羅沙迦(羅)(Varṣakāra, 禹舍, 雨行) 바라문을 인연하여 부처님이 설하신 '七不滅法' 가운데 나오는 것이라고 했다(p.450상22~24). 여기서 말하는 佛經은 장아함의 유행경인데, 그곳에서는 '七不滅法' 대신 '七不退法'이 설해져 있고, '소소계 폐지'에 대한 내용은 없다(대정장 1권, pp.11상10~19. 역시 남전장 7권, pp.27~33).

(事: 바야제)까지를 제외한 나머지를 소소계라 한다.”고 말했다.[404]

그러자 까샤빠는 말했다. “그대들이 말한 것은 모두 소소계에 해당되지 않습니다. 부처님께서 설하신 것을 따라 그것을 받들어 행해야 합니다. 부처님께서 설하지 않으신 것은 말하지 맙시다. 만약 소소계를 폐지하면 외도 무리들이 ‘여래의 열반 후 비구들은 소소계를 모두 폐지해 버렸다. 사문 고따마의 법은 연기를 내면서 타는 불과 같다. 갑자기 일어났다 사라져 버렸다.’라고 비방할 것입니다. 소소계를 폐지하기로 한다면 비구들은 단지 4중계(四重戒: 바라이)만을 지니고 나머지는 모두 폐지해 버릴 것입니다. 만약 4중계만 지닌다면 사람들은 누구를 사문이라고 부르겠습니까.” 까샤빠의 이 말이 소소계 문제에 대한 결론이 되었다.[405]

이렇게 소소계 문제를 끝낸 다음 까샤빠는 느닷없이 아난다에게 그가 지었다는 ‘일곱 가지 일[七事]’을 책망했다. 일곱 가지 일이라고 했지만 사실은 ‘여인 출가’ 문제 한 가지뿐이다. 게다가 까샤빠는 여인 출가 문제를 ‘죄’로 추궁하지 않고 그 일로 말미암아 승가에 초래될 ‘아홉 가지 불이익’에 대해 말했다. “여인들이 출가하지 않았다면 비구들은 항상 신도들로부터 충분한 음식·의복·공경을 받을 수 있을 것이고, 부처님의 정법 역시 천년 동안 세상에 머물 것이라는 등등의 내용

---

404 비니모경 권4(同上, 24권, p.818중2~10). 본문은 ‘一一說乃至除九十事’로 되어 있다. 그러나 여기서는 이해를 돕기 위해 “13승잔·2부정·30사타”를 자세하게 설명했다. 앞의 오분율과 십송율의 설명 참조.

405 同上, p.818중11~16.

이다. 본문에는 9사(事)라고 되어 있지만 설명 부분에서는 10자(者)이다."406

아육왕전에서는 까샤빠가 논장[摩得勒伽藏]의 결집이 끝났음을 선언하자, 곧 아난다가 부처님의 유언인 소소계 폐지[放捨細微戒]에 대해 말했다. 까샤빠는 아난다가 부처님께 소소계에 대해 물어보지 않은 것은 돌길라 죄에 해당한다고 주장하면서 다섯 가지 다른 죄까지 추궁하고 참회하게 했다.

(1) 소소계가 무엇인지 묻지 않은 죄[不問細微戒]: 까샤빠가 아난다에게 돌길라 죄를 지었다고 말하자, 그는 "내가 부끄러움이 없었기 때문에 부처님께 물어보지 않은 것이 아니라, 부처님의 열반으로 인한 근심과 괴로움 때문에 물어보지 못했던 것입니다."407라고 해명했다.

(2) 물을 가져다드리지 않은 죄[不取水]: 까샤빠는 말했다. "그대에게 또다시 죄가 있습니다. 부처님께서 열반을 맞이하셨을 때, 그대에

....

406　同上, p.818중18~하6; 十者란, 一者 若女人不出家者 諸檀越 等常應(이 내용은 '十者'의 앞부분에서 되풀이된다). 各各器盛食 在道側胡跪授與沙門, 二者 … 與衣服臥具逆於道中求沙門受用, 三者 … 乘象馬車乘在於道側 以五體投地求沙門蹈而過, 四者 … 在於路中以髮布地 求沙門踏而過, 五者 … 恭敬心請諸沙門至舍供養, 六者 … 恭敬心淨掃其地脫體上衣布地令沙門坐, 七者…脫體上衣拂 比丘足上塵, 八者 … 舒髮掃比丘足上塵, 九者 … 沙門威德過於日月 況諸外道豈能正視於 沙門乎, 十者 … 佛之正法應住千年今減五百年; Przyluski, 앞의 책, pp.182~184.

407　아육왕전 권4(대정장 50권, p.113하20~21); 我本不以無慚愧故而不問也 我以憂 惱故不問耳.

게 물을 청했으나 그대는 물을 가져다드리지 않았습니다. 그대는 역시 이 일로 인해 돌길라 죄를 지었습니다." 아난다는 해명했다. "그때 500대의 수레가 강을 건너면서 물을 휘저어 흐려놓았기 때문에 물을 가져다드리지 않았습니다."

(3) 부처님의 옷을 발로 밟은 죄[足蹋如來袈裟]: 까샤빠는 말했다. "그대는 역시 발로 부처님의 금색 옷을 밟았습니다. 이것으로 그대는 죄를 지었습니다." 아난다는, "이 옷을 함께 잡아줄 비구가 없었습니다."라고 해명했다. 그러나 까샤빠는 "옷을 함께 잡아줄 사람이 없었다면 왜 옷을 공중에 던지지 않았습니까. 공중에 던졌더라면 신들이 틀림없이 그것을 잡아주었을 것입니다."라고 나무랐다.

(4) 1겁 반 동안 세상에 머무시도록 부처님께 청하지 않은 죄[不請佛久住於世]: 까샤빠는 아난다에게 말했다. "부처님께서 그대에게 말씀하시기를, '어떤 비구가 4여의족(如意足)을 잘 닦으면 1겁 반 동안 살아 이 세상에 머물 수 있다. 여의족을 닦은 사람 가운데서 내가 그것을 가장 잘 닦았다.' 이와 같이 세 번이나 말씀하셨습니다. 그대는 침묵을 지키면서 부처님께 이 세상에 오랫동안 머무시도록 청하지 않았습니다. 이것으로 역시 그대는 돌길라 죄를 지었습니다." 아난다는 해명했다. "그때 악마가 내 마음을 가리어서 나는 전혀 깨달아 알지 못했습니다."

(5) 음마장(陰馬藏)[408]을 여인들에게 보여준 죄[陰馬藏示女人]: 까샤빠는

---

408 붓다의 32상 가운데 하나. 붓다의 男根은 말[馬]의 根처럼 腹中에 숨겨져 있어서 보이지 않는다. 中村元, 앞의 사전, p.138의(3).

다시 추궁했다. "그대는 다른 죄가 있습니다. 부처님의 음마장을 여인들에게 보여주었습니다. 이것으로 역시 그대는 죄를 지었습니다." 아난다는 해명했다. "내가 그것을 보여준 이유는 여인들로 하여금 여자 몸을 싫어하게 해서, 다음 생에는 남자 몸을 가질 수 있게 하고 싶었기 때문이었습니다."

(6) 여인들의 출가를 청한 죄[請如來度女人]: 까샤빠는 다시 말했다. "그대는 다른 죄가 있습니다. 지난날 부처님께 청해서 여인들을 출가하게 했습니다. 이것으로 역시 그대는 죄를 지었습니다." 아난다는 대답했다. "내가 여인 출가를 청했던 이유는 과거 모든 부처님들 역시 4부중이 있었다는 말을 들었기 때문입니다."[409]

아난다의 해명과 참회가 끝난 다음 비구들은 결집된 율장의 내용을 하나하나 열거하면서 소소계에 대해 논의했다. 그러나 합의에 이를 수 없었다.[410] 마침내 까샤빠가 비구들에게 제의했다. "부처님께서는 이렇게 말씀하셨습니다. '내가 제정한 것[戒]은 모두 제정해야 하고 내가 제정하지 않은 것은 제정하지 말아야 한다. 내가 제정한 것에 아무것도 보태지도 말고 빼지도 마라. 비구들이 금지된 계를 잘 지킨다면 선법(善法)을 늘어나게 할 것이고 선하지 않은 법을 영원히 사라지게 할 것이다.' 이와 같은 이유로 부처님께서 제정하신 계를 모두 잘 유지해

....

409　同上, pp.113하14~114상12; 제1죄에서 제6죄까지.

410　同上, p.114상12~20.

야 합니다. 그렇게 하면 법(法)은 오래도록 지속될 것입니다.”[411]

아육왕경에 의하면, 까샤빠가 논장[智母]의 결집이 끝났다는 것을 선언하자, 곧 아난다가 소소계 폐지[細戒放捨] 문제에 대해 말했다. 그러자 까샤빠는 아난다가 부처님께 소소계에 대해 물어보지 않은 것을 추궁하면서 참회하도록 했다.

(1) 소소계가 무엇인지 물어보지 않은 죄[不問細戒]: 아난다의 해명은 좀 독특하다. “사실, 나는 그것을 물어보지 않았습니다. 왜냐하면, 그때 부처님 곁에 큰 비구들이 있었는데 아무도 묻지 않았습니다. 나는 막내였으므로 묻지 않는 것에 대해 부끄러움이 없었습니다. 그렇기 때문에 나는 묻지 않았습니다.[412] 게다가 부처님 열반 때문에 그때 나는 괴로움에 빠져 있었습니다. 그래서 묻지 않았습니다.” 그러자 까샤빠는 한마디로 말했다. “그대는 죄가 있습니다. 돌길라 죄를 지었습니다.”

(2) 부처님께 흐린 물을 떠다 드린 죄[濁水上佛]: 까샤빠는 말했다. “그대에게 돌길라 죄가 있습니다. 부처님께서 열반을 맞이하셨을 때 그대에게 물을 청했는데 그대는 흐린 물을 부처님께 가져다드렸

....

411　同上, p.114상20~25; 尊者迦葉告諸比丘言 佛作是語我所制者皆制之 我所不制者愼莫制也 如我所制不增不減 諸比丘等當奉禁戒使善法增長 不善法者當令永滅 以是義故佛所制戒 皆應護持 若如是者法得久住; Przyluski, 앞의 책, pp.52~53.

412　아육왕경 권6(대정장 50권, p.152중2~3); 我旣[時]最小 心無慚愧 是故不問; Przyluski(앞의 책, p.48)은 Comme j'étais le dernier, je n'ai point de honte. Voilà pourquoi je n'ai rien demandé.

습니다.” 아난다는 설명했다. “그때 까꿋타(Kakutthā, 柯掘他)강[413]에
500대의 수레가 지나갔습니다. 수레가 지나간 지 얼마 지나지 않
아 물을 길었기 때문에 물이 흐렸던 것입니다.” 까샤빠는 이에 대
해, “부처님께 물이 필요했다면 그대는 왜 신[天]들을 향해 발우를
내밀지 않았습니까. 그렇게 했더라면 신들이 물을 내려 발우를 채
워주었을 것입니다. 그렇게 하지 않고 왜 흐린 물을 부처님께 올
렸습니까.”라고 나무라면서 돌길라 죄를 지었다고 말했다.

(3) 새 가사를 발로 밟은 죄[足蹋新袈裟]: 까샤빠는 추궁했다. “부처님께
서는 황금색의 새 가사를 가지고 계셨는데, 그대는 왜 그것을 발
로 밟았습니까.” 아난다는 해명했다. “내가 그 일에 대해 부끄러움
이 없는 것은 아닙니다. 그러나 그때 내가 있었던 곳에 아무도 도
와줄 사람이 없었기 때문에 가사를 개키기 위해[414] 발로 밟았던 것
입니다.” 까샤빠는, “왜 새 가사를 집어 신들[天]에게 내밀지 않았
습니까. 그렇게 했더라면 신들이 와서 그것을 잡아주었을 것입니
다.”라고 하면서, 아난다가 돌길라 죄를 범했다고 주장했다.[415]

---

413 柯掘他는 p.152(註③)에서 ‘不解飜(이해되지 않는 번역)’이라고 설명했다. 그러나
Przyluski(앞의 책, p.48)와 S. Vajirā(*Last Days of the Buddha*, p.57, Sri Lanka, Kandy)에 의하면,
각각 la rivière Kakutsthā와 Kakudha River(까꿋타강)이다.

414 바로 뒤에 나오는 내용을 보아서 ‘그것을 개키기 위해’라는 말이 생략되었다는 것을
알 수 있다. 사실 십송율(대정장 23권, p.449하3)과 대지도론(同, 25권, p.68하3)의 해당되는
부분에 ‘개키다(襞, 疊)’라는 말이 나오고 있다.

415 내용이 분명하지 않다. 是時我處更無異人 是故足蹋 迦葉又言 汝何故不執衣向
天 天當來捉(대정장 50권, p.152중 12~13).

(4) 부처님께 1겁 또는 1겁 이상[416] 세상에 머무시도록 청하지 않은 죄
[不請佛住世一劫若減一劫]: 까샤빠는 추궁했다. "부처님은 어느 때
그대에게 말씀하셨습니다. '어떤 사람이 4여의족(如意足, ṛddhipāda)
을 닦으면 그의 수명이 1겁 또는 1겁 이상 세상에 머무를 수 있다.'
부처님은 그 일을 그대에게 알려주셨습니다. 부처님들은 항상 4
여의족을 닦습니다. 그런데 그대는 왜 부처님께 1겁 또는 1겁 이
상 이 세상에 머무시도록 청하지 않았습니까." 아난다는 해명했
다. "그것을 청하지 않은 것에 대해 부끄럽게 생각하지 않는 것은
아닙니다. 그러나 그때 마왕(魔王)이 내 마음을 어지럽혔기 때문에
부처님께 이 세상에 더 머물러 주실 것을 청하지 못했습니다."

(5) 부처님의 음장상을 여인들에게 보여준 죄: 까샤빠가 추궁하자 아
난다는 해명했다. "그때 그 여인들은 애욕심을 많이 가지고 있었
습니다. 그들이 부처님의 음장상을 보면 여자 몸을 싫어해서 다음
생에 남자 몸을 갖게 되기를 원할 것이라고 생각했기 때문에 보여
주었습니다." 까샤빠는 아난다의 해명을 모두 들은 뒤 한마디로
마무리했다. "그대는 돌길라 죄를 지었습니다. 그대는 참회를 해
야 합니다."[417] 아난다가 참회했다는 말은 없다.

---

416 Przyluski(앞의 책, p.50)는 一劫若減一劫을, 'pendant un *kalpa* et demi(一劫半)'라고
  번역. 계속되는 내용은 다음과 같다; 令汝知之 而佛如來常成就四如意足 汝何故
  不請佛住世一劫若減一劫(대정장 50권, p.152중16~18).

417 아육왕경 권6(대정장 50권, p.152상23~중24).

까샤빠는 비구들과 함께 결집된 율장의 내용을 하나하나 열거하면서 소소계에 대해 논의했다. 그러나 합의에 이를 수 없었다.[418] 그래서 까샤빠가 비구들에게 제의했다. "부처님께서는 이렇게 말씀하셨습니다. '비구는 편파심(偏頗心)을 가지고 계를 받아서는 안 된다. 마땅히 바른 마음[正心]으로 계를 받아야 한다. 이미 계를 받았다면 그것을 버릴 수 없다.' 그러므로 부처님께서 설하신 대로, 계 전부를 받아 지닙시다. 비구들이 부처님께서 설하신 대로 계를 받아 지닌다면 선법(善法)은 불어나서 결코 쇠퇴하지 않을 것입니다. 그렇기 때문에 부처님의 말씀에 따라 일체의 모든 계를 받아 지닙시다."[419] 비구들은 까샤빠의 제의를 받아들였다.

사분율과 마하승기율은 지금까지 추구한 문헌들의 내용과는 좀 다르다. 사분율에 의하면, 소소계 문제는 아난다를 아라한이 되도록 분발시키는 데 활용되지 않았다. 왜냐하면 아난다는 결집을 시작하기 전에 이미 자신의 노력으로 아라한이 되었기 때문이다.[420]

까샤빠가 결집의 시작을 선언하자마자 아난다가 말했다. "나는 직접 부처님께서, '지금부터 비구들을 위해 소소계[雜碎戒]를 폐지하도록 하여라'라고 하신 말씀을 들어 기억하고 있습니다." 까샤빠가 물었다. "그대는 부처님께 무엇이 소소계인지 물어보았습니까." 아난다

<hr>

418　同上, p.152중25~하3.

419　同上, p.152하3~7; 佛說此言 若有比丘不一心受者 當正心受戒 若已受戒不得捨之 依佛所說悉皆受持 若比丘如說受持 善法增長無復退轉 是故依佛說一切諸戒悉皆受持; Przyluski, 앞의 책, pp.52~53.

420　사분율 권54(대정장 22권, p.967상22~28).

는, "나는 그때 부처님의 열반을 맞이해서 슬픔에 빠져 있었기 때문에 무엇이 소소계인지 묻지 못했습니다."[421]라고 대답했다. 그러자 여러 비구들이 모두 말했다. 어떤 비구는 4바라이를 제외한 나머지는 소소계라고 했고, 어떤 비구는 4바라이(波羅夷, pārāgikā), 13상가바세사(saṃghāvasesā, 僧殘法)를 제외한 나머지는 모두 소소계라 했다. 역시 어떤 비구는 4바라이, 13상가바세사, 2부정법(不定法, aniyatā)을 제외한 나머지는 모두 소소계라 했고, 역시 어떤 비구는 4바라이, 13승가바세사, 2부정법(不定法, aniyatau), 30사(事, niḥsargikā pātayantikā, 30捨墮法)를 제외한 나머지는 모두 소소계라 했고, 어떤 비구는 4바라이 내지 90사(=波逸提法, pātayantikā)를 제외한 나머지는 모두 소소계라 했다."[422]

여러 가지 주장에 갈피를 잡을 수 없었던 까샤빠는 비구들에게 말했다. "장로들이여, 지금 여러 사람의 말이 각각 다르니 어떤 것이 사소한 계인지 모르겠습니다."[423] 그러고 나서 까샤빠는 아난다가 이전에 지었다는 일곱 가지 죄를 열거하면서 참회할 것을 요구했다. 아난다는 하나하나 해명했다. 그리고 자신은 그 일들에 대해 "죄가 있다고 생각하지 않지만, 대덕(大德: 까샤빠)을 믿기 때문에 참회한다."라고

....

421 同上, p.967중14; 愁憂無賴失 不問; Przyluski, 위의 책, p.180; J'étais alors affligé. Je ne nie pas ma faute.

422 同上, p.967중15~22; 諸比丘皆言 … 或有言 除四波羅夷 餘者是雜碎戒 或有言 除四波羅夷十三事 餘者皆是雜碎戒 或有言 除四波羅夷十三事 二不定法 餘者皆是雜碎戒 或有言 除四波羅夷十三事二不定法三十事 餘者皆是雜碎戒 或有言 除四波羅夷乃至九十事 餘者皆是雜碎戒.

423 同上, p.967중22~26; Przyluski, 앞의 책, pp.179~181.

자신의 입장을 밝혔다.[424]

(1) 여인 출가 문제[女人出家]: 까샤빠는 말했다. "부처님께서 여인의 출가를 허락하시지 않았는데 그대가 세 번이나 간청해서 여인을 출가하게 했습니다. 이 일 때문에 돌길라 죄를 지었습니다. 이 죄를 법에 따라 참회하십시오." 아난다는 설명했다. "내가 계율을 가볍게 여겨서도 아니었고 부처님을 존경하지 않아서도 아니었습니다. 단지 과거세의 모든 부처님들께는 모두 4부중(部衆)이 있었는데 지금 우리 부처님께만 어떻게 4부중이 없을 수 있겠습니까. 그러한 까닭에 세 번이나 간청을 드렸던 것입니다."

(2) 시자 문제[供養人]: 까샤빠는 말했다. "그대는 부처님으로 하여금 세 번이나 반복해서 시자(侍者)가 되도록 청하게 하셨습니다.[425] 그러나 그대는 시자가 되지 않겠다고 했습니다. 그래서 돌길라 죄를 지었습니다. 지금 참회해야 합니다. 아난다는 설명했다. "내가 고의로 그렇게 한 것이 아니라 부처님을 시봉(侍奉)하는 것이 어렵기 때문에 못하겠다고 했던 것입니다. 그러나 대덕을 믿는 까닭에 지금 참회합니다."

(3) 붓다의 옷을 발로 밟은 죄[佛縫僧伽梨脚蹋而縫]: 까샤빠는 다시 말했

424 同上, pp.967중27~968상2; Przyluski, 앞의 책, pp.182~186.

425 Mūlasarvāstivādin Vinaya(根本說一切有部毘奈耶)에 의하면, 아난다에게 부처님의 侍者가 되도록 요청한 것은 샤리뿌뜨라와 마우드갈랴야나였다. Przyluski, 앞의 책, p.183 註1; Rockhill, *The Life of the Buddha*, p.88.

다. "부처님의 승가리(僧伽梨, saṃghāṭī: 大衣)를 꿰맬 때 발로 밟고 꿰 맸습니다. 돌길라 죄를 지었습니다. 지금 참회해야 합니다." 아난다 는 해명했다. "내가 거만해서 그렇게 한 것이 아닙니다. 옷을 잡아줄 사람이 없었기 때문에 그렇게 했던 것입니다. 나는 그것에 대해 죄가 있다고 생각하지 않습니다. 그러나 대덕을 믿기 때문에 참회합니다."

(4) 붓다께 세상에 오래 머무시도록 청하지 않은 죄[不請世尊住世若一劫]: 까샤빠는 다시 말했다. "부처님께서 열반에 드시려 했을 때 그대에 게 세 번이나 그것을 알렸습니다. 수많은 사람들로 하여금 이익을 얻도록 하기 위해, 신들[諸天人, deva]과 사람들로 하여금 안락을 얻 도록 하기 위해, 그대는 부처님께 1겁 또는 1겁 이상 이 세상에 머무 시도록 청하지 않았습니다. 그래서 그대는 돌길라 죄를 지었습니다. 지금 참회하십시오." 아난다는 대답했다. "내가 고의로 그렇게 하지 않았습니다. 내 마음속에 있던 마라(魔羅)가 나로 하여금 부처님이 세상에 머무시도록 청하지 못하게 했습니다. 나는 이 일에 죄가 있 다고 보지 않습니다. 그러나 대덕을 믿기 때문에 지금 참회합니다."

(5) 붓다가 물을 청했으나 떠다 드리지 않은 죄[佛索水汝不與]: 까샤빠 는 다시 말했다. "부처님께서 세상에 계셨을 때, 그대에게 마실 물 을 떠오라고 하셨지만 그대는 물을 떠다 드리지 않았습니다. 그대 는 돌길라 죄를 지었습니다. 지금 참회하십시오." 아난다는 대답 했다. "내가 고의로 그렇게 했던 것은 아니었습니다. 그때 500대 의 수레가 강을 건넜기 때문에 물이 매우 혼탁했습니다. 부처님께 서 그 물을 마시고 병이 드실 것이 걱정되어 떠다 드리지 않았습 니다." 까샤빠는 다시 말했다. "그렇지만 그대는 떠다 드려야 했습

니다. 부처님께서 신통력으로, 또는 신들이 그 물을 깨끗하게 했을 것입니다.” 아난다는 말했다. “나는 이 일에 죄가 있다고 보지 않습니다. 그러나 대덕을 믿기 때문에 지금 참회합니다.”

(6) 붓다께 소소계를 묻지 않은 죄[不問世尊 雜碎戒]: 까샤빠는 다시 말했다. “그대는 부처님께 소소계가 무엇인지 묻지 않았습니다. 그대는 돌길라 죄를 지었습니다. 지금 참회해야 합니다.” 아난다는 말했다. “나는 의도적으로 그렇게 하지 않았습니다. 부처님의 열반을 당해, 그때 슬픔에 빠져 있었습니다. 그래서 부처님께 무엇이 소소계인지 물어보지 못했습니다. 나는 이 일에 죄가 있다고 보지 않습니다. 그러나 대덕을 믿는 까닭에 지금 참회합니다.”

(7) 여인들이 불족(佛足)을 더럽히는 것을 막지 않은 죄[不遮女人令汚佛足]: 까샤빠는 다시 말했다. “그대는 여인들이 부처님의 발을 눈물로 더럽히는 것을 막지 않았습니다. 돌길라 죄를 지었습니다. 지금 참회해야 합니다.” 아난다는 대답했다. “나는 고의적으로 그렇게 하지 않았습니다. 여자들은 마음이 연약해서 부처님 발에 절을 올리면서 울었는데, 눈물에 젖은 손이 부처님 발을 더럽혔습니다.” 그러고 나서, 그는 부처님의 열반으로 인해 불안하고 괴로움에 차 있었기 때문에 묻지 못했다고 해명했다. “나는 이 일에 대해 죄가 있다고 생각하지 않습니다. 그러나 대덕을 믿기 때문에 지금 참회하겠습니다.”[426]

426　同上, 사분율 권54(大正藏, 22권, pp.967중27~968상2); Przylusk, 앞의 책, pp.182~186.

마하승기율은 좀 다르게 기술하고 있다.[427] 소소계 문제는 아난다가 까샤빠에게 말한 것이 아니라 '한 비구'가 장로들에게 제기한 것이다. 율장 송출을 끝낸 뒤, 우빨리는 결집에 참여하지 못하고 결집장 바깥에 머물고 있던 1000명의 비구들을 결집장 안으로 불러들였다. 그리고 그들에게 법장과 율장의 결집이 끝난 것을 알렸다. 그때 한 비구가 "장로들이여, 부처님께서 이전에 아난다에게 말씀하시기를, '나는 비구들을 위해 소소계를 폐지하고자 한다.'라고 하셨다는데, 우리를 위해 어떤 계를 폐지하고자 하셨습니까."라고 물었다. 그러자 (1) 한 비구가, "부처님께서 소소계를 폐지하려고 하셨다면 마땅히 위의계(威儀戒, 七滅諍法)를 폐지해야 합니다."라고 말했다. (2) 다른 비구가 "위의계만 폐지할 것이 아니고 역시 중학계(衆學戒)도 폐지해야 합니다."라고 말했다. (3) 뒤를 이어 어떤 비구는 4바라제제사니를, (4) 또 어떤 비구는 92바야제를, (5) 역시 어떤 비구는 30니살기바야제를, (6) 다른 비구는 2부정법(不定法)을 폐지해야 한다고 주장했다. 마침내 (7) 6군 비구들이 "장로들이여, 만일 세존께서 살아 계신다면 모든 계를 다 폐지해 버리실 것입니다."라고까지 말했다.

까샤빠는 생전의 붓다가 갖추고 있었던 위엄으로 비구들의 발언을 멈추게 한 뒤, "장로들이여, 이미 제정[制]된 계를 다시 해제[開]한다면,[428] 외도들이, '고따마[붓다]가 세상에 계실 때는 위의와 법이 매우 융

---

427 마하승기율 권32(同上, p.492하4~17); Przyluski, 앞의 책, pp.216~217.

428 同上, p.492하15; 若已制復開者; Przyluski(앞의 책, p.217)는, Si ce qui a été interdit est autorisé de nouveau(금지된 것이 다시 허가된다면)라고 번역.

성하더니 이제 열반에 드시고 나니 법용(法用)[429]이 쇠퇴해졌다.'라고 말할 것입니다." 그러므로 "우리는, 제정되지 않은 계는 새로 제정하지 말고, 이미 제정된 계는 마땅히 따르고 배워야 합니다."라고 하면서 소소계 문제를 마무리 지었다.[430]

3) 뿌라나의 8사

결집이 끝났을 때, 붓다의 제자들 가운데 한 사람인 뿌라나(Pūraṇa, 富蘭那)가 많은 비구들과 함께 결집 장소에 나타났다. 그는 결집 기간 동안 먼 곳을 여행하느라 결집에 참여하지 못했던 것이다. 뿌라나는 까샤빠에게 결집된 내용을 낭송해 줄 것을 요청했다. 까샤빠는 그 요청을 받아들여 3장을 송출해 주었다. 그런데 뿌라나는 모든 것을 받아들일 수 있지만 자신이 붓다께 직접 들어 알고 있던 일곱 가지[七條], 또는 여덟 가지[八事] 계율 문제에 대해서는 이의를 제기했다. 뿌라나가 문제로 삼은 계율들은 지난 어느 때 세상에 기근이 들어 음식을 구하기가 어려웠기 때문에 붓다께서 그 계율의 실행을 한동안 중지시켰다가 기근이 끝나자 모두 본래대로 환원한 것이었다.[431] 이 문제는 오직 (빨리)율

....

429 Przyluski(위의 책, p.217)는 '법의 유효성(efficacité de la Loi)'이라고 번역했다. 中村元에 의하면(앞의 사전, p.1238), '불교의 要旨 또는 敎法'이다.

430 同上, p.492하15~17. 마지막 부분만 원문 인용; 未制者莫制 已制者我等當隨順學.

431 (빨리)율장3, 大品6, 藥犍度17(남전장 3권, pp.371~379); 사분율 권43, 약건도2(대정장 22권, p.876상10~중24); 오분율 권22, 3分 약법(同, 22권, p.148중1~9); 십송율 권26, 의약법 제6(同, 23권, p.191상9~25); 佐藤密雄, 『原始佛敎敎團の硏究』, pp.647~648.

장·비니모경·사분율·오분율에서만 볼 수 있다. 그러나 율장과 비니모경의 내용은 짧게 요약되어 있기 때문에 7조와 8사를 아는 데 도움이 되지 않을 정도이다. 그리고 사분율과 오분율에서는 7조와 8사의 제목만 언급될 뿐이다.

(빨리)율장에 의하면, 장로 비구들이 라자그리하에서 법과 율을 결집하고 있었을 때, 뿌라나는 500명의 비구들과 함께 남산(南山, Dakkhiṇāgiri)[432]으로 여행을 하고 있었다. 그는 그곳에서 '머물고 싶은 만큼 머문 뒤' 500명의 비구들과 라자그리하의 죽림 가란타가원(迦蘭陀迦園)의 장로 비구들에게 갔다. 비구들은 그에게, "뿌라나여, 장로들이 법과 율을 결집했는데 이 결집된 것을 받아들이십시오."라고 말했다. 그러자 뿌라나는 "벗들이여, 법과 율을 결집한 것은 좋습니다. 그렇지만 나는 부처님께 직접 듣고 직접 받은 대로 지니겠습니다."라고 대답했다.[433] 뿌라나와 관련된 내용은 이것이 전부다. 붓다께 직접 듣고 받았다는 것이 무엇인지, 뿌라나의 주장이 어떻게 처리되었는지 대한 언급은 없다.

사분율에 의하면, 뿌라나는 500명의 아라한들이 라자그리하에

432　율장 권4, 소품11(남전장 4권, p.433); Przyluski, 앞의 책, p.159. 南山이라는 막연한 표현으로는 뿌라나의 여행 장소를 알 수 없다. 오분율 권30(대정장 22권, p.191하19)에 의하면 '남쪽 지방[南方]'으로 되어 있다. 뿌라나가 여행하고 있었던 곳은 붓다의 열반과 경전 결집 개최 소식이 늦게 전해질 수 있었을 정도로 먼 거리였을 것이라고 생각된다. 그러나 가섭결경(대정장 49권, p.4하23~24)과 아육왕전·아육왕경(同上, 권50, p.112중 25~26; p.150하3~4)에서는 뿌라나가 각각 '不那(弗那)'와 '富那'라는 이름으로 처음부터 결집에 참여한 것으로 되어 있다. Przyluski, 앞의 책, p.6과 p.29.

433　(빨리)율장 권4, 소품11(남전장 4권, p.433); Przyluski, 앞의 책, pp.159~160.

서 법과 율을 결집했다는 소문을 듣고 함께 여행하고 있던 500명의 비구들과 함께 결집장으로 갔다. 그는 결집을 주재했던 까샤빠에게 말했다. "나는 대덕께서 500아라한들과 함께 법과 율을 결집했다는 소문을 들었습니다. 나 역시 그 가운데 참석해서 법을 듣고자 합니다."[434] 그러자 까샤빠는 승가를 다시 모아 얼마 전에 끝낸 결집 내용을 뿌라나를 비롯한 500명의 비구들을 위해 다시 송출했다.

그러나 실제로는 결집의 내용은 기술하지 않고, "이 비구들을 위해 다시 우빨리에게 묻고 … 삼장을 결집했는데 위에서 말한 것과 같다."라는 한 문장으로 대신했다.[435] 뿌라나는 그것을 모두 들은 뒤, 까샤빠에게 말했다. "대덕이여, 나는 이것을 모두 승인합니다. 그러나 오직 8사(事)만은 제외합니다. 대덕이여, 나는 그것을 직접 부처님께 들어 잊지 않고 기억하고 있습니다. 부처님께서는 내숙(內宿)·내자(內煮)·자자(自煮)·자취식(自取食)·조기수식(早起受食)·종피지식래(從彼持食來)·약잡과(若雜果)·약지수소출가식자(若池水所出可食者)를 허락하셨습니다. 이와 같은 모든 것을 여식법(餘食法)[436]을 행하지 않고 먹을 수

---

434 사분율 권54(대정장 22권, p.968중27~하1); 我亦欲豫 在其次聞法(하1)를 Przyluski는 이렇게 번역했다(p.196); Je désire aussi, à mon tour, avoir le bonheur d'entendre la Loi(나 역시, 법을 듣는 기쁨을 갖고자 합니다).

435 同上, p.968중27~하3; 時大迦葉 以此因緣 集比丘僧 爲此比丘 更問優波離 乃至 集爲三藏 如上所說(同, 하1~3). Przyluski, 앞의 책, p.196.

436 또는 殘食(=남긴 음식)을 만드는 법이다. 비구가 식사를 한 다음 '더 이상 필요 없다'고 선언하고 남긴 음식이 餘食이다. 여식은 식사를 끝낸 다른 비구가 먹을 수 있다. 佐藤密雄의 『原始佛教教團の研究』(pp.626~627)와 平川彰의 『律藏の研究』(pp.711~712)에서 자세하게 설명하고 있다.

있다고 허락하셨습니다."[437]

이 문제에 대한 추구를 시작하기 전에 먼저 8사에 대해 자세히 알아야 할 필요가 있다. 8사는 뿌라나와 관계없이 비구들이 지켜야 할 계로서, (빨리)율장의 여러 곳에 여기저기에 따로 실려 있다. 구체적인 예로 사분율의 경우를 보면, 8사 중의 제1사인 내숙(內宿)은, 권14 단제법(單提法)의 잔숙식계(殘宿食戒)에, 그리고 제2사인 내자(內煮)는 권16 단제법 6의 노지연화계(露地燃火戒)에 포함되어 있다.[438] 이와 같은 각 사(事)의 전거(典據)들과 함께 뿌라나와 관계된 8사를 살펴보면 다음과 같다.

(1) 내숙(內宿, anta-vuttha)으로, 음식물을 거주처[住居, 界: sīmā; 精舍: āvāsa][439]에 저장하는 것이다. 정오가 지난 뒤 비구는 거주처에 음식물을 갈무리할 수 없다. 탁발해서 얻은 음식은 정오를 지나면 잔식(殘食: 남은 음식)이 되고 하룻밤을 지나면 숙식(宿食)이 되는데, 비구는 이 음식을 먹을 수 없다. 다른 사람에게 주거나 버려야 한

437　同上, p.968하3~8; Przyluski, 위의 책, pp.196~197.

438　사분율 22권, 권14(p.663상12~22); 同, 권16(p.675중10~12).

439　비구들은 어떤 지역을 정해서 安居(varṣā) 기간 동안 함께 거주하면서 布薩·自恣·羯磨를 비롯한 여러 가지 의식과 행사를 한다. 이 지역이 境界, 즉 sīmā인데 이 경계 안에는 āvāsa(精舍)라는 작은 주거가 많이 있다. '內宿'에서 말하는 住居는 sīmā가 아니고 āvāsa이다. 平川彰, 『律藏の研究』(pp.716~717)와 塚本啓祥의 『初期佛教教團史の研究』(pp.308~312)에서 자세하게 설명하고 있다.

다. 어길 경우 잔숙식계(殘宿食戒)를 범하게 된다.[440]

(2) 내자(內煮, anta-pakka)로서, 음식물을 거주처에서 만드는 것이다.
비구는 거주처에서 음식을 만들 수 없다. 음식을 만들기 위해서
는 맨땅에 불을 피워야 하므로 이것은 노지연화계(露地燃火戒)를
범하게 된다.[441]

(3) 자자(自煮, sāma-pakka)로서, 비구가 직접 음식물을 만드는 것이다.
비구는 스스로 음식을 만들 수 없다. 음식물을 만들기 위해서는
곡물이나 여러 가지 채소의 생명을 파괴하게 되기 때문이다. 비
구는 식물도 함부로 죽일 수 없다. 곡식을 삶고 채소를 토막 내는
일은 바일제의 괴생종계(壞生種戒)를 범하게 된다.[442]

(4) 자취식(自取食)으로, 비구가 직접 자신의 손으로 음식을 취(取)하

<hr>

440 율장2의 경분별2, 바일제38(貯藏戒)(남전장 2권, p.137); 사분율 권14, 單提法38(殘宿食
戒)(대정장 22권, p.663상12~22); 오분율 권8, 墮法3(잔숙식계)(同上, 22권, p.54중16~18); 유부
비나야 권36, 學處38(食曾觸食戒(=宿食)(同上, 권23, p.825, 상8~13). 佐藤密雄(崔法慧 역),
『律藏』, p.158.

441 同上, p.182; 사분율 권16; 單提法57; 露地燃火戒(대정장 22권, p.675중10~12); 오분율
권9, 突吉羅68[燃火戒](同上, p.64중24~25, 하2~3); 유부비나야 권38(同上, 23권, p.835,
중19~21), 「學處」 觸火戒, 波逸底迦. 平川彰, 『律藏の硏究』, p.745; 佐藤密雄(崔法慧
역), 『律藏』, p.166; 십송율(권15, 바일제52)에 의하면, 露地에 불을 피우는 것은 바일제
를 범하지만 병든 비구의 몸을 덥히거나 음식을 만들기 위해 불을 피우는 것은 괜
찮다; 若病(者)若煮飯若煮羹煮粥 … 不犯(대정장 23권, pp.104하12~17과 105상2~4).

442 율장2의 「경분별」2, 波逸提11[草木戒](남전장 권2, p.54~55); 사분율 권12, 單提法11[壞
鬼神村戒](대정장 22권, p.641하22~24); 오분율(대정장 권6, 바일제11[殺生草木](同上, 22권, pp.41
하22~42상11); 십송율 권10, 「波夜提」11[听拔鬼村種子](同上, 23권, p.75상22~중11); 유부
비나야 36권, 「學處(突吉羅)」11(壞生種戒 대정장 23권, p.776, 중5~하12). 平川彰, 『律藏の
硏究』, pp.745~746; 佐藤密雄(崔法慧 역), 『律藏』, p.145.

는 것이다. 비구는 반드시 시주(施主)나 정인(淨人, kappiyā-karaka)[443]의 손을 통해 음식을 받아야 한다. 그 자리에 정인이 없을 경우, 음식을 가지고 정인을 찾아가서 그것을 그에게 준 다음 받아야 한다. 이것을 어기면 바일제의 불수식계(不受食戒)를 범하게 된다.[444]

(5) 조기수식(早起受食)으로, 비구가 아침에 걸식을 했지만 그것을 먹기 전에 신도(信徒) 집의 초청을 받아 식사를 할 경우, 정사에 돌아가 앞서 걸식한 음식을 여식법(餘食法)을 행하지 않고 먹는 것이다. 이것은 불수식계(不受食戒)에 저촉된다.[445]

(6) 종피지식래(從彼持食來)로서, 다른 곳에서 가지고 온 음식이다. 비구가 마을에 들어가 걸식해서 어떤 장소에서 먹은 다음, 남은 음식을 정사에 가지고 가서 여식법을 행하지 않고 먹는 것이다. 이것은 불수식계를 범하게 된다.[446]

---

443 정인(淨人, kappiyakāraka)이란, 재가자로서 비구를 위한 음식을 만들기도 하고, 생과일을 비구가 먹을 수 있게 도정(刀淨: 칼로써 과일에 생채기를 내는 것)과 화정(火淨: 불에 그슬리는 것)을 하기도 하고, 金錢을 맡아 관리하는 일을 한다. 佐藤密雄, 『原始佛敎敎團の硏究』, p.639; 中村元, 앞의 사전, pp.754(4).

444 (빨리)율장2, 바일제40 楊枝戒(남전장 2권, p.142); 사분율 권15, 바일제39 不受食藥著口中戒(대정장 22권, p.663하15~16); 오분율 권7, 바일제37 不受食著口中戒(同上, 22권, p.53상28~29); 십송율 권13, 바일제39 不受食著口中戒(同上, 23권, p.96중3~6); 유부비나야잡사 권36, 學處39 不受食戒(同上, 23권, p.825하25~p.826하5까지 장황한 내용). 佐藤密雄(崔法慧 역), 『律藏』, pp.158~159.

445 사분율 권43, 약건도(대정장 22권, p.876상25~중1); 십송율 권26, 의약법 6(同, 23권, p.190하7~18; p.191상19~25)에서는 持食去食, 前受後食이다. 佐藤密雄, 앞의 책, pp.650~651.

446 同上, p.876중1~7. 佐藤密雄, 앞의 책, p.651.

(7) 약잡과(若雜果)로서, 과일을 말한다. 비구가 길을 가다가 땅에 떨어져 있는 과일을 보고 먹으려고 하면, 그것을 주워 정인(淨人)을 찾아가 과일을 땅에 떨어뜨리고 정인이 그것을 주워 그에게 주도록 해서 받아야 한다. 그렇게 하지 않을 경우 불수식계를 범하게 된다.[447]

(8) 약지수소출가식자(若池水所出可食者)로서, 저수지 물에서 자라는 식물 가운데 연뿌리 같은 것을 먹으려고 할 때, 저수지 물을 정인(淨人)이라 생각하고 물로부터 취하는 것이다. 이것은 수상(水想)으로, 음식물이 귀한 상황에서 일시적으로 허용되었던 것이다.[448] 이것은 바일제의 괴생계(壞生戒)와 불수식계(不受食戒)에 저촉된다. 식물의 생명을 파괴했을 뿐 아니라 정인을 통하지 않고 음식물을 취했기 때문이다.[449]

뿌라나는 이 8사를 부처님이 모두 허락하셨다고 주장했다. 까샤빠는 뿌라나의 주장을 일단 인정했다. 그러나 이전의 어느 때 8사가 일시적으로 허락되었다가 다시 본래대로 금지하게 된 사정을 설명했다. "흉년이 들어 곡식이 귀해 음식을 구걸하기가 어려웠으므로 부처님께서 이 8사를 허락하셨다. 그러나 뒷날 풍년이 들어 음식이 풍부해지자 부

<hr>

447 同上, p.876상20~23; 比丘道路行見 地有菓[取之] … 求淨人 … 若見淨人 應置地 洗手受食. 佐藤密雄, 앞의 책, p.650 참조.

448 佐藤密雄, 앞의 책, p.636. 특히 p.650에 자세한 설명. 십송율 권26, 의약법6(同上, 23권, p.190하26~191상8).

449 사분율 권43, 약건도(同上, 22권, p.876중12~18); 佐藤密雄, 앞의 책, p.636과 p.648 참조.

처님께서는 그것을 다시 제정해서 허락하지 않으셨다."는 것이다.

뿌라나는 이 말을 듣고, "부처님은 모든 것을 다 아시는 분이므로 제정[禁止]했다가 다시 허락하시거나, 허락했다가 다시 제정하실 리가 없다."고 주장했다. 그러자 까샤빠는, "부처님은 모든 것을 다 아시기 때문에 제정했다가 다시 허락하셨고, 허락했다가 다시 제정하실 수 있었다."고 설명했다. 이어서 까샤빠는 이 문제를 이렇게 마무리 지었다. "뿌라나여, 우리는 이와 같은 원칙을 세웠습니다. 즉 '부처님께서 제정하지 않으신 것은 우리도 제정하지 말아야 하고, 부처님께서 제정하신 것은 폐지하지 말아야 하고, 부처님께서 제정하신 대로 계율을 따르고 배워야 한다'는 것입니다."450 이와 같은 까샤빠의 말에 뿌라나가 취한 행동에 대해서는 언급이 없다.

오분율은 '7조(條)'를 말하고 있다. 결집 기간 동안 뿌라나는 남쪽 지방에 가 있었다. 그는 붓다가 꾸시나가라에서 반열반에 들었고, 장로 비구들이 라자그리하에 모여 율과 법을 결집[論]했다는 소문을 들었다. 뿌라나는 무리들과 함께 즉시 라자그리하로 가서 까샤빠에게 말했다. "나는 부처님께서 열반에 드셨고, 상좌 비구들이 모두 여기에 모여 율과 법을 결집했다는 말을 들었습니다. 그것이 사실입니까." 까샤빠가 '그렇다'고 대답하자 뿌라나는 결집한 내용을 다시 송출해 줄 것을 요청했다. 까샤빠는 즉시 앞에서 한 것처럼 했다. 그것을 듣고 뿌라

450　同上, 권54, p.968하8~16. 까샤빠가 말한 내용은 율장 권43 약건도2(同上, 22권, p.876 상10~중24); 오분율 권22, 약법(同上, 22권, p.148상12~중9); 십송률 권26, 의약법6(同上, 23권, p.191상9~25) 등에 근거한다. 佐藤密雄,『原始佛教教團の研究』, p.651 참조.

나는 대뜸 계율과 관계되는 일곱 가지 일[七條]에 대해 말했다. "나는 직접 부처님께 '내숙(內宿)·내숙(內熟)·자숙(自熟)·자지식종인수(自持食從人受)·자취과식(自取果食)·취지수수(就池水受)·무정인정과제핵식지(無淨人淨果除核食之)를 허락한다.'고 하신 말씀을 들었습니다."[451] 뿌라나가 말한 것은 이것이 전부다.

뿌라나가 말한 7조는 그 이름만으로는 내용을 알기 어렵다. 그래서 같은 율장인 오분율 22권의 식법(食法)[452]과 위에서 본 사분율의 8사의 내용을 참고해서 정리하면 다음과 같다.

(1) 내숙(內宿)으로, 비구가 거주처에 음식을 저장하는 것이다.

(2) 내숙(內熟)으로, 비구가 거주처에서 음식을 만드는 것이다.

(3) 자숙(自熟)으로, 비구가 직접 음식을 만드는 것이다.

(4) 자지식종인수(自持食從人受)로, 정인(淨人)이 없을 경우 비구는 자신의 손으로 음식물을 집어 정인을 찾아가 그에게 그것을 준 다음, 그것을 받는 것이다.

(5) 자취과식(自取果食)으로, 정인이 없을 경우 자신의 손으로 과일을 집어 먹는 것이다.

(6) 취지수수(就池水受)로, 저수지 물속에서 자라는 연뿌리 같은 것은 저수지 물을 정인이라 생각하고 그것을 취하는 것이다.

(7) 무정인정과제핵식지(無淨人淨果除核食之)로, 정인이 없을 경우 과일의 씨를 자신의 손으로 제거하고 먹는 것이다.

....

451 오분율 권30(대정장 22권, pp.191하19~27); Przyluski, 앞의 책, pp.159~160.

452 同上, 제3분 7약법(同上, 22권, p.148상12~중9).

이 7조 가운데서 앞의 4조는 사분율의 4사(事)와 동일하다. 단지 (2)와 (3)의 내자와 자자를 내숙(內宿)과 자숙(自宿)이라 했고, (4)의 자취식을 자지식종인수라고 했다. 그리고 (5)의 자취과식과 (6)의 취지수수는 사분율의 8사 중의 (7) 약잡과와 (8) 약지수소출가식자와 같은 내용이라는 것을 알 수 있다. 마지막으로 (7) 무정인정과제핵식지는 이곳에서만 나오는 내용이다.

과일은 살아 있는 생물이므로 정인이 도정(刀淨)이나 화정(火淨)[453]을 해서 죽은 과일[死果]로 만들어 주어야 비구가 먹을 수 있는데,[454] 정인이 없을 경우, 비구가 스스로 과일의 씨를 제거함으로써 과일의 생명체인 씨는 죽이지 않고 과일[果肉]을 먹을 수 있게 하도록 한 것 같다. 오분율 22권 약법(藥法)[455]에서 비슷한 내용의 설명을 하고 있다. 즉 어느 때 비구들이 과일을 먹으려고 했는데 정인이 없었기 때문에 작정(作淨: 淨法을 행하는 것)하는 방법을 묻자 붓다는, "(비구 자신이) 씨를 제거한 다음 먹는 것을 허락한다."라고 설명했다. 사실 이렇게 함으로써 괴생종계를 범하지 않게 된다.[456]

453　刀淨이란 칼로써 생과일에 상처를 내는 것이고, 火淨이란 그것을 불에 한 번 그을리는 것이다. 십송율 권26(대정장 22권, p.187상26~27); 云何名火淨 乃至火一觸. 佐藤密雄, 앞의 책, p.639와 p.650; 平川彰, 『律藏の研究』, p.746. 오분율 권26(同上, 23권, p.171상11~15)에서 13종 淨法을 볼 수 있다.

454　佐藤密雄(崔法慧 역), 『律藏』(東國譯經院), p.145.

455　대정장 22권, p.148상25~27; 諸比丘欲食果 無淨人使淨 以是白佛 佛言聽先去核 然後食之.

456　율장3, 대품 제6 약건도(남전장 3권, p.379)에 의하면, "아직 씨[種子]가 생기지 않았거나 씨가 없는 과일은 淨人(給與者) 없이도 먹을 수 있다."
　　　佐藤密雄, 『原始佛教教團の研究』, pp.649~651에서 자세하게 설명하고 있다.

까샤빠는 뿌라나에게 이 '일곱 가지 계율 조항'이 일시적으로 해금(解禁, 開)되었다가 뒷날 다시 금지[制]된 사정을 설명했다. 즉 부처님이 와이샬리에 계셨을 때 기근(饑饉: 흉년)이 들어 비구들이 걸식하기가 어려웠기 때문에 방편으로 7조를 행할 수 있도록 했는데, 그 후 기근이 끝나자 와이샬리에서 4조를 행하지 못하게 했고, 뒷날 쉬라와스띠에서 나머지 3조를 역시 금지했다는 것이다.[457]

뿌라나는 이 말을 듣고 "부처님께서는 금지하셨다가 도로 허락[聽]하시고, 허락하셨다가 도로 금지하시지 않았어야 했습니다."라고 불평을 했다. 이에 대해 까샤빠는 "부처님께서는 법의 주인[法主]으로 법에 대해 마음대로 할 수 있으므로 금지하셨다가 도로 허락하셨거나, 허락하셨다가 도로 금지하셨다고 해서 무슨 잘못이 있습니까."라고 응수했다. 뿌라나는 "나는 다른 것은 모두 받아들이겠습니다. 그러나 이 7조에 대해서는 그렇게 할 수 없습니다."라고 뜻을 굽히지 않았다. 그러자 까샤빠는 대중을 향해 큰 소리로, "부처님께서 제정하시지 않은 것은 함부로 제정하지 말아야 하고 이미 제정하신 것은 어길 수 없습니다. 부처님께서 가르치신 대로 그것을 삼가 배워야 합니다."라고 선언하고 이 문제를 마무리 지었다.[458]

비니모경에 의하면 오분율의 7조와 사분율의 8사 대신 8법(法)으로 되어 있다. 그리고 8법 중에서 2법에 대해서만 언급하고 있다. 뿌라

457 　我忍餘事 於此七條 不能行之(同上, p.192상3). Przyluski(p.161)에 의하면, "J'admets tout le reste; quant à sept articles, je ne puis les appliquer."로 되어 있다.

458 　同上, pp.191하29~192상5.

나는 500아라한들과 함께 왕사성(王舍城) 그리드라꾸따산(Gṛdhrakūṭa, 靈鷲山)의 죽림정사에 갔다.[459] 그는 까샤빠에게, "우리는 대덕 까샤빠와 500아라한들이 라자그리하의 '죽림정사'에서 법장(法藏)을 결집했다는 말을 들었습니다. 우리도 결집한 것을 듣고 싶습니다."라고 말했다. 까샤빠는 즉시 뿌라나와 아라한들에게 결집한 법장을 송출해 주었다.[460]

뿌라나는 그것을 모두 들은 다음 까샤빠에게 말했다. "대덕이여, 그대가 결집한 법장을 잘 들었는데 그것은 매우 좋습니다. 그렇지만 내가 이해할 수 없는 것이 있습니다. 8법에 대한 것입니다. 즉 계리숙식(界裏宿食)에서 지변종종초근(池邊種種草根)까지입니다. 이와 같은 8법을 나는 직접 부처님께 들었는데, 부처님께서 그것을 허락하셨습니다. 그런데 다시 말씀하시기를, '허락하시지 않았다.'고 하니 나는 이 점을 이해하지 못하겠습니다."[461]

....

459 竹林精舍는 Gṛdhrakūṭa(靈鷲山)이 아니고, Veluvana(竹林)에 있다. 赤沼智善, 앞의 사전, p.752.

460 비니모경 권4(대정장 24권, p.819상3~8); 尊者富蘭那 與其徒衆五百阿羅漢 卽共相隨向王舍城 耆闍崛山竹林精舍中 至摩訶迦葉所 … 摩訶迦葉卽向富蘭那等 出集法藏因緣. Przyluski(p.196)는 摩訶迦葉卽向富蘭那等 出集法藏因緣을 "Mahā Kāśyapa récita à Purāṇa et aux autres le texte original(paryāya) des Corbeilles de la Loi qu'il avait rassemblées"라고 번역.

461 同上, p.819상8~12; 如此八法親從佛邊聞 如來聽畜 復言不聽者 是處不解(同, 상 11~12 참조); Przyluski, 앞의 책, p.197.
8법에서 界裏宿食(=境界, 즉 sīmā 안에 음식물을 갈무리하는 것)은 사분율의 제1사인 內宿이고 池邊種種草根(=저수지 가장자리에 자라는 여러 가지 종류의 식물과 뿌리를 먹는 것)은 제8사인 若池水所出可食者와 같다. 따라서 제2법에서 제6법이 생략되었다는 것을 알 수 있다. 역시 오분율에 의하면 이것은 제1조[內宿] 및 제6조[就池水受]에 해당된다.

까샤빠는 뿌라나가 제기한 의문에 대해 설명했다. "사실 그대가 말한 것과 같습니다. 그러나 어느 때 기근(饑饉)이 들어 곡식이 귀해 걸식하기가 어렵게 되었으므로 부처님께서는 비구들을 가엾게 여겨 8법을 허락하셨던 것입니다. 그러나 그 뒤 풍년이 들어 곡식이 풍부해져 걸식하기가 쉽게 되었으므로 부처님께서는 8법을 다시 허락하시지 않았습니다." 뿌라나는 여전히 납득하지 못했다. "부처님은 모든 것을 다 아시는 분입니다. 부처님께서 8법을 허락하셨을 때는 그 '허락하신 때[畜時]'를 사람들에게 알리기를 원하셨을 것이고, 그것을 폐지하셨을 때는 그 '폐지하신 때[捨時]'를 사람들에게 알리기를 원하셨을 것입니다." 까샤빠가 다시 설명했다. "그래서 부처님은 때를 아시고, '이때 허락해야 한다. 또는 이때 금지해야 한다.'라고 말씀하셨던 것입니다. 이와 같은 이유로 우리는 부처님의 지시를 따라야 합니다. 부처님께서 금지하신 때는 금지하신 것을 따르고, 허락하신 때는 허락하신 것을 따라야 합니다."[462]

이어서 까샤빠는 부처님이 성취하신 선법(善法)을 말하고, 이와 같은 8종 선법을 성취하셨기 때문에 사람들은 붓다를 "법의 왕과 법의 주인이라고 불렀다."고 설명하면서 붓다의 권위를 강조했다.[463]

....

[462] 同上, p.819상12~19. 畜時와 捨時라는 말에 대한 확실한 의미를 알 수 없다.

[463] 8종 善法이란(同上, p.819상19~24), (1) 善得金剛智(금강지를 잘 얻음), (2) 悉斷一切煩惱無明闇(일체번뇌와 무명을 모두 끊음), (3) 於一切法無諸障礙(일체법에 장애가 없음), (4) 於一切處而得自在(모든 곳에서 자재를 얻음), (5) 能善降伏外道異論(외도의 異論을 잘 항복시킴), (6) 善示衆生利不利(중생들에게 이익과 불이익을 잘 보여줌), (7) 能與衆生如法分別(중생들을 如法하게 분별할 수 있음), (8) 善能敎制犯不(죄의 유무를 잘 판결함)이다.

까샤빠는 자신의 설명이 부족하다고 생각했는지 경장의 송출자인 아난다에게, "그대는 이 일을 어떻게 생각합니까."라고 묻기까지 했다. 아난다는, "내가 부처님 곁에서 들었던 것은 까샤빠 존자께서 뿌라나 존자께 말한 것과 같습니다. 어떤 사람이 부처님 말씀처럼 행하면 그 사람은 부처님 법을 빛나게 하는 것입니다. 그렇기 때문에 부처님의 가르침에 따라 행하여야 합니다."라고 대답했다. 그러고 나서 "뿌라나와 그 무리들은 이 말을 듣고 법에 따라 행하였다. 곧 그들은 불법을 빛나게 한 사람들이 되었다."라는 말로써 이 문제를 마무리 지었다.[464]

8. 결집된 불전 내용

결집된 불전의 내용은 문헌에 따라 다르다. 단지 몇 종류의 경과 율과 논의 이름만 언급하고 있는 문헌이 있기도 하고, 결집된 내용을 구체적으로 자세하게 기술하고 있는 문헌도 있다. 그러나 일관성 있는 내용은 볼 수 없다. 산만하고 복잡하다. 현재 전해지고 있는 초기 불전들의 명칭과 내용이 많은 부분에서 다르기 때문에 서로 비교해서 생각할 수도 없다.

　　모든 준비가 끝나자 500비구들은 본격적으로 결집을 시작했다. 대체로 경전 문헌들에서는 경장을, 율전 문헌들에서는 율장을 먼저 결

464　同上, p.819상25~29.

216

집한 것으로 되어 있다.[465] 논장 결집은 예외 없이 경장과 율장을 결집한 다음 마지막으로 했다.[466]

1) 경장의 내용

(빨리)율장에서는, 범망경(梵網經)과 사문과경(沙門果經)의 결집 과정에 대해 언급한 뒤, "그와 같이 해서 5부경(五部經)이 송출되었다."라고 한 마디로 경장 결집에 대한 설명을 끝내었다. 세부적인 내용은 알 수 없다.[467]

> ☽ **요약 정리** ☾
>
> **제2장으로 법(法[經藏]) – 아난다 송출**
>
> 5부경(五部經, pañcanikāyā), 범망경(梵網經, Brahmajālasutta), 사문과경(沙門果經, Sāmaññaphalasutta)

사분율에 의하면, 범동경(梵動經)·증일경(增一經)·증십경(增十經)·세계성패경(世界成敗經)·승기타경(僧祇陀經)·대인연경(大因緣經)·천제석문

465 남전장 4권, p.429; 同上, 65권, pp.17~18; 대정장, 22권 p.190하28 이하; 同上, 22권, p.968상4 이하; 同上, 23권, p.447하17 이하; 同上, 24권, p.675상2 이하; 同上, 24권, p.818상16 이하; 남전장 65권, pp.17~18.

466 대정장 22권, p.968중26~27; 同上, 23권, p.449상19 이하; 同上, 24권, p.408중2~15; 同上, p.675하16~17; 同上, p.818상28~29; 同上, 25권, p.69하5~70상1; 同上, 49권, p.3상18~19; 남전장 65권, pp.21~24.

467 율장 권4, 소품11(남전장 4권, p.430).

경(天帝釋問經)의 결집을 기술한 뒤, 결집된 전체 경전을 다음과 같이 분류했다.

길이가 긴 경들을 모아 장아함(長阿含)이라 하고, 중간 길이의 경들을 모아 중아함(中阿含)이라 하고, 법수(法數)에 따라 1사(事)에서 11사까지의 경들을 모아 증일아함(增一阿含)이라 하고, 비구·비구니·우바새(優婆塞)·우바이(優婆夷)·잡제천(雜諸天)·잡제석(雜帝釋)·잡마(雜魔)·잡범왕(雜梵王)에게 설한 경들을 섞어 모아 잡아함이라 했다.

그리고 생경(生經)·본경(本經)·선인연경(善因緣經)·방등경(方等經)·미증유경(未曾有經)·비유경(譬喩經)·우바제사경(優婆提舍經)·구의경(句義經)·법구경·바라연경(波羅延經)·잡난경(雜難經)·성게경(聖偈經)들을 모아 잡장(雜藏)이라 했다.[468]

---

468 사분율 권54(대정장 22권, p.968중15~26).

오분율에 의하면, 먼저 증일경(增一經)·증십경(增十經)·대인연경(大因緣經)·승기타경(僧祇陀經)·사문과경(沙門果經)·범동경(梵動經) 등의 길이가 긴 경을 모아 1부(部)로 해서 장아함이라 하고, 길지도 짧지도 않은 경을 모아 1부로 해서 중아함이라 했다. 비구·비구니·우바새·우바이·천자·천녀들에게 설한 경을 모아 1부로 해서 잡아함이라 하고, 법수(法數)대로 1법에서 11법까지의 경을 모아 1부로 해서 증일아함이라 했다. 나머지 잡설(雜說)들을 모아 1부로 해서 잡장[469]이라 했다. 이 경들을 모두 합쳐서 수다라장(修多羅藏, 經藏)이라 했다.[470]

---

469 Przyluski(앞의 책, p.148 註1)는 잡장(雜藏)을 (빨리경장의 제5부 Kuddakanik-āya에 상응하는) Kṣudraka-āgama의 번역으로 보았다. 에띠엔 라모뜨(호진 역), 『인도불교사』(1), p.314; 前田惠學, 『原始佛教聖典の成立史研究』, pp.681~686 참조.

470 오분율 권30(대정장 22권, p.191 상19~29).

십송율은 단지 전법륜경의 결집에 대해서만 기술하고 있다. 아난다가 4성제를 3전(轉) 12행(行)[471]으로 자세하게 송출하고, 까샤빠가 그것을 500명의 아라한들에게 물어 확인한 것이 경전 결집에 대한 설명의 전부다. 그러나 맨 마지막에 "이와 같이 차례로 물어서 일체 수투로장(修妬路藏: 經藏)의 결집을 끝냈다."라는 한 문장으로 모든 경전이 결집되었다는 것을 나타내고 있다.[472]

471　4聖諦의 각 諦를 示轉·勸轉·證轉의 3단계, 12行相으로 고찰하는 것. 즉, 示轉은 '이것은 고다, 고의 원인이다, 고의 소멸이다, 고의 소멸에 이르는 길이다'라고 보는 것이고, 勸轉은 '고를 알아야 한다, 집을 끊어야 한다, 멸을 증득해야 한다, 도를 닦아야 한다'고 勸하는 것이다. 證轉은 '고를 알았다, 고를 끊었다, 멸을 증득했다'라고 밝히는 것이다. 中村元, 앞의 사전, p.483⑵; 多屋賴俊(外) 앞의 사전, p.199⑵에 자세한 설명.

472　십송율 권60(대정장 23권, pp.448중18~449상16); (…) 如是展轉問已 一切修妬路藏集竟.

유부비나야잡사에서는 아난다가 삼전법륜경을 비롯해,[473] 온품(蘊品)·
처계품(處界品)·연기품(緣起品)·성문품(聲聞品)·불품(佛品)·성도품(聖
道品)·가타품(伽他品, Gāthā)을 모아 상응아급마(相應阿笈摩)라 했다. 역
시 긴 경을 모아 장아급마, 중간 길이의 경을 모아 중아급마, 1구사(句
事)와 2구사 내지 10구사의 경을 모아 증일아급마라고 했다.[474]

마하승기율은 일체법장이라는 이름으로 4아함과 잡장을 결집했다.
문구가 긴 경들을 모아 장아함으로 하고, 중간 길이의 경들을 모아 중
아함으로 했다. 그리고 '여러 가지 문구가 섞인' 경들을 모아 잡아함으

---

473 유부비나야잡사 권39(대정장 24권, pp.406하5~407상22). 붓다의 최초 소설경을 삼전법
륜경이라 하고, 계속해서 제2경으로 4성제를 자세하게 설명하고 있다. 이 '第二所
說經[두번째 설한 경]'은 와라나시(Vārāṇasī, 婆羅疧斯)에서 5비구에게 설해진 것이라는
사실도 말하고 있다. 삼전법륜경의 내용이 '4성제'이므로 같은 내용을 제1경, 제2경
으로 나눈 것이다.

474 同上, p.407상23~하2. 제3경으로 5온과 더불어 무아와 무상에 대해 자세하게 설명
하고 있다.

로 했는데, 이른바 근잡(根雜)·역잡(力雜)·각잡(覺雜)·도잡(道雜)으로
이와 비슷한 것들을 잡(雜)이라 했다. 1증(增)·2증·3증에서 100증까
지 법수를 따라 배열된 경들을 모아 증일아함으로 했다.[475] 마지막으로
벽지불과 아라한 자신들이 설한 본행인연(本行因緣)과 이와 같은 모든
게송(偈誦, Gāthā)을 모아 잡장이라 했다.[476]

◑ **요약 정리** ◑

제1장으로 일체법장 – 아난다 송출

장아함: 문구가 긴 경들의 모음

중아함: 중간 길이 경들의 모음

잡아함: 근잡·역잡·각잡·도잡의 경들의 모음

증일아함: 1증(增)·2증·3증 ··· 100증의 경들의 모음

잡장: 벽지불·아라한들이 설한 본행인연과 모든 게송 모음

비니모경에서는, 모든 경들 가운데서 장아함에 해당하는 경들을 모아
장아함으로 하고, 중아함에 해당하는 경들을 모아 중아함으로 했다.
역시 1·2·3·4법에서 11법까지, 법문의 수를 따라 배열된 경들을 모
아 증일아함으로 하고, 비구·비구니·제석(帝釋)·신(諸天)·범왕(梵王)

---

475 마하승기율 권32(대정장 22권, p.491하16~20).

476 同上, p.491하20~22. 佐藤密雄(앞의 책, p.818)과 Przyluski(앞의 책, p.211).
그러나 前田惠學(『原始佛敎聖典の成立史硏究』, p.684)은 이것을 '如是(Ityuktaka)·等比
(Vaipulya)·諸偈(Gāthā)·誦(또는 頌 Geya) 등으로, 경 이름이라고 보았다.

끼리 서로 관련 있는 모든 경들을 모아 잡아함으로 했다. 역시 법구(法句)·설의(說義=句義經, Arthavarga)·바라연(波羅延, Pārāyaṇa)·여래가 설한 다른 경들, 즉 수투로(修妬路, Sūtra)에서 우바제사(優波提舍, Upaddeśa)까지 잡장과 관련 있는 모든 경을 모아 잡장으로 했다. 이들 5종 아함을 수투로장(sūtrapiṭka)이라 했다.[477]

◑ 요약 정리 ◑

제2장으로 수투로장[經藏] – 아난다 송출

장아함: 장아함에 해당하는 경들의 모음

중아함: 중아함에 해당하는 경들의 모음

증일아함: 1법에서 11법까지 법문 수에 따라 경들의 모음

잡아함: 비구·비구니·제석·신·범왕과 관련 있는 경들의 모음

잡장: 법구·설의·바라연 외에 여래가 설한 다른 경들의 모음

일체선견율주서의 내용은 아주 단순하다. 까샤빠가 범망경과 사문과경에 대해 자세하게 묻고 아난다가 대답했다. "이와 같은 방법으로 5부에 대해 묻고 대답했다. 5부란 범망경과 사문과경을 포함한 장부와 중부·상응부·증지부·소부이다. 소부란 앞의 4부를 제외한 나머지 부처님의 말씀이다."[478]

....

477　비니모경 권3(대정장 24권, p.818상20~28), Przyluski, 앞의 책, pp.178~179.

478　일체선견율주서(남전장 65권, p.21).

선견율비바사는 일체선견율주서와 표현 방법이 다를 뿐 내용은 동일하다. 법장(法藏)으로 5부경을 결집했다. 5부경이란 범망경과 사문과경을 포함한 장아함경·중아함경·승술다경(僧述多經)·앙굴다라경(殃堀多羅經)·굴타가경(屈陀迦經)이다. 굴타가경은 4아함을 제외한 나머지 부처님의 모든 법을 모아놓은 것이다.[479]

....

479 선견율비바사(대정장 24권, p.675중12~23). 승술다라경은 Saṃyuktta-nikāya, 앙굴다라경은 Aṅguttara-nikāya, 굴타가경은 Khuddaka-nikāya라고 註를 달고 있다.

- 승술다경

- 앙굴다라경

- 굴타가경: 4아함을 제외한 모든 경전의 모음

반니원경은 간결하게 4아함의 결집을 기록하고 있다. 명칭은 다른 문헌들의 경우와 동일하지만 배열과 분류 방법이 다르다. 경의 길이나 내용이 아니라 설해진 목적으로 분류되었다. 즉 중아함은 탐욕스럽고 음란한 사람을 위해 만들어졌고, 장아함은 기뻐하고 성내는 사람을 위해 만들어졌다. 그리고 증일아함은 어리석은 사람을 위해 만들어졌고, 잡아함은 부모에게 효도하지 않고, 스승에게 순종하지 않는 사람을 위해 만들어졌다는 것이다.[480]

역시 다른 문헌에서 보지 못하는 12부경에 대한 언급이 있다. "까샤빠와 아누룻다와 비구들이 함께 모여 의논했다. 부처님의 12부경과 4아함이 있는데, 그것을 부처님께서는 오랫동안 시중을 들었던 아난다에게만 설하셨다. 아난다는 그것을 모두 외우고 있다. 우리는 그에게서 그것을 받아써야 한다."[481] 12부경의 내용과 4아함과의 관계에 대한 설명은 없다.

....

480 반니원경 권하(대정장 1권, p.191상20~23); (四阿含) 一中阿含 二長阿含 三增一阿含 四雜阿含 此四文者 一爲貪婬作 二爲喜怒作 三爲愚癡作 四爲不孝不[承事]師作.

481 同上, pp.190하28~191상2; 佛十二部經 有四阿含 獨阿難侍佛久 佛之所說 阿難悉[志]諷當從書受; 역시, p.191상24; 遂相撿歛 分別書佛十二部經). Przyulski, 앞의 책, p.79와 p.86.

불반니원경은 단지 "아난다로부터 4아함을 송출 받았다."라는 한 문장으로 경장 결집이 있었다는 사실을 나타내고 있다.[482]

대반열반경도 한 문장으로 경장 결집을 말하고 있다. "까샤빠가 아난다 및 비구들과 함께 라자그리하에서 삼장을 결집했다."라는 것이 전부다.[483] 이 말 가운데는 "아난다가 경장을 송출하고 비구들이 그것을

482　불반니원경 권하(대정장 1권, p.175하2~3); 從阿難得四阿含.

483　대반열반경 권하(同上, 1권, p.207하11); 迦葉共於阿難及諸比丘 於王舍城結集三藏.

226

결집했다."라는 의미가 포함되어 있다고 보아야 할 것이다.

대지도론 역시 경장의 결집을 간단하게 기술하고 있다. "(최초의 경인) 전법륜경에서 (최후의 경인) 대반열반경까지 모든 경을 모아 4아함을 만들었는데, 그것은 증일아함·중아함·장아함·상응아함이다. 이것을 수투로법장[經藏]이라 한다."[484]

찬집삼장급잡장전에 의하면, 아난다는 자신이 송출한 모든 경을 가지고 제1장인 경장으로 하고, 이것을 증일(아함)·중(아함)·장(아함)·잡(아함)의 순으로 4등분했다.[485]

증일아함은 내용이 1처(處)에서 11처까지 법수에 따라 배열되었

---

484 대지도론 권2(同上, 25권, p.69하4~6).
485 찬집삼장급잡장전(同上, 49권, p.3상18~23과 하21~23).

다.[486] 중아함은 경들의 길이가 지나치게 길지도 짧지도 않고(잘 어울리는 의미들이 결합되어 있고),[487] 그 표현(expression, 字)이 거칠지도 너무 세밀하지도 않다. 장아함은 선세(先世)와 겁세(劫世)[488]까지 거슬러 올라가면서 길게 설하고 있다. 역시 과거 7불뿐 아니라 대승과 부처님의 열반도 언급하고 있다. 잡아함에는 3부아함 외의 잡경과 신들을 찬탄하는 게송들이 모두 포함되어 있다.[489] 경장·율장·논장의 3장 외에 잡장이라는 이름으로 제장이 있다. 잡장은 3장의 결집이 끝난 다음 만들어졌는데 내용상으로는 제4아함의 연장인 제5아함에 해당된다.[490]

◑ **요약 정리** ◑

제1장으로 제경(諸經, 經藏) - 아난다 송출

증일(아함): 1처에서 11처까지 법수에 따라 정리한 경들의 모음

중(아함): 지나치게 길지도 짧지도 않고, 그 표현이 거칠지도 세밀하지
도 않은 경들의 모음

장(아함): 선세(先世)와 겁세(劫世)까지 소급해서 설하고, 7불·대승·
붓다의 열반을 다루고 있는 경들의 모음

---

486 同上, p.3상27~중17. '增一'이라는 명칭에 대한 긴 설명이 계속된다.

487 結義得偶의 의미가 불명확하다. 同上, p.3중18; Przyluski, 앞의 책, p.106; (…), combinant les Sens qui sont bien assortis.

488 先世는 여러 前生, 劫世는 무한대의 시간. 中村元, 앞의 사전 p.392(2)와 p.836(4).

489 찬집삼장급잡장전(대정장 49권), p.3중17~하5. Przyluski, 앞의 책, pp.107~108.

490 同上, p.3하21~29. Przyluski, 앞의 책, pp.109~110; 라모뜨(호진 역), 앞의 책(1), pp.314~316에서 자세하게 설명하고 있다.

> 잡(아함): 3아함 외의 잡경과 신들을 찬탄하는 게송을 포함한 경들의
> 모음
> 잡장: 제5아함에 해당하는 경들의 모음

가섭결경은 게송을 섞어서 간략한 내용을 복잡하게 서술했다. 부처님께서 처음으로 경전[經卷]을 설하신 장소에 대해 까샤빠가 질문하자 아난다가 "와라나시 선인들의 거주처 므리가다와[仙人鹿苑]에서 전법륜경을 전부 설하셨다."고 대답했다. 까샤빠는 교진여를 비롯한 5비구에게 아난다가 송출한 것이 사실이라는 것을 확인했다. 그리고, "이렇게 비구들은 정경장(正經藏, 經藏)을 결집했다."라고 마무리했다.[491]

◑ 요약 정리 ◑
제1장으로 정경장 – 아난다 송출

아육왕전과 아육왕경의 내용은 거의 동일하다. 각각 한 문장씩으로 기술하고 있다. "아난다는 수다라장(修多羅藏)을 모두 송출했다." "아난다는 4종 수다라를 모두 송출했다."[492]

----

491 가섭결경(同上, p.6하9~17과 p.7상2~4); 何所之經卷 世尊最先說 … 仙人鹿苑說具足 法輪經 … 隨尊所處所 可聞經皆悉誦宣 … 於是大迦葉 從阿難聞是言已 … 告 阿若拘隣五比丘 汝等所受如是不 答曰若斯如是 比類結集正經藏; Przyluski, 앞의 책, pp.19~20.

492 아육왕전 권4(同上, 50권, p.113중24); 아육왕경 권6(p.152상7~8).

도왕통사에서는 결집 내용을 구체적으로 기술했다. 장로들은 부처님께서 가르친 법(Dhamma)을 수다(修多, Sutta)·기야(祇夜, Geyya)·화가라나(和迦羅那, Veyyākaraṇa)·가타(伽陀, Gāthā)·우다나(優陀那, Udāna)·이제왈다가(伊帝曰多伽, Itivuttaka)·자타가(闍他迦, Jātaka)·아부다(阿浮多, Abbhuta)·비다라(毘陀羅, Vedalla)라는 9분교(九分教, N1avāṅgasatthuana)로 나누었다. 그것을 다시 품(品, chapter)·50집(五十集, collection of fifty)·상응(相應)·집(集, section)이라는 이름으로 분류해서 수다(修多, Sutta)라는 아함장(阿含藏)을 편찬했다.[493]

....

493　도왕통사 4장 14~16(남전장 60권, p.26); B.C. Law, *Dīpavaṃsa*, pp.153~154.

대왕통사는 결집 내용에 대한 설명 없이 간략하게 기술했다. "까샤빠는 아난다에게 법(法, 經)을 묻고, 아난다는 그 물음에 남김없이 대답했다. 아난다가 대답한 순서대로 비구들은 모두 법의 합송(合誦, 和誦)을 했다."[494]

◑ 요약 정리 ◑

제2장으로 법(Dhamma, 經藏) – 아난다의 송출과 비구들의 합송

2) 율장의 내용

(1) 율장(빨리율)에서는 단지 4바라이(波羅夷, pārājikā)만 자세하게 설명하고 있다. 율장 전체를 위해서는 단지 한 문장으로, "까샤빠는 비구와 비구니의 2부율[兩部律]에 대해 물었고, 우빨리는 각 물음에 따라 대답했다."라고 하고 있으므로, 율장의 구체적인 내용은 알 수 없다. 그러나 결집이 끝난 다음 소소계 문제를 논하면서 4바라이·13승잔(僧殘)·2부정(不定)·30사타제(捨墮提)·92바일제(波逸提)·4제사니(提舍尼)를 언급한 것에서 결집된 율장의 전체 내용을 알 수 있다.[495]

....

494 대왕통사 3장 36(同上, p.166); W. Geiger, *Mahāvaṃsa*, pp.17~18.

495 율장 권4, 소품11(남전장 4권, pp.429~431); 同上, p.431.

● **요약 정리** ●

제1장(藏)으로 비니장[律藏] − 우빨리 송출

2부율

비구율·비구니율

4바라이(pārājikā)·13승잔·2부정·30사타제·92바일제·4제사니

(2) 사분율에 의하면, 바라이·승잔·부정법·니살기(尼薩耆)·바일제·
바라제제사니(波羅提提舍尼)·중학법(衆學法) 등 비구와 관련된 모
든 것을 모아 비구율로 하고, 역시 비구니와 관련된 모든 것을 모
아 비구니율로 했다. 그다음 건도법(犍度法)이 결집되었다. 즉 일체
의 수계법(受戒法)·포살법(布薩法)·안거법(安居法)·자자법(自恣法)
·피혁법(皮革法)·의법(衣法)·약법(藥法)·가치나의법(迦絺那衣法)을
모아 수계건도·포살건도·안거건도·자자건도·피혁건도·의건도
·약건도·가치나의건도로 했다. 끝으로 조부(調部: 율장의 부수적인 설
명)와 비니증일(毘尼增一: 보충된 율)[496]이 첨가되었다. 이것을 "비구
·비구니의 두 가지 율에 일체건도와 조부·비니증일을 모두 합쳐
비니장(毘尼藏)으로 했다."라고 한 문장으로 기술했다.[497]

---

496 사분율 권54(대정장 22권, p.968상6~중10).

497 同上, p.968중10~11; 二律幷一切犍度 調部毘尼增一 都集爲毘尼藏. 調部와 毘
尼增一은 빨리율의 Parivāra에 해당된다. 中村元, 앞의 사전, p.760⑶과 p.1135⑴.

> **◑ 요약 정리 ◑**
>
> **제1장으로 비니장[律藏] - 우빨리 송출**
>
> 비구율·비구니율·4바라이·2부정·승잔·니살기·바일제·4바라제
> 제사니·중학법 등 일체건도·수계건도·포살건도·안거건도·자자건
> 도·피혁건도·의건도·약건도·가치나이건도
> 부록: 조부·비니증일

(3) 오분율에서 말하는 율장 결집의 내용은 율장[빨리율]의 내용과 비
　　슷하다. 그러나 4바라이 대신 4계(戒)라 하고, 2부율 대신 비구비
　　니·비구니비니의 일체비니라 했다. 그리고 이들을 합쳐 비니장(毘
　　尼藏, 律藏)이라 했다.[498]

이것이 설명의 전부다. 그러나 역시 소소계 문제를 다룰 때 중학법·4
바라제제사니·바일제·니살기바일제의 4종 이름을 들고 있는 것에서
결집된 율장의 전체 내용을 엿볼 수 있다.[499]

> **◑ 요약 정리 ◑**
>
> **제1장으로 비니장[律藏] - 우빨리 송출**
>
> 4계[波羅夷], 비구비니와 비구니비니의 일체비니, 소소계 문제와 함께
> 중학법·4바라제제사니·바일제·니살기바일제를 추정

498　오분율 권30(同上, 22권, pp.190하29~191상14). 毘尼를 比尼로 표기했다.

499　同上, p.191하7~13.

(4) 십송율에서는 단지 네 가지 바라이[四波羅夷]와 다섯 가지 승가바
시사[五僧伽婆尸沙]의 결집에 대해서만 언급하고 있다. 그러고 나
서, "이와 같이 차례로 일체비나야를 결집했다."라는 한마디로 율
장 결집의 설명을 끝냈다.[500] 결집된 율장의 전체 내용은 '소소계
문제'를 논의하는 곳에서 알 수 있다. 즉 13승가바시사·2부정법·
30니살기바야제(바일제)·90바야제·4바라제제사니이다. 중학법은
없다.[501]

(5) 유부비나야잡사의 내용은 사분율의 내용과 유사하다. 먼저 비구
계 8종이 결집되었다. 즉 바라시가법(波羅市迦法, 波羅夷)·승가벌시
사법(僧伽伐尸沙法, 僧殘)·2부정법(不定法)·30사타법(捨墮法, 尼薩者)
·90바일저가법(波逸底迦法, 波逸提)·4바라저제제사니법(波羅底提舍尼
法)·중다학법(衆多學法)·7멸쟁법(滅諍法)이다.[502]

---

500 십송율 60권(同上, 23권, pp.447하23~448상27).

501 同上, p.450상1~17.

502 유부비나야잡사 권40(대정장 24권, p.408상22~25).

이어서 건도법을 결집했다. 출가·수근원(受近圓)[503]·단백(單白)과 백이갈마(白二羯摩)와 백사갈마(白四羯摩)·응도(應度)와 불응도(不應度)[504]·포쇄타(褒灑陀, 布薩)·안거(安居)·수의(隨意, 自恣)·제사(諸事) 내지 잡사(雜事)다. 마지막으로 니다나(尼陀那)와 목득가(目得迦)를 결집했다.[505]

● 요약 정리 ●

제2장으로 비나야[律藏] – 우빨리 송출

바라시가법[바라이]·승가벌시사법[승잔]·2부정법·30사타법·90바일저가법[바일제]·4바라저제사니법·중다학법·7멸쟁법

건도법: 출가·수근원·단백·백이갈마·백사갈마·응도·불응도·포쇄타[포살]·안거·수의·제사·잡사

부록: 니다나·목득가

---

503 受近圓은 구족계를 받는 것. 近圓의 圓은 열반을 의미한다. 구족계는 열반에 가까이 가는 법(法)이기 때문이다. 佐藤密雄(崔法慧 역), 『律藏』, p.170; 中村元, 앞의 사전, p.430(3).

504 應度와 不應度는 다른 율장(또는 辭典)에서 사용하지 않는 표현이다. 승가의 결의 방법[羯磨]에 따르면 제출된 안건에 대해 忍(찬성)하는 경우에는 침묵하고, 반대하는 경우에는 說(發言)해야 하는데, '응도와 불응도'는 이 '忍'과 '說'을 가리키는 것 같다. 佐藤密雄(崔法慧 역), 위의 책, pp.44~45.

505 尼陀那(Nidāna)는 계율을 제정하게 된 이유를 밝힌 내용이고, 目得迦(Itivṛtaka, 伊帝目多伽)는 붓다와 제자들의 전생담과 계율에 대한 교리적인 설명이다. 근본설일체유부니다나목득가(대정장 24권, p.415 이하). 十二部經 가운데 제6경과 8경. 多屋賴俊(외), 앞의 사전, p.237(1)과 p.411(3).

(6) 마하승기율의 내용은 9법서(九法序)·5사기(五事記)·5비니(五毘尼)로서 다른 율장들에 비해 독특하다. 9법서란 바라이·승가바시사·2부정법·30니살기·92바야제·4바라제제사니·중학법·7멸쟁법·법수순법(法隨順法)이다.

5사기란 수다라·비니·의(義)·교(敎)·경중(輕重)이다. 수다라를 5수다라, 비니를 약(略)비니와 광(廣)비니의 2부비니, 의를 구구유의(句句有義), 교를 붓다가 찰제리·바라문·거사를 위해 설한 4대교법(四大敎法), 경중을 도만오중(盜滿五重)·감오투란차(減五偷蘭遮)라고 설명했다.

5비니란 약(略)비니·광(廣)비니·방면(方面)비니·견고(堅固)비니·응법(應法)비니다. 약비니란 5편계(五篇戒), 광비니란 2부비니, 방면비니란 수노변지청오사(輸奴邊地聽五事)다. 그리고 견고비니란 가치나의(迦絺那衣)를 받을 때 다섯 가지 죄를 면제받고 별중식(別衆食) 내지 불백이동식(不白離同食) 등을 할 수 있는 특전이다. 응법비니란 법갈마(法羯磨)와 화합갈마(和合羯磨)를 말한다.[506]

> **◑ 요약 정리 ◑**
>
> **제2장으로 비니장[律藏] – 우빨리 송출**
>
> 9법서: 바라이·승가바시사·2부정법·30니살기·92바야제·
>
> 4바라제제사니·중학법·7멸쟁법·법수순법

---

506 別衆食에 대해서는, 平川彰의 『律藏の研究』, pp.714~715에서 자세한 설명을 볼 수 있다.

(7) 비니모경에서는 율(律)을 경(經)이라 하고, 율장 결집을 간단히 설명했다. "500비구들은 모든 경[律] 가운데 비구계에 대해 설한 것을 모아 비구경[율]으로 하고, 모든 경[율] 가운데 비구니계[율]에 해당하는 계율을 설해 놓은 것은 비구니경[율]으로 했다. 모든 경[율] 가운데 가치나(迦絺那)에 해당하는 것은 가치나건도로 했다. 여기에 건도모경(犍度母經)·증일비구경(增一比丘經)·증일비구니경을 합쳐 비니장[律藏]으로 했다."[507]

(8) 일체선견율주서(Samantapāsādikā)는 결집된 율장의 전체 내용을 기술했다. 비구계인 대분별편(大分別篇, Mahāvibhaṅga)은 4바라이(波羅夷, Pārājika)·13승가지시사(僧伽胝施沙, Saṅghādisesa)·2부정(不定,

---

[507] 비니모경 권3(대정장 24권, p.818상16~20). Przyluski는 '諸犍度母經增一比丘經'을 '諸犍度(les khaṇḍa), 母經(mātṛkā), 增一(ekottara)'로 이해했고(그의 앞의 책 pp.177~178), 塚本啓祥은 '摩得勒伽, 毘尼增一'로 보았다(앞의 책, p.184). 내용이 분명하지 않다.

Aniya-ta)·30니살기바일제(尼薩耆波逸提, Nissaggiyapācittiya)·92바일제(波逸提, Pācittiya)·4바라제제사니(波羅提提舍尼, Pāṭidesanīya)·75학(學, Sekhiya)·7멸쟁법(滅諍法)으로 결집되었다.

비구니분별편(比丘尼分別篇, Bhikkhunīvibhaṅga)은 8바라이장(章)·17승가바시사·30니살기바일제·166바일제·8바라제제사니·75학(學)·7멸쟁법으로 결집되었다. 마지막으로 건도부(犍度部, Khandhaka)와 부수부(附隨部, Parivāra)가 작성되었다.[508]

◑ **요약 정리** ◐

제1장으로 율 – 우빨리 송출

대분별편: 4바라이·13승가지시사·2부정·30니살기바일제·92바일제·4바라제제사니·75학·7멸쟁법

비구니분별편: 8바라이장·17승가바시사·30니살기바일제·166바일제·8바라제제사니·75학(學)·7멸쟁법

건도부와 부수부

(9) 선견율비바사는 일체선견율주서의 번역서인 만큼 내용이 거의 동일하다. 까샤빠가 묻고 우빨리가 대답하는 식으로 결집된 율장의 전체를 밝히고 있다.

대바라제목차(大波羅提木叉)라는 이름으로 4바라이(波羅夷)·(13)

---

508 일체선견율주서(남전장 65권, p.19).

승가바시사(僧伽婆尸沙)·2부정(不定)·30니살기바야제(尼薩耆波夜提)·92바야제(波夜提)·4바라제제사니(波羅提提舍尼)·75중학(衆學)·7멸쟁법(滅諍法)을 제정했다.

역시 비구니바라제목차(比丘尼波羅提木叉, Bhikkhunīpātimokkha)라는 이름으로 8바라이·17승가바시사·30니살기바야제·66바야제·8바라제제사니·75중학·7멸쟁법을 제정했다. 마지막으로 건타(犍陀, Khandhaka, 雜事)(部)와 바리바라(波利婆羅, Parivāra)(部)를 말하고, 이들을 모두 합쳐 율장이라 했다.[509]

◑ 요약 정리 ◐

제1장으로 율장 – 우빨리 송출

대바라제목차: 4바라이·승가바시사·2부정·30니살기바야제·92바야제·4바라제제사니·75중학·7멸쟁법

비구니바라제목차: 8바라이·17승가바시사·30니살기바야제·66바야제·8바라제제사니·75중학·7멸쟁법

부록: 건타(부)와 바리바라(부)

(10) 불반니원경에서는 "아난다가 비구 250청정명계(淸淨明戒)·비구니계 500사(事)·우바새 5계·우바이 10계를 송출하고, 아라한들이 그것을 받아 적었다."라는 것이 율장 결집에 대한 설명의 전부

509　마하승기율 권32(대정장 22권, p.492하4~17); Przyluski, 위의 책, pp.216~217.

이다.[510]

> **◑ 요약 정리 ◑**
>
> **제2장으로 율장 – 아난다가 송출하고 아라한들이 받아썼다.**
>
> 비구 250청정명계
>
> 비구니 500사
>
> 우바새 5계
>
> 우바이 10계

(11) 대반열반경과 반니원경은 율장 결집을 각각 한 문장으로 나타내고 있다. "까샤빠는 아난다 및 비구들과 함께 라자그리하에서 율장이 포함된 3장을 결집했다." "그들(즉 40명의 아라한)은 서로 의논해서[相撿斂] 붓다의(12부경과) 계율 법을 구별해서 받아썼다."[511]

> **◑ 요약 정리 ◑**
>
> **제1장으로 율장 – 우빨리 송출**
>
> 대바라제목차: 4바라이 · 승가바시사 · 2부정 · 30니살기바야제 · 92바야제 · 4바라제제사니 · 75중학 · 7멸쟁법
>
> 비구니바라제목차: 8바라이 · 17승가바시사 · 30니살기바야제 · 66바

510　불반니원경 권하(대정장 1권, p.175하7~9).

511　대반열반경 권하(同上, 1권, p.207하10~11); 迦葉共於阿難 及諸比丘 於王舍城 結集三藏; 반니원경 권하(同上, p.191상25~26); 遂相撿斂 分別書佛十二部經 戒律法具.

(12) 찬집삼장급잡장전과 가섭결경은 역시 율장 결집 내용을 각각 한 문장씩으로 기록하고 있다. 앞의 문헌에 의하면, "모든 경들을 모두 모아 제1장으로 하고, 율(律, Vinaya)로써 제2장으로 했다."이고, 뒤의 문헌에서는 단지 "경장을 결집하고, 율장을 결집했다."라는 짧은 설명이다.[512]

❶ **요약 정리** ❶

제2장으로 율장 – 아난다 송출

찬집삼장급잡장전 – 율장

가섭결경 – 율장

(13) 아육왕전과 아육왕경은 까샤빠와 우빨리 사이에 제1계[바라이]에 대한 문답이 있은 다음, "이와 같이 해서 제2계, 제3계 내지 비니장[律藏]까지 결집했다." "이와 같이 설해서 제2법장[律藏]까지 결집을 끝냈다."라고 각각 한 문장씩으로 기술했다.[513]

---

512 찬집삼장급잡장전(대정장 49권, p.3상17~18); 阿難以經 爲大衆說 盡集諸經[以爲一(結集諸法藏)].

513 아육왕전 권4(同上, 50권, p.113중29~하3); 아육왕경 권6(同上, p.152상12~14).

(14) 도왕통사와 대왕통사에서는 구체적인 언급 없이 단지, "비구들
은 율의 결집을 했다. … 500장로들은 사라지지 않을[不滅] 법과
율의 결집을 했다."[514] "비구들은 모두 율을 결집[和誦]했다."[515]라
고 하고 있다.

(15) 대지도론은 단지 한 문장으로 결집된 율장의 내용을 기술하고 있
다. "3부(部)로 이루어진 250계의 해설[516]과 7법(法)·8법·비구니
비니·증일(增一)·우바리문(憂婆利問)·잡부(雜部)·선부(善部)인데,

514　도왕통사 4장 7과22(남전장 60권, pp.26~27).

515　대왕통사 3장 33(同上, p.166).

516　二百五十戒義作三部. Przyluski, 그의 책, p.71 ; Les Explications relatives aux
250 défenses en trois pou(部). 그러나 塚本啓祥(그의 앞의 책, p.187)은 250계·3부로
보았다.

모두 80부로서 비니장(毘尼藏, 律藏)을 구성한다."[517]

> **● 요약 정리 ●**
>
> **제2장으로 된 비니장 – 우빨리 송출**
>
> 3부(部)로 이루어진 250계의 해설[義: artha, explications]과 7법(法)·8
> 법·비구니비니·증일·우바리문·잡부·선부로서 모두 80부이다.

3) 논장의 내용

(1) 사분율에서는 설명 없이, "유난(有難)·무난(無難)·계(繫)·상응(相
　　應)·작처(作處)라 하고, 이것을 모아 아비담장(阿毘曇藏)으로 했다."
　　라고 한 문장으로 설명하고 있다.[518]

> **● 요약 정리 ●**
>
> **제3장으로 아비담장[論藏] – 아난다 송출**
>
> 유난·무난·계·상응·작처

(2) 십송율에서는 설명이 분명하지 않다. 논장이라고 하기보다는 율
　　장의 내용처럼 되어 있다.[519] "사람이 다섯 가지 두려움[五怖]·

517　대지도론 권2(대정장 25권, p.69하7, 11~15). 塚本啓祥(p.187)은 '比丘尼毘尼增一'로 보
　　　았고, Przyluski(앞의 책, p.71)는 '比丘尼毘尼'와 '增一'로 나누었다. 역시 塚本啓祥은
　　　'憂婆利問'을 율장의 내용으로 보지 않았는데, Przyluski는 반대입장이다.

518　사분율 권54(同上, 22권, p.968중26~27); 有難無難繫相應作處 集爲阿毘曇藏.

519　십송율 권60(同上, 23권, p.449상20~중7); Przyluski, 앞의 책, p.231.

다섯 가지 죄[五罪]·다섯 가지 원한[五怨]·다섯 가지 결점[五滅, défauts]을 가지고 있으면, 이 사람은 이 다섯 가지 두려움·죄·원한·결점 때문에 죽은 후 곧바로 지옥에 떨어진다. (왜냐하면 이 사람은 다섯 가지 악행을 했기 때문이다.)[520] 무엇이 다섯인가. 첫째는 살생(殺生)이고, 둘째는 도둑질[偸盜]이고, 셋째는 사음(邪淫)이고, 넷째는 거짓말[妄語]이고, 다섯째는 음주(飮酒)이다." 이와 반대의 경우인 사람은 죽은 후 곧 천상에 태어난다. 아난다의 송출이 끝나자 까샤빠는 비구들에게 "대덕들이여, 들어주십시오. 우리는 일체 아비담[論藏]의 결집을 끝냈습니다."라고 말했다.

◐ **요약 정리** ◐

제3장으로 아비담[論藏] – 아난다 송출

5포(怖: 두려움)·5(罪)·5원(怨: 원한)·5멸(滅, défauts)

(3) 유부비나야잡사는 논장을 위해 마질리가(摩窒里迦, Matrika)와 아비달마(阿毘達磨)의 두 가지 명칭을 사용했다.[521] 마질리가는 "4념처(念處)·4정근(精勤)·4신족(神足)·5근(根)·5력(力)·7보리분(菩提分)·8성도분(聖道分)·4무외(無畏)·4무애해(無礙解)·4사문과(沙門果)·4법구(法句)·무쟁(無諍)·원지(願智)·변제정(邊際定)·공(空)·무

---

520 ( ) 안의 내용은 필자가 삽입함.

521 유부비나야잡사 권40(同上, 24권, p.408중4, 6, 14). 마질리가는 아비달마[論藏]의 구성 요소[論母]이다.

상(無相)·무원(無願)·잡수제정(雜修諸定)·정입현관(正入現觀)·세속
지(世俗智)·점마타(笘摩陀)·비발사나(毘鉢舍那, 觀)·법집(法集)·법
온(法蘊)이고, 이것을 모두 합친 것이 아비달마이다."[522]

◐ 요약 정리 ◑

제3장으로 아비달마 – 까사빠 송출

먼저 마질리가[Matrika, 論母]가 논의 주제를 말한 다음, 그것을 합친
것이 아비달마[論藏]라고 설명.

마질리가: 4념처·4정근·4신족·5근·5력·7보리분·8성도분·4무외·

　　　　　 4무애해·4사문과·4법구·무쟁·원지·변제정·공·무상·

　　　　　 무원·잡수제정·정입현관·세속지·점마타·비발사나·

　　　　　 법집·법온

아비달마[論藏]: 마질리가를 모두 합친 것.

(4) 비니모경은 결집된 논장 내용을 한 문장으로 간략하게 기술했다.
　　즉, "유문분별(有問分別)·무문분별(無問分別)·상섭(相攝)·상응(相
　　應)·처소(處所)를 아비담장이라 한다."[523]

522　同上, p.408중6~14. 塚本啓祥이 '毘鉢舍那の法集·法溫'이라고 한 것은 착오인 것
　　　같다. 그의 앞의 책, p.183.

523　비니모경 권4(同上, 24권, p.818상28~29).

(5) 대지도론의 결집된 논장의 내용은 '5멸(滅)'을 제외하고 십송율의 내용과 동일하다. 즉 "5포(怖)·5죄(罪)·5원(怨)을 제거해서 소멸시키지 않는 사람은 현재의 생에서 고통이 많고 후세에 악도(惡道)에 떨어진다. 이러한 5포·5죄·5원이 없는 사람은 현재의 생에서 즐거움이 많고 후세에 천상에 태어난다. 5포란 무엇인가. 첫째는 살생이고, 둘째는 도둑질이고, 셋째는 사음이고, 넷째는 거짓말이고, 다섯째는 음주이다. 이것을 아비담장이라고 한다."[524]

(6) 아육왕전은 논장을 마득륵가장(摩得勒伽藏)이라 하고 내용은 4념처·4정근·4여의족·5근·5력·7각·8성도분·4난행도(難行道)·4이행도(易行道)·무쟁삼매(無諍三昧)·원지삼매(願智三昧)·증일지법(增

---

[524] 대지도론 권2(同上, 25권, p.69하18~26); Przyluski, 앞의 책, pp.71~72.

一之法)·108번뇌·세론기(世論記)·결사기(結使記)·업기(業記)·정혜
등기(定慧等記)이다.[525]

(7) 아육왕경에서는 마득륵가장 대신 번역어인 지모(智母)라는 말을
사용했다. 앞부분은 아육왕전과 같은 내용이지만 뒷부분이 다르
다. 즉 4념처·4정근·4여의족·5근·5력·7각지·8정도·4변(辯)·무
쟁지(無諍智)·원지(願智)이다.[526]

---

525 아육왕전 권4(同上, 50권, p.113하3~8).

526 아육왕경 권6(同上, p.152상14~17).

2
부

제 2 차 결 집

1. 결집 명칭

결집 명칭은 문헌에 따라 약간씩 다르다. 그러나 모두 법 또는 율을
700명의 비구들이 결집했다는 사실을 나타내고 있다. (빨리)율과 유부
비나야잡사에서는 칠백결집,[1] 오분율과 마하승기율에서는 각각 칠백
집법(七百集法)과 칠백집법장, 또는 칠백결집율장,[2] 사분율에서는 칠백
집법비니(七百集法毘尼), 십송율과 비니모경에서는 칠백비구집멸악법
(七百比丘集滅惡法)과 칠백비구집법장,[3] 도왕통사·대왕통사·일체선견
율주서·선견율비바사는 제이집법장(第二集法藏)이라 했다.[4]

2. 결집 동기

제2결집의 개최 동기는 제1결집의 경우와 전혀 다르다. 제1결집은 붓
다의 사후 장례[茶毘]에 모인 제자들이 스승의 열반과 함께 스승의 가
르친 법(法)과 율(律)이 흩어지고 잊혀져 사라지기 전에 그것을 모아

....

1 (빨리)율장, 소품(남전장 4권, pp.439와 460); 유부비나야잡사 권40(대정장 24; 七百阿羅漢共
  集 故云七百結集).

2 대정장 22권, pp.192상26과 194중20(오분율)과 同, p.493상25와 하11(마하승기율).

3 同上, 22권, p.968하18과 971하1~2(사분율); 同上, 23권, p.450상27, p.453중15,
  p.456중8(십송율); 同上, 24권, p.819중1과 하17~18)(비니모경).

4 남전장 60권, p.25와 p.30; 同, 60권, p.167과 p.173; 同, 65권, p.43, p.50[第二合誦];
  선견율비바사 제1권(대정장 24권, p.677하13).

정리하기 위한 것이었다.

그러나 제2결집은 와이샬리의 왓지족(Vajjiputta, Vṛjiputra, 跋耆子) 출신 비구들이 신도들에게 돈[錢], 즉 금과 은을 구걸해 나누어 가진 일이 동기가 되었다. 야사(Yasa, 耶舍)라는 비구가 그 일이 옳지 않다는 것을 지적하고 저지하려 했기 때문에 그들이 야사에게 거죄갈마(舉罪 羯磨, ukkhepaniyakamma)를 주었다. 거죄갈마란 죄를 지은 사람이 그것을 인정하지 않을 때 내리는 벌로서 비구가 누리는 대부분의 특권을 정지당하게 된다.[5]

이 율에 어긋나는 여러 가지 일[十事]들을 행한 것, 그 가운데서 특히 신도들에게 금(金)과 은(銀)의 금전 보시를 받아 나누어 가지는 것을 야사 비구가 그 일이 옳지 않다는 것을 지적하고 저지하려 했는데, 어느 순간부터 율(律)에 어긋나는 다른 아홉 가지 일들이 추가되면서 10사(事)로 되었다. 마침내 이 일은 야사와 와이샬리 비구들 간의 일이 아니라 전체 승가의 문제가 되면서 '와이샬리 결집'이라는 사건으로 발전하게 되었다.

(빨리)율은 결집 기사의 시작에 다른 설명 없이 "와이샬리 비구들이 10사를 선포했다."는 말과 함께 10사의 명칭을 나열했다. 이어서 야사와 비구들 사이에 일어난 일이 기술되었다.

어느 때 까간다까(Kākaṇḍaka, 迦乾陀)의 아들 야사가 왓지(Vajji)국을 여행하다가 와이샬리(Vaiśali)의 마하와나(Mahāvana, 大林) 중각강당

----

5   佐藤密雄(崔法慧 역), 『律藏』, pp.172와 244. 中村元, 『佛教語大辭典』, p.606. 捨置 羯磨라고도 한다. Hopfinger, *Etude sur le concile de Vaisali*, p.30, p.40.

(重閣講堂, Kūṭāgārasāla)에 머물렀다. 포살(布薩)[6] 날 왓지뿟따까 비구들이 구리로 만든 발우에 물을 가득 채워 그들 앞에 놓아두고 우바새(優婆塞)들에게, 자신들의 생활에 필요한 물건을 구입할 금전을 보시하라고 했다. 이것을 본 야사는 우바새들에게 승가에 돈을 주는 것은 법에 어긋난다고 말했다. 다음 날 와이샬리 비구들은 보시 받은 금전과 은전을 나누면서 야사에게도 한몫을 주었다. 야사가 그것을 받지 않자, 비구들은 그가 "신심과 정심(淨心)이 있는 우바새들을 꾸짖고 비방하고 그들에게 불신을 생기게 했다."고 주장하면서 야사에게 하의갈마(下意羯磨, paṭisāraṇyak)를 하게 했다. 이 갈마는 비구가 재가신도에게 법에 어긋나는 일을 했을 때 해야 하는 사죄이다.[7]

야사는 와이샬리 승가가 내린 결정을 받아들여 법대로 수반비구(隨伴比丘)[8]와 함께 우바새들에게 사과하러 가서 이렇게 말했다. "나는 신심이 있고 정심(淨心)이 있는 존경스러운 우바새들을 꾸짖고 비방해서 불신을 생기게 했습니다. 그러나 나는 비법(非法)을 비법이라고 했고, 정법(正法)을 정법이라 했습니다. 역시 비율(非律)을 비율이라고 했고, 정율(正律)을 정율이라 했습니다."라고 말했다. 역시 그들

----

6 uposatha의 음역이고, 說戒라고 번역. 불교 교단의 정기 집회로서 반달마다 한 번씩, 즉 滿月과 新月에 동일한 지역의 비구들이 한곳에 모여 자기반성, 죄의 고백, 참회를 하는 행사. 中村元, 앞의 사전, p.1175(3).

7 율장 권4, 소품(남전장 4권, pp.25~26); 中村元, 위의 사전, p.302(2); 遮不至白衣家羯磨라고도 한다. 塚本啓祥, 『初期佛敎敎團史の硏究』, pp.351~352; Hofinger, 위의 책, p.30 註1.

8 同上, p.440. 下意羯磨 벌을 받은 비구를 감시하고 대중에게 보고하는 비구. Hofinger, 위의 책, pp.30~31.

에게, "비구들은 금과 은을 받아서는 안 된다."고 가르친 것을 구체적인 예를 들어 말해 주었다. 부처님은 라자그리하 죽림원에서 마니쭐라까(Maṇicūḷaka, 摩尼珠髻) 촌장에게 이렇게 설했다는 것이다. "비구는 풀[草]이 필요하면 풀을 구하고 나무가 필요하면 나무를 구하고 수레가 필요하면 수레를 구하고 사람[일꾼]이 필요하면 사람을 구하여라. 그렇지만 어떠한 이유로도 금과 은을 받아서는 안 되고, 그것을 구해서도 안 된다." 야사의 말을 들은 우바새들은 그에게, "대덕이여, 까깐다까의 아들인 존경하는 야사 그대만이 사문 석자(沙門釋子)입니다. 왓지족 출신의 비구들은 모두 사문(沙門: 수행자)이 아니고, 석자(釋子: 부처님의 제자)가 아닙니다. 대덕이여, 와이샬리에 머물러 주십시오. 우리는 존자께 열성을 다해 의복·음식·상좌(床座: 거주처)·약·자구(資具: 생활도구)를 공급해 드리겠습니다."라고 말했다.[9]

비구들은 승원(僧園)으로 돌아온 수반비구에게 야사가 와이샬리 우바새들에게 사죄를 했는지 물었다. 수반비구는 "일이 우리에게 잘못되었습니다. 우바새들이 오직 까깐다까의 아들 야사만이 사문 석자라 하고 우리 모두를 사문이 아니고 석자가 아니라고 했습니다."라고 대답했다. 이 말을 듣고 와이샬리 비구들은 "이곳에서 야사는 우리의 허락 없이 재가자들에게 법을 설했다. 우리는 그에게 거죄갈마(擧罪羯磨)를 하자."라고 하면서 와이샬리에 거주하고 있던 모든 비구들을 소집했다.

---

9   同上, 4, 同上, pp.439~445. 요약 정리. Hofinger, 앞의 책, pp.30~44.

일이 이렇게 되자 야사는 공중을 날아 꼬삼비(Kosambī, 拘睒彌)로 갔다. 그는 그곳에서 빠테야까(Pātheyyaka: 西方, 波利邑), 아완띠(Avanti, 阿槃提), 남로국(南路國, Dekkhan) 비구들에게 심부름꾼들을 보내어 이렇게 말하게 했다. "대덕(大德, 具壽)들이여, 이곳으로 오십시오. 우리는 이것을 쟁사(諍事: 다툼)로 받아들여 비법이 성해지고 정법이 약해지고, 비율이 성해지고 정율(正律)이 약해지고, 비법을 설하는 사람들이 강해지고 정법을 설하는 사람들이 약해지고, 비율을 설하는 사람들이 강해지고 정율을 설하는 사람들이 약해지기 전에 대책을 세웁시다."[10]

야사 자신은 아호강가(Ahogaṅgā)산으로 가서 삼부따 사나와시(Sambhūta Sāṇavāsī, 三浮陀舍那婆斯) 장로를 만났다. 그에게 와이샬리 비구들이 10사를 공포했다는 것을 말하면서 그것을 하나하나 설명하고, 앞에서 빠테야까와 아완띠 비구들에게 전했던 내용을 되풀이하면서, 10사 문제를 해결하기 위한 대책을 세우자고 말했다. 삼부따 장로는 그의 뜻을 받아들였다. 역시 야사는 사하자띠(Sahajāti, 薩寒若國)로 가서 레와따(Revata, 離婆多) 장로와 함께 10사를 자세하게 검토한 다음, "이 10사 문제를 쟁사(諍事)로 받아들여 나쁜 율을 설하는 사람들이 강해지고 바른 율[如律]을 설하는 사람들이 약해지기 전에 대책을 세우자."는 데 뜻을 같이했다.[11]

사분율에서도 결집 기사의 시작과 함께 와이샬리의 왓지족 출신 비구들이 10사를 행하고 있다는 말과 더불어 그 조목의 이름이 나열

....

10   同上, pp.445~446; Hofinger, 위의 책, p.44, p.46, p.48, p.50.
11   同上, pp.446~450; Hofinger, 위의 책, p.60에서 p.70까지 짝수 페이지.

되고, 바로 이어서 야사의 이야기가 나온다. 빨리율의 내용과 거의 비슷하다. "어느 때 까깐다까(Kākaṇḍaka, 迦那)의 아들 야사는 와이샬리 비구들이 이와 같은 일을 행하고 있다는 소문을 듣고 즉시 그들이 있는 곳으로 갔다. 야사는 포살 때 그곳 비구들이 단월들에게 금과 은의 보시를 요구하고 있는 것을 보았다. 비구들은 그것을 나누면서 그에게도 한몫을 주었다. 그러자 야사는 "나는 받지 않겠다. 왜냐하면 사문 석자는 금과 은을 받을 수 없고 구슬과 보배를 가지지 말아야 하고 몸을 꾸며서는 안 되기 때문이다."라고 말했다.

다음 날 비구들이 금과 은을 나누면서 야사에게 한몫을 보내주었다. 야사는 그들에게 "필요하지 않습니다. 나는 이미 그것을 말했습니다. 사문 석자는 구슬과 보물을 갖지 말아야 하고 몸을 꾸며서는 안 됩니다."라고 말했다. 그러자 비구들은 그에게, "와이샬리 우바새들이 그대의 말 때문에 화가 났습니다. 그대가 가서 그들을 가르쳐 기쁘게 해 주십시오."라고 하면서, 그를 차사(差使, 隨伴)비구와 함께 우바새들에게 보냈다. 야사는 그들에게 가서 물었다. "여러분은 내가 한 말 때문에 화가 났습니까. 나는 '사문 석자는 금은을 받을 수 없고 구슬과 보배를 갖지 말아야 하고 몸을 꾸며서는 안 된다.'고 말했습니다."[12]

이어서 야사는 그들에게, 지난날 부처님이 라자그리하에서 마니쭐라까(Maṇicūlaka, 珠髻) 장자를 위해 했던 법문을 들려주었다. "장자야, 그대는 사문 석자가 금은을 받는 것을 보거든 그것은 결코 사문의

256

법이 아니라는 것을 알아야 한다. 나는 언젠가 이렇게 말했다. '대·갈대·풀·나무를 얻기 위해 금은을 구하는 것은 허락한다. 그러나 금은을 스스로 받지 못한다.'"

야사는 다시 이렇게 말했다. "릿차위(Licchavi, 離奢)¹³ 사람들이여, 이와 같은 이유로 사문 석자는 금은을 받아 가져서는 안 되고 구슬과 보물을 포기해야 하고 몸에 장식물을 착용해서는 안 됩니다. … 그러므로 릿차위 사람들이여, 이 사실에 의해서 그대들은 사문 석자가 금은을 받아 가져서는 안 되고 좋은 장식품을 포기해야 한다는 것을 알게 되었을 것입니다. 내가 말한 것은 이와 같은 사실입니다. 그대들은 이 일 때문에 나를 믿지 못했습니다."

야사의 말을 듣고 릿차위 사람들은, "우리가 믿지 않는 것이 아닙니다. 우리는 그대를 믿고 좋아합니다. 그대는 이 와이샬리에 머무십시오. 우리가 의복·음식·약품 등 생활에 필요한 것을 공급하겠습니다."라고 말했다. 야사는 릿차위 사람들이 그의 설명을 잘 이해하고 기뻐하자 차사비구와 함께 브리지뿌뜨라까 비구들이 있는 곳으로 돌아갔다.¹⁴

비구들은 차사비구에게, "야사 비구가 릿차위 사람들을 잘 가르쳐서 그들이 믿음을 가지게 해 주었는가?"라고 물었다. 차사비구는

---

13 와이샬리 주민들은 Vajji(跋耆, Vṛji)족인데 이들이 분리되어 Licchavi(離車, 離奢)족과 Videha(毗提訶)족으로 되었다. 각각 Vaiśali와 Mithila를 수도로 했다. 赤沼智善,『印度佛教固有名詞辭典』, p.727, p.763; Hofinger, 앞의 책, p.39 註1.

14 同上, p.969상7~26과 중19~25; Hofinger, 위의 책, pp.37~39와 pp.43~45.

"그렇습니다. 그들은 야사를 믿게 되었고 모두 기뻐했습니다. 그러나 그들은 우리를 사문 석자가 아니라고 하였습니다."라고 하면서 야사와 우바새들 사이에 있었던 일을 말해 주었다. 수반비구의 말을 들은 와이샬리 비구들은 야사에게, "그대는 비구들을 비방하였다. 그 죄를 인정하는가."라고 추궁했다. 야사는 자신이 비구들을 비방하지 않았다고 주장했다. 그러자 즉시 그에게 불견죄(不見罪) 갈마벌을 주었다. 이것은 비구가 자신이 지은 죄를 인정하지 않을 때 주는 벌이다.[15]

야사는 레와따 장로가 그의 편이 되어준다면 이 다툼을 법에 따라 해결할 수 있을 것이라 생각하고 그를 만나기 위해 와이샬리로 떠났다.[16] 야사는 바가(婆呵, Sahā), 깐야꿉자(Kaṇyākubja, 伽那慰闍) 등 여러 곳을 거쳐 마침내 상까샤(Saṃkāśya, 僧伽賒)에서 레와따 장로를 만났다. 그들은 함께 10사를 진지하게 검토하고 이 문제의 해결을 위해 뜻을 같이했다.[17] 오분율의 설명은 사분율의 내용보다 훨씬 자세하다. 칠백집법(七百集法)이라는 제목과 함께 "와이샬리 비구들이 열 가지 비법(非法)을 일으키기 시작했다."라고 하면서 그 조목을 열거하고 10사를 문제화시켰다.

와이샬리 비구들은 매달 포살 날인 8일, 14일, 15일에 많은 사람들이 왕래하는 여러 장소에 모여 앉아 물을 가득 채운 발우를 앞에 놓

---

15 彼卽和合與作擧에서 '擧'는 不見罪擧罪羯磨(utkṣepaṇīyakarman)를 줄인 것이다. 佐藤密雄(崔法慧 역), 앞의 책, p.244.

16 사분율 권54(대정장 22권, p.969중25~하4). … (耶舍)作是念 我此諍事 若得長老離婆多 與我作伴侶 便可得如法滅.

17 同上, pp.969하11~970중4.

아두고 지나가는 재가신도들에게 발우의 물을 가리키면서 "이 안에 들어 있는 것은 길상(吉祥)[18]입니다. 옷·발우·신·약값을 주십시오."라고 금전의 보시를 요구했다. 금전을 주고 싶은 사람들은 보시를 했지만, 주고 싶지 않은 사람들은 비구들을 비난하면서, "사문 석자는 금과 은과 돈을 받아 저축해서는 안 된다. 설사 사람들이 스스로 그들에게 그것을 준다 해도 눈길조차 던지지 말아야 할 것인데 지금 어떻게 이런 짓을 하면서 보시를 요구하는가."라고 꾸짖었다.

그때 까깐다까의 아들 야사는 와이샬리의 원숭이못가[獼猴水邊]의 중각강당(重閣講堂)에 머물고 있었는데, 비구들이 하는 짓을 보고 그들에게 말했다. "그대들은 이런 짓을 하면서 보시를 요구하지 마십시오. 나는 직접 부처님께 들었는데, '만약 그릇된 법[非法]으로 보시를 요구하거나 그릇된 법으로 요구하는 보시에 응하면 양쪽 모두 죄를 짓는다.'고 하셨습니다." 야사는 다시 모든 재가신도들에게 같은 내용의 말을 했다.[19]

와이샬리 비구들은 보시 받은 금과 은과 돈을 나누면서 야사에게도 한몫을 주었다. 야사는 그것을 거절했다. 그러자 비구들은 그가 전날 신도들에게, "나는 그릇된 법으로 구해 얻은 보시의 몫은 받지 않습니다."라고 했다는 말을 트집 잡아 신도들을 모독했다고 주장하면서 그에게 하의갈마(下意羯磨) 벌을 주었다. 야사는 사(使: 隨伴비구)들에

---

18   吉祥의 의미가 불분명하다. Hofinger는 porte-bonheur[mascot]라고 이해. 앞의 책, p.24.

19   오분율 권30(대정장 22권, p.192상26~중15).

게 가서 이렇게 말했다. "여러분, 알아야 합니다. 나는 법이면 그것을 법이라 하고, 비법이면 그것을 비법이라고 합니다. 역시 율(律)이면 나는 그것을 율이라 하고, 비율(非律, 非毘尼)이면 나는 그것을 비율이라고 합니다. 역시 부처님의 가르침이면 나는 그것을 부처님의 가르침이라 하고, 부처님의 가르침이 아니면 그것을 부처님의 가르침이 아니라고 합니다. 내가 전에 말한 것이 우바새들을 화나게 했으므로 지금 사과하러 왔습니다." 우바새들은 야사의 말을 듣고 모두 크게 놀라면서, "대덕이여, 언제 우리에게 '이것이 법이요 이것이 율이며, 이것이 부처님의 가르침'이라고 말해서 우리들로 하여금 화나게 하였기에 이처럼 와서 사과를 합니까?"라고 반문했다. 야사는 그들에게 지난날 부처님이 라자그리하의 지와까동산[耆域菴羅園]에서, "사문 석자들은 금·은·진주·보석을 받아 지니거나 그것을 판매하지 못한다."라고 한 가르침을 자세하게 설명해 주었다. 야사에 의하면 부처님의 가르침은 좀 더 구체적이었다. "내가 항상 말했지만, 비구들은 수레가 필요하면 수레를 구하고 사람[일꾼]이 필요하면 사람을 구하여라. 필요한 물건에 따라 그것을 구하는 것을 모두 허락한다. 그러나 금·은·진주·보석을 받아 지니거나 그것을 판매할 수 없다."

야사의 말을 들은 우바새들은 "우리는 이 말씀 가운데서 믿고 좋아할 일뿐입니다. 현재 와이샬리에서는 오직 대덕만이 진정한 사문 석자입니다. 목숨이 다할 때까지 이곳에 머무시면서 우리들에게서 비구의 필수품인 네 가지 공양[四事供養][20]을 받아주십시오."라고 말했다.

---

20 음식·의복·탕약·방사이다. 多屋賴俊 외, 『佛敎學辭典』, p.96중.

야사는 우바새들에게 사과한 뒤 사(使) 비구와 함께 정사(精舍, 僧坊)로 돌아갔다.[21]

브리지뿌뜨라까 비구들은 사 비구에게 야사가 사과했는지 물었다. 사 비구는 그렇다고 대답하고, "우바새들은 모두 그의 말을 믿고 '지금 와이샬리에서 사문 석자인 사람은 오직 야사 대덕뿐'이라고 하면서 야사에게 목숨이 다할 때까지 네 가지 공양을 받아줄 것을 청하였으므로 우리에게 더 이상 이익이 없게 되었습니다."라고 보고했다.

이 말을 듣고 비구들은 야사가 신도들에게 가르친 것을 문제 삼았다. 그것은 승가를 비방한 것으로 바일제(波逸提) 죄를 범한 것이라고 주장하면서 참회할 것을 요구했다. 야사는 자신이 죄를 짓지 않았으므로 참회할 이유가 없다고 대답했다. 그러자 비구들은 그에게 불견죄갈마(不見罪羯磨)[22]를 하려고 했다. 야사는 즉시 신족통(神足通)을 발휘해 공중으로 날아 빠와국(Pāvā, 波旬國)으로 갔다.[23]

도중에 60명의 빠테야(Pātheyyā, 波利邑: 西方) 비구들을 만났다. 그들에게 브리지뿌뜨라까 비구들이 행하고 있는 10종의 비법을 자세히 설명했다. 야사의 말을 듣고 비구들은 "대덕이여, 우리는 함께 비니법(毘尼法)을 논하여 이런 일을 없애야겠습니다. 그리고 브리지뿌뜨라까 비구들로 하여금 정법을 파괴하지 못하게 합시다."라고 말했다. 야사

21 　同上, p.192중16~하26. 긴 내용 요약. Hofinger, 앞의 책, pp.28~38.

22 　위의 註15에서는 擧罪羯磨이다. 佐藤密雄(崔法慧 역), 앞의 책, p.172, p.244 참조.

23 　同上, pp.192하27~193상5. Hofinger, 앞의 책, pp.34~38과 pp.44~48. Hofinger(p.48의 註1)에 의하면 波旬國은 Pāvā이다. 그러나 대정장(同上, p.193 註3)에서는 Pācīna(東方)라 했다.

는 계속해서 마투라국(Mathurā, 摩偸羅國), 알라위읍(Ālavī, 阿臘脾邑), 아호강가산, 까우샹비(Kauśambī, 拘舍彌城)로 가서 삼부따(Sambhūta, 三浮陀), 레와따(Revata, 離婆多) 장로들을 비롯한 121명의 비구들을 만나 와이샬리에서 일어난 일에 대해 의논했다. 그들은 모두 그 비법(非法)을 소멸시켜야 한다는 데 뜻을 같이했다.[24]

십송율은 이렇게 시작한다. "와이샬리국 비구들이 꼬샬라국에서 금으로 된 큰 발우를 가지고 그곳을 떠나 와이샬리국에 가서 차례로 돈을 구걸했다. 액수가 많든 적든 모두 발우에 넣었다. 사람들은 그것이 만 전(錢)이건, 천 전이건, 오백 전 또는 오십 전 내지 일 전까지도 모두 발우 속에 넣었다.[25]

야사[耶舍陀迦蘭提子]는 이때 와이샬리에 머물고 있었는데, 이 일을 듣고 그것이 비법이라는 것을 알았다. 그는 심부름꾼을 와이샬리의 재가신도들에게 보내어 이렇게 말하게 했다. "사문 석자들은 금·은·보물을 구걸해 저축할 수 없다. 부처님은 이전에 여러 가지 인연으로 마니쭐라까(Maṇicūlaka, 珠髻) 촌장에게, '비구들은 지금부터 땔나무가 필요하면 땔나무를 구걸하고 풀[草]이 필요하면 풀을 구걸하고 수레가 필요하면 수레를 빌리고 인부[作人]가 필요하면 인부를 빌려라.'라고 설하셨다. 그러나 사문 석자들이 금은 보물을 구걸하여 저축하는 것을 부처님은 허락하지 않으셨다.

와이샬리 비구들은 야사가 재가자들에게 사람을 보내어 말하게

....

24   同上, pp.193상5~25.
25   십송율 권60(대정장 23권, p.450중6~9).

한 것을 전해 듣고, 곧 집회를 열어 그동안 구걸해 모은 금·은·보물을 나누어 가졌다. 역시 사람을 시켜 야사에게도 한몫 보냈다. 야사는 "불법적인 물건을 받을 수 없다."고 거절하면서 와이샬리의 신도들에게 했던 것과 같은 내용의 말을 심부름꾼에게 했다. 와이샬리 비구들은 야사가 재가신도들 앞에서 자신들의 죄를 폭로했다는 이유로 그에게 하의갈마를 했다. 야사는 비구들의 결정에 따라 다음 날 신도들을 찾아가 참회를 하고, 그들에게 그 전날 사람을 보내어 전했던 말을 이번에는 자신이 직접 조목조목 자세하게 설명해 주었다. 신도들은 사문 석자들이 금·은·보물을 구걸하여 저축할 수 없다는 사실을 확실히 알게 되었다. 한편, 야사가 신도들에게 한 일을 전해 들은 와이샬리 비구들은 출갈마(出羯磨)[26]를 해서 야사가 와이샬리에 머물지 못하게 했다.[27]

　　야사는 다른 곳으로 가면서 이렇게 생각했다. '나는 와이샬리 비구들의 곁을 벗어났다. 이 비구들은 금·은·보물을 저축하여 갈수록 이것을 많이 얻고자 하는 악법을 행하게 될 것이다.' 야사는 꼬샬라로 가서 하안거(夏安居)에 들었는데 그때 삼보가(Sambhoga, 三菩伽) 장로가 마투라(Mathurā)국 상까샤(Saṃkāśya, 僧伽遮)의 승가람 정사에 머물고 있다는 사실을 알게 되었다. 그는 심부름꾼을 삼보가 장로에게 보내어 와이샬리에서 일어나고 있는 일을 자세하게 알렸다. 앞에서 기술한

....

26　자신의 죄를 인정하지 않는 비구에게 주는 벌로서, 그것을 인정할 때까지 별주(別住: 교단의 한곳에 따로 머물게 하는 것)시킨다. 佐藤密雄(崔法慧 역), 『律藏』, p.172와 p.244; Hofinger, 앞의 책, p.46 註1; 中村元, 앞의 사전, p.1208(2).

27　同上, pp.450하1~451상3.

10사 내용을 길게 되풀이하고 있다. 그리고 이렇게 말하게 했다. "여러 장로 비구들은 모두 모여 이 같은 악법을 소멸시켜야 합니다. 만약 지금 이것을 소멸시키지 않는다면 장차 틀림없이 이 일은 확대될 것입니다." 삼보가 장로는 와이샬리의 일을 듣고 즉시 심부꾼들을 닥쉬나빠타(Dakṣināpatha, 達嚫那)국과 아완띠(Avanti, 阿槃提)국으로 보내어 와이샬리 일을 알리고, 그 나쁜 법을 반드시 소멸시켜야 한다는 것을 말하게 했다. 그 일을 알게 된 비구들은 모두 뜻을 같이하면서 와이샬리에 모였다.[28]

유부비나야잡사는 결집 기사의 첫머리에서 10사에 대해 자세히 설명하고 있다. 그중에서도 제10사 금보정법(金寶淨法)을 특히 구체적으로 말하고 있다. 즉 바이샬리 비구들이 발우를 들고 거리를 돌아다니면서 사람들에게 금과 은 등을 구걸해 나누어 가지면서 그것이 부정한 일[不淨事, 不法]인데도 청정(淸淨, 合法)하다고 하면서 모두 함께 따라 했다는 것이다.[29] 그다음에 야사와 와이샬리 비구들의 이야기가 나온다.

야사는 와사와(Vāsava, 婆颯婆)라는 마을에[30] 머물고 있었는데, 여행 중에 와이샬리에 갔다. 그곳 비구들이 금과 은 등 이익이 되는 물건을 나누면서, 수사인(授事人, 維那)[31]이 야사에게 가서 "승가가 얻은 이

....

28 십송율 권60(대정장 23권, p.451상3~27).

29 유부비나야잡사 권40(同上, 24권 pp.411하4~412상12).

30 Hofinger, 앞의 책, p.91과 p.134의 註1.

31 karma-dāna(維那; 寺院의 일을 책임진 사람). 中村元, 앞의 사전, p.43과 641.

익을 지금 함께 나누려고 하는데 와서 몫을 받으라."고 했다. 야사는 "이익이 되는 물건을 어디에서 얻었는가. 그것은 누가 보시한 것인가." 라고 물었다. 수사인은 그 물건이 나온 곳과 관계된 일에 대해 모두 말했다. 야사는 '단지 이 일에만 나쁜 종기[惡疱]가 생겼는가, 다른 일에도 그와 같은 것이 있는가'라고 생각하면서 즉시 선정에 들어가 관찰했다. 그는 와이샬리 비구들이 계율을 지키는 데 태만하고 여러 가지 나쁜 짓을 하고 있을 뿐 아니라 10가지 비법적인 일[十事]을 행하고 있다는 사실을 알게 되었다.[32]

야사는 정법이 오랫동안 세상에 머물게 되기를 원했으므로, 그것을 위한 대책을 세우기 위해 스승인 사르와까마(Sarvakāmā, 欲樂)[33] 존자를 찾아가서 의논했다. 야사는 10사에 대해 하나하나 질문하고 그는 자세하게 설명했다. 그들은 10사가 모두 부처님의 가르침에 어긋난다는 것을 확인하고 이 나쁜 법을 그대로 방치할 수 없다고 생각했다. 사르와까마는 야사에게 이 악법을 물리치기 위해 협조자가 되겠다고 약속하면서 다른 곳에서 뜻을 같이할 사람들을 구하라고 했다.[34]

야사는 수카위하라(Sukhavihāra, 安住)마을·상까샤성(Saṃkāśya, 僧羯世城)·빠딸리뿌뜨라성(Pāṭaliputra, 波吒離子城)·쉬루그나성(Śrughna, 流轉城)·마히슈마띠성(Mahiṣmatī, 大惠城)·사하자성(Sahajā, 俱生城)으로 가서, 사차(奢侘, Sāḍha)·바차(婆瑳, Vatsa)·곡안(曲安, Kubjita, Kubjaśobhitak)

---

32 同上, p.412상13~23.

33 樂欲으로 되어 있지만, 역시 梵云薩婆迦摩라고 註로써 설명. 同上, p.412상13~14.

34 同上, pp.412상23~413상27. 긴 내용 요약.

장로들에게 10사 문제를 설명하고 협력해 줄 것을 약속받았다.[35]

비니모경에서는 칠백비구집법장(七百比丘集法藏)이라는 제목으로 결집 기사가 시작된다. "부처님 열반 후 100년에 와이샬리의 브리지뿌뜨라까 비구들은 부처님께서 예언하신 것처럼 10법을 행했다."라하고, 10사를 열거한 다음, "이 이유 때문에 깔란따까의 아들 야사는 그 잘못[過患]들을 소멸시키려고 와이샬리에 700명의 아라한들을 모았다."라고 결집 동기를 설명했다.[36]

스리랑카 전승의 여러 문헌들에서도 거의 동일한 내용이다. 도왕통사에 의하면, "부처님의 반열반 후 100년에 왓지뿟따까 비구들은 10사를 선언했다. 그들은 모두 부처님께서 물리치신 옳지 못한 일을 옳은 일이라고 선언했다. … 그들은 스승의 가르침에 어긋나는 비법과 비율을 선포하고 의미[義, meaning]와 법(法)을 파괴하고 그것을 위반했다. 10사를 깨뜨려 물리치기 위해 부처님의 많은 성문(聲聞: 제자들), 승자(勝者, 佛)의 1만 2천 제자가 와이샬리에 모였다.[37] 악비구들을 구축하고 악설(惡說)을 깨뜨리고 자신들의 가르침을 정화하기 위해 700명의 아라한들을 선발해 … 법의 결집을 했다."[38]

대왕통사의 내용은 도왕통사보다 자세하다. 와이샬리의 왓지국을 여행하고 있던 야사 장로는 그곳 비구들이 10사를 행하고 있다는

<hr>

35　同上, pp.413상28~중26; Hfinger, 앞의 책, p.139~141. 梵語로 된 명칭은 이 책에서 도움을 받았음.

36　비니모경 권4(대정장 24권, p.819중2~12).

37　도왕통사 4장(남전장 60권, pp.29~30와 pp.32~33); Law, *Dīpavaṃsa*, pp.157~158.

38　同上, pp.32~33. 내용을 요약 정리했음; Law, 위의 책, pp.161~162.

266

말을 들었다. 그는 이 문제를 해결하기로 결심하고 그곳 대림[大林精
舍]에 갔다. 와이샬리 비구들은 물을 채운 금발우를 포살당(布薩堂) 안
에 놓아두고 그곳에 온 신도들에게, "비구승가에 까하빠나(kāhapaṇa,
金貨) 등을 보시하십시오."라고 말했다. 그것을 본 야사는 신도들에게
"이것은 불법이므로 보시하지 마십시오."라고 하면서 그들의 행동을
막았다. 그러자 와이샬리 비구들은 야사에게 차부지백의가갈마(遮不
至白衣家羯磨, paṭisāraṇiyakamma)[39]를 했다. 야사는 비구들에게 동행할 수
반자(隨伴者)를 요구해 그와 함께 와이샬리의 재가자들에게 가서 자신
이 이전에 했던 말이 법(法, dharma)에 맞는 것이었다고 설명했다. 와이
샬리 비구들은 야사가 신도들에게 한 말을 수반 비구를 통해 듣고 그
를 추방하기 위해 야사가 머물고 있던 곳으로 몰려가 집을 에워쌌다.
그는 공중으로 날아 꼬삼비[憍賞彌]로 가서 빠와(Pāvā, 波婆)와 아완띠
(Avanti, 阿槃提) 비구들에게 심부름꾼들을 보내고 자신은 아호강가산
으로 갔다. 야사는 삼부따(Sambhūta, 參浮多) 장로를 비롯한 여러 비구들
을 만나 와이샬리 문제를 해결하기 위한 대책을 논의하고 결집을 하
기로 했다.[40]

　　일체선견율주서에 의하면, 야사는 와이샬리를 여행하다가, '와이
샬리성의 밧지족 출신 비구들이 10사를 선포했다'는 소문을 들었다.
야사는 '부처님의 가르침이 쇠퇴하여 없어질 것이라는 내 말을 듣고

39　이 羯磨에 처해진 비구는 信者들에게 자신의 말을 취소하고 사과해야 한다. 남전장
　　60권, p.173 註2. 中村元, 앞의 사전, p.302 ⑵.

40　대왕통사 4장(同上, pp.168~170); W. Geiger, *The Mahāvaṃsa*, pp.20~21. 내용 요약.

방관하는 것은 옳지 않다. 나는 비법을 설하는 무리를 항복시켜 정법을 떨치게 하자'라고 생각하고 그곳 대림중각강당(大林重閣講堂)에 머물렀다.

포살 날 와이샬리 비구들은 청동(靑銅) 대야에 물을 가득 채워 그들 가운데 놓아두고 포살을 위해 그곳에 모인 우바새들에게 말했다. "여러분, 1까하빠나(kahāpaṇa, 迦利沙槃)라도, 반(半) 까하빠나라도, 1빠다(pāda) 내지 1마사까(māsaka, 摩沙迦)라도 승가에 보시하십시오. 그것은 자구(資具, 비구의 필수품인 4事)를 갖추기 위해 승가에 필요합니다." 다른 내용은 '등등[云云]'이라는 말로 생략하고, "이 제2결집은 700결집이라 한다."라는 말과 함께 결집을 끝냈다.[41]

선견율비바사의 내용도 비슷하다. 그때 까깐다까의 아들 야사 장로는 왓지국의 이곳저곳을 여행하다가 와이샬리의 왓지뿟따까 비구들이 와이샬리에서 열 가지 비법을 선포했다는 소문을 듣고, '부처님 법이 파괴되고 있는데 나는 숨어 살아서는 안 된다. 방편을 쓰면 이 나쁜 법을 소멸시킬 수 있을 것'이라고 생각했다. 야사는 즉시 와이샬리로 가서 그곳 큰 숲[大林]의 꾸따가라샬라(Kutāgāraśālā, 重閣講堂)에 머물렀다.

왓지뿟따까 비구들은 포살 때 발우에 물을 가득 채워 그들 가운데 놓아두고 우바새들에게 말했다. "비구들에게 돈을 주어야 합니다. 반전(半錢)이건 일전이건 뜻에 따라 주십시오. 그래서 비구들이 의복

---

41 일체선견율주서3(남전장 65권, pp.44~45); Jayawickrama, 위의 책, p.30.

을 마련할 수 있게 하십시오." 모든 사람들은 그 말을 따랐다.[42]

　마하승기율은 유일하게 대중부 소속의 율장이다. 칠백집법장(七百集法藏)으로, 다른 문헌에서 사용하는 명칭과 같지만[43] 내용은 다르다. 10사 문제는 제기되지 않았다. 와이샬리의 일은 오로지 '금전의 보시' 문제 때문이었다. 부처님께서 반열반에 드신 후 장로 비구들이 와이샬리의 사퇴승가람(沙堆僧伽藍), 즉 왈루까 상가라마(Vāluka-saṃghārāma, 婆利迦園)[44]에 살고 있었다. 그때 비구들이 신도들에게 보시를 요구하면서 이렇게 말했다. "부처님이 살아 계실 때 우리는 전식(前食)과 후식(後食),[45] 그리고 의복과 여러 가지 공양을 받았습니다. 그러나 부처님께서 열반에 드신 후 고아가 된 우리에게 누가 그것을 주겠습니까. 여러분이 승가에 돈[錢]을 보시하십시오."[46] 사람들은 비구들에게 1까르샤빠나(kārṣāpaṇa, 罽利沙槃),[47] 2까르샤빠나 내지 10까르샤빠나까지 주었는데, 포살 때가 되면 항아리[瓵]가 가득 찼다. 비구들은 그것을 나누어 가졌다.[48]

42　선견율비바사 권1(대정장 24권, pp.677하20~678상11); 此是集毘尼義.

43　마하승기율 권33(同上, 22권, p.493상25).

44　塚本啓祥, 『初期佛敎敎團の硏究』(p.211과 p.215)에 의하면, 沙堆僧伽藍은 Vāluka-saṃghārāma(婆利迦園)이다. 赤沼智善, 『印度佛敎固有名詞辭典』, p.733 참조.

45　아마도 '아침 식사와 점심'을 말한 것 같다. Hofinger는 'deux repas(두 번의 식사)'라고 번역했다. 그의 책, p.145.

46　同上, p.493상25~중3. 註11에 財(物)를 錢이라 했다. Hofinger(앞의 책, p.145)도 argent라고 번역했다.

47　고대 인도의 화폐[錢貨] 또는 그 무게. 中村元, 『佛敎語大辭典』, p.152.

48　同上, p.493중4~5; 至布薩時 盛着瓵中 持拘鉢量 分次第而與.

　지율자(持律者) 야사는 자신의 몫을 받을 차례가 되자, "이것은 무슨 물건인가."라고 물었다. 비구들은 신도들에게서 보시 받은 계리사반[錢]으로 약값이라고 대답했다. 야사는 한마디로 "그것은 잘못이다."라고 말했다. 비구들은 "신도들이 승가에 보시하는 것이 왜 잘못[過失][49]인가."라고 따졌다. 야사는 비구들이 돈을 받는 것은 부정(不淨)이라고 설명했다. 비구들은 야사가 자신들의 행위를 부정이라고 말한 것은 승가를 비방한 것이라고 주장하면서 즉시 그에게 거갈마(擧羯磨) 벌을 주었다.

　야사는 곧 와이샬리를 떠나 다사발라(Dasabala, 陀娑婆羅) 장로를 만나기 위해 마투라(Mathurā)로 갔다. 그는 장로에게 와이샬리에서 일어난 일과 자신이 그곳 비구들에게 거갈마를 당한 것을 말했다. 장로는, "그대가 거갈마를 당해야 할 이유가 없습니다. 장로여, 우리 모두에게는 법(法)이 우리의 음식입니다."라고 말했다. 야사는 그곳에 있던 비구들에게, "장로들이여, 우리는 다시 비니장(毘尼藏)을 결집해서 부처님의 법이 쇠퇴하지 않도록 해야겠습니다."라고 말했다. 비구들은 사건이 발생한 와이샬리로 가서 결집을 했다.[50]

....

49　同上, p.493중7~8; 원문에는 過去이다. 過失의 잘못이다. Hofinger는 faute(잘못)라고 번역했다. 앞의 책, p.145.

50　同上, p.493중5~16.

3. 결집 연대

율장[빨리율]에 의하면, "부처님의 반열반 뒤 100년이 되었을 때 와이샬리의 브리지족(Vṛji, 跋闍子) 비구들이 와이샬리성에서 10사를 선포했다."[51] 사분율에서 말하는 연대도 동일하다. "부처님의 반열반 후 100년이 되었을 때 와이샬리의 브리지족 비구들이 10사를 행했다."[52] 오분율과 비니모경도 앞의 두 율장과 같은 연대를 말하고 있다. 즉 오분율에 의하면, "부처님의 열반 후 100년이 되었을 때 와이샬리의 브리지족 비구들은 10비법(十非法)을 처음으로 일으켰다."라고 하고,[53] 비니모경에서는 부처님 열반에 드신 후 100년이 되었을 때 와이샬리의 브리지족 비구들은 부처님께서 예언하신 대로 10법을 행했다."라고 했다.[54]

    율장의 주석서인 선견율비바사와 일체선견율주서 역시 같은 연대를 말하고 있다. "부처님께서 열반에 드시고 나서 100년이 되었을 때 와이샬리의 브리지족 비구들은 와이샬리에서 10비법 문제를 일으켰다."[55] "부처님 열반 후 100년이 되었을 때 와이샬리성의 브리지족

---

51   율장 권4, 소품(남전장 4권, p.439); Horner, *The Book of the Discipline*, Ⅴ), p.407, PTS, 1975.

52   사분율 권54(대정장 22권, p.968하19~20).

53   오분율 권30(同上, 22권, p.192상27~28).

54   비니모경 권4(同上, 24권, p.819중2~3). 如佛所說을 Hofinger(그의 책, p.127)는 'selon la predication du Bouddha'라고 번역했다.

55   선견율비바사 권1(同上, 24권, p.677하14~16); 世尊涅槃已一百世時 毘舍離跋闍子比丘 毘舍離中十非法起.

출신 비구들은 와이샬리성에서 10사를 선포했다."[56]

도왕통사는 한마디로, "부처님 열반 후 100년을 지나 와이샬리의 왓지족 비구들은 와이샬리에서 10사를 선언했다."[57]라고 했다. 대왕통사는 "부처님 반열반으로부터 100년을 지났다."라는 말과 함께 10사에 대해 길게 기술했다.[58]

십송율과 유부비나야잡사에서 말하는 연대는 약간 다르다. 십송율은 "부처님께서 반열반에 드신 후 110년이 되었을 때 와이샬리국에서 10사가 나왔다."[59]라고 하고, 유부비나야잡사는 "큰 스승이 반열반에 들어 부처님의 해[佛日]가 져버리자 세상은 의지할 데가 없게 되었다. 이렇게 해서 110년이 되었다. 그때 와이샬리성의 비구들이 열 가지 청정하지 않은 일을 행하였다."[60]라고 했다.

유부비나야잡사, 마하승기율, 대지도론에서는 결집 연대에 대한 언급이 없다.[61] 법현(法顯)은 "와이샬리 비구들이 계율을 잘못 행하면서 10사를 증언으로 부처님께서는 이와 같이 설하셨다."라고 했고,

....

56　일체선견율주서3(남전장 65권, p.44).

57　도왕통사 4장(남전장 60권, p.29); Law, *Dīpavaṃsa*, p.157(The Ceylon Historical Journal, 2012).

58　대왕통사4(同上, p.168); Geiger, *Mahāvaṃsa*, p.19(PTS, Lodon, 1912).

59　십송율 권60(대정장 23권, p.450상28).

60　유부비나야잡사 권40(同上, 24권, p.411하2~4).

61　마하승기율 권33(대정장 22권, p.493상25 이하); 七百集法藏者 佛般泥洹後(그때 와이샬리 비구들이 檀越들에게 돈을 구걸했다. …). 대지도론 권2(同上, 25권, p.70상8~9); 佛在後百年 阿輸迦王作般闍于瑟 大會諸大法師論議異故 有別部名字. 이것은 승가 분열의 연대이다. 般闍于瑟은 pañca-karṣkamaha의 음역으로 五歲會, 無遮大會이다. 多屋賴俊(외), 『佛敎學辭典』, p.396.

"그때 아라한들과 계율을 바르게 지니는 700명의 비구들이 모여 다시 율장을 대조하여 확인했다. 후세 사람들이 이곳에 탑을 세웠는데 지금도 남아 있다."[62]라고 기록했다. 법현보다 약 200년 후에 같은 장소를 여행한 현장(玄奘)은 "와이샬리성에서 동남쪽으로 14~5리(里)를 가면 큰 스뚜빠[塔]에 도달한다. 이곳은 700명의 아라한들이 두 번째 결집을 한 곳이다. 부처님 열반 후 110년에 와이샬리 비구들이 부처님의 법을 멀리하고 계율을 잘못 행하였다."라 하고 10사와 700비구들의 모임을 기록했다.[63]

지금까지 살펴본 바에 따르면 결집 연대는 부처님 열반 후 100년 또는 110년이다. 그리고 열반 후 최초의 100년을 지나고 두 번째 100년이 되었다는 '부처님의 반열반으로부터 100년을 지났다'는 연대는 '부처님 열반 후 100년 초의 어느 때'라고 생각할 수 있다.

결집 기간에 대해서는, 제1결집의 경우, 부처님 열반 후 첫 안거(安居) 3개월 동안에 행해졌다는 것을 명시했지만 제2결집은 부처님 열반 후 '100년 또는 110년', '두 번째 100년에 이르렀을 때'라고만 기록하고 있다. 이것으로써는 결집이 '언제 시작해서 언제 끝나게 되었는지' 정확하게는 알 수는 없다. 도왕통사와 대왕통사에서는 "이 제2합

---

62   『고승법현전』(대정장 51권, p.862상9~13); 長澤和俊 譯註, 『法顯傳·宋雲行紀』, pp.92~93.

63   『대당서역기』 권7(同上, 51권, p.909중13~15와 26~27); 水谷眞成 譯, 『대당서역기』, p.174.

송[結集]을 8개월 만에 끝내었다."[64]라고 기록하고 있지만 어느 달의 어느 날로부터 8개월인지는 알 수 없다. 단지 십송율에서, 야사 비구가 와이샬리에서 탈출한 다음 꼬살라국으로 갔는데, 그곳에서 "하안거를 보냈다."라고 기록하고 있다.[65] 이것을 "부처님께서 반열반에 드신 후 110년이 되었을 때 와이샬리국에서 10사가 나왔다."라는 내용과 함께 생각하면, 결집은 110년의 다음 해인 111년에 개최된 것으로 추정해 볼 수 있다.

> ◐ **종합 정리** ◐
>
> 1) 불멸 후 100년: 율장·사분율·오분율·비니모경·선견율비바사
>
>   일체선견율주서·도왕통사·대왕통사·법현전
>
> 2) 불멸 후 110년: 십송율·유부비나야잡사

4. 결집 장소

(빨리)율장에 의하면, 결집을 위해 가장 중요한 역할을 했던 레와따(Revata) 장로가 "승가는 다툼이 일어난 곳에서 그것을 없애야 한다."라고 주장했다. 장로 비구들은 레와따 장로의 뜻을 따라 모두 와이샬리

64　남전장 60권, p.33(도왕통사5와 p.173); Law, 앞의 책, p.162; Geiger, 앞의 책, p.25.

65　십송율 권60(대정장 23권, p.451 상3~5); 耶舍住憍薩羅國夏安居.

성으로 갔다."[66] 사분율과 오분율에서도 같은 내용이다. 레와따는 여러 비구들에게 "우리는 지금 다툼이 일어난 장소에 가야 한다."라고 하고, 여러 비구들과 함께 배를 타고 갠지스강을 따라 와이샬리로 갔다."[67] "레와따는 10사가 일어난 곳으로 가서 그 일을 없애야겠다고 생각하고 곧 대중들과 함께 와이샬리성으로 갔다."[68]

십송율의 설명은 장황하기 때문에 요약해야 한다. "삼보가는 여러 나라로 사람들을 보내어 와이샬리에서 일어난 일을 알렸다. 그들의 말을 들은 비구들은 모두 와이샬리에 모였다. … 삼보가 자신은 레와따 장로를 찾아가 10사에 대한 대책을 의논했다. 레와따가 삼보가에게 말했다. "이 일을 해결하기 위해서는 일이 일어난 장소로 가야 합니다." 그래서 레와따와 삼보가는 여러 비구들과 함께 와이샬리로 갔다.[69]

유부비나야잡사에 의하면, 야사는 제자들과 여행을 하던 중 우연히 와이샬리에 갔다가 그곳 비구들이 '법에 어긋나는 10가지 일[十種非法之事]'을 행하고 있는 것을 보게 되었다. 야사는 그곳에 머물고 있던 그의 스승 사르와까마(Sarvakāma)[70]와 함께 10사를 자세하게 검토하고

....

66   율장 권4, 소품12(남전장 4권, pp.451~453); Hofinger, 앞의 책, p.88.

67   사분율 권4(대정장 22권, p.970하1~3과 10).

68   오분율 권30(同上, p.193중22~25).

69   십송율 권60(同上, 23권, p.451상5~28과 중2~9); 同, p.452상27과 하5~10. Hofinger, 위의 책, p.55, pp.79~89 홀수 쪽. 장황한 내용 요약 정리.

70   유부비나야잡사 권40(대정장 24권, p.412상13~16); Hofinger, 앞의 책, pp.133~134. 사르와까마, 야사는 각각 樂欲과 名稱으로 되어 있다; 樂欲梵云薩婆迦摩, 名稱梵云耶舍.

그것이 비법(非法)이라는 것을 알게 되었다. … 야사는 여러 곳을 찾아가 비구들에게 10사 문제를 알리고 그 문제를 해결하기 위해 그들과 함께 뜻을 모았다.[71] 야사는 와이샬리로 되돌아가 건추(揵椎, 일종의 鐘)를 울렸다. 700명의 아라한들이 결집을 위해 와이샬리에 모였다.[72]

비니모경에 의하면, 결집 장소에 대한 언급은 한 문장으로 되어 있다. "야사는 이 잘못[過患, 10사]들을 소멸시키려고 와이샬리에 700명의 아라한들을 모았다."[73]

이처럼 결집 장소가 와이샬리였다는 사실을 모든 관련 문헌에서 말하고 있다. 그렇지만 분명한 장소를 말한 곳은 없다. '와이샬리'라는 명칭은 와이샬리국(國) 또는 와이샬리성(城, 都)처럼 국가나 도시 이름으로 사용될 수는 있지만 결집과 같이 많은 사람이 모여 큰 행사를 할 수 있는 건물이나 장소 이름은 아니다.

빨리율장을 비롯한 사분율·오분율·십송율·대왕통사 등에서는 결집 모임의 상황과 장소를 추측하는 데 도움이 될 수 있는 내용을 볼 수 있다. 700명의 비구들이 결집을 위해 (어떤 장소에) 모여 결집에 대해 논의하자 여러 가지 주장들이 나와서 아무것도 결정할 수 없었다. 비구들은 8명의 대표자를 선출해 그들에게 결집 행사를 위임했다. 대표자들은 다른 비구들의 방해를 받지 않을 장소에서 10사 문제를 논의한

----

71 同上, pp.412상13~413중25. 뒤이어 와이샬리 비구들이 야사의 제자들을 포섭하려고 했지만 성공하지 못한 긴 이야기가 삽입돼 있다. 同, p.413중25~하29.

72 同上, p.414상7~16과 중7~9; Hofinger, 앞의 책, p.143.

73 비니모경 권4(同上, p.819중11~12); 迦蘭陀子耶舍 欲除滅此過患 於毘舍離集七百阿羅漢.

276

다음 그 결과를 전체 비구들에게 알리고 그들의 승인을 받기로 했다.

율장에 의하면, "그때 8명의 장로 비구들에게 이와 같은 생각이 일어났다. "우리는 어느 곳에서 이 다툼[諍事]을 소멸시킬 것인가." 그때 장로 비구들은 이와 같이 생각했다. "왈리까원(Vālikārāma, 婆利迦園)은 쾌적하고 조용하다. 우리는 왈리까원에서 이 다툼을 소멸시켜야 한다. 그래서 장로 비구들은 다툼을 소멸시키기 위해 왈리까원으로 갔다." 그들은 그곳에서 10사 문제를 검토하고 판정한 다음 와이샬리로 되돌아가 전체 대중 앞에서 그 결과를 자세하게 말한 뒤 그들의 승인을 받았다.[74]

사분율에서도 같은 내용을 말하고 있다. 8명의 대표 장로들은, 700명 대중 가운데서 10사 문제를 논의하면 시비가 생겨 누구 말이 옳은지 누구 말이 그른지 알지 못하게 될 것이라고 생각했다. 삽바까미[一切去] 장로의 제의를 따라 "왈리까숲에서 법비니를 논하기로 했다."[75]

그곳에서 10사의 대조 확인이 끝나자 장로들은 와이샬리로 가서 모든 비구들을 한자리에 모이게 한 다음 왈리까숲에서 했던 것과 똑같은 방식으로 10사를 대조 확인하고 대중들은 그것을 승인했다.[76]

오분율에 의하면, "승가는 8명의 대표단을 구성해 그들에게 비나

74　율장, p.459; Hofinger, 앞의 책, p.122.

75　사분율 권54(대정장 22권, p.971상18~28), Hofinger, *Étude le concile de sur Vaiśālī*, p.111.

76　同上, p.971중12~29.

야의 결집을 위임했다. 선발된 상좌들은 조용하고 넓은 곳인 비라야여소시원(毘羅耶女所施園)[77]을 결집 장소로 정했다.[78] 그곳에서 상좌들은 10사의 하나하나를 검토하고 확인한 뒤 다시 와이샬리로 돌아가 모든 비구들에게 그대로 되풀이하고 그들의 승인을 받았다.[79]

십송율에서는, 결집회의를 시작하자마자 삼보가(三菩伽) 장로가 비구들에게 8명의 대표를 선출해 결집 문제를 그들에게 맡길 것을 제의해서 그것이 받아들여졌다. 8명의 상좌들은 왈루까숲(Vāluka, 沙樹林)으로 가서 10사를 대조하고 확인한 다음 와이샬리로 돌아가 왈루까숲에서 했던 것처럼 하고 비구들의 승인을 받았다.[80]

대왕통사에서는 십송율에서 삼보가 장로가 했던 것과 같은 제안을 레와따 장로가 했다. 즉 8인 소위원회의 비구들로 하여금 쟁사(諍事)를 해결하게 했다. 그들은 소음이 없고 혼잡하지 않은 왈리까동산(Vālikārāma, 婆利迦園)으로 갔다. 그곳에서 8인의 대표들이 10사를 논의했다.[81]

이들 내용을 정리하면 5종 문헌에서 언급한 8인 대표자들이 모

---

77 Ambapālī(菴婆羅)라는 여인이 부처님께 헌납한 암바빨리와나(Ambapālivana, 菴婆波梨園)인 것 같다. 이 장소는 오직 오분율에만 나온다(대정장 22권, p.193하26). 같은 율장 권20(同上, p.136상10~16)에 와이샬리의 菴婆羅女人이 동산을 부처님께 헌납한 이야기가 있다. 赤沼智善, 앞의 책, pp.21~22; 三枝充惠 編, 『インド佛敎人名辭典』, p.27⑵.

78 오분율 권30(대정장 22권, p.193하17~28). Hofinger, 앞의 책, p.104와 p.110.

79 同上, p.194중12~14.

80 십송율 권61(同上, 23권, p.455하20~29); Hofinger, 앞의 책, pp.123~124.

81 대왕통사 제4장(남전장 60권, pp.172~173); Geiger, *The Mahāvaṃsa*, pp.23~24.

였던 장소는 왈리까원·왈리까숲·왈루까숲·왈리까동산(Vālikārāma)·
비라야여소시원(毘羅耶女所施園)으로 약간씩 다르게 표기되어 있다. 그
러나 동일한 장소를 다르게 나타내고 있는 것이 틀림없는 것 같다. 옛
고대의 한 지역에서 이름을 약간씩 달리한 여러 장소가 있었다고 생
각하기는 어렵기 때문이다. 사실 일본학자 아카누마 지젠(赤沼智善)은
『인도불교 고유명사사전』에서 이들 장소 명칭들을 모두 Vālikārāma
라는 하나의 이름에 포함시키고 있다.[82]

　　이 장소 또는 장소들은 8명의 대표 비구들이 10사 문제를 검토하
고 그것을 확인한 장소였을 뿐, 700명의 결집 비구들이 10사 문제를
해결하기 위해 모였던 '결집 장소'는 아니었다. 그들이 모였던 곳은 '와
이샬리의 어떤 곳'이었다. 이 '어떤 곳'은 동산이고 건물은 없었다. 아
침에 그 숲으로 가서, 숲속 나무 밑에 9개의 방석을 깔고, 한두 시간 내
에 그 모임은 끝났던 것 같다. 음식 문제에 대해서는 전혀 신경을 쓰지
않은 것으로 보아서도 그것을 짐작할 수 있다.

　　도왕통사에 의하면, "8인의 장로들은 10사를 선언한 나쁜 비구들
을 몰아내고 악설(惡說)을 깨뜨리고, 자신들의 자설(自說)을 정화하기
위해 700명의 아라한들을 선발해 법을 결집했다. 이 제2결집은 와이
샬리의 중각강당(重閣講堂, Kūṭāgārasāla)에서 거행되었다."[83]

82　赤沼智善, 앞의 사전(p.733)에는 이들 여러 장소들의 명칭을 Vālikārāma에 포함시
　　켰다.

83　도왕통사 5장(남전장 60권, p.30과 p.33); Law, *Dīpavaṃsa*, p.158과 p.162; 赤沼智善,
　　앞의 사전, p.337. 요약 정리.

대왕통사에 따르면, 10사 문제를 끝낸 다음, "레와따 장로는 정법이 오래 머물러 있도록, 법의 결집을 하려고 비구 무리들 가운데서 4무애지(無礙智)를 가지고 3장에 정통한 700명의 아라한들을 선출했다. 그들은 왈리까라마(Vālikārāma, 婆利迦園)에 모여 레와따 장로를 상수로 결집을 했다. 이 제2결집은 8개월 만에 끝났다."[84]

일체선견율주서에서도 마찬가지다. 야사 비구는 와이샬리 비구들이 10사를 선포했다는 소문을 듣고 이 문제를 해결하기 위해 와이샬리에 가서 비구들을 소집했다. "무려 120만 명의 비구들이 모였다. 레와따가 질문하고 삽바까미(Sabbakāmī)는 율(律)을 설명했다. 10사는 비법이라고 판정되고 다툼은 진정되었다." 여기에서 갑자기 경장과 율장의 결집과 결집 장소에 대해 말한다. "장로들은 경·율·논 3장에 통달한 700명의 비구들을 선발해 와이샬리성의 왈루까까라마에 모여 일체의 법과 율을 결집했다."[85]

5. 불전 결집자

1) 700참석자

결집 전설을 전하고 있는 문헌은 예외 없이 결집 참석자 수를 700명이라고 했다. 사분율에 의하면, "와이샬리에 700아라한이 모여 법과 율

84　대왕통사 4장(남전장) 60권, p.173.

85　일체선견율주서3(同上, 65권, p.45); Jayawickrama, *Samantapasadika*, p.31.

을 논했기 때문에 '700명이 결집한 법과 율'이라고 했다." 역시 유부비나야잡사도 "700명의 아라한이 함께 결집했기 때문에 700결집이라 한다."라고 했다.[86] (빨리)율장과 오분율은 결집 기사를 끝내면서 700결집이라 부르게 된 이유를, "이 율(律) 결집에는 모두 합해서 700아라한이 참여했는데 더 많지도 적지도 않았다. 그래서 700결집이라고 한다."[87]라고 했다. 선견율비바사와 일체선견율주서 역시 같은 설명을 하고 있다.[88]

와이샬리 결집에서는 라자그리하의 제1차 결집과는 달리 결집에 참석한 비구의 수가 왜 700명이어야 했는지, 누가 어떤 기준에 의해서 그들을 선출했는지에 대한 설명은 없다. 700결집은 야사(耶舍, Yasa)를 비롯한 서쪽 지방의 비구들과 동쪽 지방의 와이샬리 비구들 사이에 몇 가지 양보하기 어려운 계율 문제 때문에 개최되었으므로 어느 쪽 주장이 옳고 그른지 결정하기는 어려운 일이 아닐 수 없다. 게다가 승가의 모임에서 모든 결정은 만장일치의 원칙을 따랐으므로 700명으로 개최된 이 결집에서 공정한 결정을 하기 위해서는 동쪽과 서쪽 비구들의 숫자가 각각 350명씩이어야 했을 것이다. 참여 비구들의 동원

....

86 사분율 권54, 대정장 22권, p.971중29~하2; 七百阿羅漢集論法毘尼 故名七百集法毘尼; 유부비나야잡사, 권40, 同上, 24권, p.414중10~11; 七百阿羅漢共爲結集故云七百結集.

87 (빨리)율장 권4, 남전장 4권, p.460; 오분율 권30, 同上, 22권, p.194중19~20; 合有七百阿羅漢不多不少 是故名爲七百集法.

88 선견율비바사, 同上, 24권, p.678상10~11; 七百比丘不減不長 是名七百比丘集毘尼義; 일체선견율주서, 남전장 65권, p.45.

과 그 선정 문제는 제1차 결집의 경우와는 비교도 할 수 없는 어려운 일이었을 것이다. 그런데도 관련 문헌의 어디에서도 이 문제에 대한 언급은 없다. 관심조차도 나타내지 않았다.

유부비나야잡사에 의하면, 결집 비구의 수가 700명으로 된 것은 우연인 것처럼 보인다. 결집 모임을 위해 "야사가 건치(犍稚, 일종의 鐘)를 울리자 와이샬리에 700명이 모였다."는 것이다.[89] 그러나 다른 문헌에 의하면, 이유는 알 수 없지만 700명이라는 숫자는 정수로 이미 정해져 있었다. 십송율에 의하면, 결집을 위해 모인 비구가 699명밖에 되지 않았기 때문에 '정수가 차지 않은 700' 즉 불만7백(不滿七百)이라 하면서 결집이 개최될 수 없는 것처럼 말하고 있다. "그때 와이샬리에는 700명에서 한 사람의 비구가 모자랐다. 700집회는 성원이 되지 못했기 때문에, 법이 아니고 선(善)이 아니고 부처님의 가르침이 아닌 이 나쁜 일[惡事, 즉 10사]을 소멸시킬 수 없게 되었다."[90] 그래서 먼 곳에 있던 한 장로로 하여금 신통력을 발휘해 급히 결집장으로 '가도록 해서' 700수를 채워야 했다. "그때 빠딸리뿌뜨라에 있던 꿉자쇼비따(Kubjaśobita, 級闍蘇彌羅) 장로가 천안(天眼)으로 이 사실을 알고 삼매에 들어가 신족통(神足通)으로 와이샬리에 가서 승가의 모임에 참석해

<hr>

89 유부비나야잡사 권40, 대정장 p.414상7과 중8~11; 鳴犍稚 便有六百九十九阿羅漢皆來集 … (늦게 曲安尊者가 도착, 700명이 됨).

90 십송율 권60, 同上, 23권, p.453상22~24; 不滿七百集會 爲滅是非法 非善非佛語惡事滅故. Hofinger의 번역을 참조했다(앞의 책, p.101); L'Assemblée des 700 n'était pas complète pour détruire ces points contraires à la Loi et mauvais, opposés à la parole du Bouddha et funestes. 玄奘의 『대당서역기』 권7, 대정장 51권, p.909중 21~23; 猶少一人未滿七百.

700숫자를 채웠다."[91]

유부비나야잡사는 동일한 내용을 좀 극적으로 말하고 있다. "곡안(曲安: 꿉자쇼비따)[92] 존자는 와이샬리에서 멀리 떨어진 빠딸리뿌뜨라에서 멸진정(滅盡定)[93]에 들어 있었기 때문에 결집 비구들을 소집하는 건치 소리를 듣지 못해 결집장에 가지 못했다. 어떤 신[天]이 그에게 빨리 그곳으로 가야 한다고 알려주어서 신통력으로 날아 결집장에 도착함으로써 700숫자를 채워 결집 회의가 시작되었다." 이렇게 700명을 이룬 결집을 정수가 찬 칠백이라 했다.[94]

남방 전승의 문헌들에서 말하고 있는 숫자는 황당하다. 도왕통사에 의하면 결집에 모인 비구들의 숫자는 1만 2천 명이었는데 이 중에서 '비구들'이 700명의 아라한을 결집 비구로 선정했다. 한편, 대왕통사에서 말하는 비구들의 수는 120만 명이었다. 이 가운데서, 모든 비구들의 장로인 레와따가 700명의 아라한을 선정했다.[95] 선견율비바사와 일체선견율주서에 의하면 와이샬리에 모인 비구들의 수가 각각 2만 명과 120만 명이었다.[96] 여기에서도 700이라는 숫자만 말하고 있을 뿐 그들의 선출에 대해서는 한마디 설명도 하지 않았다.

....

91   同上, p.453상23~24 … 26~중1과 중16~17.

92   曲安은 십송율의 級闍蘇彌羅(Kubjaśobhita)이다. 대정장 23권, p.453상24). 赤沼智善, 『印度佛敎固有名詞辭典』, p.305.

93   心作用이 모두 다해 버린 상태의 三昧. 中村元, 앞의 사전, p.1358(2).

94   십송율 권61, 同上, 23권, p.453중16~17.

95   도왕통사 5장, 남전장 60권, p.33; 대왕통사 4장(同, pp.172~173).

96   선견율비바사 권1, 대정장 24권, p.678상1; 일체선견율주서, 남전장 65권, p.45.

결집 비구가 되기 위해 갖추어야 할 자격에 대해서도 아무것도 알 수 없다. 라자그리하 결집의 경우에는 부처님의 가장 큰 제자인 아난다조차 자격 미달이라는 이유로 결집장에서 추방을 당했을 정도였지만, 와이샬리 결집에서는 이 문제에 대해서는 관심조차 나타내지 않았다. 마하승기에서만 짧게 언급하고 있다. "그때 중국(中國, Madhyaeśa: 인도의 중국)의 수도인 와이샬리에 700명의 비구들이 모여 있었다. 그 가운데는 1부(部) 비나야를 가진 사람들이 있었고, 2부 비나야를 가진 사람들이 있었다. 역시 부처님과 성문들로부터 직접 비나야를 받은 사람들이 있었다. 또한 범부·학인(學人)·무학인들과 삼명(三明)과 육통(六通)을 성취해서 자재(自在)한 힘을 가진 사람들이 있었다."[97]

선견율비바사에서 볼 수 있는 내용은 몇 글자에 지나지 않기 때문에 설명이라고도 할 수 없다. 장로들은 법과 비나야를 결집하기 위해 "삼장에 통달하고 삼달지(三達智, 三明)에 도달한 비구들을 선출했다."[98]는 것이 설명의 전부다. 빨리어 본의 설명도 동일하다. "삼장을 지니고 무애변(無礙辯)에 통달한 700비구를 선출했다."[99]

<hr>

97　마하승기율 권30(상동 22권, p.493중17~20); Hofinger, 앞의 책, p.146.

98　선견율비바사 권1(同上, 24권, p.678상14~20).

99　일체선견율주서3(남전장 65권, p.45). 無礙辯은 '아무것에도 방해받지 않는 네 가지 이해와 표현능력'이다. 中村元, 앞의 사전, p.1321(2); Jayawickrama 앞의 책, p.31; (The Elders) selected 700monks versed in the Three Piṭakas and possessing analytic insight.

2) 중심인물

(1) 야사

700결집을 말할 때 가장 먼저 생각할 수 있는 사람은 야사(Yasa, 耶舍) 장로다. 그는 와이샬리 비구들이 행하고 있던 열 가지 비법(非法)에 대해 문제를 제기했고, 이 문제를 해결하는 일에 주도적인 역할을 했다. 이 사실은 와이샬리 결집 전설을 전하고 있는 모든 문헌에서 일치한다. 야사가 아니었다면 와이샬리 결집 문제는 제기조차 되지 않았을 것이다.

그의 이름은 문헌에 따라 야사, 야샤스(Yaśas), 야쇼다(Yaśoda)처럼 약간씩 다르다. 유부비나야잡사에서는 번역해서 명칭(名稱)이라 했다.[100] (빨리)율장에서는 야사라는 이름에 까깐다까뿟따(Kākaṇḍakaputta, 迦乾陀子)라는 말이 덧붙어 있는데, 이것은 '까깐다까라는 사람의 아들'이라는 의미이다. 대왕통사는 이것을 '까깐다까 바라문의 아들'이라고 좀 더 명확히 했다.[101] 한역 문헌에서는 까깐다까뿟따를 여러 가지로 음역해서 가란타자(迦蘭陀子: 오분율, 비니모경)·가란제자(迦蘭提子: 십송율)·가나자(迦那子: 사분율)·구가(拘迦: 선견율비바사)·가건타자(迦乾陀子: 일체선견율주서)로 했다.[102]

유부비나야잡사에 의하면, 야사가 와이샬리로 가기 전에 머물렀

---

100 유부비나야잡사 권40(同上, 24권, p.412상15~16); 名稱梵云耶舍.

101 대왕통사 4장(남전장 60권, p.168); Hofinger, 앞의 책, pp.156~158. 그러나 Kakand-hakaputta라는 명칭을 사용하는 다른 모든 율장 문헌[7종]에서는 바라문의 아들이라는 설명은 없다.

102 대정장 24권, p.192중10; 同上, p.819중11; 同上, 23권, p.450중10~12; 同上, 22권, 968하24; 同上, 24권, p.677하22; 남전장 65권, p.44.

던 장소는 와사와그라마(Vāsavagrāma, [삽]婆聚落)였다.[103] 이곳의 위치
는 알 수 없다. 야사는 서쪽 지역(Pāṭheyya, 波利邑)[104]과 관계가 깊은 인
물이었다. 좀 더 구체적으로 말하면 아완띠(Avanti)와 남로국(南路國,
Dekkhan)[105]·마투라(Mathura)[106]·꼬살라(Kosala)·꼬삼비(Kosambī)·빠와
(Pāvā)[107] 등이다. 와이샬리 비구들과 다툼이 일어났을 때 야사가 몸을
피하거나 도움을 요청한 곳은 모두 이 지역들이었다. 이곳 비구들은
야사가 제의한 일에 대해 모두 뜻을 같이했다. 역시 결집장에서 10사
문제를 검토하기 위해 서쪽과 동쪽 비구들 가운데서 각각 4명씩 선발
해 소위원회[斷事人, ubhāhikāya]를 구성했을 때도 야사는 서쪽 지역을
대표하는 비구들 가운데 한 사람이었다.[108]

　　몇몇 율장에서는 야사가 부처님의 직계 제자인 아난다와 가까
운 관계였다고 전하고 있다. 십송율에서는 "야사가 아난다의 제자였

....

103 同上, p.412상15~16; Hofinger, 앞의 책, p.134의 註1과 역시 p.91의 註1.

104 (빨리)율장 권4, 소품12(남전장 4권, p.446); 오분율 권30(대정장 22권, p.193상5). Hofinger
앞의 책, p.48의 註2에 의하면 서쪽 지방을 말하는 Pātheyya는 인도 전체를 4등분
한 서쪽 지역의 여러 나라를 가리킨다.

105 同上, p.446; 십송율 권60(대정장 23권, p.451상24); 마하승기율 권33(同上, 22권, p.493중
16).

106 오분율 권30(同上, 22권, p.193상13); 십송율 권60(同上, 23권, p.451상6); 마하승기율 권
33(同上, 22권, p.493중16).

107 同上, p.193상5; 십송율 권60(同上, 23권, p.451상5); 남전장 4권, p.446; Hofinger, 앞의
책, p.48 註1; 波旬은 Pāvā 또는 Pāpā로 나타내기도 한다.

108 율장 권4, 소품12(남전장 4권, p.455); 사분율 권54(同上, 22권, p.971상12); 십송율 권61(同
上, 23권, p.453하1~2).

다."[109]라고 말하는가 하면, 유부비나야잡사에 의하면 아난다의 손(孫) 제자이다. 즉 아난다의 제자가 사르와까마(Sarvakāma, 薩婆迦摩)이고 야사는 이 장로의 제자이다.[110] 게다가 야사는 '부처님을 직접 만나기도 했고' 부처님의 가르침을 '직접 듣기도 했다'는 것이다.[111]

야사는 삼명(三明)을 성취했을 뿐 아니라 경·율·론 삼장을 알고 있었고 지율자(持律者, vinayadhara)였다.[112] 그는 와이샬리의 결집 당시에 이미 100세가 훨씬 넘은 고령이었다. 오분율에 의하면 결집 때 야사의 법랍(法臘: 受戒 후의 나이)은 110세였다.[113] 이 사실은 야사의 속납(俗臘: 世俗 나이)이 적어도 130세라는 것을 의미한다.

야사의 역할은 문헌에 따라 다르다. 유부비나야잡사·마하승기율·비니모경에 의하면 그는 와이샬리 사건의 시작에서부터 결집의 개최와 진행에 이르기까지 모든 일을 주재했다.[114] 그러나 (빨리)율장·사분율·오분율·십송율에서는 금과 은의 문제, 즉 금은정(金銀淨)을 포함한 10사를 문제화하고 그것을 해결하기 위해 비구들을 소집하는 데까

....

109 耶舍陀 是長老阿難弟子(同上, 23권, p.450중11~12).

110 유부비나야잡사 권40(同上, 24권, p.412상13~16); (阿難陀) 有弟子名曰樂欲[梵云薩婆迦摩 … 此有弟子 號曰名稱(梵云耶舍)](문장 약간 정리했음).

111 도왕통사 4장(남전장 60권, p.30; 嘗如來奉見; Law, *Dīpavaṃsa*, p.158); 오분율 권30(대정장 22권, p.192중11, 14, 20~21); 我親從佛聞.

112 십송율 권60(대정장 23권, p.450중10~11).

113 오분율 권30(同上, 22권, p.194중17~18).

114 유부비나야잡사 권40(同上, 24권, p.414중8~10); 마하승기율 권33(同上, 22권, p.493중23 이하); 비니모경 권4(同上, p.819중11~하18).

지만 주도적인 역할을 한 것으로 되어 있다.[115] 그러면서도 결집이 끝
난 후 모든 비구들 가운데서 4명의 원로 장로를 소개할 때는 네 번째
자리를 차지했다.[116]

(2) 레와따

율장(빨리율)에서는 레와따(Revata)이지만 다른 문헌들에서는 리바다
(離婆多)·이바다(梨婆多)·리파다(釐波多)로 음역되었다.[117] 레와따는 야
사와 마찬가지로 서쪽 지방 출신이었다. 율장에 의하면 그는 와이샬
리에서 10사 문제가 일어났을 때 서쪽 지방인 소레야(Sorreya)에 머
물고 있었다. 야사가 많은 비구들과 함께 그를 만나러 가자 레와따
는 대중과 함께 여행하는 것을 번거롭게 생각하고 상까샤·깐야꿋자
(Kaṇṇakujja, Kanyakubja)·우둠바라(Udumbara)·악갈라뿌라(Aggalapura)로
몸을 피하다가 사하자띠(Sahajati, 薩寒若國)에서 야사 일행을 만났다.[118]
십송율과 유부비나야잡사에서도 야사가 레와따를 만난 것은 사하자

---

115 율장 권4(同上, p.450)와 사분율 권54(대정장 22권, p.970중10 이하); 오분율 권30(同上, 22권,
p.193상25 이하); 십송율 권60(同上, 23권, p.451상9~27).

116 오분율 권30(同上 22권, p.194중18~19).

117 율장(빨리율), 소품12(남전장 4권, p.447); 사분율 권54(同上, 22권, p.969하3~4)와 오분율 권
30(同上, 2권, p.193상22~23); 대왕통사 4장(남전장 60권, p.169); 『대당서역기』 권7(대정장
51권, p.909중17).

118 上同, 소품12(남전장 4권, pp.447~448); 십송율 권60(대정장 23권, p.451상29~중7).
Hofinger, 앞의 책, p.56과 p.58. 사분율 권54(대정장 22권, p.969하11)와 오분율 권30(同
上, 22권, p.193상23)에 의하면 각각 상까사와 꼬삼비에서 만났다.

띠이다.[119]

레와따는 10사 문제를 해결하기 위한 모임을 준비하는 과정에서
는 줄곧 야사를 비롯한 서방 출신 비구들과 관계를 가지고 있었다.[120]
뿐만 아니라 와이샬리 비구들이 그를 자신들의 편으로 만들기 위해
많은 선물을 가지고 방문해서 그의 시자(侍者)를 매수하자 그는 스승
과 제자 간의 인연까지 끊고 시자를 내쫓아 버리기도 했다.[121] 결집장
에서 8인 결집 소위원회를 구성했을 때 빨리율과 사분율에서는 레와
따를 각각 서쪽 대표 4명 가운데 첫째와 둘째 자리에 놓았다.[122] 그러
나 십송율과 오분율에서는 동쪽[와이샬리] 대표로 첫 번째와 두 번째 자
리를 차지했다.[123]

레와따도 야사처럼 아난다의 제자였다.[124] 그는 "삼장(三藏)을 지
녔고 삼명(三明)을 성취했고 아라한이었다."[125] 레와따는 법랍이 120세

....

119 십송율 권60(同上, 23권, p.451상29~중17); 유부비나야잡사 권40(同上, 24권, p.413중
20~21)에서는 레와바따는 妙星(Revata), 사하자띠는 俱生城(Sahajā)으로 되어 있다.
Hofinger, 앞의 책, p.140.

120 율장 권4, 소품12(남전장 4권, p.450); 사분율 권54(대정장 22권, p.970중2~8); 오분율 권
30(同上, 22권, p.193상25와 중23~25); 유부비나야잡사 권40(同上, 24권, p.413중24~25).

121 同上, 남전장 4권, p.452; 사분율 권54(대정장 22권, p.970중10~26); 오분율 권30(同上, 22
권, p.193상25~25); 십송율 권60(同上, 23권, p.452중10~하5).

122 同上, 소품12(남전장 4권, p.455); 사분율 권54(대정장 22권, p.971상12).

123 십송율 권61(대정장 23권, p.453하2~4)과 오분율 권30(同上, 22권, p.193하21~22).

124 사분율 권54(同上, 22권, p.971상7~8); 십송율 권60(同上, 23권, p.451상29~중2); 도왕통사 4
장(남전장 60권, pp.29~30); 레와따는 "일찍이 부처님을 친견했다."

125 대정장 23권, p.451상29~중1. '三藏의 구분이 명확하게 된 이후에 삽입되었을 것'
이라는 塚本啓祥의 주장이 옳다. 그의 책, p.115.

로 결집에 참석한 장로들 가운데서, 또는 전 승단에서 제2상좌였다.[126] 그는 결집 모임의 총책임자로 회의를 주재했다. 결집에 참가한 비구들은 레와따의 제안이나 결정을 모두 이의 없이 승인하고 따랐다. 결집 장소를 와이샬리로 결정한 것도 레와따였고,[127] 8인 소위원회[斷事人]를 구성해 그들에게 결집을 위임할 것을 제의한 것도 그였다.[128] 레와따는 와이샬리 결집에서 야사 못지않게 중요한 역할을 했다.

(3) 살바가마

여러 문헌에서 사용된 살바가마(薩婆迦摩)라는 이름은 사르와가마(Sarvagāma)의 음역이고 일체거(一切去)라고 번역되었다.[129] 그러나 유부비나야잡사에서는 주(註)로써 이름은 욕락(欲樂)이고 범어로 살바가마(薩婆迦摩, Sarvagāma)라고 되어 있다.[130] 여러 문헌에서는 살바가미(薩婆迦眉, Sabbakāī)·살바가(薩婆迦, Sarvakāra)·살바가라 바리바라(薩婆伽羅婆梨婆羅, Sarvakāra Parivāra)로 약간씩 다르게 말하고 있다.[131]

....

126 오분율 권30(대정장 22권, p.194중17~18).

127 남전장 4권, p.453; 오분율 권30(대정장 22권, p.193중23~25); 사분율 권54(同上, 22권, p.970하1~3); 십송율 권60(同上, 23권, p.452하5~7).

128 同上, p.455; 오분율 권30(同上, 22권, p.193하18~21). 이와는 달리 십송율 권61(同上, p.453중17~하6)과 사분율 권54(同上, 22권, p.971상8~10)에서는 三菩伽와 一切去의 상좌로 되어 있다.

129 Hofinger, 앞의 책, p.90 註1과 p.295, p.298, 'index dex mots chinois' 참조.

130 유부비나야잡사 권40(同上, 24권, p.412상13~1414); 名曰欲樂 梵云薩婆迦摩; Hofinger, 앞의 책, p.90의 註1.

131 남전장 4권, p.455; 사분율 권54(대정장 22권, p.970하11); 오분율 권30(同上, 22권, p.193중25~26); 십송율 권61(同上, 23권, p.453하12); Sarvakāra Parivāra, 薩婆伽羅婆梨婆羅;

사르와가마는 아난다의 가장 큰 제자이고 야사 장로의 스승이었
다.[132]

법랍은 136세로 인도의 사문 석자(沙門釋子) 가운데 가장 나이 많
은 장로였다.[133] 그는 지상승가(地上僧伽)의 장로(pathavya-saṃghathera)
라고 불리기도 했다. 서열상으로 승가의 첫째 자리를 차지했다.[134] 삼
장에 능통했고 삼명(三明)을 성취한 아라한이었다.[135]

사르와가마는 동쪽 지방, 즉 와이샬리의 비구였다. 10사 문제가
발생했을 때 그는 와이샬리에 거주하고 있었다.[136] 결집의 주역들인 야
사와 레와따, 삼부따 장로들이 그를 찾아가 문제 해결을 위해 함께 논
의했다. 그는 이들의 주장에 동의하면서 이 문제를 해결하는 데 뜻을

....

선결율비바사 권1(同上, 24권, p.678상13); 도왕통사와 대왕통사(남전장 60권, p.29와 p.172).
塚本啓祥, 앞의 책, pp.223~224; Hofinger, 앞의 책, p.295; 赤沼智善, 앞의 사전,
p.552.

132 오분율 권30(대정장 22권, p.193중25~27); 유부비나야잡사 권40(同上, 24권, p.412상13~16);
사분율(同上, 22권, p.970하11~12와 p.971상6~8); 남전장 4권, p.453; 십송율 권60(同上, 23
권, p.452하14).

133 同上, p.193중26; 一切去於閻浮提 沙門釋子中 最爲上座; 사분율(同上, 22권, p.970하
11~12와 p.971상6~8).

134 사분율 권55(同上, 22권, p.971상6); 오분율 권30(同上, 22권, p.194중16~17. 4인 대표 가운데
서도 모든 자료를 통해 첫째 자리에 위치하고 있다. 남전장 4권, p.455); 사분율 권55(同上, p.971상
12); 오분율 권30(同上, 22권, p.193하21); 십송율 권61(同上, 23권, p.453하1).

135 십송율 권60(同上, p.451상29~중1); 오분율 권30(同上, 22권, p.193중25~27); 남전장 4권,
p.454.

136 남전장 4권, p.453; 사분율 권54(대정장 22권, p.970하11); 오분율 권30(同上, 22권, p.193중
25~29); 십송율 권60(同上, 23권, p.452하12~13); 유부비나야잡사 권40(同上, 24권, p.412상
13~14).

같이했다.[137] 율장과 오분율에서는 동쪽 비구들의 제1대표로 되어 있다.[138]

(4) 삼부따

삼부따(Sambhūta, 三浮陀)는 그의 이름에 Sāṇavāsi라는 말이 붙어 있다. 이것은 Sāṇa의 주민(住民)이라는 의미로 삼부따 장로가 거주하고 있던 곳을 나타낸다.[139] 삼부따 또는 삼부다(參復多)라고 음역되었다.[140] (빨리)율장에 의하면 야사가 와이샬리에서 추방된 뒤 가장 먼저 찾아가서 상의했던 장로가 바로 삼부따였다. 그는 갠지스강 상류에 위치한 아호강가(Ahogaṅgā, 阿吽恆下)산에 살고 있었다.[141] 삼부따는 역시 아난다의 제자이고 레와따의 스승이었다.[142] 법랍은 110세로 결집에 참석한 장로들 가운데 세 번째였다.[143] 빨리율과 오분율에 의하면 그는 소

....

137 同上, pp.453~454; 사분율 권54(同上, 22권, p.970하11~14 이하); 오분율 권30(同上, 22권, p.193중25~29와 하14~20); 십송율 권60(同上, 23권, pp.452하12~453상22); 유부비나야잡사 권40(同上, 24권, p.412상13~14).

138 同上, p.455; 오분율 권30(同上, 22권, p.193하21).

139 同上, p.446; 三浮陀舍那婆斯, Sambhūta Sāṇavāsin; 赤沼智善, 앞의 사전, p.574, p.580(삼부따의 고향에 대한 내용); Hofinger, 앞의 책, p.52 註2.

140 사분율 권54(대정장 22권, p.971상6); 오분율 권30(同, 22권, p.193하23); 선견율비바사 권1(同, 24권, p.678상24).

141 (빨리)율장 권4, p.446; 오분율 권30(대정장 22권, p.193상20); 사분율 권54(同, p.971중4~5). Hofinger, 앞의 책, p.52의 註2.

142 사분율 권54(대정장 22권, p.970중5와 p.971상8).

143 오분율 권30(上同, 22권, p.194중18); 사분율 권54(同, 22권, p.971상6~7)에서는 제2인자로 되어 있다.

위원회에서 서쪽 지역 비구 대표로 첫 번째 또는 두 번째 위치를 차지했다.[144] 삼부따는 야사의 입장을 지지하면서 결집 개최를 위해 삽바까민(Sabbakāmin, 一切去) 장로를 설득하러 가기도 했다.[145] 그러나 사분율에서는 동쪽 비구들의 제1대표로 되어 있다.[146]

(5) 삼보가

삼보가는 상까샤(Saṃkāśya, 僧伽遮)의 승가람정사(僧伽藍精舍)에 머물고 있었다. 그는 와이샬리 결집에서 매우 중요한 역할을 한 것으로 되어 있다. 그러나 그는 오직 십송율에서만 나온다.[147] 삼보가는 삼장을 알고 삼명을 성취했고 아라한이었고, 아난다의 제자였다.[148]

삼보가는 야사가 보낸 사람에게서 와이샬리의 10사 문제에 대한 이야기를 듣고, 닥쉬나빠타(Dakṣināpatha, 達嚫那)국과 아완띠(Avanti, 阿槃提)국 비구들에게 그 사실을 알리는 한편, 자신은 사하자띠(Sahajati, 薩寒若國)로 가서 레와따 장로와 10사를 자세하게 검토했다. 삼보가는 10사가 모두 비법(非法)이라는 것을 알자 이 문제를 해결하기 위해 다

---

144 남전장 4권, p.455; 오분율 권30(대정장 22권, p.193하23).

145 同上, 151 p.453 이하; 오분율 권30(上同, 22권, p.193상21~22); 사분율 권54(上同, 22권, p.970중8~10과 하12~14).

146 사분율 권55(同上, 22권, p.971상14).

147 Sambhūta와 동일인으로 보려고 하는 학자들도 있다. 塚本啓祥, 앞의 책, p.120, p.222; 赤沼智善, 앞의 사전, p.574.

148 십송율 권60(대정장 23권2 p.451상5~10).

른 비구들과 함께 와이샬리로 갔다.[149] 그곳에서, 제1장로인 사르와까라 빠리와라(Sarvakāra Parivāra, 薩婆伽羅婆梨婆羅: 一切去)와 10사 문제에 대해 다시 논의하고 그의 지시에 따라 결집을 하기 위해 대중을 모았다.[150]

삼보가는 혼자 동쪽과 서쪽 비구들 가운데서 각각 4명씩의 대표자를 선출해 8인 위원회를 구성하고 대중의 승인을 받았다. 자신은 동쪽 비구들의 대표로서 결집 주재자가 되었다.[151]

(6) 꿉자쇼비따

꿉자쇼비따(Kubjaśobhita, 級闍蘇彌羅)는 음역해서 불사종(不闍宗)·불사소마(不闍蘇摩)·급사소미라(級闍蘇彌羅)·굴사수비다(屈闍須毘多)·급사소비다(級闍蘇毘多)로 되어 있다.[152] 유부비나야잡사에서는 번역해서 곡안(曲安)이라 했다.[153] Kubjaśobhita의 앞부분 kubja는 '곱사등[駝背, 曲]'이라는 별명이고 śobhita가 이름이다.[154]

---

149 同上, p.451상11~14와 상22~26. 그리고 同, 중2~9와 중19~p.452상27과 하5~11.

150 同上, p.453상1~3과 同, Hofinger는 薩婆伽羅婆梨婆羅를 Sarvakāra Parivāra라고 표기. 앞의 책, p.91.

151 同上, p.453중24~하8과 pp.453하26~455하19. 그는 다른 율장에서 야사와 레와따가 맡았던 역할을 했다. Hofinger, 앞의 책, p.53, p.55, p.57, p.89, p.99, p.101, p.105, p.125.

152 율장 소품(남전장 4권, p.455); 오분율 권30(대정장 22권, p.193하22)하22); 사분율 권54(同上, 22권, p.971상15); 십송율 권61(同上, 23권, p.453하2); 도왕통사 4장(남전장 60권, p.29와 Law, *Dīpavaṃsa* 앞의 책, p.158); 대왕통사 4장(同上, p.172).

153 유부비나야잡사 권40(대정장 24권, p.414 상8).

154 赤沼智善, 『印度佛教固有名詞辭典』, p.305.

꿉자쇼비따에 대해서는 거의 아무것도 알 수 없다. 아난다의 제자로서 부처님을 친견했다는 사실과 결집 모임에 맨 마지막으로 참석해서 700명이라는 인원수를 채움으로써 결집이 시작될 수 있게 했다는 사실뿐이다.[155] 그러나 그는 8인 소위원회[斷事人]의 한 사람으로, 십송율에서는 서쪽 편의 비구로, 빨리율·사분율·오분율에서는 동쪽 편의 비구로 되어 있다. 그의 역할은 결집 비구의 숫자를 채운 것뿐인데도 8인 소위원회의 명단에는 레와따와 함께 4종 문헌에 모두 나온다.

(7) 다사발라(Dasabala, 陀娑婆羅)

이 장로는 마하승기율에만 나온다. 와이샬리 사건이 일어났을 때 그는 마투라에 머물고 있었다. 거죄갈마를 당한 야사가 제일 먼저 찾아가서 바이샬리의 일을 알리고 의논했던 장로가 바로 다사발라였다.[156]

그는 14법(法)을 성취했고 율을 받아 지닌 사람들 중에서 제일인 자였다. 다사발라는 율장 결집의 송출 비구로 선출되었다. 그는 사양했지만 비구들은 그것을 받아들이지 않았다. 왜냐하면 부처님이 생전에 이미 그를 제2결집 책임자로 지명해 놓았기 때문이라는 것이다. 결집의 총책임자는 야사 장로였지만 실제로 결집을 주도한 비구는 다사발라 장로였다.[157]

---

155 십송율 권60(同上, 23권, p.453상24~중1. 그리고 중16~17); 不滿七百에서 滿七百; 도왕통사 4장(남전장 60권, pp.29~30); 대왕통사 4장(同, p.172).

156 마하승기율 권33(대정장 22권, p.493중10~16).

157 同上, p.493중23~하11. 다사발라가 성취했다는 14법의 설명은 없다.

3) 8인 소위원

(1) 모인 비구들

700결집은 와이샬리 비구들과 서쪽 비구들의 10사 문제로 싸움이기 때문에, 한쪽이 350명이라는 숫자로 구성되어야 할 것인데 이에 대한 언급은 없다. 결집 참여 비구들의 조건도 없다. 이 숫자에 대한 관심은 어디에도 보이지 않는다. 제1차 결집 때는 싸움이 아니었기 때문에 숫자는 문제가 될 이유는 없었다. 그러나 여기서는 상황이 다르다.

(2) 8인 소위원

선출된 700명의 비구들이 10사 문제를 해결하기 위해 결집장에 모였다. 회의를 시작하자 여러 참석자들로부터 많은 주장이 나왔다. 레와따는 삼보가(三菩伽) 장로의 제안에 따라 비구들 가운데서 대표자들을 선정해 그들에게 10사 문제를 위임하기로 했다. 동쪽과 서쪽 비구들 가운데서 각각 4명씩의 대표를 선정해, 8인 소위원회를 만들었다.[158]

　　이 위원회에 대해 언급하고 있는 문헌들은 율장·사분율·오분율·십송율과 대왕통사이다. 위원회의 명칭은 문헌에 따라 단사인(斷事人, ubbāhikā: 裁判官), 평당인(平當人), 단사주(斷事主), 오회구라(烏廻鳩羅)로 되어 있다.[159] 8인위원회의 장로들 명단은 문헌에 따라 약간씩 다르

158 　율장 권4, 소품(남전장 4권, pp.455~456); 사분율 권54(同上, 22권, p.971상10~20); 오분율 권30(同上, 22권, p.193하17~24); 십송률 권60(同上, 23권, p.453중20~하6); 대왕통사 4장(남전장 60권, pp.171~172).

159 　同上, p.455; 사분율 권54(대정장 22권, p.971상11); 오분율 권30(同上, 22권, p.193하21); 십송률 권61(同上, 23권, p.453하8); Hofinger, 앞의 책, p.107. 대왕통사(남전장 60권, p.171)

다. 동일한 인물인데 Yasa를 Yaśas, Yaśoda처럼 나타내기도 한다. 동일한 인물이 어떤 율장에는 동쪽 대표로, 다른 율장에서는 서쪽 대표로 나오기도 한다.[160] 8인의 선정에 대한 설명은 없다.

동쪽 대표(波夷那, Pācīnaka)

율장: 삽바까미(Sabbakāmī, 一切去)·살하(Sāḷha, 沙蘭)·꿉자소비따
(Kubjasobhita, 不闍宗)·와사바가미까(Vāsabhagāmika, 婆娑藍).[161]

사분율: 삼부따(Sambhūta, 三浮陀)·와사와그라미까(Vāsavagrāmika,
婆捜村)·샬라(Ṣāla, 沙留)·꿉자쇼비따(Kubjaśobhita, 不闍蘇摩).[162]

오분율: 사르와가민(Sarvagāmin, 一切去)·레와따(Revata, 離婆多)·
꿉자쇼비따(Kubjaśobhita, 不闍宗)·수마나(Sumana, 修摩那).[163]

십송율: 레와따[梨婆多]·삼보가(Sambhoga, 三菩伽)·수마나(修摩那)

에서는 '委員'이고, *The Mahāvaṃsa*에서는 ubbāhikā이다. Geiger, 앞의 책, p.23. 平川彰, 앞의 책, pp.304~305와 佐藤密雄, 앞의 책, pp.351~364에서 자세한 설명을 하고 있다. 中村元에 의하면(그의 사전, p.944), 한마디로 재판관 또는 교단의 범죄를 판결하는 '僧職'이다.

160 명단의 차례를 쉽게 비교할 수 있게 조정했음. 塚本啓祥,『初期佛教教團史の硏究』, p.220; Bareau, *Les premiers conciles bouddhiques*, p.60, Paris(PUF, 1955).

161 율장 권4 소품(남전장 4권, p.455); Hofinger, 앞의 책, p.104.

162 사분율 권54(대정장 22권, p.971상14~15). p.970하4에서는 "바수촌에 한 장로가 있었다 (婆捜村有長老; un Vénérable résidait dans le village Vāsavagrāma, Hofinger, p.91)"라고 사람이 아니고 마을[村]의 이름으로 되어 있다. 그러나 p.971상13~15에서는 네 번째 상좌 [婆捜村 是第四上座]로서 '平當人의 한 장로 이름[婆捜村長老]으로 되어 있다(Hofinger, p.99, p.105, Vāsavagrāmika).

163 오분율 권30(대정장 22권, p.193하21~22).

· 와사마그라마(Vāsamagrāma, 波薩摩伽羅摩).[164]

대왕통사: 삽바까미(Sabbakāmī, 薩婆迦眉) · 살라(Sāḷha, 娑羅) · 쿳자소
비따(Khujjasobhita, 級闍蘇毘多) · 와사바가미까(Vāsabha-
gāmika, 婆娑伽摩迦).[165]

서쪽 대표(波利邑, Pāṭheyyak)

율장: 레와따 · 삼부따 사나와신(Sambhūta Sāṇavāsīn) · 야사 까깐다
까뿟따(Yasa Kākaṇḍakaputta) · 수마나(Sumana).[166]

사분율: 사르와가민(Sarvagāmin, 一切去) · 레와따[離婆多] · 야샤스
(Yaśas, 耶舍) · 수마나(蘇蔓那).[167]

오분율: 삼부따(Sambhūta, 三浮陀) · 살라(Śāla, 沙蘭) · 디르가께샤
(Dīrghakeśa, 長髮) · 와사와그라미까(Vāsavagrāmika, 婆沙籃).[168]

십송율: 사르와까라 빠리와라(Sarvakāra Parivāra, 一切去) · 샬라(Śāla,
沙羅) · 야쇼다(Yaśoda, 耶輸陀) · 꿉자쇼비따(Kubjaśobhita,
級闍蘇彌羅).[169]

대왕통사: 레와따(Revata, 離婆多) · 삼부따(Sambhūta, 參浮多) · 야사

....

164 십송율 권61(同上, 23권, p.453하2~4).

165 대왕통사 4장(남전장 60권, p.172); Geiger, *The Mahāvaṃsa*, p.24.

166 율장 권4, 소품 12(남전장 4권, p.455).

167 사분율 권54(대정장 22권, p.971상12).

168 오분율 권30(同上, 22권, p.193하23~24).

169 십송율 권61(同上, 23권, p.453중26~하2).

(Yasa, 迦乾陀子耶舍)·수마나(Sumana, 須麻那).[170]

위원회는 8인으로 구성되어 있지만 실제로는 한 명의 비구가 더 있다. 이 비구의 역할은 분명하지 않을 뿐 아니라 동쪽과 서쪽 어느 편에도 속하지 않았다. 결집의 주제자 역할을 맡은 장로(레와따, 또는 삼보가)가 이 비구를 선정한 다음, 7인의 다른 위원들에게 그의 필요성을 설명하고 동의를 받았다. 다섯 문헌 가운데 네 곳에서는 아이두(阿夷頭, 또는 阿嗜多: Ajita)로, 오분율에서는 달마(達磨, Dharma)로 되어 있다.[171] 그의 임무는 8명의 결집 장로들을 위해 방석을 까는 일[敷坐具]이었다.[172] 그러나 빨리율에 의하면, 그는 계(戒)의 전문가이고, 교화(敎化)에 능숙했기 때문에 결집 장로들에게 도움이 될 것이라고 생각했다.[173] 사분율에서는 아기다(阿嗜多)를 공개적으로 아홉 번째 평당인(平當人, 烏廻鳩羅)의 자격으로 결집에 참여시키기도 했다.[174]

---

170 대왕통사 4장(남전장 60권, pp.171~172); Geiger, *The Mahāvaṃsa*, p.24.

171 Ajita는 율장(同上, 4권, p.456)과 사분율(대정장 22권, p.971상15~16)에서는 阿夷頭로, 십송율과 대왕통사(대정장 23권, p.453하9~10과 남전장 60권, p.172)는 阿嗜多로 음역되었다. 오분율(同上, p.193하27)에서는 達磨이다.

172 율장 권4, 소품(同上, 4권, p.456); 知臥坐具人; 사분율 권30(대정장 22권, p.971상15~16); 堪任勸化(=Il était très habile à faire les exhortations(권고). Hofinger, 앞의 책, p.107; 오분율(同上, p.193하27); 敷座; 십송율(同上, p.453하9~14); 善誦持毘尼藏(=율장을 잘 외워 가지는 사람); 대왕통사(남전장 60권, p.172); 坐具人.

173 율장 권4, p.456. 說戒者; 포살 때 戒本의 誦出者.

174 사분율 권54(대정장 22권, p.971상15~18). Hofinger, 앞의 책, p.108 註1에서 Ajita에 대한 자세한 설명을 하고 있다.

6. 결집 준비와 과정

1) 결집 준비

율장(빨리율)에 의하면, 야사는 와이샬리 비구들이 그에게 거죄갈마를 하려고 하자 공중으로 날아 꼬삼비(Kosambī, 拘睒彌)로 갔다. 야사는 그곳에서 빠테야(Pātheyya, 波利邑, 西方), 아완띠(Avanti, 阿槃提國), 남로국(南路國, Dekkan)의 비구들에게 심부름꾼을 보내어 이렇게 말하게 했다. "구수(具壽, āyuṣmat)[175]들이여, 오십시오. 우리는 이것을 쟁사(諍事: 다툼)로 받아들여 비법(非法)이 번창하고 정법(正法)이 쇠퇴하기 전에, 비율(非律)이 번창하고 정율(正律)이 쇠퇴하기 전에, 비법을 설하는 사람들이 강해지고 정법[如法]을 설하는 사람들이 약해지기 전에 비율을 설하는 사람들이 강해지고 정율[如律]을 설하는 사람들이 약해지기 전에 대책을 세워야 합니다." 야사 자신은 아호강가산에 머물고 있던 삼부따 사나와시(Sambhūta Sāṇavāsī, 三浮陀舍那婆斯) 장로를 찾아갔다. 그는 장로에게 와이샬리의 브리지뿟뜨라까 비구들이 기중염정(器中鹽淨) … 금은정(金銀淨) 등의 10사를 선포했다는 사실을 알리고, "비법이 번창하고 정법이 쇠퇴하기 전에 … 비율을 설하는 사람들이 강해지고 정율을 설하는 사람들이 약해지기 전에 이 문제에 대한 대책을 세워야 한다."고 말했다. 삼부따 장로는 동의했다.[176]

그때 60명의 빠테야(Pātheyya) 비구들이 아호강가산에 모였다. 역

시 아완띠국과 남로국(南路國)의 비구 88명도 아호강가산으로 가서 모임에 합류했다. 그들은 힘들고 어려운 그 싸움[諍事]을 위해 소레야(Soreyya, 須離)에 있던 레와따(Revata, 離婆多) 장로를 영입하는 것이 그들에게 유리할 것이라고 생각했다. 이 장로는 경·율·논(論, Mātikā, 摩夷)에 정통할 뿐 아니라 현명하고 지혜를 갖춘 인물이었다.

한편, 레와따 장로는 비구들이 아호강가산에 모여 자신을 와이샬리 사건에 개입시키려 의논하고 있는 것을 천이통(天耳通)으로 듣고 이렇게 생각했다. '이 싸움은 힘들고 어려운 것이다. 내가 이 싸움을 피하는 것은 마땅하지 않다. 그렇지만 지금 비구들이 몰려오면 일행이 많아서 편하게 와이샬리로 갈 수 없을 것이다. 나는 이들이 오기 전에 먼저 가야겠다.'고 생각하고 소레야를 떠나 상까샤국(Sāṃkāśya, 僧伽賖國)으로 갔다.

아호강가산에 모였던 비구들은 레와따를 만나기 위해 소레야로 갔다가 그를 만나지 못하자 다시 상까샤로 갔다. 그러나 레와따는 이미 그곳을 떠나 깐야꿉자국(Kanyākubja, 伽那慰闍國)으로 가버린 뒤였다. 비구들도 역시 그곳으로 갔다. 이번에도 레와따는 그들보다 앞서 우둠바라국(Udumbara, 優曇婆邏國)·악갈라뿌라국(Aggaḷapura, 阿伽樓羅國)을 거쳐 사하자띠국(Sahajāti, 薩寒若國)으로 가버렸다. 비구들도 레와따의 뒤를 따라 우둠바라와 악갈라뿌라국을 거쳐 사하자띠국으로 갔다. 그곳에서 마침내 그를 만났다. 삼부따 사나와시는 야사에게 레와따 장로를 만나기 위해 필요한 조언을 해주었다. "우리가 한 가지 질문을 하면 레와따 장로는 질문에 답하기 위해 온밤을 보낼 것입니다. 지금 장로는 제자들 가운데 한 사람을 불러 경(經)을 낭송하게 할 것입니다. 이 비구의 낭송이 끝나거든 레와따 장로에게 가서 10사에 대해 질문을 하십시오."

야사는 삼부따 사나와시가 말한 대로 했다. 제자의 경 낭송이 끝나자 레와따에게 가서 10사의 내용을 한 가지씩 차례로 설명하면서 그것이 정(淨: 합법)인지 부정(不淨: 불법)인지 물었다. "대덕이여, 기중염(器中鹽)은 정입니까." "벗이여, 무엇을 기중염정이라 합니까." "대덕이여, 소금이 없을 때 먹기 위해 그릇[器]에 소금을 갈무리하는 것입니다." "벗이여, 그것은 부정입니다." 두 사람은 2사에서 9사까지 똑같은 식으로 질문하고 대답했다. 마지막으로, "대덕이여, 금은(金銀)은 정입니까."라고 묻고 "벗이여, 부정입니다."라고 대답했다.

그리고 야사는 이렇게 마무리 지었다. "대덕이여, 와이샬리의 브리지뿟뜨라까 비구들은 와이샬리성(城)에서 이와 같이 10사를 공포했습니다. 대덕이여, 우리는 이것을 쟁사(爭事)로 받아들여, 비법이 번영하고 … 정율[如律]을 설하는 사람들이 약해지기 전에 이 문제를 진지하게 생각해야 합니다."[177]

레와따 장로는 야사의 주장에 동의하고 사하자띠(Sahajati)에 모인 비구들에게 제의했다. "우리가 이 쟁사를 이곳에서 소멸시킨다면 비구들이 다시 일을 일으킬 것입니다. 승가는 이 쟁사가 일어난 곳에서 그것을 소멸시켜야 합니다." 비구들은 그의 말이 옳다고 생각하고 모두 와이샬리로 갔다.[178]

---

177 율장 권4, 소품(남전장 4권, pp.447~450).
178 上同, p.453.

레와따와 삼부따 사나와시는 와이샬리에서 먼저 삽바까민
(Sabbakāmin, 一切去) 장로를 만나 10사 문제에 대해 논의할 필요가 있
다고 생각했다. 삽바까민은 지상승가장로(地上僧伽長老)라고 불렸다.
레와따는 삼부따 사나와시에게, "내가 먼저 삽바까민 장로의 정사에
가 있겠습니다. 그대는 새벽에 장로에게 와서 10사에 대해 질문하십
시오."라고 말한 뒤 삽바까민 장로의 처소로 갔다. 레와따는 장로와 함
께 온밤 동안 좌선을 했다. 두 사람은 서로에 대해, "이 장로는 연세가
높은데도 눕지 않는구나." "이 비구는 긴 여행으로 매우 피로할 텐데도
눕지 않는구나."라고 생각했다. 아침이 되자 두 장로는 자신들이 밤 동
안에 했던 선정(禪定)과 지금까지 성취한 자신들의 수행 경지에 대해
이야기를 나누었다. ˙

두 장로의 이야기가 아직 끝나지 않았는데 전날 저녁에 약속했
던 대로 삼부따 사나와시가 나타났다. 그는 삽바까민 장로에게 와이샬
리에 기중염정(器中鹽淨) … 금은정(金銀淨)의 10사가 일어난 것을 말
한 다음 이렇게 질문했다. "장로 대덕께서는 그대의 화상[179]에게 많은
법과 율을 배웠습니다. 장로 대덕께서 법과 율을 관찰할 때 어떻게 생
각하십니까. 어느 쪽 비구들이 바른 법을 설하는 사람들이라고 생각
하십니까. 동쪽(波夷那: 와이샬리) 비구들입니까. 서쪽(波利) 비구들입니
까." 삽바까민 장로는 삼부따 사나와시의 질문에 대답하는 대신 그에게
같은 질문을 했다. "벗이여, 그대도 역시 스승에게 많은 법과 율을 배웠

---

179 삽바까민(一切去)은 Ānanda의 제자이다. 율장 권4, p. 453; Hofinger, 앞의 책, p.92.

습니다. 벗이여, 그대는 법과 율을 관찰할 때 어떻게 생각하십니까. 어느
쪽 비구들이 바른 법을 설한다고 생각하십니까. 동쪽 비구들입니까, 서
쪽 비구들입니까." 삼부따 사나와시는 대답했다. "대덕이여, 나는 법과
율을 관찰할 때 동쪽 비구들이 비법(非法)을 설하는 사람들이고, 서쪽
비구들이 바른 법을 설하는 사람들이라는 생각이 됩니다. 그렇지만 내
가 이 다툼을 해결하기 위한 사람으로 선출될 때까지는 내 생각을 드러
내지 않겠습니다." 삽바까민 장로는 자신의 생각도 같다는 것을 밝혔
다.[180]

사분율의 내용도 율장과 거의 같다. 와이샬리에서 축출된 야사는
레와따 장로가 자신의 편이 되어준다면 브리지족 비구들과의 다툼을
법답게 해결할 수 있을 것이라고 생각했다. 그는 사람들에게 레와따
장로의 거주처를 물어, 장로가 바가(婆呵) 강변에 살고 있다는 것을 알
게 되었다. 야사는 바가 강변으로 갔다. 그러나 레와따는 그곳에 없었
다. 그가 깐야꿉자국으로 갔다는 말을 듣고 다시 그곳으로 갔다. 그러
나 그는 악갈라뿌라국으로 떠나버린 뒤였다. 야사는 악갈라뿌라를 거
쳐 상까샤로 갔다. 상까샤에서는 그때 대중 모임이 있었는데 레와따는
그 모임에 참석해 설법을 듣고 밤중이 지나서 숙소로 돌아갔다. 야사
도 그 설법에 참석하고 밤중이 지나서 레와따 장로의 처소로 갔다.

야사는 레와따에게 대뜸 "대덕 상좌여, 이지초식(二指抄食)은 할 수
있습니까."라고 물었다. 레와따는 "이지초식이란 무엇입니까."라고 되

180　율장 권4, 소품(남전장 4권, pp.453~455).

물었다. 야사가 설명하자 레와따는 "안 됩니다."라고 대답했다. "그것은
어디에서 제정되었습니까."라고 다시 묻고, "쉬라와스띠에서 제정되었
습니다."라고 대답했다. 이런 식으로 두 사람은 밤이 깊도록 질문하고
설명하고 검토하면서 10사가 모두 법에 어긋난다는 것을 확인했다.

그때서야 야사는 본심을 드러내었다. "대덕 장로여, 와이샬리의
브리지뿌뜨라까 비구들이 10사를 행하면서 '이것들은 청정[합법적]하
고 법에 맞고 부처님께서 허락하셨다'고 주장합니다. 포살 때 그들은
단월들에게 금과 은을 대중에게 보시하도록 권하고, 물건 나누는 사람
을 시켜 그것을 나누어 가집니다." 레와따는 야사의 설명을 듣고 말했
다. "그대는 다른 사람에게 이 일을 말하지 마십시오. 왜냐하면 비구들
의 생각이 같지 아니하므로 그들이 화합하지 못할까 염려되기 때문입
니다. 그대는 아호강가산으로 가십시오. 그곳에 삼부따 비구가 있습니
다. 그는 나에게 화상과 같은 분으로 60명의 빠테야까(Pātheyyaka: 서방
출신) 비구들과 함께 있습니다. … 그에게 이 10사에 관한 일을 자세하
게 말하고 바가(婆呵) 강변에서 만나자고 약속하십시오. 나도 그곳으
로 가겠습니다." 야사는 곧 아호강가산으로 가서 삼부따 장로를 만나
레와따의 말을 전했다.[181]

레와따 장로와 비구들은, "우리는 지금 다툼이 일어난 곳으로 가
자."라고 하면서 함께 배를 타고 갠지스강을 따라 와이샬리로 갔다. 와
이샬리에는 염부제(閻浮提)의 제1 상좌인 삽바까민(一切去) 장로가 있

---

181 사분율 권54(대정장 22권, pp.969하2~670중10).

었다. 레와따와 삼부따는 먼저 삽바까민 장로와 교섭이 필요하다고 생각했다. 삼부따가 레와따에게 말했다. "지금 삽바까민 상좌의 거처로 갑시다. 상좌와 함께 자면서 이 일을 자세히 이야기해서 상좌가 미리 알도록 합시다." 두 사람은 삽바까민 장로의 처소에 갔다. 여기에서 아무 설명도 없이 삼부따의 모습은 사라진다. 삽바까민 장로는 밤이 깊도록 좌선을 했다. 레와따는 '이 상좌는 나이가 많아 기력이 약할 터인데도 이처럼 오랫동안 앉아 있는데 하물며 내가 어떻게 오래 앉아 있지 못하겠는가'라고 생각하고, 자신도 밤이 깊도록 좌선을 했다. 삽바까민 장로 역시 '이 나그네 비구는 멀리서 오느라 매우 피로할 터인데도 이렇게 오래도록 좌선을 하는데 하물며 내가 어떻게 오래 앉아 있지 못하겠는가'라고 생각하면서 좌선을 계속했다. 두 장로는 밤이 깊도록 좌선을 한 뒤 자신들이 닦고 있던 공삼매(空三昧)의 내용과 지난 날 성취한 수행 결과에 대해 이야기를 나누었다. 이렇게 해서 두 사람은 서로에 대해 호감을 가지게 되었다. 레와따는 '지금이야말로 앞서 일어난 일을 이야기해서 그가 그것을 알게 할 때다'라고 생각했다.[182]

레와따는 삽바까민 장로에게 대뜸, "대덕 장로여, 이지초식(二指抄食)을 할 수 있습니까."라고 질문했다. 장로는 "이지초식이란 무엇입니까."라고 물었다. "족식(足食)하고 사위의(捨威儀)를 한 비구가 여식법(餘食法)[183]을 하지 않고 두 손가락으로 음식을 집어 먹는 것입니다."라고 설명했다. 삽바까민은 "그것은 안 됩니다."라고 대답했다. 계속해서

<hr>

182　同上, pp.970하1~28. 사분율 권54(대정장 22권, pp.969하2).
183　平川彰, 『律藏의 研究』, pp.11~712에서 자세하게 기술하고 있다.

그 계(戒)가 어디에서 어떻게 제정되었는지 묻고, "쉬라와스띠에서 여식법을 하지 않고 음식을 먹었기 때문에 제정되었다."고 대답했다. 두 장로는 제2사에서 제10사까지 묻고 대답했다. 그러나 제2사에서 제10사까지는 "하나하나 묻고 대답해서 포살 때 금은을 보시 받아 분물인(分物人: 물건 나누는 사람)을 시켜 분배한 일까지 위에서 말한 것처럼 했다."라는 한 구절로써 내용을 요약했다. 문답이 모두 끝나자 삽바까민 장로는 레와따에게 "다른 사람에게 이것을 말하지 마십시오. 사람들의 생각이 같지 않기 때문에 화합하지 못할까 걱정이 됩니다."라고 말했다.[184]

오분율에 의하면, 야사는 와이샬리 비구들이 그에게 불견죄갈마(不見罪羯磨)를 하려고 하자 신통력을 발휘해 공중으로 날아 빠와국(Pāvā, 波旬國)으로 갔다. 그때 빠테야(Pāṭheyyā, 波利邑)에는 60명의 비구들이 있었는데,[185] 모두 함께 공중으로 날아 와이샬리를 향해 오고 있었다. 도중에서 그들을 만난 야사는 와이샬리의 브리지뿌뜨라까(Vrjiputraka) 비구들이 행하고 있는 10사 비법을 설명하고, "대덕들이여, 우리는 함께 비니법을 논의해서 이 10사를 소멸시켜 브리지 비구들이 정법을 파괴하지 못하게 합시다."라고 말했다. 비구들은 모두 야사와 뜻을 같이했다.

....

184　同上, pp.970하28~971상6.

185　오분율 권30(대정장 제22권, p.193의 註3과 4)에 의하면 波旬國과 波利邑은 각각 Pāṭheyyā(西方)이다. 그러나 Hofinger(그의 책, p.48 註1과 塚本啓祥 p.119)는 波旬國을 Pāvā로 보았다.

그때 30명의 빠테야 출신 비구들이 마투라국에 있었으므로 야사는 60명의 비구들과 함께 그들을 포섭하기 위해 마투라로 날아갔다. 앞에서처럼 그들에게 와이샬리의 일을 설명하자 그들 역시 비법을 소멸시키는 데 뜻을 같이했다. 야사는 마투라 비구들 30명을 합친 90명의 비구들과 함께 알라위(Āḷavī, 阿臘脾) 읍(邑)으로 갔는데 그곳에도 30명의 빠테야 비구들이 있었다. 야사는 역시 그들에게 브리지뿌뜨라까 비구들이 행하고 있는 일에 대해 설명하자 그들도 비법을 소멸하는 데 뜻을 같이했다. 이제 야사의 뜻을 따르는 비구들의 숫자는 120명이 되었다. 야사는 이 비구들과 함께 아호강가산으로 가서 삼부따 장로를 만났다. 장로에게 와이샬리에서 일어난 일을 자세하게 설명하자 삼부따 역시 비법을 소멸시키는 데 뜻을 같이했다.

야사는 삼부따를 포함한 121명의 비구들과 함께 꼬삼비로 갔다. 그곳에는 레와따 장로가 많은 권속들과 함께 살고 있었는데, 장로 역시 10사를 소멸시키는 일에 찬성했다.[186]

레와따는 '내가 만일 여기에서 이 일을 소멸시킨다면 일을 일으킨 사람들이 반드시 다시 문제를 일으킬 것이다. 이제 우리가 함께 10사가 발생한 그곳에 가서 이 일을 없애야겠다.'고 생각하고 곧 대중들과 함께 와이샬리로 갔다. 그곳에는 사르와가민(Sarvagāmin, 一切去) 상좌가 있었다. 그는 전 인도의 사문 석자 가운데서 제일의 상좌였다. 야사는 레와따에게 그날 밤 사르와가민 상좌의 방에서 함께 묵으면서

186　同上, p.193상4~25.

그에게 10사에 대해 자세하게 말하도록 하고 자신은 다음 날 아침 일찍 상좌에게 문안을 드리겠다고 했다. 레와따는 사르와가민 상좌의 방에 침구를 펴고 묵었다. 그는 '사르와가민 상좌는 연로한데도 밤새도록 열심히 좌선을 하고 있는데 내가 지금 어떻게 편히 잠잘 수 있겠는가'라고 생각했다. 사르와가민 역시 '이 객(客)비구는 여행길에 피로가 심할 것이다. 게다가 목욕까지 했다. 그런데도 밤새도록 좌선을 하는구나. 내가 지금 어떻게 편히 누울 수 있겠는가.'라고 생각했다. 두 사람은 밤새도록 좌선을 하고 새벽이 되었을 때 밤 동안에 자신들이 했던 선정에 대해서 뿐 아니라 지난날 닦아 성취한 수행에 대해서도 이야기를 나누었다. 그러나 와이샬리에서 발생한 일에 대해서는 한마디도 언급하지 않았다.

야사는 약속한 대로 아침 일찍 사르와가민 상좌의 처소로 왔다. 야사의 문안 인사가 끝나자 레와따는 곧 상좌에게 "염강합공숙(鹽薑合共宿: 소금과 생강을 섞어 저장하는 것)은 정(淨)입니까."라고 물었다. 상좌는 "이 일은 대중들 가운데서 물어야 합니다. 나에게만 질문하면 '비법을 행하는 사람들이 나를 사사로운 사람으로 생각하고 내가 비나야에 대해 논하는 것을 받아들이지 않을지도 모릅니다'."라고 말했다. 그렇지만 비구들이 내놓은 주장들이 너무 많아 결정을 내릴 수 없었다. 결국 8명으로 구성된 대표단[斷事主]에게 이 일을 위임하기로 했다.[187]

십송율의 내용은 관계 문헌들 가운데서 가장 자세하다. 야사는

187　同上, p.193 상25~하21.

와이샬리 비구들에게 출갈마(出羯磨)를 당한 뒤 먼저 꼬샬라국으로 가서 그곳에서 여름 안거를 지냈다. 그는 삼보가(Sambhoga, 三菩伽) 장로가 마투라국 상까샤의 승가람(僧伽藍)에 머물고 있다는 것을 알게 되자 장로에게 심부름꾼[使]을 보내어 이렇게 말하게 했다. "와이샬리국 비구들은 꼬샬라에서 큰 금발우를 가지고 이 나라를 떠나 와이샬리국으로 가서 금전을 구걸하면서 액수가 얼마이든 모두 그 발우 속에 넣어달라고 했습니다. 그것은 만 전(萬錢)이 되기도 하고, 천 전, 오백 전, 오십 전에서 일 전이 되기도 했습니다. 장로 비구들이 모여서 이 악법을 소멸시켜야 합니다. 지금 소멸시키지 않으면 뒷날 틀림없이 이 일은 커질 것입니다."

삼보가 장로는 곧 닥쉬나빠타(Dakṣiṇāpatha, 達嚫那)국과 아완띠(Avanti, 阿槃提)국으로 사람을 보내어 그곳 비구들에게 와이샬리에서 10사가 발생했다는 사실을 알리고, "지금 소멸시키지 않으면 그것은 뒷날 틀림없이 커질 것"이라는 말을 전했다. 그러자 곧 닥쉬나빠타국과 아완띠국 비구들은 와이샬리에 모였다.

한편, 삼보가 자신은 레와따 장로를 만나기 위해 여러 비구들과 함께 배를 타고 사하자국(Sahajā, 薩寒若國)으로 갔다. 레와따는 그들을 정중하게 맞이했다. 그날 밤 삼보가는 레와따 장로의 방에서 함께 새벽까지 좌선을 했다. 다음 날 아침 삼보가는 사하자성에 들어가 탁발을 해 공양을 한 다음 장로와 함께 10사 문제를 자세하게 검토하고 논의했다. 삼보가는 곧바로 "장로여, 염정(鹽淨)을 인정해야 합니까."라고 질문했다. 레와따는, "무엇을 염정이라 합니까."라고 반문하고, 삼보가는 그것을 설명했다. 그곳 비구들에게 와이샬리에서 10사가 발생했다는 사실을 알리고, '지금 소멸시키지 않으면 그것은 뒷날 틀림없이 커질 것'이라는 말을 전했다. 레와따는 '그것은 부정(不淨, 不法)입니다'라고 답했다. 그것을 범하면 어떤 죄를 짓게 되는지, 어디에서 누구 때문에 이 계율이 제정되었는지에 대해서도 야사가 묻고 레와따는 설명했다. 나머지 9사에 대해 같은 방식으로 자세하게 하나하나 묻고 답하고 검토했다. 모두 '부정'이라는 결론에 이르렀다. 10사에 대한 검토가 끝나자 삼보가는 레와따에게, "훌륭하십니다. 레와따 대덕이여, 10사를 잘 설명했습니다."라고 칭찬한 뒤, 와이샬리 비구들이 행하고 있는 그 일을 어떻게 처리해야 할 것인지 물었다. 레바따는, "마땅히 함께 부지런히 방편을 써서 좋지 않은 이 법을 소멸시켜야 합니다."라고 대답했다.

그리고 다시 이렇게 말했다. "이 일은 이 자리에서도 소멸시킬 수 있을 것입니다. 그러나 혹시 알지 못하는 사람들이 '이 일은 이 장소에서 소멸될 수 없다.'고 말할지도 모릅니다. 이 일은 본래 어디에서 발생했습니까. 마땅히 처음 발생한 곳으로 가서 이것을 소멸시켜야 합니다." 이렇게 해서 장로 레바따와 삼보가 및 아완띠와 닥쉬나빠타국의 여러 비구들과 그들의 뜻을 따르는 몇몇의 비구들은 와이샬리로 갔다.

레와따는 와이샬리에 도착하자 곧 그곳에 있던 사르와까라 빠리와라(Sarvakāra Parivāra, 一切去) 상좌를 만나기 위해 그의 처소로 갔다. 상좌는 레와따를 반갑게 맞이하면서 시자에게 침상과 이부자리를 상좌 자신의 방에 준비하도록 지시했다. 두 장로는 온밤 동안 함께 좌선을 하면서 이렇게 생각했다. "레와따 상좌는 객으로 먼 길을 오느라 매우 피로할 것인데도 자리에 눕지 않는구나. 나는 그보다 먼저 누워서는 안 된다. 객비구가 누운 다음에 내가 누우리라.” “지금 승가 가운데서 제일 상좌께서 자리에 눕지 않는데 내가 먼저 누워서는 안 된다. 상좌께서 누운 뒤에 내가 누우리라.” 그래서 두 장로는 온밤을 눕지 않고 좌선을 했다. 새벽이 되자 그들은 밤 동안에 행한 선정[三昧]과 지난날 성취한 수행의 경지에 대해 이야기를 나누었다.[188]

아침 일찍 삼보가 장로는 두 상좌가 있는 곳에 왔다. 인사가 끝나자마자 (밤 동안 10사에 대한 언급은 전혀 없었는데) 사르와까라 빠리와라는 대뜸, “삼보가여, 이 일[十事]을 어떻게 소멸시키려고 합니까.”라고 물었다. 삼보가는 “장로께서는 전체 승가에서 제일 상좌이시니 이 일을 아셔야 하고, 역시 그것을 어떻게 소멸시킬 것인지 말씀하셔야 합니다.”라고 대답했다. 사르와까라 상좌는 “삼보가여, 그대는 오늘 공양 후 전체 승가를 모으십시오.”라고 지시했다. 삼보가는 와이샬리성에 들어가 탁발을 해서 공양을 한 뒤 승가를 한곳에 모았다. 그때 와이샬리에는 700명에서 한 비구가 모자랐다. 그래서 700집회는 성원이 되지 못했기 때문에 ‘법이 아니고, 선(善)이 아니고, 부처님의 가르침이 아닌 이 나쁜 일[惡事]’을 소멸시킬 수 없게 되었다. 그때 빠딸리뿌뜨라에 있던 꿈자쇼비따 장로가 천안(天眼)으로 이 사실을 알고 삼매에 들어가 신족통(神足通)을 발휘해 곧 와이샬리로 가서 승가의 모임에 참여함으로써 700숫자를 채웠다.[189]

유부비나야잡사의 내용은 관계 문헌들 가운데서 가장 자세하다.

....

188 同上, pp.452중10~하11과 하14~453상16.

189 同上, pp.453상22~중1과 16~17.

312

야사(Yasa, 名稱)는 제자들과 함께 여행을 하던 중 와이샬리에 들렀다가
그곳 비구들이 법에 어긋나는 10사를 행하고 있는 것을 알게 되었다.
부처님의 법이 오래 머물게 하기 위해 그곳에 살고 있던 자신의 스승
사르와까마(Sarvakāma, 樂欲)와 함께 이 일을 자세하게 검토하고 논의
했다. 10사는 모두 부처님의 가르침에 위배되는 악사(惡事)인 것을 확
인하게 되었다. 스승은 그에게, "이 악사를 없애기 위해 너는 다른 곳
에서 좋은 무리(善黨: 지지자)를 모아라. 나는 법을 위해 너의 반려(伴侶)
가 되겠다."라고 말했다. 스승의 지지와 약속을 받은 그는 곧 행동을
개시했다.[190]

야사는 먼저 수카위하라(Sukhavihāra, 安住聚落) 마을로 가서 샤다
(Śāḍha, 奢佗)[191] 비구를 만나 10사 문제를 설명하고 함께 검토했다. 샤
다 역시 야사와 뜻을 같이했다. 샤다는 "그렇다면 그대는 다른 곳으
로 가서 좋은 무리를 구하십시오. 나는 그대와 함께 법을 보호하기 위
해 협력자가 되겠습니다."라고 약속했다. 야사는 상까샤성으로 가서
왓사(Vatsa, 婆瑳) 존자에게 10사에 대해 말했다. 그다음 꿉자쇼비따
(Kubjaśobhita, 曲安) 비구를 만나러 빠딸리뿌뜨라성으로 갔다. 이 비구
는 멸진정(滅盡定)에 들어 있었기 때문에 만날 수 없어서, 선의(善意)
라는 비구와 10사 문제를 의논했다. 이어서 쉬루그나(Śrughna, 流轉城)
로 가서 아지따(Ajita, 難勝) 비구에게, 그리고 마히슈마띠(Māhiṣmatī, 大

....

190 유부비나야잡사 권40(대정장 24권, pp.412상15~413상21).

191 사타(奢佗)는 註로써 첨곡(諂曲)이라 했다. 同上, p.413상29; Hofinger, 앞의 책(p.139)
에서는 Śāḍha이다.

惠城)로 가서 수다르샤나(Sudarśana, 善見) 비구에게 각각 10사 문제를 알리고 대책을 의논했다. 이들은 모두 야사와 뜻을 같이하면서 협력할 것을 약속했다. 마지막으로 사하자(Sahajā, 俱生城)로 가서 레와따(妙樂) 비구를 만났다. 레와따는 먼 길을 오느라 피로에 지친 야사에게 휴식을 취하도록 하고 자신이 그 일을 대신 하기 위해 다른 곳으로 떠났다.[192]

한편, 와이샬리 비구들은 일이 어떻게 되어가고 있는지 알아보기 위해 야사의 제자들에게 가서 물었다. "그대들의 화상은 지금 어디에 있습니까." "좋은 무리를 모으러 갔습니다." "무엇 때문에 무리를 모으고 있습니까." "그대들을 추방하기 위해서입니다." "우리에게 무슨 잘못이 있기에 몰아내려고 합니까." 제자들이 그 일을 자세하게 설명해 주자 와이샬리 비구들은 "그대들의 화상이 하는 일은 좋지 않습니다. 부처님께서 이미 열반에 드셨는데, 부처님이 남기신 법을 가지고 왜 우리들끼리 서로 괴롭힙니까. 우리는 인연을 따라 생계를 꾸려가고 있습니다."라고 말했다. 그러자 어떤 비구가 이렇게 말했다. "장로들이여, 그대들이 하는 짓은 성문(聲聞)들을 거스르는 것이고, 그대들은 법에 어긋나는 일을 하고 있습니다. 우리는 부처님의 정법이 세상에 1천 년을 머문다고 들었습니다. 그런데 지금 아직 천 년이 지나지 않았는데 부처님의 가르침이 사라지려 합니다. 지금 야사가 무리를 모아 정법을 보호하고 나쁜 무리를 축출하려고 하는 것은 아주 잘하는 일입

---

192 同上, p.413상26~중26. 漢字로 된 고유명사들을 산스끄리뜨어로 바꾸기 위해서 Hofinger의 앞의 책(pp.140~141)을 참조했다.

니다. 이렇게 옳게 함으로써 악인들로 하여금 계를 업신여기지 않게 하고 악성종양(惡性腫瘍)이 생기지 않게 할 것입니다."

이 말을 들은 와이샬리 비구들은 모두 두려워하면서 그들끼리 의논했다. "야사 장로가 우리를 몰아내기 위해 무리들을 모으러 갔는데 우리는 왜 가만히 있습니까.""우리가 어떻게 하겠습니까.""야사가 무리를 모으고 있으니 우리도 무리를 모읍시다.""(설사 무리를 모은다 해도 그를) 어떻게 몰아낼 수 있겠습니까." 어떤 비구들은 말했다. "만약 그렇게 한다면 싸움이 일어나게 될 것입니다. 우리가 모두 도망가서 숨어버립시다.""어디로 도망가겠습니까. 우리가 가는 곳마다 이와 같은 허물이 있게 될 것입니다." 또 어떤 비구들은, "먼저 야사의 제자들에게 여러 가지 선물을 주어 그들의 기분이 좋아지게 한 다음 용서를 빕시다."라고 제안했다. 비구들은 모두 그것이 좋은 방편이라 생각하고 야사의 제자들에게 여러 종류의 승복과 발우와 수라(水羅: 물 거르는 그물)를 주었다. 이 선물 덕택으로 그들은 점차 서로를 받아들이게 되어 모두 이곳에 함께 있게 되었다.[193]

야사 장로가 여러 곳을 방문해서 10사 문제를 해결하기 위한 지지자들을 모은 뒤 와이샬리로 돌아왔다. 제자들이 "화상이여, 무리를 구하였습니까."라고 묻자, 야사는 "머지않아 좋은 무리가 스스로 와서 서로 도울 것"이라고 대답했다. 그러자 제자들은, "화상이여, 이 일

....

193 同上, p.413중26~하19. 마지막 문장인 "如是供給 漸相容忍 住處中位"는 Hofinger 의 번역(p.142)을 참고했다; Ils se supportèrent peu à peu et demeurèrent tous à cet endroit.

은 끝난 것입니다. 마음을 돌리시기 바랍니다. 부처님께서 이미 열반에 드셨고 그 가르침도 부처님을 따라 사라져버렸습니다. 와이샬리 비구들은 나름대로 인연을 따라 살아가고 있는데 무엇 때문에 다른 사람들을 괴롭히십니까.”라고 말했다. 야사는 ‘나는 일찍이 내 제자들이 이런 말을 하는 것을 듣지 못했는데, 이 상황을 보니 그들이 다른 사람들의 청탁을 받은 것이 틀림없다’라 생각하고, 그들에게 물었다. “나는 너희들에게 일찍이 이런 말을 듣지 못했다. 너희들은 다른 사람들의 청탁을 받은 것인가.” 제자들은 모두 침묵했다. 야사는 심부름꾼을 그의 지지자들에게 보내어 “악한 무리들이 점점 불어나고 있습니다. 빨리 오십시오. 불법의 큰일[佛法大事]을 더 이상 미루어 둘 수 없습니다.”라고 말하게 했다. 그러고는 곧 건치(犍稚)를 울리자 699명의 아라한들이 와이샬리에 모였다. 빠딸리뿟뜨라에서 멸진정(滅盡定)에 들어 있던 꿉자쇼비따 존자는 건치 소리를 듣지 못했다. 그가 멸진정에서 나오자 한 신[天]이 그에게 와이샬리의 결집 모임을 알렸다. “어떻게 이렇게 태연하십니까. 동학(同學) 699명 아라한이 모두 와이샬리에 모였습니다. 결집을 해서 법이 오래도록 머물게 하기 위해서입니다. 그곳에 빨리 가야 합니다.” 꿉자쇼비따가 신통력으로 즉시 결집장으로 가서 700숫자를 채우자 결집은 바로 시작되었다.[194]

대왕통사에 의하면, 야사는 왓지뿟따까 비구들이 법에 어긋나는 10사를 행하고 있다는 소문을 듣고 그것을 제지하기 위해 와이샬

----

194 同上, pp.413하20~414상29. 게송으로 중복된 내용은 생략했음. Hofinger, 앞의 책, pp.142~144.

리에 갔다. 그는 그곳 비구들이 신도들에게 금전 보시를 요구하고 있는 것을 보았다. 야사는 신도들에게 그 요구에 응하지 말도록 했다. 그러자 와이샬리 비구들은 야사에게 차부지백의갈마(遮不至白衣家羯磨, paṭisāraṇiyakamma)를 하게 했다.[195] 야사는 수반자(隨伴者: 동반자)와 함께 신도들에게 가서 사과하는 대신 자신이 했던 말이 법(dharma)에 맞는 것이라고 설명했다. 수반자로부터 야사가 한 행동에 대해 보고를 받은 비구들은 그를 추방하기 위해 그가 머물고 있던 곳으로 몰려가 집을 에워쌌다. 야사는 그곳을 탈출, 공중으로 날아 꼬삼비(Kosambī)로 갔다. 거기에서 그는 빠와(Pāvā)와 아완띠(Avanti) 비구들에게 심부름꾼을 보내어 와이샬리에서 일어난 일을 알리게 하고 자신은 아호강가산으로 가서 삼부따 사나와신(Saṃbhūta Sāṇavāsin) 장로와 이 문제를 해결하기 위한 대책을 의논했다. 그러는 사이에 빠와와 아완띠에 살고 있던 장로들 60명과 80명이 아호강가산으로 왔다. … 그들은 함께 그 당시 수행자들 가운데 제1인자였던 소레야(Soreyya, 須離人) 출신 레와따 장로를 만나러 갔다.

레와따 장로는 천이통으로 비구들이 의논하는 것을 들었다. 그들과 함께 여행을 하면 불편할 것이라 생각하고 혼자 와이샬리를 향해 떠났다. 야사를 비롯한 비구들은 그의 뒤를 추적하면서 여러 곳을 거친 뒤 마침내 사하자띠(Sahajāti, 娑呵邪提)에서 그를 만났다. 레와따 장로는 야사에게 10사 문제에 대해 자세한 것을 들은 다음, "우리는 이

---

195 비구가 在家人에게 잘못된 일을 했을 때 사과해야 하는 것. 下意羯磨 또는 應追憶 羯磨라고도 한다. 中村元, 앞의 사전, p.302중②.

것을 못하게 합시다."라고 하고, 비구들과 함께 와이샬리로 갔다.[196]

비니모경의 내용은 간단하다. 칠백비구집법장(七百比丘集法藏)이라는 긴 제목과 함께 바로 결집 이야기가 시작된다. "부처님 열반 후 100년에 와이샬리의 브리지뿌뜨라까 비구들은 부처님이 예언하신 것처럼 10법을 행하였다."라는 말에 이어서 10법의 조목이 열거되고, "이 이유 때문에 야사는 그 잘못들[過患: 十事]을 제거해 소멸시키려고 와이샬리에 700명의 아라한을 모았다."라고 말하고 있다.[197]

선견율비바사는 제이집법장(第二集法藏)이라는 제목으로 결집에 대해 짧게 기술하고 있다. 왓지(Vajji) 지방을 여행하고 있던 야사(耶須拘迦)[198]는 열 가지 비법[十非法]이 와이샬리에서 발생했다는 소문을 듣고 '부처님의 법이 파괴되는데 내가 숨어 사는 것은 마땅하지 않다. 방편을 쓰면 이 나쁜 법을 소멸할 수 있을 것'이라고 생각했다. 즉시 와이샬리에 가서 대림(大林)의 꾸따가라살라(Kūtagārasālā, 重閣講堂)에 머물렀다. 왓지족 비구들이 포살 날 신도들에게 "우바새들이여, 비구들에게 돈을 주어야 합니다. 뜻에 따라 반전(半錢)이거나 일전을 주어서 비구들이 의복을 가질 수 있게 해 주십시오."라고 말했다. 모든 사람들은 그 말을 따랐다.[199] 일체선견율주서는 제이합송(第二合誦)이라는 제목

---

196 대왕통사 4장(남전장 60권, pp.168~171). 장황한 내용 요약. Geiger, *The Mahāvaṃsa*, pp.20~23. 이 내용은 왕통사에는 나오지 않는다.

197 비니모경 권4(대정장 24권, p.819 중1~13); Hofinger, 앞의 책, p.127.

198 선견율비바사(同上, p.677하22). 야사를 耶須拘迦라 하고 拘迦를 迦乾陀子, 즉 Kākaṇ-ḍakaputta라고 註21로써 설명했다.

199 同上, pp.677하22~678상11. 내용이 분명하지 않다. … 一切應說 此是集毘尼義

을 사용하고 있다. 내용은 선견율비바사에서 기술하고 있는 것과 거의 동일하다.[200]

　　마하승기율에서 전하는 결집에 대한 내용은 지금까지 본 문헌들의 내용과 다르다. 이것은 유일하게 대중부 소속의 율장으로, 10사는 언급조차 되지 않았다. 문제가 된 것은 오직 와이샬리 비구들이 포살 때 단월들에게 계리사반(罽利沙槃, karṣāpaṇā), 즉 돈[錢]을 보시 받아 분배한 일뿐이다. 비구들이 야사에게 그의 몫을 주자 그것이 무엇이냐고 물었다. '신도들에게 보시 받은 약값'이라고 대답하자, 야사는 '그것은 잘못'이라고 한마디로 잘라 말했다. 비구들은 "신도들이 승가에 보시하는 것이 왜 잘못인가."라고 묻자 야사는 '비구들이 돈을 받는 것은 부정(不淨, 不法)이기 때문'이라고 대답했다. 그러자 비구들은 그가 승가를 비방했다고 주장하면서 거갈마(擧羯磨)[201] 벌을 주었다. 야사는 즉시 와이샬리를 떠나 마투라국으로 갔다. 그곳에서 다사발라(Dasabala, 陀娑婆羅) 존자를 만나 와이샬리의 일을 알린 다음 마투라 비구들에게, "우리는 다시 율장을 결집해서 부처님의 법이 쇠퇴하지 않도록 해야 합니다."라고 말했다. 비구들은 야사의 제의를 받아들여 그 일이 일

七百比丘不滅不長 是名七百比丘 集毘尼義.

200　일체선결율주서3(남전장 65권, pp.45~44); Jayawickrama, 앞의 책, pp.30~31.

201　거[죄]갈마, 佐藤密雄(崔法慧 역), 율장, p.172와 p.244. 中村元, 『佛敎語大辭典』, p.606. 捨置羯磨라고도 한다. M. Hofinger(Louvain,1946), *Étude sur le concile de Vaiśālī*, p.30, p.46; 그들이 야사에게 거죄갈마를 주었다. 거죄갈마란 죄를 지은 사람이 죄를 인정하지 않을 때 내리는 벌로서 비구가 누리는 대부분의 특권을 정지당하게 된다.

어난 곳, 즉 와이샬리에서 결집을 하기로 결정하고 모두 그곳으로 갔다.[202]

2) 결집 과정

결집 과정에는 세 가지 다른 내용의 결집이 있다. 첫째는 10사 문제를 해결하기 위해 선정된 700명의 비구들 가운데서 서쪽 출신 4명과 동쪽 출신 4명을 선출하고, 이들 8명의 비구들이 다른 장소에서 10사 문제를 논의한 다음, 그 결과를 692명의 비구들 앞에서 발표하고 그들의 승인을 받은 결집이다. 둘째는 마하승기율에서만 볼 수 있는 것으로, 문제가 된 것은 10사가 아니고 금은정(金銀淨) 한 가지가 문제로 된 결집이다. 결집과는 완전히 다른 내용이다.[203]

세 번째는 10사 문제를 끝낸 다음, 3장에 능통한 700명 비구들을 선정해 '제2결집[合誦]'이라는 이름으로 개최한 경장과 율장의 결집이다. 이 결집은 '지난날 제1차 결집 때 까샤빠 존자가 한 것과 같은 것'이라고 밝히고 있다.[204] 700결집, '제2결집[合誦]'이라는 이름으로 개최한 경장과 율장의 결집이다. 이 결집은 '지난날 제1차 결집 때 까샤빠 존자가 한 것과 같은 것'이라고 밝히고 있다.

....

202 마하승기율 권33(대정장 22권, p.493상25~중16).

203 同上, p.493하1~11.

204 일체선견율주서3(남전장 65권, p.43과 p.45); 선견율비바사(대정장 24권, p.678상14~20); 도왕통사와 대왕통사(남전장 60권, pp.30~33, 그리고 p.173).

(1) 700인 결집

율장(빨리율)에 의하면, 10사 문제를 해결하기 위해 와이샬리에 700 명의 비구들이 한자리에 모였다. 여러 가지 주장들로 말미암아 아무 것도 결정할 수가 없었다. 레와따 장로가 결집 비구들에게 단사인(斷事人, ubhāhikā: 재판관)[205]들을 선출해 이 쟁사(諍事)를 그들로 하여금 해 결하게 할 것을 제안했다. 비구들은 레와따의 제안을 받아들였다. 레 와따는 일방적으로 동쪽[波夷那, Pācīnaka] 비구들 가운데서 삽바까미 (Sabbakāmī, 一切去)·살하(Sāḷha, 娑蘭)·꿋자소비따(Khujjasobiṭa)·와사바 가미까(Vāsabhagāmika)를 선정하고, 서쪽[波利邑, Pāṭheyyaka] 비구들 가 운데서 레와따(Revata, 離婆多)·삼부따 사나와시(Sambhūta Sāṇavāsī, 三浮 陀舍那婆斯)·야사 까깐다까뿟따(Yasa Kākaṇḍakaputta, 耶舍迦乾陀子)·수마 나(Sumana, 修摩那)를 선정했다.

그리고 나서 그는 전체 승가를 향해 "동쪽의 네 명 비구들과 서쪽 의 네 명 비구들의 선정(選定)을 승인하는 사람은 침묵하고 승인하지 않는 사람은 말하십시오."라고 했다. 비구들은 침묵으로 그 인선을 승 인했다. 끝으로 승가는 단사인들의 방석을 관리할 지와좌구인(知臥坐 具人)으로 아지따(Ajita, 阿夷頭) 비구를 선출했다. 그는 설계자(說戒者)로 서 승가가 포살을 할 때 쁘라띠목샤(prātimokṣa, 戒本)를 송출하는 비구

---

[205] 승가에 분쟁이 일어났을 때 그것을 조정하고 처리하는 임무를 맡은 비구. 율장에 따라 平當人·斷事主·烏廻鳩羅(ūhakara)로 되어 있다. 平川彰, 앞의 책, pp.304~305 와 佐藤密雄, 앞의 책, p.62, pp.351~364에서 자세하게 설명하고 있다. 中村元(앞의 사전, p.944)에 의하면, '재판관 또는 교단의 범죄를 판결하는 僧職'이다.

였다.[206]

단사인으로 선출된 8인의 장로들은 쾌적하고 조용한 왈리까 동산(Vālika 婆利伽園)을 결집장으로 정하고 그곳으로 갔다. 결집장에서 결집 위원들이 자리를 잡자 서쪽 장로들의 대표인 레와따가 대뜸, "승가여, 내 말을 들어주십시오. 나는 삽바까미 장로에게 율(律)에 대해 질문하겠습니다."라고 선언했다. 삽바까미는 동쪽 비구들의 대표였다. 그 역시, "승가여, 내 말을 들어주십시오. 나는 율에 대한 레와따 장로의 질문에 대답하겠습니다."라고 말했다. 장로들은 두 대표의 말에 동의했다.

두 장로는 곧바로 10사 문제에 대한 문답을 시작했다. "대덕이여, 기중염(器中鹽)은 정(淨)입니까." "벗이여, 기중염이란 무엇입니까." "소금이 없을 때 먹기 위해 그릇[器]에 소금을 간직하는 것입니다." "그것은 정이 아닙니다." "어디에서 금지되었습니까." "쉬라와스띠에서 금지되었습니다. 율장의 경분별(經分別, Suttavibhaṅga)에 포함되어 있습니다." "이것을 어기면 무슨 죄를 짓게 됩니까." "잔숙식(殘宿食)의 바일제(波逸提, pācittiya) 죄를 짓게 됩니다."

이렇게 해서 10사 가운데 제1사의 검토를 끝냈다. 기중염은 정법이 아닌 것으로 판정되었다. 레와따는 장로들에게 말했다. "승가여, 내 말을 들어주십시오. 승가는 이곳에서 제1사를 부정(不淨)이라고 판정했기 때문에 이것은 삿된 법이고 삿된 율로서 부처님의 가르침이 아

....

206 (빨리)율장 권4, 소품12(남전장 4권, pp.455~456); Hofinger, 앞의 책, p.104와 p.106.

닙니다. 이곳에 첫 번째 산가지[算籌, śalākā]207를 내려놓습니다."라고
선언했다. '산가지를 내려놓는다'는 말은 그 문제에 대한 판정이 끝났
다는 의미였다. 계속해서 제2사에서 제10사까지 하나하나 레와따와
삽바까미 두 장로는 문답을 통해 설명하고 검토한 뒤 그것들이 삿된
법이고 삿된 율이고 부처님의 가르침이 아니라는 판정을 내렸다. 그
리고 각 사(事)마다 산가지를 한 개씩 내려놓았다. 이렇게 해서 10사는
모두 '부정'이라는 판정이 났다. 단사인들 가운데서 그 누구도, 그리고
단 한 번도 두 장로의 10사에 대한 검토와 판정에 이의를 제기한 사람
은 없었다. 마지막으로 레와따는 이미 앞에서도 몇 번이나 거듭한 말
을 되풀이하면서 10사 검토의 종결을 선언했다. "승가여, 내 말을 들어
주십시오. 승가는 이 10사를 모두 검토했습니다. 이것들은 삿된 법이
고 삿된 율로서 부처님의 가르침이 아닙니다."208

　　레와따 장로의 선언에 뒤이어 삽바까미 장로가 다음과 같이 제안
했다. "벗이여, 이 문제[諍事]는 해결되었고 판정이 났고 제거되었고 종
결되었습니다. 그렇지만 그대는 다시 전체 대중들 앞에서 이 10사를
나에게 질문해 비구들로 하여금 모두 알 수 있도록 하십시오." 그래서
단사인들은 다른 비구들이 기다리고 있던 장소로 되돌아갔다. 다시 레
와따는 삽바까미 장로에게 10사에 대해 질문하고 장로는 질문에 따라

207　中村元, 앞의 사전, p.244⑷와 962⑶. 대[竹]와 나무로 만든 算木으로 계산이나 투
　　표할 때 사용하는 도구. 크기는 약 한 자(尺, 30.3cm).

208　남전장 4권, pp.456~459; Hofinger, 앞의 책, pp.111~120.

대답했다.[209]

그리고 이렇게 끝내었다. "이 율결집(Vinayasaṃgīti)에 700비구가 참여했다. 700명보다 많지도 적지도 않았기 때문에 이 율결집을 700결집이라 한다."[210]

사분율에서는, 장소가 갑자기 사르와가민(Sarvagāmin, 一切去) 장로의 거처[屋中]에서 와이샬리의 700비구들이 모인 결집장으로 바뀌고, 결집 회의도 제법 진행된 것으로 되어 있다. 단사인(斷事人) 대신 8명의 평당인(平當人, ubbāhikā)으로 되어 있고, 구성에 대한 이유도 설명도 없이 사르와가민 장로는 대중들에게 단도직입적으로, "지금 대중은 법과 비니[法毘尼; Loi et Discipline]를 논의하겠습니다."라고 말했다. 그러자 동쪽[波夷那] 비구들은 서쪽[波梨] 비구들에게 "그대들은 지금 평당인들을 선출하십시오."라고 말했다. 서쪽 비구들은 즉시 "삽바까민·레와따·야사·수마나(Sumana, 修摩那)가 평당인입니다."라고 4명의 상좌들을 지명했다. 이번에는 서쪽 비구들이 동쪽 비구들에게, "그대들도 평당인들을 선출하십시오."라고 말했다. 동쪽 비구들도 즉시 삼부따(Sambhūta, 三浮陀)·와사와그라미까(Vāsavagrāmika, 婆搜村,)·살라(Śāla, 沙留)·꿉자쇼비따(Kubjaśobhita, 不闍蘇摩)의 이름을 불렀다. 비구들은 이 8명 외에 교화에 능한 아지따(Ajita, 阿夷頭) 비구를 평당인의 숫자에 포함시켰다. 왜냐하면 그가 비구들을 위해 교화를 할 수 있다고 생각했

---

209 同上, p.459; Hofinger, 앞의 책, p.122.

210 同上, p.460; Hofinger, 앞의 책, p.124.

기 때문이었다.[211] 그들은 왈리까숲(Vālika, 婆梨林)에서 모임을 가지기로 했다. 삽바까민 장로는 전체 비구들에게, "대덕들은 들어주십시오. … 왈리까숲에서 법과 비니를 논하려고 합니다. 다른 비구들은 그곳에 참석할 수 없습니다."라고 말했다. 그리고 2~3명의 비구를 뽑아 결집 비구들을 왈리까숲으로 안내하게 했다.

삽바까민(一切去) 상좌는 왈리까숲에 도착하자 곧 비구들에게, "지금 승가는 법과 비니를 논의하겠습니다."라고 개회사를 했다. 그리고 레와따가 "승가는 지금 삽바까민 상좌에게 법과 비니를 묻겠습니다."라 말하고, 삽바까민 역시 "승가는 지금 레와따로 하여금 법과 비니를 묻게 하고 내가 대답하겠습니다."라고 말했다.

10사에 대한 검토가 시작되었다. 레와따는 "대덕 상좌여, 이지(二指)는 정(淨)입니까."라고 묻고 삽바까민은 "이지정이란 무엇입니까."라고 반문했다. "그것은 족식(足食)하고 사위의(捨威儀)한 다음 두 손가락으로 음식을 집어 먹는 것입니다."라고 대답했다. 그러자 삽바까민은 "그것은 안 됩니다."라고 말했다. "이것은 어디에서 제정되었습니까."라고 묻고, "쉬라와스띠에서 여식법(餘食法)을 행하지 않고 음식을 먹었기 때문에 제정되었습니다."라고 대답했다.

삽바까민은, "이것은 제1사로서 법이 아니고 율이 아니고 부처님의 가르침이 아닙니다."라고 말한 다음 산가지를 내려놓았다. 제2사부터 제10사까지는 한 문장으로, "이와 같이 하나하나 검토하고 판정해

---

211 사분율 권55(대정장 22권, p.971 상8~18); Hofinger, pp.101~109의 홀수쪽들.

서 10사까지 했다. 10사는 모두 법이 아니고 율이 아니고 부처님의 가르침이 아니다. 그 모두에 산가지를 하나씩 내려놓았다."[212]라고 했다.

10사의 검토와 판정이 끝나자, 8명의 장로들은, "우리는 지금 별처에서 이 일을 판정했습니다. 이제 다시 전체 승가 앞에서 이와 같이 검토하고 판정합시다. 왜냐하면 여러 사람들이 모두 알도록 하기 위해서입니다."라고 말했다. 장로들은 전체 결집 비구가 모여 있는 와이샬리로 갔다. 삽바까미 상좌는 모든 비구들을 한자리에 모이게 한 다음, 그들을 위해 왈리까숲에서 했던 것과 똑같은 방식으로 '이지정(二指淨)'에 대해 레와따가 묻고 상좌 자신이 대답하면서 검토하고 판정하고 산가지를 내려놓았다. "이와 같이 하나하나 제10사까지 법이 아니고 율이 아니고 부처님의 가르침이 아니라는 것을 승가 가운데서 검토하고 판정을 내리고 그 하나하나에 모두 산가지를 내려놓았다."라고 한 문장으로 정리했다.[213]

이 과정에서 700비구로부터 어떠한 반대 주장도 나오지 않았다. 이것은 10사 문제를 해결하기 위해 모인 모든 비구들이 8명(또는 9명)의 평당인들이 내렸던 판정을 만장일치로 승인했다는 것을 의미한다. 그리고 "이것을 700명의 법과 비니의 결집이라 한다."라는 한 문장으로 정리했다.[214]

212 同上, pp.971 상28~중12.

213 同上, p.971 중12~29; Hofinger, 앞의 책, p.115와 p.123.

214 同上, pp.971 중29~하2; 在毘舍離 七百阿羅漢 集論法毘尼 故名七百集法毘尼; Hofinger, 앞의 책, p.125.

오분율에서도 비슷한 내용이다. 레와따 장로는 승가를 소집해서 비나야를 논의하려고 했지만 비구들이 내놓은 주장들이 너무 많아 결정을 내릴 수 없었다. 레와따는 동쪽과 서쪽 비구들 가운데서 각각 4명씩을 선발해 그들을 단사주(斷事主)[215]로 삼아 비나야에 대한 논의를 위임하자고 승가에 제안했다. 이 제안이 받아들여져 동쪽 비구들이 사르와가민(Sarvagāmin, 一切去)·레와따(Revata, 離婆多)·꿉자쇼비따(Kujaśobhita, 不闍宗)·수마나(Sumana, 修摩那)를 선출하고, 서쪽 비구들이 삼부따(Sambhūta, 三浮陀)·사란(Śāla, 沙蘭)·디르가께샤(Dīrghakeśa, 長髮)·와사와그라미까(Vāsavagrāmika, 婆沙藍)를 선출했다.[216] 단사주로 선발된 상좌들이 선정한 결집 장소는 비라야여인이 보시한 동산(毘羅也女所施園, mbapālivana)이었다.[217] 레와따는 자신의 제자 다르마(Dharma)에게 그곳에 가서 상좌들을 위해 자리를 펴도록 했다.

8명의 상좌들은 결집 장소로 가서 차례로 자리를 잡고 10사에 대한 검토를 시작했다. 설명도 절차도 없이 레와따가 모임의 주재자가 되었다. 10사에 대해 레와따가 질문하고 사르와가민이 대답했다. "염강합공숙(鹽薑合共宿: 소금과 생강을 섞어 저장하는 것)은 정(淨)입니까." "부정입니다." "어느 곳에서 제정되었습니까." "라자그리하에서 제정되었습니다." "누구로 말미암아 제정되었습니까." "아란야(āraṇya, 阿蘭若, 森

....

215 교단의 범죄를 판결하는 僧職, 中村元, 앞의 사전, p.944중(2~3).

216 오분율 권30(대정장 22권, p.193하14~24). 인명의 로마자 p.193 註와 Hofinger, 앞의 책, p.104를 참조.

217 同上, p.193하26~28.

林)의 한 비구 때문이었습니다.""이것을 범하면 어떤 죄를 짓게 됩니까.""숙식바일제(宿食波逸提)[218]를 짓게 됩니다."

이렇게 문답을 해서 제1사에 대한 검토가 끝났다. 레와따는 "이것이 정법이고, 이것이 정율이며, 이것이 부처님의 가르침입니다. 브리지 비구들의 행위는 비법이고 비율이고 부처님의 가르침이 아닙니다. 지금 첫 번째 산가지를 내려놓습니다."라고 선언했다.[219]

제2사에서 제10사까지도, 제1사에서 한 것처럼 묻고 설명하고 검토하고 판정하고 산가지를 하나씩 내려놓았다. 이와 같이 해서 10사가 모두 비법이고 비율이고 부처님의 가르침이 아니라는 판정이 내려졌다. 레와따는 한마디로 이렇게 판정했고, 이 판정에 대해 8명의 단사인들 가운데 한 사람의 반대자도 없었다.[220] 단사인들은 모두 와이샬리로 돌아가 700명의 결집 대중을 모았다. 레와따는 대중 앞에서 다시 하나하나 위에서 한 것처럼 묻고 사르와가미는 대답했다. 역시 첫 번째 산(算)가지에서 열 번째 산가지까지 내려놓았다. 그리고 레와따는 대중을 향해 큰소리로 "우리는 율과 법[毘尼法]에 대한 논의를 했습니다."라고 말했다.[221] 이것을 한마디로 이렇게 요약했다. "모두 합해서 700아라한이었는데 더 많지도 더 적지도 않았다. 그렇기 때문에 '700

---

218 宿食波逸提의 宿食은 얻은 음식이 하룻밤을 지낸 것으로, 먹으면 90종의 바일제 가운데 제38계를 범하게 된다. 佐藤密雄(法慧 역), 『律藏』, p.138.

219 同上, p.193하26~28.

220 同上, p.193하28~194중11.

221 同上, p.194중12~15; Hofinger, 앞의 책, p.124.

명이 결집한 법'이라고 부르게 되었다."[222]

십송율에서는 10사의 검토에 들어가기 전에 삼보가(三菩伽) 장로가 대중에게 회의 진행 방법에 대해 이렇게 제의했다. "우리가 대중 가운데서 이 악사(惡事)를 소멸시키려고 하면 지혜가 없는 비구들이 '이 일은 이렇게 소멸시켜서는 안 된다', 또는 '이 일은 이렇게 소멸시켜야 한다'라고 말할 것입니다." 그래서 그는 오회구라(烏廻鳩羅), 즉 단사인단(斷事人團)을 구성해 그들에게 10사의 검토와 판정 문제를 맡길 것을 제의했다. 대중은 그 제의를 받아들였다.

삼보가는 스스로 단사인들의 선발자가 되었다. 그는 동·서쪽 비구들 가운데서 각 4명씩의 비구를 뽑아 그들의 이름을 큰소리로 불러 대중들의 승인을 받았다. 그들은 아완띠(Avanti, 阿盤提)와 닥쉬나빠타(Dakṣinapatha, 達嚫那婆多國)에서 온 서쪽 지방 비구들로 사르와까라 빠리와라(Sarvakāra Parivāra, 薩婆伽羅婆梨婆羅)·샬라(Sāla, 沙羅)·야쇼다(Yaśoda, 耶輸陀)·꿉자쇼비따(Kubjaśobhita, 級闍蘇彌羅) 상좌들과 동쪽 지방[와이샬리]의 비구들인 레와따(Revata, 梨婆多)·삼보가(Sambhoga, 三菩伽)·수마나(Sumana, 修摩那)·살바마가라마(薩波摩伽羅摩) 장로들이었다.[223]

---

222 同上, p.194중19~20; 合有七百阿羅漢 不多不小 是故名爲七百集法; Hofinger, 앞의 책, p.124중19~20.

223 십송율 권60(대정장 23권, p.453중17~하8). 약간 복잡하기 때문에 전후의 내용을 요약 정리했음. Hofinger, 앞의 책, p.105와 p.107. 동쪽 대표 薩波摩伽羅摩는 p.453 註21에 波薩[摩伽羅摩]로 되어 있다. 塚本啓祥은 이것을 Vāsamagrāma로 표기했다. 그의 책, p.220.

삼보가는 8명의 상좌들 외에 아지따(Ajita, 阿嗜多) 비구를 단사인 단에 포함시키기를 원했다. 아지따가 율장을 잘 암송할 뿐 아니라 아함경도 배워 알고 있었기 때문에 10악사의 소멸을 위해 상좌들에게 도움이 될 것이라고 생각했다. 그러나 아지따는 법랍이 겨우 5세밖에 되지 않았으므로 상좌들이 좋아하지 않을 것이라 생각하고, 그를 결집장에서 상좌들의 방석을 까는 부좌구인(敷坐具人)의 자격으로 단사인 단에 포함시켰다.224

아지따 비구는 곧 사수림(沙樹林)225으로 가서 상좌들의 자리를 깔았다. 상좌들은 마련된 자리에 앉았다. 마침내 10사 문제에 대한 검토가 시작되었다. 이 모임의 주재자인 삼보가 장로는 자리에서 일어나 서쪽 지방 비구들의 대표인 사르와까라 빠리와라 상좌에게 합장하고 질문했다. 대덕 상좌여, 염정(鹽淨)은 정말로 정입니까." 사르와까라 빠리와라 상좌가 반문했다. "무엇을 염정이라고 합니까." "와이샬리 비구들은 먹다 남은 소금을 간직해 두었다가 그것을 정식(淨食: 합법적인 음식)에 넣어 먹습니다. 그들은 이것을 정이라고 말합니다. 정말로 정입니까." 사르와까라 빠리와라는 "그것은 부정[不法]이고, 부정입니다."라고 '부정'이라는 말을 되풀이했다. 계속해서 두 상좌 간에는 이

---

224 同上, p.453하9~21. Hofinger, 앞의 책, pp.107~108. Ajita에 대해서는 p.108 註1에서 자세하게 밝히고 있다.

225 Hofinger는 沙樹林의 '沙'를 글자 그대로 '모래'라고 이해하고 la forêt de Sable(=모래 정원)이라고 번역했다. 그의 책, p.109. 그러나 沙樹林은 샬라나무숲(the grove of śāla)이다. *Kuśīnagara*(Archaeological survey of India, New-Delhi, 2006), p.6; 中村原, 앞의 사전, pp.439(3)~440(1)와 p.600(3), p.601(4).

계를 범했을 경우 짓게 되는 죄, 이 계가 제정된 장소와 그것이 포함되어 있는 율장에 대해 묻고 대답했다.[226]

삼보가는 살라·야쇼다·꿉자쇼비따·레와따·수마나·바기가미 상좌들에게 같은 질문을 차례로 했다. 그러나 이렇게 기술하고 있을 뿐 직접적인 문답 내용은 없었다. 마지막으로 삼보가는 아지따에게 물었다. "그대 역시 이와 같이 알고 있고, 사르와까라 상좌가 대답한 것과 같습니까." 아지따는 "나 역시 그와 같이 알고 있습니다. 상좌가 대답한 것과 같습니다."라고 말했다. 이번에는 아지따가 삼보가에게 물었다. "장로 역시 이와 같이 알고 있고, 사르와까라 상좌가 대답한 것과 같습니까." 삼보가 역시 그렇다고 대답했다.[227]

이렇게 모든 단사인들에게 염정이 부정이라는 것을 확인한 다음 삼보가는 큰소리로 승가 가운데서 선언했다. "대덕들은 들으십시오. 지금 승가는 10사 가운데서 제1사를 소멸시켰습니다. 법에 따라 선(善)에 따라 부처님의 가르침에 따라 현전승가(現前僧伽: 모임에 참석한 승가) 가운데서 이 악사를 소멸시켰습니다. 이에 대해 단 한 명의 비구도 비법을 정법이라 하고 정법을 비법이라 하거나, 비선(非善)을 선이라 하고 선을 비선이라고 하지 않았습니다. 이것[鹽淨]은 비법이고 비선이고 부처님의 가르침이 아닙니다. 따라서 이것은 부정입니다." 삼보

----

226 십송율 권61(대정장 23권, pp.453하22~454상4).

227 同上, pp.454상6~10. 阿嗜多는 敷坐具人으로 참여했는데 여기서는 斷事人의 한 사람으로 행동했다. 역시 단사인단은 동쪽과 서쪽 4대 4의 같은 수로 구성하기로 했는데, 아기다로 인해 그 비율이 깨지게 되었다. 그런데도 문제 삼지 않았다.

가는 이렇게 말한 뒤 한 개의 산(算)가지를 내려놓았다.

제2사에서 제10사까지 똑같은 방식으로 처리했다. 꼼꼼하게 한 가지도 빠짐없이 각 사(事)에 대해 하나하나 차례로 7명의 참석자들에게 개별적으로 질문하고 그들의 생각을 확인한 다음 참석자들에게 그 결과를 공식적으로 선포하고 산가지를 각 사마다 하나씩 내려놓았다. 삼보가 장로가 거듭 말했듯이 이 과정에서 10사가 비법이고 비선이고 부처님의 가르침이 아니고 부정이라는 판정에 반대 주장을 한 비구는 한 명도 없었다.[228]

이렇게 해서 10사의 검토와 판정이 끝났을 때 사르와까라 빠리와라 상좌가 삼보가 장로에게 다음과 같이 제안했다. "지금 이 일들은 소멸되었습니다. 법에 따라, 선법(善法)에 따라, 그리고 부처님의 가르침에 따라 대중 앞에서 열 개의 산가지를 놓아서 질문과 대답을 분명히 했습니다. 그렇지만 혹시 무지한 비구들이, '지금 소멸된 이 10사가 법에 맞게 소멸되었는지 또는 법에 맞지 않게 소멸되었는지 모두 알 수 없다'라고 말할는지도 모를 것입니다. 그렇기 때문에 그대는 700명의 전체 비구들에게 가서 그들 모두를 위해 10사에 대해 나에게 질문하십시오. 그렇게 하면 나는 그대에게 앞에서 한 것과 똑같이 대답하겠습니다."[229]

....

228 同上, pp.454상10~455하20. 10사에 대한 검토와 판정의 반복된 내용을 요약 정리했음.

229 同上, p.455하24~26. 汝三菩伽當往大會僧中 使大會僧皆共普問是十事 如此我答汝令一無異 如是敎竟. 여기에서 使大會皆共普問是十事는 잘못된 것 같다. 그 다음에 나오는 내용[同, 하27~28]이 옳다. 문답은 사르와까라 장로와 700명 비구들

사르와까라 빠리와라 장로의 말이 끝나자 8명[9명]의 장로들은 700[691]명의 전체 승가가 모여 있는 곳으로 돌아가 원래의 그들 자리에 앉았다. 삼보가 장로가 자리에서 일어나 합장하고 사르와까라 빠리와라 상좌에게, "대덕 상좌여, 염정(鹽淨)은 정말 정입니까."라고 질문했다. 상좌는, "그것은 부정이고, 부정입니다."라고 대답했다. 그들은 계속해서 이 계(戒, 事)를 범했을 경우 짓게 되는 죄와 그것이 제정된 장소와 포함되어 있는 율장 등에 대해 질문하고 대답했다. 계속해서 제2사에서 제10사까지 빠짐없이 모두 부정이라는 것을 밝혔다. 이어서 "장로 삼보가는 대중 앞에서 와이샬리 비구들의 10사 죄를 법에 따라 소멸시켰다."라는 문장으로 결집 기사를 끝냈다.[230]

유부비나야잡사에서는 야사가 결집 모임을 위해 건치(犍稚, ghaṇṭā, 鐘)를 울리자 즉시 699명의 아라한들이 와이샬리에 모였다. 빠딸리뿟뜨라에서 멸진정에 들어 있던 꿉자쇼비따 존자는 건치 소리를 듣지 못했다. 한 신[天]이 결집 모임을 알려주자 그는 신통력으로 날아 결집장에 도착해 700 숫자를 채웠다. 결집은 바로 시작되었다.[231]

사이에 이루어진 것이 아니라 삼보가와 사르와까라 사이에 이루어졌다. 至大會僧處 … 長老三菩伽起合手向 上座薩婆伽羅波梨婆羅 如是言 …; Hofinger(앞의 책 p.123)는 원 문장을 무시하고 '바른 내용'으로 번역했다: Tu dois te rendre dans la grande Assemblée et, pour tous ceux qui la composent, m'interoger sur les dix points. Je te répondrai de facon à ne pas différer en un seul d'entre eux.

230 십송율 권61(대정장 23권, pp.455하20~456중1); 長老三菩伽 僧中如法滅 是毘耶離 諸比丘十事罪. Hofinger, 앞의 책, p.125; Le Vénérable *San-pou-kie* a légalement détruit dans l'Assemblée ces dix erreurs des bhikṣu de Vaiśalī.

231 유부비나야잡사 권40(대정장 24권, pp.413하20~414상29).

야사는 비구들이 모두 자리에 앉는 것을 보고 10사에 대해 말했다. 먼저, "이와 같이 공허정법(共許淨法)을 행할 수 있습니까."[232]라고 물었다. 상좌들이 공허정법이란 무엇인지 물었고, 야사는, "비구들이 비법불화갈마(非法不和羯磨)를 하거나 '비법화(非法和)갈마'를 하거나, 또는 법불화(法不和)갈마를 하고 그것을 공허정법이라고 합니다."라고 설명했다. 비법불화갈마란 성원이 안 된 모임[不和]에서 하는 비법적(非法的)인 갈마이고, 비법화갈마란 성원이 된 모임[和]에서 하는 비법적 갈마이다. 그리고 법불화갈마란 성원이 안 된 모임에서 하는 합법적 갈마이다. 이 3종 갈마는 모두 정법이 아니지만 대중들이 큰소리로 함께 인정하면 '합법적'이 된다는 것이다.

야사는 "이것이 합법적입니까."라고 다시 물었다. 상좌들은 "합법적이 아닙니다."라고 대답했다. 계속해서 야사와 700명의 대중들 사이에는 공허정법이 어디에서 누구로 말미암아 제정되었으며 그것을 범한 경우 짓게 되는 죄에 대해 질문하고 대답했다. 야사는 결론적으로, "존자들이여, 이것이 제1사로서 부처님의 가르침에 어긋나는 것입니다."라고 선언했다. 제2사에서 제10사까지는 제1사의 경우처럼 구체적으로 질문과 설명을 하는 대신, "이렇게 자세하게 10사를 말하여 질문과 대답을 앞에서 한 것처럼 하고 곧 모두 함께 결집을 했다."라고

232 同上, p.414상29~중1; (耶舍) 白言諸具壽 合作如是 共許淨法不. 여기서 共許는 앞에서(p.412상25~29) '高聲共許法'으로 되어 있다. 非法인데도 대중들이 큰소리로 함께 합법[淨法]이라고 승인하는 것이라 했다. 이것을 '實是非法 見作之時 大衆高聲 共許爲法'이라고 설명했다. Hofinger(앞의 책, p.134)는 이렇게 번역했다.

한마디로 요약했다.[233]

　700아라한의 결집이 끝나자 야사는 "곧 건치를 울렸다. 와이샬리에 있던 비구들이 모두 와서 자리에 차례로 앉았다. 그때 존자 야사는 다시 대중을 위해 10사를 자세하게 말하고, 옳고 그른 것을 논하자 비구들은 모두 함께 그것을 승인했다."[234] 그리고, "그때 700아라한들이 있었는데 함께 결집을 했기 때문에 이것을 700결집이라 한다."라고 간단하지만 분명한 문장으로 마무리했다.[235]

　비니모경에서는 결집 기사를 시작하면서 곧바로 와이샬리의 브리지족[毘利祇子, Vṛjiputraka] 비구들이 행하고 있던 10사의 각 조목을 나열하고, "이 이유 때문에 깔란따까의 아들 야사가 이들 잘못을 없애기 위해 와이샬리에 700명의 아라한을 모았다."라고 되어 있다. 이어서 10사에 대해 야사가 질문하고 레와따 장로가 대답했다. 두 장로의 문답 내용은 다른 문헌의 경우와 비슷하다. 10사에 대해 각각 그 의미를 설명하고, 정과 부정을 검토해서 판정하고 관계된 계(戒)가 누구 때문에 어디에서 제정되었는지, 그 계가 율장의 어느 건도부에 포함되어 있는지 등에 대해 질문하고 대답했다.[236]

....

233　同上, p.414상29~중7; 廣說十事問答同前已 卽共結集; Hofinger, 앞의 책, p.144. 다른 율장들에 의하면 後聽可淨(빨리율), 求聽淨(사분율과 오분율), 如是淨(십송율)이다.

234　同上, p.414중8~10; 卽鳴犍稚 住廣嚴城所有苾芻 皆來集會次第而坐 時尊者名稱復爲大衆廣陳十事 論說是非悉皆共許.

235　同上, p.414중10~11; 時有七百阿羅漢 共爲結集 故云七百結集.

236　비니모경 권4(대정장 24권, p.819 중2~하12); Hofinger, 앞의 책, pp.127~129.

　　이 결집을 '칠백비구법장결집(七百比丘法藏結集)'이라 하지만 10사
에 대한 설명일 뿐, '법장의 결집'에 대한 내용은 없다. 결집 장소에 모
인 700명 가운데서 야사와 레와따를 제외한 다른 참석자들의 역할은
없었다.

(2) 마하승기율 결집

마하승기율은 대중부의 율장인데, 이 율장에서는 단지 '금전의 보시'
만 문제로 되었다. 와이샬리의 사퇴승가람(Valuka saṃghārāma)의 비구
들이 신도들에게 보시를 요구하면서 이렇게 호소했다. "부처님이 살
아계실 때 우리는 전식(前食)과 후식(後食),[237] 그리고 의복과 여러 가
지 공양을 받았는데 부처님께서 열반에 드신 후 고아가 된 우리에게
누가 그것을 주겠습니까. 여러분이 승가에 돈[財物, 錢]을 보시하십시
오."[238] 승가람에 온 사람들은 비구들에게 1까르샤빠나(kārṣāpapaṇa, 罽利
沙槃),[239] 2까르샤빠나 내지 10까르샤빠나까지 주었는데, 포살 때가 되
자 항아리[瓲]에 가득 찼다. 비구들은 그것을 나누어 가졌다.[240] 그곳에
있었던 야사 비구는 자신의 몫을 받을 차례가 되자, "이것은 무슨 물건
인가."라고 물었다. 비구들은 신도들에게 보시 받은 계리사반[錢]으로

....

237　아마도 '아침과 점심'을 말한 것 같다. Hofinger는 'deux repas(두 번의 식사)'라고 번역
　　　했다. 그의 책, p.145.

238　마하승기율 권33(대정장 22권, p.493상25~중3). 註11에 '財(物)'를 '錢'이라 했다.
　　　Hofinger(앞의 책, p.145)도 'argent(錢)'이라고 번역했다.

239　고대 인도의 화폐[錢貨] 또는 그 무게. 中村元, 『佛敎語大辭典』, p.152.

240　마하승기율 권33(대정장 22권, p.493중4~5); 至布薩時盛着瓮中 持拘鉢量分次第而與.

약값이라고 대답했다. 그러자 야사는 "그것은 잘못이다."라고 말했다. 비구들은 "신도들이 승가에 보시하는 것이 왜 잘못[過失]241인가."라고 따졌다. 야사는, 비구들이 돈을 받는 것은 부정(不淨, 不法)이기 때문이라고 설명했다. 비구들은 야사가 자신들의 행위를 부정이라고 말한 것은 승가를 비방한 것이라고 주장하면서 즉시 그에게 거갈마(擧羯磨)242 벌을 주었다.

야사는 거갈마 벌을 받자 곧 와이샬리를 떠나 다사발라((Dasabala, 陀娑婆羅) 장로를 만나기 위해 마투라(Mathurā)로 갔다. 그는 다사발라 장로에게 와이샬리에서 일어난 일과 자신이 그곳 비구들에게 거갈마를 당한 일에 대해 말했다. 장로는, "그대가 거갈마를 당해야 할 이유가 없습니다. 장로여, 우리 모두에게는 법(法)이 우리의 음식입니다."라고 말했다. 야사는 이 말을 듣고 그곳에 있던 비구들에게, "장로들이여, 우리는 다시 비니장(比尼藏)을 결집해서 부처님의 법이 쇠퇴하지 않도록 해야겠습니다."라고 말했다. 그곳에 있던 비구들은 사건이 발생한 와이샬리로 가서 결집을 하기로 했다.243

그때 마투라국·상까샤(Saṃkāśya, 僧伽舍)·깐야꿉자(Kaṇyākubja, 羯鬧耆)·쉬라와스띠(Śrāvastī, 舍衛城)·샤께따(Sāketa, 沙祇)·마드야데샤

<hr>

241 同上, p.493중7~8; 원문에는 '過去'라고 되어 있다. '過失'의 잘못이 틀림없다. Hofinger는 'faute(=잘못)'라고 번역했다. 앞의 책, p.145.

242 不見罪擧罪羯磨(utkṣepaṇīya-karman)를 줄인 말로서, 비구가 자신이 지은 惡見이나 죄를 인정할 때까지 대중과 別住(따로 사는 것)하게 하는 벌. 佐藤密雄(崔法慧 譯), 앞의 책, p.172; Hofinger, 앞의 책, p.46 註1.

243 同上, p.493중5~16.

(Madyadeśa, 中國都)에서 온 700명의 비구들이 와이샬리에 모였다. 그들은 그곳 사퇴승가람에 자리를 잡고 평상과 침구를 갖추었다. 야사 존자가 700상좌 비구들의 상수가 되어 결집 모임을 주재했다. 그러나 그가 누구의 추천으로 주재자가 되었는지에 대한 언급은 없다. 야사는 대뜸 대중을 향해, "누가 율장을 결집하겠습니까."라고 물었다. 비구들은 "존자 다사발라(Dasabala, 陀娑婆羅)가 결집을 해야 한다."라고 대답했다. 그러자 다사발라는 "장로들이여, 다른 장로 비구가 결집을 해야 합니다."라고 사양했다. 비구들은, "비록 다른 상좌가 있다고 해도 부처님께서 오직 장로 화상만이 열네 가지 법[十四法]을 성취했고, 계율을 지니는 사람들 가운데서 제일이라고 말씀하셨습니다. 그대는 부처님에게 직접 율장을 받았으므로 마땅히 결집을 해야 합니다."라고 말했다. 다사발라는 한 가지 조건을 제시했다. "나에게 결집을 하라고 하면 하겠습니다. 그러나 내가 송출하는 것이 법에 일치하면 승인해 주시고 법에 일치하지 않으면 막아주십시오. 나에게 존경심을 나타내려고 하지는 마십시오. 오직 옳은 것인지 옳지 않은 것인지만 보고 알려주시기 바랍니다." 비구들은 모두 그렇게 하겠다고 약속했다.[244]

다사발라 존자는 율장을 어떻게 결집할 것인지 생각한 다음 이렇게 말했다. "5정법(五淨法)이 있습니다. 법에 맞고 율에 맞으면 그것을 승인해 주시고, 법과 율에 맞지 않으면 막아주십시오. … 부처님께서 '어떠어떠한 곳에 계실 때 어떠어떠한 비구들'을 위해 계를 제정하

---

244 마하승기율 권33(대정장 22권, p.493 상25~하1); Hofinger, 앞의 책, pp.145~147.

셨습니다. 나는 이것을 부처님께 들었습니다. 부처님께서 이와 같이
계를 제정하셨습니까." 다사발라의 물음에 비구들은 모두 "그렇다."고
대답했다. 다사발라는 계속해서 오사기비니(五事記毘尼)를 설했다. 설
명 없이 단지, "위에서 한 것처럼 자세하게 설했다."라고만 되어 있을
뿐이다. 그리고 나서 결론을 내렸다. "장로들이여, 이 가운데서 발우가
필요한 사람은 발우를 구하고 옷이 필요한 사람은 옷을 구하고 약이
필요한 사람은 약을 구하십시오. 그러나 방편으로 금은이나 돈을 받
거나 그것을 요구해서는 안 됩니다. 이와 같이 장로들은 가르침에 따
라 배워야 합니다."라고 말했다. 그리고 "이것을 700명이 결집한 율장
이다."라는 것이고, 제2결집으로 이전에 까샤빠가 했던 결집과 같다는
것을 밝혔다.[245]

(3) 제2결집

몇 문헌에서는 제2결집[第二合誦], 제2집법장(第二集法藏), 또는 법장과
율장 결집[法及毘尼藏出]이라는 이름으로 결집 내용이 10사(十事)가 아
니라 '법장과 율장의 결집'이라는 것을 말하고 있다. 이 결집 내용은 간
략하기 때문에 눈에 잘 뜨이지 않을 정도이다. 게다가 제2결집에 대해
언급하고 있는 일체선견율주서와 선견율비바사, 도왕통사와 대왕통
사는 모두 5세기경에 스리랑카에서 저작된 문헌들이다.[246]

....

245   上同, p.493하1~2…5~11; 是名七百結集律藏; Hofinger, 앞의 책, pp.147~148.

246   일체선견율주서3(남전장 65권, p.43과 p.45); 선견율비바사 1권(대정장 24권, p.677하13, p.678
상15와 29; 도왕통사 pp.29~30); 대왕통사 4장(남전장 60권, p.172); Geiger, *Mahāvaṃsa*,

일체선견율주서는, "10사는 판정(判定)되었고 쟁론은 진정되었다."라 하고, 이어서 제2결집에 대해서는, 장로[大德]들은 법과 율을 합송[結集]하기 위해, "삼장을 지니고 무애변(無礙辯)에 통달한 700비구들을 선발해서 와이샬리의 왈루까라마(Vālukārāma, 婆梨迦園)에 모였다. 그들은 지난날 마하까샤빠가 결집[合誦]했던 것처럼, 모든 성교(聖敎: 부처님의 가르침)에서 때[垢: 非佛敎的인 내용]를 제거하고 원래대로 장(藏, piṭaka)에 따라, 부(部, nikāyas)에 따라, 분(分, aṅgas)에 따라, 법취(法聚, dharmaskandha)에 따라 일체의 법과 율을 다시 결집했다. 이 결집은 8개월 만에 끝냈다."[247]

선견율비바사에 의하면, 야사의 주재로 레와따 장로와 사르와까민(薩婆迦, 一切去) 장로가 "율장 중에서 10비법을 제거하고 다툼을 없앴다."[248]라고 말한 다음, 10사와 확실하게 다른 내용인 '법장과 율장의 결집'에 대해 기술했다. "대덕들이여, 우리는 이제 법과 율을 송출(誦出)해야 합니다. 그래서 3장에 통달한 사람들과 3달지(達智)[249]에 도달한 비구들을 선정해야 합니다."라고 하고 그들을 선정했다. 그리고 '결집에 대해' 다음과 같이 간략하게 설명했다. "야사는 와이샬리의 왈리까라마(Vāllikārāma, 婆利迦園)에 대중을 모아 지난날 까샤빠가 처음 법

....

　　p.24. 연대에 대해서는 '제1장 자료 소개' 참조할 것.

247　同上, pp.44~45; N. A. Jayawickrama, 앞의 책, p.31.

248　선견율비바사(위의 책 漢譯本), 권1(대정장 24권, p.678상9~14); 律藏中斷十非法 及消滅諍法.

249　아라한과를 성취한 성자가 가진 과거·현재·미래를 다 아는 지혜. 中村元, 앞의 사전, p.482⑷; 多屋賴俊, 앞의 사전, p.177⑵.

장을 결집한 것과 똑같이 했다. … 장(藏, Piṭaka)에 따라 묻고, 아함(阿含, Āgama)에 따라 묻고, 분교(分敎, Aṅga, 枝葉)에 따라 묻고, 모든 법취[諸法聚, 多數의 敎]에 따라 물었다." 그러고 나서 "이렇게 일체의 법장과 율장을 모두 송출했다. 비구들은 8월 어느 날 결집을 끝냈다."[250]

도왕통사에서는 이 문제에 대해 제4장과 제5장에서 간략하게 서술했다. 제4장에 의하면, "밧지뿟따까 비구들은 와이샬리에서 10사를 선언했다. 그리고 10사의 조목들을 나열했다. 그들은 모두 부처님이 물리치신 '바르지 못한 것을 바른 것'이라고 선언했다." 이어서 제2결집을 할 8인의 장로들을 소개한 다음, 한 문장으로 제2결집에 대해 말했다. "이들 700명의 비구들은 와이샬리에 모여 부처님의 가르침에 정해진 율(律)을 승인했다." '제2결집의 끝'이라는 말로써 마무리했다.[251]

제5장의 내용은 제4장의 내용보다 약간 설명적이다. 8명의 상수 비구들의 이름과 함께 약간의 소개말을 곁들이고 있다. 그러고 나서 "큰 신통력을 가진 8명의 장로들은 악(惡)비구들을 몰아 쫓아내고 악설(惡說, 十事)을 깨뜨리고, 자신들의 교설(敎說)을 정화하기 위해 "700명의 아라한들을 선발해 법의 결집을 했다. 이 결집은 최상의 도시 와이샬리의 중각강당(重閣講堂, Kūṭāgārasāla)에서 행해졌는데 8개월 만에

....

250 同上, p.678상14~20; 我等輩今應出 法及毘尼 擇取通三藏者 至三達者 比丘擇取已 於毘舍離 婆利伽園中 衆已聚集 如迦葉初集法藏無異 一切佛法中 垢洗除已 依藏更問 依阿含問 依枝葉問 依諸法聚問 一切法及毘尼藏盡出 此是大衆 於八月日得集竟.

251 도왕통사 4장(남전장 60권, pp.29~30); Law, *Dīpavaṃsa*, pp.157~158.

끝났다."[252]

도왕통사에 나오는 8인의 장로들은 다른 율장에 나오는 소위원회[斷事人]의 장로들과 동일한 인물들이다. 그러나 그들이 위원회를 구성해서 10사를 검토하고 판정했다는 내용은 없다.

대왕통사가 기술하고 있는 결집 내용은 다른 문헌의 내용과 약간 다르다. 이 문제에 대한 설명을 끝내고 법장의 결집에 대해 기술하고 있다. "레와따 장로는 정법구주(正法久住: 정법이 오래 계속하는 것)와 법의 결집을 위해 모든 비구 무리 가운데서 700인을 선출했다. 그들은 4무애지(無礙智)[253]를 갖추었고 삼장에 정통한 아라한들이었다. 왈리까라마(Vālikārāma, 婆利迦園)에 모여 레와따 장로를 상수로 법을 결집했다. 이 제2합송은 8개월 만에 끝났다."[254]

선견율비바사에 의하면, 10사 문제를 처리하기 위해, "700명보다 적지도 많지도 않은 비구들이 모였다. 야사 장로가, "우리는 이제 법과 율을 결집해야 합니다. 3장에 통달하고 3달지(達智)를 성취한 비구들을 선정해야 합니다."라고 하고, 그들을 선정했다. 왈리까라마에 대중이 모여 지난날 왕사성에서 까샤빠가 했던 것처럼, "율장 가운데 10비법을 끊고 비구들 간의 다툼을 소멸시켰다." 그리고 나서 법장을 결집한 것과 똑같이 했다. 불법(佛法) 중의 모든 더러움[씀]을 씻어 없앤 다

....

252 同上, 5장(同, p.33); Law, 同上, p.162.

253 네 가지 걸림이 없는 이해능력[智解]과 언어적 표현능력[辯才]. 多屋賴俊(외), 앞의 사전, p.215(3); 中村元, 앞의 사전, p.247(3~4).

254 同上, 4장(同, 60권, pp.172~173); Geiger, 위의 책, pp.24~25.

음, 장(藏, piṭaka)에 따라 다시 묻고 아함(阿含, āgama)에 따라 묻고 분교(分敎, aṅga, 枝葉)에 따라 묻고 모든 법취(法聚, dhammakkhandha)에 따라 물어 일체의 법과 율장을 결집했다. 이 일을 대중들은 8월 어느 날 끝냈다."[255]

　　일체선견율주서도 비슷한 내용을 기술하고 있다. "이 비나야의 결집에 참여한 비구들은 700명의 수보다 적지도 많지도 않았다. 그래서 이 제2합송을 700합송이라 했다. 이들의 한가운데서 레와따 존자는 질문하고 삽바까민(薩婆迦眉) 존자는 율(律)을 설명했다. 10사는 비법(非法)이라고 판정되었고 다툼은 진정되었다." 이어서 이렇게 기록했다. "그때 다시 대덕들이 '우리는 법과 율을 합송해야 한다'라고 하고, 3장을 지니고 무애변(無礙辯)에 통달한 700비구를 선발해 와이샬리의 왈루까라마(Vālukārāma)[256]에 모였다. 그들은 지난날 마하까샤빠 대덕에 의해 결집된 것처럼, 성교(聖敎)의 모든 때를 씻어버리고 본래처럼 장(藏)에 따라, 부(部)에 따라, 분(分)에 따라, 법취(法聚)에 따라 일체의 법과 율을 합송했다. 이 결집은 8개월 만에 끝났다."[257]

<hr>

255　선견율비바사 권1(대정장 24권, p.678상9~20). 다소 혼란스러운 내용을 요약 정리.

256　塚本啓祥, 『初期佛敎敎團の硏究』(p.211과 p.215)에 의하면, Vālukasaṃghārāma(婆利迦園)는 沙堆僧伽藍이다. 赤沼智善의 『印度佛敎固有名詞辭典』, p.733 참조.

257　일체선견율주서3 제2합송(남전장 65권, p.45); N. A. Jayawickrama, 앞의 책.

7. 결집 내용

10사 문제의 추구에 들어가기 전에 이 문제를 위해 자주 사용되는 정법(淨法)·돌길라(突吉羅, dukkhaṭa)·바일제(波逸提, 墮罪, pācittiya)에 대해 약간의 설명이 필요하다. 계율과 관계되는 열 가지 문제에 대한 정(淨)과 부정(不淨) 문제와 그로 말미암아 범하게 되는 돌길라·바일제 죄에 대한 이해가 있어야 하기 때문이다.

정법(淨法)의 '정(淨)'은 '깨끗하다'는 의미이지만 계율의 용어로 사용될 때는 다른 의미를 가진다. 즉 '정(淨)'은 kalpa(pāli어, kappa)의 번역으로, "어떤 일이 계율의 조문(條文)에 비추어 보아 적절하다, 타당하다, 합법이다."라는 것이다.[258]

와이샬리 비구들의 경우, 그들이 행하고 있던 열 가지 계율과 관련된 일들이 모두 합법적이라는 것이었다. 돌길라(突吉羅)는 duṣkṛta(pāli어, dukkaṭa)의 음역(音譯)으로, 악작(惡作)·소과(小過)·작죄(作罪)라고 번역했다. 가장 가벼운 죄로서 고의로 범했을 경우에는 한 사람의 비구 앞에서 참회하면 되고, 고의가 아닌 경우에는 마음속으로 참회하면 된다.[259] 바일제(波逸提)는 pātayantika(pāli어, pācittiya)의 음역으로 바야제(波夜提) 또는 바일저가(波逸底迦)라고도 했고, 한문으로는

----

258 塚本啓祥, 앞의 책, p.160; 平川彰, 앞의 책, p.700;『佛敎學辭典』, 多屋賴俊(外), 앞의 사전, p.270(2).

259 平川彰, 『律藏の硏究』, p.471; 佐藤密雄(崔法慧 역), 앞의 책, pp.20~21; 中村元, 위의 사전, p.995(2).

타(墮) 또는 단타(單墮)라고 번역했다. 이 계를 범했을 때는 별중(別衆: 4인 이하의 승가) 앞에서 참회해야 한다. 바일제는 율장에 따라 그 수가 조금씩 다른데 약 90가지가 있다.[260]

문헌들에 따라 10사의 명칭과 설명에 약간씩 차이가 있고 각 조목(條目)과 차례도 동일하지 않다. 율장(빨리율)에 나오는 순서를 중심으로 추구하기로 한다.[261]

1) 10사(十事, dasavathūuni)

(1) 기중염정(器中鹽淨, siṅgiloṇa-kappa, 鹽淨)

소금[鹽]의 저장 문제이다. 비구는 음식을 정오까지만 먹고 남는 것은 모두 버려야 한다. 소금도 음식이므로 식후에 버려야 한다. 병든 비구는 소금을 약으로 사용하기 위해 보관할 수 있다. 그런데 와이샬리 비구들은 이것을 핑계로 해서, 병자가 아닌 비구들도 소금은 보관할 수 있다고 주장했다. 그들은 그것을 약으로서가 아니라 음식물로 사용했다.[262]

율장(빨리율)에서는 제1사로서 기중염(器中鹽, 角鹽)이다. 이것은 소금이 없을 때 먹기 위해 그릇에 소금을 갈무리하는 것이다. 와이샬리 비구들은 이것을 정(淨)이라고 주장했다. '기중염'은 결집장에서

260　平川彰, 위의 책, pp.431~432; 中村元, 위의 사전, p.1091(3).

261　율장 권4, 소품(남전장 4권, p.449와 pp.457~459); 10사의 빨리어 표기는 平川彰, 위의 책, p.704와 佐藤密雄,『原始佛教教團の研究』, pp.596~597을 참고했음.

262　平川彰, 위의 책, pp.708~710; 佐藤密雄, 위의 책, pp.597~598.

부정으로 "삿된 법이고 삿된 율로서 부처님의 가르침에 어긋난다."
고 판정되었다. 이 계는 쉬라와스띠에서 제정되었고, 경분별(經分別,
Suttavibhaṅga)에 포함되어 있다. 어기면 잔숙식(殘宿食: 전날 얻은 음식)의
바일제 죄를 짓게 된다.[263]

사분율에서는 제7사로서 득여염공숙(得與鹽共宿)이다. 공숙염(共
宿鹽)이란 하루 이상 저장해 둔 소금이다. 와이샬리 비구들은 "공숙염
을 음식에 넣어 먹을 수 있다."고 주장했다. 결집장에서는 득여염공숙
은 부정으로, "비법이고 비율이고 부처님의 가르침이 아니다."라고 판
정되었다. 이 계는 쉬라와스띠에서 제정되었고, 율장의 약건도(藥犍度)
에 포함되어 있다. 어길 경우 짓게 되는 죄에 대한 언급은 없다.[264]

오분율에서는 제1사로서 염강합공숙정(鹽薑合共宿淨)이다. "소금
과 생강을 섞어서 저장하는 것은 정이다."라는 의미이다. 결집장에서
부정으로 판정되었다. 라자그리하에서 제정되었고, 범하면 숙식바일
제(宿食波逸提, prāyaścittika) 죄를 짓게 된다.[265]

십송율에서는 제1사이다. 한마디로 염정(鹽淨)이다. 설명에 의하
면, "와이샬리 비구들이 소금을 저장해 두었다가 정식에 넣어 먹고 이

---

263 율장 권4, 소품(남전장 4권, p.449와 p.457); 같은 쪽 註17. 역시 율장 2권, 경분별2 바일
제38(同上, 2권, pp.137~138); 殘宿食을 먹으면 짓게 되는 죄.

264 사분율 권54(대정장 22권, p.968하22). 야사와 레와따의 문답에서만 구체적으로 설명
되고 있을 뿐(p.970상17~21), 결집장에서는 제1사로 二指淨만 설명하고 9사는 '이와
같이 하나하나 검토해서 10사까지 했다. 이것은 비법이고 비율이고 부처님의 가르
침이 아니라고 판정되었다'라는 말로 요약(p.971중 22~29). Hofinger, 앞의 책, p.71,
p.113, p.115.

265 오분율 권30(同上, 22권, p.192상28과 pp.193하29~194상3); Hofinger, 앞의 책, p.112.

것을 정이라고 한다."는 것이다. 결집장에서는 부정으로 판정되었다.
부처님은 쉬라와스띠에서 이 계를 제정했다. 약법[毘尼藥法]에 포함되
어 있다. 이 계를 어기면 돌길라 죄를 짓게 된다.[266]

유부비나야잡사에서는 제4사로서 염사정법(鹽事淨法)이다. 와이
샬리 비구들은 "소금을 통에 담아 보관했다가 사용하고, 시약(時藥: 음
식)[267]에 섞어 먹으면서 그것을 정법이라고 주장했다." 결집 모임에서
부정[不應]으로, 부처님의 가르침에 어긋나는 것이라고 판정되었다. 라
자그리하에서 제정되었고, 어기면 바일제(波逸底迦) 죄를 짓게 된다.[268]

비니모경에서는 제7사로서 소수염(所受鹽)이다. 와이샬리 비구들
은, '소금을 저장해 두었다가 다음 날 음식에 섞어 먹는 것은 정'이라고
주장했다. 결집장에서는 부득식(不得食: 먹을 수 없다)으로 판정되었다.
쉬라와스띠에서 제정되었고, 율장의 약초건도(藥草犍度)에 포함되어
있다. 어길 경우 받게 되는 벌에 대한 언급은 없다.[269] 선견율비바사에
서는 제1사로서 염정(鹽淨)이라는 이름뿐 설명은 없다.[270] 일체선견율
주서에 의하면 제1사로서 각염(角鹽)이다. '소금을 뿔로 된 용기 속에

....

266 십송율 권60~61(同上, 23권, p.450중3과 p.451중22~26); 鹽擧殘宿 著淨食中噉 言是事
淨. 10사까지 계속된다; pp.453하28~454상3. Hofinger, 앞의 책, p.113과 p.115.

267 中村元, 앞의 사전, p.571(4); 오전 중에 먹는 음식물(yavā-kālikabhesajja); 佐藤密雄・
崔法慧 역, 『律藏』, pp.33~34. 時藥은 일반 음식물이고 非時藥은 醫藥品이다. 사
분율 42권, 藥犍度 참조(大正藏 22권, p.870중27~29).

268 유부비나야잡사 권40(대정장 24권, p.411하21~23과 p.412중23~29); 以筒盛鹽 自手捉觸
守持而用 和合時藥噉食隨情.

269 비니모경 권4(同上, 24권, p.819중8~9와 하4~7); 昨日受鹽 今日得和飯食.

270 선견율비바사 권1(同上, 24권, p.677하16).

갈무리해 두었다가 사용하는 것은 허용된다'라는 것이다.[271] 도왕통사
와 대왕통사는 앞의 두 논서와 같은 내용이다.[272] 범했을 때 받게 될 벌
에 대해서는 언급이 없다.

(2) 이지정(二指淨, dvaṅgula-kappa)

이지정에 대해서는 두 가지 다른 설명이 있다. '비구는 정오 이후에 음
식을 먹을 수 없지만, 해그림자가 두 손가락 길이가 될 때까지는 먹어
도 된다는 것'이다. 이 설명은 (빨리)율장에서만 볼 수 있다. 다른 율장
들에 의하면 식사 시간과 관계가 있는 것이 아니라 잔식법(殘食法)에
관한 문제이다. 식사를 끝낸 비구는 그날은 더 이상 음식을 먹을 수 없
다. 그러나 세 손가락이 아니라 '두 손가락으로 음식을 집어 먹으면[二
指抄食] 괜찮다'는 설명이다.[273]

　　율장에서는 제2사로서 양지정(兩指淨)이다. 와이샬리 비구들은
'정오를 지나 해그림자가 두 손가락 길이를 지난 비시(非時)[274]까지 음
식을 먹는 것은 정'이라고 주장했다. 결집장에서 양지정은 부정으로
판정되었다. 이 계는 라자그리하에서 제정되었고, 율장의 경분별(經分

271　일체선견율주서(남전장 65권, p.44). 日譯은 '角鹽認容は認めらる'. 英譯을 취했음; It
　　　is permissible to use salt in a horn. Jayawickrama, 앞의 책, p.30.

272　도왕통사(남전장 60권, p.29); 뿔로 된 그릇[角器]에 소금을 갈무리하는 것; 대왕통사(同
　　　上, p.168); 뿔에 소금을 갈무리하는 것[角鹽蓄].

273　아래 사분율에서 자세하게 설명할 것이다.

274　非時(vikāla)는 정오부터 다음 날 새벽까지의 시간이다. 비구는 이 시간에 식사
　　　를 할 수 없다. 율장2, 經分別의 바일제3 남전장 2권, p.136). 中村元, 앞의 사전,
　　　p.1123(3).

348

別)에 실려 있다. 어기면 비시식(非時食)의 바일제를 짓게 된다.[275]

사분율에서는 제1사로서 득이지초식정(得二指抄食淨)이다. 이것은 "두 손가락으로 음식을 집어 먹을 수 있다."는 것이다. 설명에 의하면, "족식(足食)하고 사위의(捨威儀)를 한 뒤, 여식법(餘食法)을 행하지 않고서도 두 손가락으로 음식을 집어 먹으면 그것은 정"이라는 것이다.[276]

족식(足食)이란 '배부르게 먹는 것[滿腹]'이고, '사위의(捨威儀)는 위의를 버린다'는 의미로, 식사를 끝내고 '자리를 떠나는 것'을 말한다. 비구는 배부르게 음식을 먹고 자리를 떠나면 그날은 다시 식사를 할 수 없다. 여식법(또는 殘食法)이란 먹고 남은 음식, 즉 '여식(餘食, 殘食)을 만드는 법'이다. 비구가 음식을 먹은 뒤 '나는 이것으로 충분하다'라는 말을 하고 남긴 음식이 '여식'인데, 이 음식은 족식을 하고 사위의를 한 비구도 먹을 수 있다. 여식법은 그날의 식사를 아직 끝내지 않은 비구만이 행할 수 있다.[277]

와이샬리 비구들은 족식과 사위의를 한 뒤에, 다시 음식이 생길 경우, 여식법을 하지 않아도 두 손가락[二指]으로 그 음식을 집어 먹으면 계를 어기지 않는다고 주장했다.

---

275 율장 권4, 소품12(남전장 4권, p.449와 p.457).

276 사분율 권54(대정장 22권, pp.968하20~21과 969하18~23). 平川彰에 의하면, "指抄食의 의미가 분명하지 않다. 인도의 식사법은 세 손가락을 이용함으로, 두 손가락으로 하는 것은 略式이다. 잔식법을 행하지 않고도 한 번 더 식사를 할 수 있다는 주장인 것 같다."고 설명했다. 앞의 책, p.712.

277 平川彰, 『律藏의 研究』, pp.711~712에서 자세한 설명을 볼 수 있다.

'이지초식'은 결집장에서 부정[不應爾, 不淨]으로 판정되었다. 역시 그것은 '법이 아니고 율이 아니고 부처님의 가르침이 아니'라고 선언되었다. 이 계는 쉬라와스띠에서 제정되었는데 여식법을 행하지 않고 식사를 했기 때문이었다. 범했을 때 짓게 되는 죄에 대한 설명은 없다.[278]

오분율에서는 제2사로서 양지초식식정(兩指抄食食淨)이다. '비구가 음식을 만족하게 먹은 뒤 다시 음식을 얻은 경우, 그것을 두 손가락으로 집어 먹는 것은 정이다'라는 것이다. 양지초식식정은 결집장에서 부정으로 판정되었고, 역시 '법이 아니고 율이 아니고 부처님의 가르침이 아닌 것'으로 선언되었다. 이 계는 라자그리하에서 발난타(跋難陀) 비구 때문에 제정되었다. 어기면 '부작잔식법식(不作殘食法食) 바일제' 죄를 짓게 된다.[279]

십송율에서는 제2사로서 이지정(二指淨)이다. 설명에 의하면, "와이샬리 비구들이 식사를 마치고 자리에서 일어난 뒤[捨威儀], 다시 음식이 생기면 잔식법을 하지 않고 두 손가락으로 음식을 집어 먹으면서 이것은 정이라고 말한다."는 것이다. 결집장에서 부정으로 판정되

<hr>

278 사분율 권54(同上, pp.969하20~21). 야사와 레와따의 문답에서만 구체적으로 설명되고 있을 뿐(p.96917~2), 결집장에서는 제1사로 '二指淨'만 설명하고 나머지 9사는 "如是一 一檢校 乃至十事(이와 같이 하나하나 검토해서 10사까지 하고), 이것은 비법이고 비율이고 부처님의 가르침이 아니라고 판정되었다."라는 말로써 요약했다(p.971중 22~29). Hofinger, 앞의 책, p.71, p.113, p.115.

279 오분율 권30(同上, 22권, pp.192상28과 194상6~11); 比丘足食已更得食 以兩指抄食之. 제1사에서는 法非律非佛所敎로 되어 있지만(p.194상4~5) 2사에서 10사까지는 此是法乃至非佛敎 此是法乃至 非佛敎라고 생략해서 설명하고 있다.

었다. 이 계는 와이샬리국에서 불수잔식법(不受殘食法)으로 제정되었고 어기면 바일제 죄를 짓게 된다.[280]

유부비나야잡사에서는 제6사로서 이지정법(二指淨法)이다. 설명에 의하면, '와이샬리 비구들이 여식법을 하지 않고 두 손가락으로 음식을 집어 먹고 그것을 이지정법이라 한다'는 것이다. 결집장에서 부정으로 판정되었다. 이 계는 쉬라와스띠에서 선래(善來, Sāgata) 비구 때문에 제정되었다. 어기면 바일제 죄를 짓게 된다.[281]

비니모경에서는 제1사로서 양지초반식(兩指抄飯食)이다. 두 손가락으로 밥을 집어 먹는 것이다. 설명에 의하면, 비구가 마을에 들어가 걸식해서 식사를 하고, 그 뒤에 생긴 음식을 두 손가락으로 집어 먹는 것이다. 결집장에서 부정으로 판정되었다. 이 계는 쉬라와스띠에서 제정되었고, 율장의 잔식처(殘食處)에 실려 있다. 범할 때 짓게 되는 죄에 대한 언급은 없다.[282]

선견율비바사에서는 제2사로서 이지정이라는 이름만 언급되고 있을 뿐 설명은 없다.[283] 일체선견율주서에서도 제2사로서 이지인용(二指認容)이라는 이름만 언급하고 있을 뿐 설명은 없다.[284]

---

280 십송율 권61(同上, 23권, p.454상16~21); 毘耶離比丘 食竟從座起 不受殘食法 兩指抄飯 兩指抄飯食噉 言是事淨.

281 유부비나야잡사 권40(同上, 24권, pp.411하26~27과 412하10~15); 此諸苾芻 不作餘食法 而以二指食噉 將爲二指淨法. Hofinger, 앞의 책, pp.136~137.

282 비니모경 권4(同上, p.819중4와 13~17); 比丘入聚落中食 得兩指抄飯食.

283 선견율비바사(同上, p.677하16). 빨리율의 주석서이기 때문에 이 율장의 설명과 같은 것이라 생각된다.

284 일체견율주서(남전장 65권, p.44). Jayawickrama는 認容을 permissible로 번역. *The*

도왕통사와 대왕통사의 내용도 위의 두 논서와 비슷하다. 제2사로서 단지 이지(二指)라는 이름만 나온다. 번역자들이 각각 '해가 정오를 지나서 그림자가 두 손가락[二指] 넓이로 될 때까지 음식을 취하는 것'과 '해의 그늘이 옮겨서 정오로부터 두 손가락 길이를 넘지 않는 사이에 음식을 취하는 것'이라는 설명을 추가해 놓았다.[285]

(3) 근취락정(近聚落淨, gāmantara-kappa, 聚落間淨)

그날의 식사를 끝낸 비구가 다른 마을로 가려고 할 때 비잔식(非殘食)을 먹는 문제이다. (빨리)율장에서는 제3사로서 근취락정(近聚落淨)이다. 와이샬리의 비구들은 식사를 끝내고 족식을 한 다음, 다른 마을에 가려고 할 경우, 비잔식(非殘食)을 먹는 것은 정(淨)이라고 주장했다. 그러나 결집장에서 부정으로 판정되었다. 이 일은 쉬라와스띠에서 금지되었고 율장의 경분별에 실려 있다. 어기면 비잔식의 바일제 죄를 짓게 된다.[286]

사분율에서는 제2사로서 득촌간(得村間, 得聚落間)이다. '족식을 하고 사위의(捨威儀)를 한 뒤, 떠난 마을과 가고 있는 마을의 중간 지점에서 여식법을 행하지 않은 음식을 먹는 것'이라고 설명했다. 와이샬리 비구들은 이것을 정이라고 주장했다. 그러나 결집장에서는 부정으로

Inception of Discipline and the Vinaya Nidāna (Samantapāsādikā), p.30.

285 도왕통사 4장(남전장 60권, p.29); (日中を過ぎて蔭이) 二指幅となる迄食とる; 대왕통사 4장(同, p.168); 日の陰移りて正午より, 二指[を過ぎざる間, 食を取ること].

286 율장 권4, 소품(同上, 4권, p.457). 非殘食의 바일제는 남전장 2권의 바일제35에 있다 (pp.129~132); Hofinger, 앞의 책, p.116.

판정되었다. 이 계는 쉬라와스띠에서 제정되었고, 율장의 부작여식법식(不作餘食法食)에 포함되어 있다.[287] 이 계를 어겼을 경우, 받게 되는 죄에 대한 언급은 없다.

오분율에서는 제4사로서 월취락식정(越聚落食淨)이다. '다른 마을에 가서 음식을 먹는 것은 정이다'라는 것이다. 이에 대한 설명으로는 '역시 이와 같다'라는 한마디뿐이다.[288] '역시 이와 같다'라는 말은 '제1사 또는 제2사의 경우와 같다'는 것을 의미한다. 따라서 월취락식정은 결집장에서 '부정'이고 '비법이고 비율이고 비불교'라고 판정된 것이다. 라자그리하에서 제정되었고, 범하면 숙식(宿食) 바일제 또는 부작잔식법식(不作殘食法食) 바일제 죄를 짓게 된다.[289]

십송율에서는 제3사로서 근취락정(近聚落淨)이다. '와이샬리 비구들이 가까운 마을의 변두리에서 음식을 얻어 잔식법을 행하지 않고 그것을 먹은 다음, 이것을 정(淨)이라고 말한다'는 것이다. 결집장에서는 부정이라고 판정되었다. 이 계는 와이샬리국에서 불수잔식법(不受殘食法)으로 제정되었다. 어기면 바일제 죄를 짓게 된다.[290]

유부비나야잡사에서는 제5사로서 도행정법(道行淨法)이다. '와이

<hr>

287 사분율 권54(대정장 22권, p.968하21). 야사와 레와따의 문답에서만 구체적으로 설명되고 있을 뿐(p.969하23~27), 결집장에서는 제1사로 '二指淨'만 설명하고 나머지 9사는 '如是一一檢校 乃至十事非法 非毘尼 非佛所教 於僧中檢校已'라고 요약했다(p.971중22~29). Hofinger, 앞의 책, p.71, p.113, p.115.

288 오분율 권30(同上, p.192상29, p.194상 11~12).

289 同上, p.194상 1~12. 내용이 명확하지 않다.

290 십송율 권60~61(同上, 대정장 23권, p.451하4~9와 p.454중4~9); 毘耶離諸比丘 近聚落邊 得食 不受殘食法噉 言是事淨.

샬리 비구들은 1역 반[一驛半驛]을 가서 별중식(別衆食)을 하고 그것을 도행정이라 한다'[291]라고 설명했다. 다른 문헌에서는 볼 수 없는 내용이다.

별중식[292]이란 4인 이상의 비구가 신도로부터 음식 초청을 받는 것으로, 이 경우 반드시 대중의 승인이 있어야 한다. 여행 중에는 이 절차를 밟기 어렵기 때문에 대중의 허락 없이 별중식을 할 수 있다는 것이다. 도행정법은 결집장에서 부정으로 부처님의 가르침에 어긋나는 것이라고 판정되었다. 라자그리하에서 제정되었고, 어기면 바일제 죄를 짓게 된다.[293]

비니모경에서는 제2사로서 입취락득식(入聚落得食)이다. "비구가 마을에 들어가 음식을 얻어먹고 '배부르다'라고 생각했지만 '부족하다'고 말하지 않았을 경우, 얼마 후 음식을 얻었을 때 잔식법을 행하지 않고 그것을 먹을 수 있다."는 것이다. 결집장에서는 "비구가 배부르게 먹고 나서 잔식법을 행하지 않고 다시 먹을 수 있다."라고 간단하게 설

....

291 유부비나야잡사 권40(同上, 24권, p.412하2~4); 此諸比丘 或行一驛半驛 便別衆食 將爲道行淨. Hofinger(앞의 책, p.136)는 1驛半驛을 '1 요자나 반(un yojana et demi)'이라고 번역. 1요자나는 인도에서 왕이 하루 행군하는 거리로서 약 9마일(14.5km)이다. 中村元, 『佛教語大辭典』, p.1389③.

292 別衆食에 대해서는 平川彰의 『律藏의 研究』(pp.714~715)에서 자세한 설명을 볼 수 있다.

293 同上, pp.412하6~8와 414상29~중7. 10사에 대한 구체적인 내용은 야사[名稱]와 살바가마(薩婆迦摩, 樂欲)의 문답에서 알 수 있다. 결집장에서는 제1사만 설명하고 나머지 9사는 "廣說十事 問答同前已(자세하게 10사를 설하여 문답을 앞에서 한 것과 동일하게 하였다)"라는 한 문장으로 대신했다.

명했다. 입취락득식은 결집장에서 부정으로 판정되었다.[294] 계를 제정한 곳과 받게 되는 죄에 대한 설명은 없다.

선견율비바사에서는 제3사로서 취락간정(聚落間淨)이라는 이름만 말하고 있을 뿐 설명은 없다.[295] 일체선견율주서에서는 역시 제3사로서 "촌락간인용(村落間認容)은 허용된다."라고만 말하고 있다. 이것을 빨리어 본에 의하면 "탁발을 하기 위해 하루에 두 번 마을에 들어갈 수 있다."는 것이다.[296]

도왕통사와 대왕통사에서는 위의 두 논서와 동일한 내용이다. 제3사로서 각각 '마을에 들어가서 음식을 먹은 후 다시 음식을 먹는 관습은 허용된다'와 '마을에 들어가서 다시 식사를 하는 것은 정이다'라고 설명하고 있다.[297]

(4) 주처정(住處淨, āvāsa-kappa)

동일한 계(界, sīmā) 안의 여러 거주처에서 따로 포살과 갈마를 하는 문제이다. 승가는 지형(地形)이나 행정구역을 따라 경계를 정하고 이 경계 안에 거주하는 비구들은 모두 모여 포살과 갈마를 한다. 이것이 화합갈마(和合羯磨)이다. 경계 안의 다른 주처(住處)에서 별도로 하는 갈

---

294 비니모경 권4(대정장 24권, p.819중4~6과 同, 17~18). Hofinger, 앞의 책, pp.127~128.

295 선견율비바사(同上, 24권, p.677하17). 빨리율의 내용과 같을 것이라 생각된다.

296 일체선견율주서, 남전장 65권, p.44; Jayawickrama, 앞의 책, p.30.

297 도왕통사(同上, 60권, p.29); 대왕통사(同, p.168).

마는 별중갈마(別衆羯磨)로서 법에 어긋난다.[298]

율장[빨리율장]에서는 제4사로서 주처정(住處淨)이다. 이것을 '동일 경계의 여러 거주처에서 각각 따로 포살을 하는 것은 정이다'라고 설명했다. 주처정은 결집장에서 부정으로 판정되었다. 이 계는 라자그리하에서 제정되었고, 율장, 대품[포살상응(布薩相應)]에 포함되어 있다. 이것을 범하면 악작(惡作, 突吉羅) 죄를 짓는다.[299]

사분율에서는 제3사로 득사내(得寺內)이다. 같은 사원 안[界內]에서 별중갈마를 하는 것이다. 득사내는 결집장에서 부정으로 판정되었다. 이 계는 라자그리하에서 제정되었고, 「포살건도(布薩揵度)」에 포함되어 있다.[300] 어겼을 때 짓게 되는 죄에 대한 언급은 없다.

오분율에서는 해당 조목이 없다. 그 대신 제3사로서 '부좌식정(復坐食淨)', 즉 "다시 앉아서 음식을 먹는 것은 정이다."라는 엉뚱한 내용이 삽입되어 있다. 설명으로는 '역시 이와 같다'라는 한마디뿐이다.[301]

이것은 문장상으로 보아 앞의 '제1사 또는 제2사의 경우와 같다'는 것을 의미한다. 이에 따르면 '부좌식정'은 '부정'이고 '비법이고 비

---

298 平川彰, 앞의 책(pp.716~717)과 佐藤密雄, 앞의 책(p.598)에서 자세한 설명을 볼 수 있다. 界에 대해서는 塚本啓祥, 앞의 책, p.308 註2와 註3 참조. 羯磨(karman)는 수계, 참회 등 계율에 관한 作法[儀式]과 교단의 決議이다. 中村元, 『佛教語大辭典』, p.428(1).

299 율장 권4, 소품(남전장 4권, p.449와 pp.457~458); 율장3, 대품2(同, 3권, p.190).

300 사분율 권54(대정장 22권, p.968하21). 야사와 레와따의 문답에서만 구체적으로 설명되고 있을 뿐(pp.969하27~970상2), 결집장에서는 제1사로 二指淨만 설명하고 나머지 9사는 如是——檢校 乃至十事 非法非毘尼 非佛所教 於僧中檢校已라고 요약(p.971중22~29). Hofinger, 앞의 책, p.71, p.113, p.115.

301 오분율 권30(同上, 22권, p.192상29와 p.194상11~12.)

율이고 비불교'이다. 이 계는 라자그리하에서 제정되었고, 범하면 숙식(宿食) 바일제 또는 부작잔식법식(不作殘食法食) 바일제 죄를 짓게 된다.[302]

십송율에서는 제5사로 여시정(如是淨)이다. "와이샬리 비구들이 동일한 경계 안의 공동 거주처에서 따로 갈마를 하고 이 일을 정이라고 한다."는 것이다. 여시정은 결집장에서 부정이라고 판정되었다. 어기면 돌길라 죄를 짓게 된다. 이 계는 짬빠국(Campā, 瞻波國)의 비니행법(毘尼行法)에 포함되어 있다.[303]

유부비나야잡사에서는 제1사로서 고성공허정법(高聲共許淨法)이다. 다른 문헌들과 명칭이 다르고 설명 역시 복잡하다. '비법불화갈마(非法不和羯磨), 비법화갈마(非法和羯磨), 법불화갈마(法不和羯磨)를 할 때 대중이 이것을 큰소리로 함께 승인[共許]하는 것을 고성공허정법이라 한다'는 것이다.[304] 비법불화갈마란 '비법(非法)을 성원이 안 된[不和] 모임에서 하는 갈마[議決]'이고, 비법화갈마란 '비법을 성원이 된[和] 모임에서 하는 갈마'이다. 그리고 법불화갈마란 '정법(正法)을 성원이 안 된 모임에서 하는 갈마'이다.[305]

....

302 同上, p.194상4~11.

303 십송율 권60~61(同上, 23권, p.454하10~14와 同, 21~23); 是中無有一比丘 非法言法 法言非法 非善言善 善言非善, 此非善非法非佛教 如是不淨.

304 유부비나야잡사 권40(同上, 24권, pp.411하8~10과 412상27~29); 廣嚴城諸比丘 作非法不和羯磨 非法和羯磨 法不和羯磨 而大衆高聲 共許此事 此卽名爲 高聲共許淨法.

305 Hofinger, 앞의 책, p.134; un acte officiel illégalement dans une assemblée incomplète(非法不和羯磨), illégalement dans une assemblée complète(非法和羯磨),

이 세 가지 갈마는 모두 비법인데도 대중이 큰소리로 승인을 하면 정법(淨法)이라는 주장이다. 이것은 결집장에서 부정으로 판정되었다. 부처님은 이 계를 짬빠성(Campā, 瞻波城)에서 제정하였는데, 이것을 어길 경우 악작죄(惡作罪, 突吉羅)를 짓게 된다.[306]

비니모경에서는 제3사로서 계리군품작법사(界裏群品作法事)이다. 설명은 간단하게 '군품작법사(群品作法事)'로 되어 있다. 이것은 '같은 계 내에서 따로 무리를 지어 하는 갈마[法事]'라고 번역할 수 있다. 결집장에서 부정으로 판정되었다. 이 계는 라자그리하에서 제정되었는데 포살건도에 포함되어 있다.[307] 어겼을 때 짓게 되는 죄에 대한 언급은 없다.

선견율비바사에서는 제4사로서 주처정(住處淨)이라고 할 뿐 설명은 없다.[308] 일체선견율주서에서도 역시 제4사로서 주처용인(住處容認)이라는 말뿐이다.[309] 도왕통사에서는 제4사로서 '주소(住所)'이다. 이것을 "동일한 장소[同一界]에서 포살을 따로 하는 관습(慣習)은 허용

---

légalement dans une assemblée incomplète(法不和羯磨).

306 유부비나야잡사 권40(同上, p.412상28~중6).

307 비니모경 권4(대정장 24권, p.819중6과 19~21); 界裏[群品]作 何等法事 答曰郡品 作法事. Hofinger, 앞의 책, p.128; Quels actes officiels à l'interieur des imites? Des actes officiels posés en reunions par groupes.

308 선견율비바사(同上, p.677하17).

309 일체선견율주서(남전장 65권, p.44); Jayawickrama(譯), 앞의 책, p.30; (It is permissible) to hold separate uposatha. 선견율비바사와 함께 그 입장은 빨리율의 내용과 같은 것이라 생각된다.

된다."라고 설명하고 있다.[310] 대왕통사에 의하면 "큰 거주처[大住院, 큰 sīmā]에서는, 여러 곳에서 따로 포살을 할 수 있다."는 것이다.[311]

(5) 후청가정(後聽可淨, anumati-kappa, 隨意淨)

곧 도착할 비구의 동의를 전제로 하고 정족수가 부족한 상태로 갈마를 하는 문제이다.

율장에서는 제5사로서 후청가정(後聽可淨)이다. '일부 비구들만으로 갈마[議決]를 하고, 뒤에 다른 비구들이 오면 승인을 받는 것은 정'이다. 후청가정은 결집장에서 부정으로 판정되었다. 이것은 짬빠에서 금지되었고, 율장의 첨파율사(瞻波律事)에 포함되어 있다. 어기면 돌길라 죄를 짓게 된다.[312]

사분율에서는 제4사로서 득후청가(得後聽可)이다. '계(界) 안에서 별중갈마를 하고 그 후 승가의 승인을 받는 것'이다. 결집장에서 부정으로 판정되었다. 이것은 라자그리하에서 제정되었고, 율장의 포살건도(布薩犍度)에 포함되어 있다.[313] 어겼을 때 짓게 되는 죄에 대한 언급은 없다.

....

310 도왕통사 제4장(同上, 60권, p.29).

311 대왕통사 제5장(同上, p.168).

312 율장 권4, 소품(同上, 4권, p.449와 p.458).

313 사분율 권54(대정장 22권, p.968하21). 야사와 레와따의 문답에서만 구체적으로 설명되고 있을 뿐(p.970상2~6)이다. 결집장에서는 제1사로 '二指淨'만 설명하고 나머지 9사는 '如是一一檢校 乃至十事 非法非毘尼 非佛所教 於僧中檢校已'라고 요약했다(p.971중22~29). Hofinger, 앞의 책, p.71, p.113, p.115.

오분율에서는 제9사로 구청정(求聽淨)이다. '몇몇 비구들이 따로 갈마를 하고, 그 뒤 전체 승가에게 그 갈마에 대한 승인을 요구하는 것이다.' 구청정은 결집장에서 부정으로 판정되었다. 이 계는 짬빠국(Campā)에서 제정되었고, 어겼을 때는 수갈마사(隨羯磨事) 죄를 짓게 된다.[314]

십송율에서는 제6사로서 증지정(證知淨)이다. "와이샬리 비구들이 제각각의 거주처에서 불법적인 갈마를 한 다음, 전체 비구들에게 가서 '우리는 이러이러한 곳에서 갈마를 했습니다. 승가는 이것을 승인[證知]해 주십시오.'라고 말하는 것을 증지정이라 한다."는 것이다. 증지정은 결집장에서 부정이라고 판정되었다. 이 계를 어길 경우 돌길라 죄를 짓게 된다. 부처님께서 이 계를 짬빠국[瞻波國]에서 제정했는데 율장의 비니행법(毘尼行法)에 포함되어 있다.[315]

유부비나야잡사에서는 제2사로 수희정법(隨喜淨法)이다. "비구들이 비법불화갈마(非法不和羯磨)와 비법화갈마(非法和羯磨), 그리고 법불화갈마(法不和羯磨)를 했을 때 사람들이 그것을 보고 모두 다 승인을 했다(諸人見時悉皆隨喜). 그들은 이것을 수희정법이라 했다." 수희정법은 결집장에서 부정이라고 판정되었다. 부처님은 이 계를 짬빠성에서 제정했다. 어기면 돌길라 죄를 짓게 된다. 이 설명은 이미 '10사의 시

....

314 오분율 권30(同上, 22권, p.192중2와 p.194중2~6); 別作羯磨 然後來求餘人聽 ⋯ 問犯何事 答言. Hofinger는 隨羯磨事를 'un péché en matière de karman(羯磨事에 관계있는 죄)'라고 번역했다. 그의 책, p.120.

315 십송율 권61(同上, 23권, p.454하24~29); 各各住處作 非法羯磨竟 入僧中白我等 處處作羯磨 諸僧證知 言是事證知淨.

작'에서 했는데, 뒤에 야사와 삽바까민이 주고받은 문답에서도 볼 수 있다.[316]

그러나 결집장에서는 단지 제1사에 대해서만 설명을 하고, "(야사는 이렇게) 자세하게 10사를 말하여 문답을 앞에서 한 것과 같이 하고, 곧 함께 결집을 하였다."라고 나머지 9사를 한꺼번에 정리했다.[317]

비니모경에서는 제4사로 찬탄군품작법(讚嘆群品作法)이다. '별중(別衆, 群品)으로 행한 갈마[作法事]를 승인[讚嘆]하는 것'이라는 의미이다.[318] 결집 장소에서는 야사가 레와따에게 물었다. "와이샬리 비구들이 계내(界內)에서 별중갈마를 하는 것은 괜찮다고 말하는데 그렇게 말할 수 있습니까(이것은 淨입니까)." 레와따는 "그렇게 말할 수 없다[不得]."고 답했다. 이 계는 라자그리하에서 제정되었는데, 율장 의건도(衣犍度)에 포함되어 있다.[319] 이 계를 범할 때 받는 벌에 대한 설명은 없다.

선견율비바사에서는 제5사로서 수의정(隨意淨)이다. 설명은 없

---

316 유부비나야잡사 권40(同上, 24권, p.411하13~16); 同, p.412중7~13; 作非法不和羯磨 又作非法和羯磨 又作法不和羯磨 而大衆隨喜 此卽名爲隨喜淨法. 제1사인 高聲共許淨法과 거의 동일하다. 다른 점은, 고성공허정법은 '비법인데도 대중이 그 자리에서 高聲으로 함께 승인하는 것'이고, 隨喜淨法은 '일부의 비구들이 따로 갈마를 하고, 그 뒤에 대중들이 그것을 승인[隨喜]하는 것'이다.

317 同上, p.414중6~7; 此是第一事…廣說十事 問答同前已 卽共結集. Hofinger, 앞의 책, p.114.

318 비니모경 권4(同上, 24권, p.819중6~7); Hofinger, 앞의 책, p.127; Ils approuvaient les réunions par groupes et légalisaient les actes officiels(와이샬리 비구들은 別衆을 인정하고 羯磨를 합법화했다. 즉 別衆羯磨를 淨이라 했다). 平川彰, 앞의 책, pp.716~717과 佐藤密雄, 앞의 책, p.598에서 자세한 설명을 볼 수 있다.

319 同上, 819중22~24; 界裏群品作法事 說言好得 作如是語不. Hofinger, 앞의 책, p.128.

다. 율장의 제5사, 후청가정(後聽可淨)과 같은 내용일 것이라 생각된다.

일체선견율주서에서는 역시 제5사로서 주처용인(住處容認)이라는 말뿐이다. 빨리어 본에 의하면 '같은 계(界) 내에서 따로 포살을 할 수 있다'는 것이다.[320]

도왕통사에서는 제5사로, 사후승락(事後承諾)이다. '일부의 비구로 결의(決議, 式事)를 하고 후에 대중의 승인을 구하는 것'이라고 설명했다.[321] 대왕통사에서도, '일부의 중(衆: 비구)으로 승가의 일을 행하고, 그 후에 다른 비구들의 승인을 구하는 것'이라 했다.[322]

(6) 상법정(常法淨, āciṇṇa-kappa, 久住淨)

이것은 "스승[和尙]이 평소에 행한 것은 제자도 행할 수 있다."는 것이다.

율장에서는 제6사로서 상법정이다. "이것은 나의 화상(和尙, upajjhāya: 스승)이 평소에 행한 것이고, 역시 나의 아사리(阿闍梨, ācariya: 教授)도 평소에 행하는 것으로 내가 행하는 것은 정(淨)이다."라는 것이다. 결집장에서 내려진 판정에 의하면 "상법은 어떤 경우에는 정이고, 어떤 경우에는 부정이다."[323] 그러나 '어떤 경우'에 대한 설명은 없다. 역

---

320 일체선견율주서(남전장 65권, p.44); Jayawickrama, 위의 책, p.30; It is to permissible hold separate uposatha.

321 도왕통사 제4장(同上, 60권, p.29); B.C. Law, 앞의 책, p.157; the practice concerning consent is allowable. 내용이 분명하지 않다.

322 대왕통사 제4장(同上, p.168).

323 율장 권4, 소품(同上, 4권, p.449와 p.458); Hofinger, 앞의 책, p.66, p.68, p.118.

시 이 계를 제정한 장소와 어겼을 때 짓게 되는 죄에 대한 언급도 없다.

사분율에서는 제5사로서 득상법(得常法)이다. 설명에 의하면, "이 것을 한 다음, '이것은 지난날부터 해 오던 것이다.'라고 말한다."라는 한마디뿐이다. 그러나 다른 기회에 자세한 설명을 하고 있다. "수뜨라와 비나야를 관찰하고 법률을 대조하고 확인해야 한다. 만일 수뜨라와 비나야를 관찰하지 않고, 법률을 대조하고 확인하지 않아서 법과 율에 위반이 되면 이전에 했다 해도 하지 말아야 하고, 하지 않았다 해도 하지 말아야 한다. 만약 수뜨라와 비나야를 관찰하고 법과 율(=論)을 대조 확인해서 수뜨라와 비나야와 서로 맞고, 법율과 서로 맞고 본법(本法)에 어긋나지 않으면 이전에 했던 것도 해야 하고 아직 하지 않은 것도 해야 한다."[324] 이 계를 제정한 장소와 어겼을 때 짓게 되는 죄에 대한 언급은 없다.

오분율에서는 제8사로서 습선소습정(習先所習淨)이다. '이전에 했던 것을 다시 하는 것은 정'이라는 것이다. 설명에 의하면 "출가하기 전에 했던 것을 출가 후에도 하는 것이다." 이것은 "어떤 것은 할 수 있고 어떤 것은 할 수 없다."고 판정되었다.[325] '어떤 것'에 대한 설명은 없다. 역시 이 계의 제정한 장소와 범했을 때 짓게 되는 죄에 대한 설명

---

324 사분율 권54(同上, 22권, p.968하21). 야사와 레와따의 문답에서만 구체적으로 설명되고 있을 뿐(p.970, 상6~13), 결집장에서는 제1사로 '二指淨'만 설명하고 나머지 9사는 '如是——檢校 乃至十事 非法非毘尼 非佛所教 於僧中檢校已'라고 요약(p.971중22~29). Hofinger, 앞의 책, p.71, p.113, p.115.

325 오분율 권30(同上, p.192중2); 同, p.194상27~중1; 習白衣時所作(上座言) 或有可習 或不可習. Hofinger, 앞의 책, p.22, p.118와 p.120.

은 없다.

십송율에서는 제8사인데 행법정(行法淨)으로 되어 있다. 다른 율장과 비교해서 내용이 독특하고 설명이 구체적이다. 어떤 행법(行法)은 정이다. 그래서 그것을 해도 정이고 하지 않아도 정이다. 그리고 어떤 행법은 부정(不淨)이다. 그래서 그것을 해도 부정이고 하지 않아도 부정이다. … 투도·사음·망어·양설·악구(惡口: 욕설)·기어(綺語: 꾸미는 말)·간탐(慳貪: 탐욕)·진에(瞋恚: 화냄)·사견(邪見)은 부정한 것이므로, 이것은 해도 부정이고 하지 않아도 부정이다.” 이와 반대로 “불살생·불투도·불사음·불망어·불양설·불악구·불기어·불간탐·불진에·불사견은 정(淨)이므로, 이것은 해도 정이고 하지 않아도 정이다.”[326] 이 계를 제정한 장소와 어겼을 때 짓게 되는 죄에 대한 언급은 없다.[327]

유부비나야잡사에서는 제3사로서 구사정법(舊事淨法)이다. 즉 “이전 사람이 행한 것은 정법이다.” 제목은 다른 율장들과 통하는 것이지만 설명은 다르다. 즉 “비구들이 그들 자신의 손으로 땅을 파거나 다른 사람을 시켜 땅을 파게 하는 것이다. 와이샬리의 비구들은 이것을 구사정법이라 했다.” 결집장에서 구사정법은 부정이라고 판정되었다. 이 계는 쉬라와스띠에서 제정되었다. 어기면 바일제 죄를 짓게 된다.[328]

---

326 십송율 권61(同上, 23권, p.450중5, p.452상4~14, p.455상28~중8). 行法淨의 내용은 常法淨·習先所習淨·舊事淨法 등 다른 율장에서 하고 있는 설명의 범주를 벗어나 있다.

327 同上, pp.451중7~452상27. 10사에 대한 긴 설명.

328 유부비나야잡사 권40(同上, 24권, p.411하19~20, p.412중 16~21); 此諸比丘 自手掘地或教人(掘) 而大衆將爲舊事淨法. Hofinger, 앞의 책, p.135.

비니모경에서는 제5사로서 전인작법후인부작 소작개선(前人作法
後人復作 所作皆善)이다. "이전 사람이 한 것을 뒷사람이 다시 하는 것은
모두 좋다."라는 의미이다. 설명에 의하면 "이전에 한 것은 지금 다시
할 수 있다."는 것이다.[329] 결집장에서는, "그것이 아비달마·비나야·수
뜨라와 일치하지 않으면 이전에 했건 하지 않았건 상관없이 현재 그
것을 할 수 없다. 그것이 3장(三藏)과 일치하면 이전에 했건 하지 않았
건 현재 그것을 할 수 있다."[330] 제정한 장소와 어겼을 때 짓게 되는 죄
에 대한 언급은 없다.

도왕통사에서는 제6사로서, "관습에 따르는[依順] 관습은 허용된
다."는 것이다.[331] 대왕통사에서도 제6사로서, "습관(習慣)으로 된 것은
율(律)에 어긋나도 행한다는 것이다."[332]

선견율비바사에서는 제6사로서 구주정(久住淨)이다. 설명은 없
다.[333] 일체선견율주서에서도 제6사다. 설명 없이 "관습적으로 용인된
것은 허용된다."는 것이다.[334] 도왕통사에서는 제4사로서 '주소(住所)'

---

329 비니모경 권4(同上, 24권, p.819중7과24~26); 前所作事更得重作. 여기서 '重作'을 '今作
曾作(전에 한 것을 지금 한다)'이라고 설명한다.

330 同上, p.819중26~29. 복잡한 내용을 요약 정리했음. 若此事 以阿毘曇 毘尼修妬路
不合者 已作不應作 未作不應作 今作不應作 若此事 與三藏合者 已作應作 未作
應作 今作應作.

331 도왕통사 제4장(남전장 60권, p.29); 慣習[に依順するの] 慣習は可; Law, 앞의 책, p.157;
the practice concerning consent is allowable.

332 대왕통사 제4장(同上, p.168).

333 선견율비바사(대정장 24권, p.677하17~18). 빨리율과 오분율은 각각 常法淨과 習先所
習淨으로 되어 있다.

334 일체선견율주서3(남전장 65권, p.44). Jayawickrama(앞의 책, p.30); It is permissible to

이다. 이것을 "동일한 계(界) 내에서 포살을 따로 행하는 것은 허용된
다."라고 설명하고 있다.[335] 대왕통사에 의하면 "큰 거주처[大住院]에서
는 여러 곳에서 포살회를 행할 수 있다."는 것이다.[336]

(7) 불교유정(不攪乳淨, amathita-kappa)

우유를 교유기(攪乳器: 버터 만드는 기구)에 넣어 저으면 낙(酪: 버터)이 되
는데, 보통의 우유 상태를 벗어났지만 아직 낙이 되지 않은 것이 불교
유(不攪乳)이다. 이것은 '우유도 아니고 낙도 아닌 것'으로, 이런 상태의
'우유'를 마시는 문제이다.

율장에서는 제7사로서 불교유정(不攪乳淨)이다. "족식(足食)하고
사위의(捨威儀)한 다음이라도, '남긴 음식'이 아닌 '비유비락의 우유[酪,
凝乳, dadhi]'를 마시는 것은 정"이라고 와이샬리 비구들이 주장했다. 불
교유정은 결집장에서 부정으로 판정되었다. 이 계는 쉬라와스띠에서
제정되었고, 율장의 경분별에 포함되어 있다. 어기면 비잔식의 바일제
죄를 짓게 된다.[337]

사분율에서는 제6사로서 득화(得和)이다. "비구가 족식하고 사위
의를 한 뒤에 소(酥, ghi: 요구르트)·기름[油, taila]·꿀[蜜, madhu]·생소(生酥,
navanīta: 버터)·설탕[石蜜, śarkara]·낙(酪: 凝乳)을 함께 섞어 먹는 것이다.

---

follow precedent in practice.

335 도왕통사, 제4장(同上, 60권, p.29).

336 대왕통사, 同上, p.168.

337 율장 권4, 소품 12(同上, 4권, p.449와 p.458).

득화는 결집장에서 부정으로 판정되었다. 역시 그것은 "비법이고 비율이고 부처님의 가르침이 아니다." 이 계는 쉬라와스띠에서 여식법을 행하지 않고 음식을 먹었기 때문에 제정되었다.[338]

오분율에서는 제5사로서 소유밀석밀화락정(酥油蜜石蜜和酪淨)이다. 와이샬리 비구들은 "소(酥)·기름·꿀·설탕을 낙(酪)과 함께 섞은 것을 비시(非時: 정오 이후)에 마실 수 있다."고 주장했다. 이것은 음료일 뿐 음식물이 아니라는 의미이다. 이 계는 결집장에서 부정이고, 역시 비법·비율·비불교라고 판정되었다. 쉬라와스띠에서 제정되었다. 어기면 비시식(非時食) 바일제 죄를 짓게 된다.[339]

십송율에서는 제4사로서 생화합정(生和合淨)이다. 설명에 의하면 "와이샬리 비구들이 식사를 끝내고 자리에서 일어난 뒤(즉 捨威儀한 다음) 우유·낙·소를 함께 섞어 먹으면서 이것을 정[淨法]이라고 했다." 결집장에서 부정으로 판정되었다. 불수잔식법(不受殘食法)을 지키도록 하기 위해 제정되었는데 어기면 바일제 죄를 짓게 된다.[340]

유부비나야잡사에서는 제8사로서 낙장정(酪漿淨)이다. "와이샬리 비구들이 한 되[升]의 우유와 낙[煉乳]에 물을 붓고 저어, 비시(非時)에

338 사분율 권54(대정장 22권, p.968하21~22). 야사와 레와따의 문답에서만 구체적으로 설명되고 있다(p.970상13~17); 足食已捨威儀 以酥油蜜生酥石蜜酪 和一處得食. 결집장에서는 제1사로 '二指淨'만 설명하고 나머지 9사는 '如是——檢校 乃至十事 非法非毘尼 非佛所敎 於僧中檢校已'라고 요약(p.971중22~29). Hofinger, 앞의 책, p.71, p.113, p.115.

339 오분율 권30(同上, pp.192상29~중1과 194상13~17); 酥油蜜石蜜和酪淨 … 非時食之.

340 십송율 권61(同上, 23권, pp.450중3~4와 454중21~26).

마시면서 낙장정법이라고 한다.”는 것이다. 결집장에서 부정으로 부처님의 가르침에 어긋나는 것이라고 판정되었다. 이 계는 쉬라와스띠에서 제정되었다. 어기면 바일제(波逸提, 單墮) 죄를 짓게 된다.[341]

비니모경에서는 제6사로서 소유봉밀석밀이낙화지득식(酥油蜂蜜石蜜以酪和之得食)이라는 긴 이름이다. 결집 기사의 시작 부분에서 10사를 열거할 때는 이와 같은 긴 명칭을 사용했지만 결집장에서는 짧게 ‘미식(美食, des aliments excellents)’이라 했다. 이에 대한 설명은 ‘소유밀석밀여낙화지(酥油蜜石蜜與酪和之)’로서, ‘소(酥, 煉乳)·기름·꿀·설탕[石蜜]을 낙(酪: 요구르트)과 섞어 먹는 것이다.’ 정오 이후에는 먹을 수 없다는 판정이 내렸다. 즉 부정이라는 것이다. 쉬라와스띠에서 제정되었고 율장의 잔식처(殘食處)에 포함되어 있다.[342] 어겼을 때 짓게 되는 죄에 대한 언급은 없다.

선견율비바사에서는 제7사로서 생화합정(生和合淨)이다. 설명은 없다.[343] 일체선견율주서에서는 역시 제7사로서 불응유용인(不凝乳容認)이다. “응유(凝乳: 농축시킨 우유)가 아닌 우유는 허용된다.”라는 설명이다.

빨리어 본에 의하면 “식사 후에 유장(乳漿: 단백질과 지방을 뺀 우유)을 마시는 것은 허용된다.”고 주장했지만, 결집장에서는 부정이라는 판

----

341 유부비나야잡사 권40(同上, 24권, pp.411하29~412상1과 412하26~413상5); (毘舍離)諸比丘以乳酪一升和水攪之 非時飮用. Hofinger, 앞의 책, p.137.

342 비니모경 권4(同上, p.819중8과 중29~하3); 耶舍復問尊者 得食美食不 答曰何者美食 耶舍說曰 酥油蜜石蜜與酪之 是爲美食.

343 선견율비바사(同上, 24권, p.677하18).

정이 내렸다.[344] 도왕통사와 대왕통사에서도 제7사이다. "교란(攪亂, 攪拌: 버터 제조기로 휘저음)하지 않은 우유를 마시는 것은 허용된다."고 주장했지만 역시 부정이라는 판정이었다.[345]

(8) 음사루가주정(飮闍樓伽酒淨, jalogi pātuṃkati)

사루가(闍樓伽)는 jalogi의 음역으로, 아직 발효되지 않은 술이다.[346]

율장에서는 제8사로, 음사루가주정이다. 설명에 의하면, "아직 짜지 않은 술과 익지 않은 술을 마시는 것은 정이다." 결집장에서는 부정으로 판정되었다. 꼬삼비에서 제정되었고, 율장의 경분별(經分別)에 포함되어 있다. 어기면 음주바일제(飮酒波逸提) 죄를 짓게 된다.[347]

사분율에서는 제8사로서 득음사루라주(得飮闍樓羅酒)이다. "사루라주를 마실 수 있습니까."라는 야사의 질문과 "마실 수 없다."라는 레와따의 답변만 있을 뿐 다른 설명은 없다. 결집장에서는 부정이고, 비법·비비니·비불교로 판정되었다. 꼬삼비에서 제정되었다. 어겼을 때 짓게 되는 죄에 대한 언급은 없다.[348]

....

344 일체선견율주서(남전장 65권, p.44); Jayawickrama(譯), 위의 책, p.30; It is permisible to drink whey(乳漿) after meals.

345 도왕통사 제4장 47(同上, 60권, p.29); 대왕통사 제4장(同, 60권. p.168). 우유를 攪乳器에 넣어 휘저어 돌리면 버터가 되므로, 버터가 되기 전의 우유는 식후에 마실 수 있다는 주장이다. Law, *Dīpavaṃsa*, p.157.

346 율장 권4, 소품(남전장 4권, p.450과 pp.458~459); Hofinger, 앞의 책, p.68의 註2.

347 야자나무 잎의 줄기 부분에서 나온 즙으로 충분히 발효되지는 않았지만 취하게 하는 상태의 음료이다. 中村元, 『佛敎語大辭典』, p.628.

348 사분율 권54(대정장 22권, p.968하22). 야사와 레와따의 문답에서만 구체적으로 설명되

오분율에서는 제6사로서 음사루가주정(飮闍樓伽酒淨)이다. 설명에 따르면, "사루가주(闍樓伽酒, jalogi)를 마시는 것은 정이다." 사루가주란 '아직 익지 않은 술'이다. 결집장에서는 그것은 부정이고 역시 부처님의 가르침이 아니라고 판정되었다. 꼬삼비에서 제정되었고, 어기면 음주바일제(飮酒波逸提) 죄를 짓게 된다.[349]

십송율에 의하면, 제7사로서 빈주처정(貧住處淨)이다. 이것을 "와이샬리 비구들이 '우리는 가난한 곳에 거주할 때 술을 빚어 마신다'라고 하고, 역시 '이것은 정(淨)이다'라고 주장했다." 내용이 분명하지 않다.[350] 결집장에서는 부정으로 판정되었다. 이 계는 바제국(婆提國)의 발타바제성(跋陀婆提城)에서 제정되었고, 어기면 바일제 죄를 짓게 된다.[351]

유부비나야잡사에서는 제7사로서 치병정법(治病淨法)이다. 글자 그대로의 의미는 '병을 치료하는 것은 정법이다'라는 것이다. "비구들이 물에 술을 타서 흔들어 마시는 것을 정법이라 한다."라고 설명하고

....

고 있을 뿐(p.970상21~24), 결집장에서는 제1사로 '二指淨'만 설명하고 나머지 9사는 '如是一一檢校乃至十事 非法非毘尼非佛所教 於僧中檢校已'라고 요약했다(p.971 중22~29). Hofinger, 앞의 책, p.71, p.113, p.115.

349　오분율 권30(同上, p.192중1; p.194상18~23).

350　십송율 권61(同上, 23권, pp.451하27~452상1); p.455상10~15. 毘舍離諸比丘言 我等 住處 貧作酒飮 言是貧住處淨. Hofinger(p.73); Quand nous demeurons dans un endroit pauvre, nous faisons du vin et le buvons(가난한 곳에 거주할 때 술을 만들어 마신다). 平川彰(위의 책, pp.722~723)과 佐藤密雄(위의 책, p.601)은 '貧住處淨'은 그 의미가 '분명하지 않다'고 하면서, '住處貧作酒飮'을 '거주처에서 술을 貧作해서 마시는 것(住處に酒を貧作して飮む)'이라고 이해했다.

351　同上, p.455상14~15.

있다. 의미가 분명하지 않다. 결집장에서는 부정으로 판정되었고, 쉬라와스띠에서 제정되었다. 어기면 바일제 죄를 짓게 된다.[352]

비니모경에서는 제8사로서 '득음사류가주(得飮奢留伽酒)'이다. "사류가주(奢留伽酒: jalogi라는 술)를 마시는 것은 정이다." 설명은 없다. 결집장에서 음사류가주는 부정으로 판정되었다. 꼬삼비에서 제정되었고 어겼을 때 짓게 되는 죄에 대한 언급은 없다.[353]

선견율비바사에서는 제8사로서 '수정(水淨)'이라고만 할 뿐 설명은 없다.[354] 일체선견율주서에서도 제8사이다. "미발효주(未醱酵酒)를 마시는 것은 허용된다."라는 설명뿐이다.[355]

도왕통사와 대왕통사에서는 각각 제8사로서, "발효되지 않은 종려주(棕櫚酒)를 마시는 것은 허용된다." "비둘기 발 색깔의 아직 익지 않은 잘로기(Jalogi)주(酒)를 마시는 것은 허용된다."[356]라는 설명뿐이다.

(9) 무루변좌구정(無縷邊坐具淨, adasakaṃ nisīdanaṃ)

방석의 크기와 술[縷]에 관한 문제이다. 오분율을 제외한 모든 자료에서는 제9사로 되어 있다.

율장에서는 무루변좌구정이다. "가장자리에 술이 없는 방석은 정

352 유부비나야잡사 권40(同上, 24권, p.412하18~24); 此諸苾芻 以水和酒攪而飮用 將爲淨法.

353 비니모경 권4(同上, 24권, p.819중9와 하7~8).

354 선견율비바사 권1(同上, 24권, p.677하18).

355 일체선견율주서 권3(남전장 65권, p.44).

356 도왕통사 제4장(同上, 60권, p.29); 대왕통사 제4장(同上, 60권, p.168).

이다."라고 설명하고 있다. '술'이란 방석에 장식으로 다는 여러 가닥의 실[絲]인데, 이것이 문제가 된 이유에 대해서는 설명이 없다. 결집장에서는 부정으로 판정되었다. 쉬라와스띠에서 제정되었고, 율장의 경분별에 포함되어 있다. 어기면 재단(裁斷) 바일제 죄를 짓게 된다.[357]

사분율에서는 득축불할절좌구(정)[得畜不割截坐具(淨)]이다. 번역하면, "잘라내지 않은 방석을 사용하는 것은 정이다."라는 뜻이다. 역시 의미가 분명하지 않다. 이것은 부정이고, 비법이고, 비비니(非毘尼)이고, 부처님의 가르침이 아니라고 판정되었다. 쉬라와스띠에서 제정되었고, 어기는 경우 짓게 되는 죄에 대한 언급은 없다.[358]

오분율에서는 7사(事)로서, 작좌구수의대소정(作坐具隨意大小淨)이다. "방석을 비구들의 뜻에 따라 크게 또는 작게 만드는 것은 정이다."라고 설명했다. 결집장에서는 부정이고 부처님의 가르침이 아니라고 판정되었다. 이 계는 쉬라와스띠에서 제정되었고, 어기면 바일제 죄를 짓게 된다.[359]

십송율에서는 불익누변니사단정(不益縷邊尼師壇淨)이다. "와이샬리 비구들이 가장자리에 술을 달지 않고 방석[尼師壇, nisīdana]을 만들면서 그것을 정(淨)이라고 주장했다."는 것이다. 어기면 바일제 죄를

---

357 율장 권4, 소품 12(同上, 4권, p.450과 p.459); 同上 2권, p.269(바일제 89).

358 사분율 권54(대정장 22권, p.968하22~23). 야사와 레와따의 문답에서만 구체적으로 설명되고 있다(p.970상24~26); Hofinger, 앞의 책, p.73.

359 오분율 권30(同上, 22권, p.192중1~2); p.194상23~27. Hofinger(앞의 책, p.118)는 'de faire une natte grande ou petite à son gré(자신의 뜻에 따라 방석을 크게 또는 작게 만드는 것)'라고 번역.

짓게 된다. 쉬라와스띠국에서 제정되었는데, 방석의 가장자리에 크기가 1책수(磔手: 한 뼘)의 술을 달도록 한 것이다.[360]

유부비나야잡사에서는 좌구정법(坐具淨法)이다.[361] "비구들이 새 방석을 만들 때 이전에 사용하던 낡은 방석에서 불일장수(佛一張手)[362] 크기의 조각을 떼어 새 방석에 덧붙이지 않고 사용하면서 그것을 좌구정법이라고 한다."는 것이다. 부정[不應]으로 판정되었다. 부처님은 이 계를 쉬라와스띠에서 제정했다. 어기면 바일제 죄를 짓게 된다.[363]

비니모경에서는 좌구부전수득부(坐具不剪鬚得敷)이다. "술[鬚][364] 을 자르지 않은 방석을 사용하는 것이다." 결집장에서 부정으로 판정되었다. 이 계는 쉬라와스띠에서 제정되었다. 어겼을 때 짓게 되는 죄에 대한 언급은 없다.[365]

---

360 십송율 권60(同上, 23권, p.450중5~6); p.452상14~20.

361 유부비나야잡사 40권(同上, 24권, p.412상2~3).

362 佛一張手는 一佛磔手와 같은 의미이다. 唐나라의 尺度로서 그 두 배인 2척이다. 中村元, 앞의 사전, p.936(1). 佐藤密雄, 앞의 책, p.601. 빨리율에 의하면, 새 방석을 만들기 위해서는 낡은 방석에서 얼마간[一佛磔手]의 술[緣]을 잘라 새 방석에 덧붙여야 한다. 그것은 壞色을 위해서이다. 괴색이란 비구가 입는 옷에 허락된 색이다(남전 장1권, pp.392~394; PTS. *Vinaya*, 2권, pp.87~88).

363 유부비나야잡사 권40(同上, p.413상7~13); 此諸苾芻 作新坐具 不以故者 佛一張手 重帖(=貼) 而自受用 將爲坐具淨法. Hofinger, 앞의 책, p.138; Ces bhikṣu font une natte neuve et l'utilisent sans en avoir rationnellement alourdi l'étoffe d'une main de frange de *Sugata*.

364 가마나나 방석의 둘레에 장식으로 다는 여러 가닥의 실이다. 『새國語辭典』, 東和社.

365 비니모경 권4(同上, 24권, p.819중9~10과 하9~10); 坐具不剪鬚得敷. Hofinger, 앞의 책, p.129; de se servir de nattes sans frange(술 없는 방석을 사용하는 것).

선견율비바사에서는 불익수니사단정(不盆繡尼師檀淨)으로, "술을 달지 않은 방석은 정이다."라는 것이다.[366] 일체선견율주서에서는 단지 "무연좌구(無緣坐具: 술 없는 방석)는 허용된다."라는 한 구절뿐이다.[367] 도왕통사와 대왕통사에서는 각각 "술 없는 방석에 앉는 것은 허용된다."와 "술 없는 니사단(尼師壇: 방석)을 사용하는 것은 정(淨)이다."라고 짧게 설명하고 있다.[368]

(10) 금은정(金銀淨, kappati jātarūparajata)

금과 은을 받거나 저축하는 문제이다. 금은정은 모든 율장에서 예외 없이 제10사로 되어 있다. 율장에서는 결집장에서 "금은은 정(淨)입니까."라 묻고 '부정'이라고 판정되었다. 어기면 '금은을 받는 바일제[니살기바일제] 죄를 짓게 된다. 이 계는 라자그리하에서 제정되었고, 율장의 경분별에 포함되어 있다.[369]

사분율에서는 득수취금은(得受取金銀)으로, 비구가 신도에게 금과 은을 받는 것이다. 결집장에서는 부정[不應]이고 법이 아니고 율이 아니고 부처님의 가르침이 아니라고 판정되었다. 라자그리하에서 제정되었다. 어길 때 짓게 되는 죄에 대한 언급은 없다.[370]

....

366 선견율비바사 권1(同上, 24권, p.677하18~19).

367 일체선견율주서3(남전장 65권, p.44).

368 왕통사 제4장(同上, 60권, p.29); 대왕통사 제4장(同, p.168).

369 율장 권4, 소품(남전장 4권, p.450과 p.459). 同, 1권, pp.401~402(경분별, 대분별)의 捨墮 18; 금은과 돈에 손을 대면[捉], 尼薩耆波逸提 죄를 짓는다.

370 사분율 권54(대정장 22권, pp.968하23~24). 야사와 레와따의 문답에서만 구체적으로 설

오분율에서는 수축금은전정(受畜金銀錢淨)이다. "금과 은과 돈을 받아 간직하는 것은 정인가."라고 묻고 '부정(不淨)'이라고 답했다. 이것은 비법이고 비율이고 부처님의 가르침이 아니라고 판정되었다. 라자그리하에서 제정되었고, 어기면 수축금은급전(受畜金銀及錢)의 니살기바일제(尼薩耆波逸提, nissaggiya-prācittiya) 죄를 짓게 된다.[371]

십송율에서는 금은보물정(金銀寶物淨)이다. "와이샬리 비구들이 신도들에게 금은보물을 받아 가지고 이것을 정이라고 말한다."는 것이다. 결집장에서 부정으로 판정되었다. 이 계는 와이샬리에서 제정되었고, 어기면 바일제 죄를 짓게 된다.[372]

유부비나야잡사에서는 금보정법(金寶淨法)이다. "와이샬리 비구들이 장식이 된 좋은 발우를 들고 거리를 돌아다니면서 금·보물·진주모[貝, 眞珠母]·상아(象牙) 등을 구걸해서 대중들과 함께 나누고, 이것을 금보정법이라 한다."는 것이었다. 결집장에서 '부정이고 부처님의 가르침에 어긋나는 것'이라고 판정되었다. 어기면 사타죄(捨墮罪, 波逸提)를 짓게 된다.[373]

명되고 있다(p.970상26~28). 결집장에서는 제1사로 二指淨만 설명하고 나머지 9사는 如是一一檢校 乃至十事 非法非毘尼 非佛所教 於僧中檢校已라고 요약했다 (p.971중22~29). Hofinger, 앞의 책, p.71, p.113, p.115.

371 오분율 권30(同上, 22권, pp.192중2~3, 194중7~11). 尼薩耆波逸提란 財物을 잘못 취급해서 짓게 되는 죄이다. 中村元, 앞의 사전 1051(3).

372 십송율 권61(同上, 23권, pp.450중6과 455하6~10).

373 유부비나야잡사 권40(同上, 24권, p.413상15~21, 414중6~7). 이 내용은 야사[名稱]와 일체거(一切去, 薩婆迦摩)가 10사를 검토하면서 판정한 것이다. 결집장에서는 1사만 검토, 판정하고 나머지는 "廣說十事 問答同前已(=10사를 자세하게 설명했다. 앞에서 한 것처럼 질문하고 대답했다)"라고 되어 있다.

비니모경에서는 금은칠보득자수착역득축지(金銀七寶得自手捉亦得畜之)라는 긴 이름이다. '비구들이 금·은·칠보(七寶)를 자신들의 손으로 쥐거나, 역시 그것을 받아 간직하는 것'이라는 의미이다. 그러나 결집장에서는 야사가 레와따에게 '득축금은보기(得畜金銀寶器)'라고 표현했다. 즉 "금·은·보배그릇을 받아 가질 수 있는가."라고 묻고, "그렇게 할 수 없다."고 대답했다. 이 계는 라자그리하에서 제정되었다. 어길 경우 짓게 되는 죄에 대한 언급은 없다.[374]

선견율비바사에서는 금은정(金銀淨)이라는 말만 있을 뿐 다른 내용은 없다.[375] 일체선견율주서의 경우도 마찬가지다. 즉 "와이샬리 비구들이 금은은 허용된다고 주장했다."는 한 구절뿐이다.[376] 역시 도왕통사와 대왕통사에서도 한 문장으로 "금은을 받는 것은 허용된다."라고 했다.[377]

2) 마하승기율 전승의 결집

마하승기율에서는 10사 문제는 제기조차 되지 않았다. 율장의 결집자로 선출된 다사발라(Dasabala, 陀婆婆羅) 장로가 와이샬리의 사퇴승가람(沙堆僧伽藍, Vālukārāma)에 모인 700명 장로들 앞에서 송출한 율장의 내

<hr>

374 비니모경 권4(同上, 24권, p.819중10~11과 하11~12); Hofinger(앞의 책, p.127); Ils prenaient de leurs propres mains et recueillaient l'or, l'argent, les sept joyaux.

375 선견율비바사 권1(同上, 24권, p.677하19).

376 일체선견율주서3 第二合誦(남전장 65권, p.44).

377 도왕통사 제4장(同上, 60권, p.29, p.33); 대왕통사(同, 60권, p.168, p.172); Law, *The Dīpavaṃsa*, p.157; gold and silver are allowable.

용은 5정법(五淨法)·9법서(九法序)·5사기비니(五事記毘尼)였다.

　　다사발라 장로는 5정법을 한마디로 이렇게 설명했다. "5정법이란 '제(1) 제한정(制限淨) 내지 (제5) 풍속정(風俗淨)'이다." 제2정법에서 제4정법까지의 설명은 생략되었다.

　　(2) 9법서의 경우도 마찬가지다. "9법서란 4바라이(波羅夷) 내지 법수순법(法隨順法)이다." 역시 제2법에서 제8법까지의 설명은 생략되었다.

　　(3) 5사기비니(五事記毘尼)에 대해서는 설명이 없다.[378] 그러나 '5사기비니' 다음에 "다사발라는 위에서처럼 자세하게 설하였다."라는 말이 나온다. '위에서처럼'의 위는 바로 앞부분에 실려 있는 5백비구 집법장(五百比丘集法藏, 즉 라자그리하 결집)에서 5정법·9법서·5사기비니에 대해 자세히 기술해 놓은 것을 가리키고 있다는 것을 알 수 있다.

　　다만 이 마하승기율 전통의 결집에는 서로 약간씩의 차이가 보이는 내용들도 함께 들어 있다. '마하승기율 전승의 결집'이라는 동일 명칭하에 세 가지로 구분해 놓은 다음 내용들에서 그 차이를 살펴볼 수 있다.

(1) 마하승기율 전승의 결집

제목이 아예 7백집법장이다. 오직 금전의 보시만 문제가 되었다. "부처님께서 열반에 드신 후 장로들은 바이샬리의 사퇴승가람에 있었다.

378　마하승기율 권33(대정장 22권, p.493하3~8); 何等五 一者制限淨 乃至風俗淨…何等九 從四波羅夷 乃至法隨順法 … 五事記.

그때 여러 비구들이 단월로부터 구걸을 하면서, 다사발라 장로는 와이샬리의 사퇴승가람(沙堆僧伽藍), 즉 왈루까 상가라마(Vālukasaṃghārāma, 婆利迦園)[379]에 살고 있었다. 그때 비구들이 신도들에게 "부처님이 살아 계실 때 우리는 전식(前食)과 후식(後食)[380]뿐 아니라, 의복과 여러 가지 공양을 받았는데, 부처님께서 열반에 드신 후 고아가 된 우리에게 누가 그것을 주겠습니까. 여러분이 승가에 돈[錢]을 보시하십시오."[381]

사람들은 비구들에게 1까르샤빠나(kārṣāpaṇa, 罽利沙槃),[382] 2까르샤빠나 내지 10까르샤빠나까지 주었는데, 포살 때가 되면 항아리[瓫]가 가득 찼다. 비구들은 그것을 나누어 가졌다.[383] 지율자(持律者, vinayadhara) 야사는 자신의 몫을 받을 차례가 되자, "이것은 무슨 물건인가."라고 물었다. 비구들은 신도들에게서 보시 받은 계리사반[錢]으로 약값이라고 대답했다. 야사는 한마디로 "그것은 잘못이다."라고 말했다. 비구들은 "신도들이 승가에 보시하는 것이 왜 잘못[384]인가."라고 따졌다. 야사는 비구들이 돈을 받는 것은 부정(不淨, 不法)이라고 설명했다. 비구들은 야사가 자신들의 행위를 부정이라고 말한 것은 승가를 비

....

379 塚本啓祥,『初期佛敎敎團の硏究』(p.211과 p.215)에 의하면, 沙堆僧伽藍은 Vāluka-saṃg‑hārāma(婆利迦園)이다. 赤沼智善의『印度佛敎固有名詞辭典』, p.733 참조.

380 아마도 '아침과 점심'을 말한 것 같다. Hofinger는 'deux repas(두 번의 식사)'라고 번역했다. 그의 책, p.145.

381 마하승기율 권33(대정장22권, p.493상25~중3). 註11에 '財(物)'를 '錢'이라 했다.

382 고대 인도의 화폐[錢貨] 또는 그 무게. 中村元,『佛敎語大辭典』, p.152.

383 마하승기율 권33(대정장22권, p.493중4~5); 至布薩時盛着瓮中持拘鉢量分次第而與.

384 同上, p.493중7~8; 원문에는 過去라고 되어 있다. 過失의 잘못이다. Hofinger는 faute(=잘못)라고 번역했다. 앞의 책, p.145.

378

방한 것이라고 주장하면서 즉시 그에게 거갈마(擧羯磨)[385] 벌을 주었다.

그러자 야사는 곧 와이샬리를 떠나 다사발라(Dasabala, 陀娑婆羅) 장로를 만나기 위해 마투라(Mathurā, 摩偸羅)로 갔다. 그는 장로에게 와이샬리에서 일어난 일과 자신이 그곳 비구들에게 거갈마를 당한 일에 대해 설명했다. 장로는 "그대가 거갈마를 당해야 할 이유가 없습니다. 장로여, 우리 모두에게는 법(法)이 우리의 음식입니다."라고 말했다. 야사는 이 말을 듣고 그곳에 있던 비구들에게, "장로들이여, 우리는 다시 비니장(比尼藏, 律藏)을 결집해서 부처님의 법이 쇠퇴하지 않도록 해야겠습니다."라고 말했다. 그래서 비구들은 사건이 발생한 와이샬리로 가서 결집을 했다.[386]

"그때 마투라국(Mathurā, 摩偸羅國)·상까샤(Saṃkāśya, 僧伽舍)·깐야꿉자(Kaṇyākubja, 羯闍者)·쉬라와스띠(Śrāvastī, 舍衛城)·샤께따(Sāketa, 沙祇)·마드야데샤(Madyadeśa)에서 온 700명의 비구들이 와이샬리에 모였다. 그들은 그곳 사퇴승가람(沙堆僧伽藍, Vālukasaṃghārāma)에 자리를 잡고 평상과 침구를 갖추었다."

야사[耶輸陀] 존자가 700상좌 비구들의 상수가 되어 결집 모임을 주재했다. 그러나 그는 누구의 추천으로 주재자가 되었는지에 대한 언급은 없다. 야사는 대뜸 대중을 향해, "누가 율장을 결집하겠는가."라

....

385　不見罪擧罪羯磨(utkṣepaṇīya-karman)를 줄인 말로서, 비구가 자신이 지은 惡見이나 죄를 인정할 때까지 대중과 別住시키는 벌이다. 佐藤密雄(崔法慧 역), 앞의 책, p.172; Hofinger, 앞의 책, p.46 註1.

386　同上, p.493중5~16.

고 물었다. 비구들은 "존자 다사발라(Dasabala, 陀娑婆羅)가 결집을 해야 한다."고 대답했다. 그러자 다사발라는 "장로들이여, 다른 장로 비구가 결집을 해야 합니다."라고 사양했다. 비구들은, "비록 다른 상좌가 있다 해도 부처님께서 오직 다사발라만이 14가지 법을 성취했고, 계율을 지니는 사람들 가운데서 제일이라고 말씀하셨습니다. 그대는 부처님께 직접 율장을 받았으므로 마땅히 결집을 해야 합니다."라고 말했다. 그러자 다사발라는 한 가지 조건을 제시했다. "나에게 결집을 하라고 하면 하겠습니다. 그러나 내가 송출하는 것이 법에 일치하면 승인해 주시고 법에 일치하지 않으면 막아주십시오. 나에게 존경심을 나타내려 하지는 마십시오. 오직 옳은 것인지 옳지 않은 것인지만 보고 알려주시기 바랍니다." 비구들은 모두 그렇게 하겠다고 말했다.[387]

다사발라 존자는 율장을 어떻게 결집할 것인지 생각한 다음 이렇게 말했다. "5정법(五淨法)이 있습니다. 법에 맞고 율에 맞으면 그것을 승인해 주시고, 법과 율에 맞지 않으면 막아주십시오. … 부처님께서 '어떠어떠한 곳에 계실 때 어떠어떠한 비구들을 위해 계를 제정하셨습니다. 나는 이것을 부처님께 들었습니다. 부처님께서 이와 같이 이 계를 제정하셨습니까." 다사발라의 물음에 비구들은 모두 "그렇다."고 대답했다. 다사발라는 계속해서 오사기비니(五事記毘尼)를 설했다. 그러나 설명 없이, 단지 "위에서 한 것처럼 자세하게 설했다."라고만 되어 있다. 그리고 이렇게 결론을 내렸다. "장로들이여, 이 가운데서 발

387　마하승기율 권33(대정장 22권, p.493 상25~하1); Hofinger, 앞의 책, pp.145~147.

우가 필요한 사람은 발우를 구하고 옷이 필요한 사람은 옷을 구하고 약이 필요한 사람은 약을 구하십시오. 그러나 방편으로 금은이나 돈을 받거나 그것을 요구해서는 안 됩니다. 이와 같이 장로들은 가르침에 따라 배워야 합니다." 그리고, "이것을 700명이 결집한 율장이라는 것이다."라는 문장이 나온다.[388]

① 5정법

5정법은 제한정(制限淨)·방법정(方法淨)·계행정(戒行淨)·장로정(長老淨)·풍속정(風俗淨)이다. 제한정은 특정 정사(精舍)의 비구들이 합의해서 만든 규정이고[諸比丘住處作制限], 방법정은 각 나라에서 행하는 규정이다. 계행정은 비구들이 행하는 규정이고, 장로정은 장로들이 행하는 규정이다. 풍속정은 재가자들이 행하는 것으로서 비시식(非時食)·음주·음행 등이다. 풍속정은 재가자에게는 정(淨, 合法)이지만 출가자에게는 부정이다.[389]

② 9법서(九法序)

9법서는 바라이(波羅夷)·승가바시사(僧伽婆尸沙, 僧殘法)·부정법(不定

....

388 同上, p.493하1~2 … 5~11; 是名七百結集律藏; Hofinger, 앞의 책, pp.147~148.

389 同上, p.492상8~18; 諸比丘住處作制限 [與四大教 相應者用 不相應者捨] 是名制限淨, 方法淨者 國土法爾 [與四大…] 是名方法淨, 戒行淨者 我見謀持戒比丘行是法 [若與四大…] 是名戒行淨, 長老淨者 我見長老比丘 尊者舍利弗目連行此法 [與四大…] 是名長老淨, 風俗淨者 不得如本俗法 非時食飲 酒行淫 如是一切本是 俗淨 非出家淨 是名風俗淨. 平川彰, 『律藏の研究』(p.675)에 자세한 설명을 볼 수 있다.

法)·니살기(尼薩耆, 捨墮法)·바야제(波夜提, 波逸提)·바라제제사니(波羅提提舍尼, 悔過法)·중학법(衆學法)·멸쟁법(減諍法)·법수순법(法隨順法)이다. 첫 번째인 바라이에서 여덟 번째인 멸쟁법까지는 바라제목차(波羅提木叉, 戒本: 250계)이고, 마지막인 법수순법은 바라제목차에 포함되지 않은 소소계이다.[390]

③ 5사기비니(五事記毘尼)

5사기비니란 수다라(修多羅, Sūtra)·비니(毘尼, Vinaya)·의(義)·교(敎)·경중(輕重)이다. 수다라는 5수다라(五修多羅, 五篇罪)이고, 비니는 광비니(廣毘尼)와 약비니(略毘尼)이다. 의란 구구유의(句句有義: 글귀마다 뜻이 있는 것)이고, 교란 부처님께서 찰제리(刹帝利)·바라문·거사들을 위해 설하신 4대교법(四大敎法)이다. 경중(輕重)이란 도만오중(盜滿五重)과 감오투란차(減五偸蘭遮: 죄의 판정)이다.[391]

설명을 덧붙이면, 5수다라는 다섯 가지의 경(經)이 아니라 계율의 5편죄(五篇罪: 죄의 輕重에 따른 구분)로서 바라이 죄·승가바시사(僧伽婆尸沙, 僧殘) 죄·바일제[墮] 죄·4제사니(四提舍尼, 波羅提提舍尼) 죄·돌길라 죄이다. 경중(輕重)의 도만오중(盜滿五重)과 감오투란차(減五偸蘭遮)에서 앞엣것은 도둑질[竊盜]에서 가중정상(加重情狀), 즉 상황에 따라 벌을 더 무겁게 주는 것을 가리키고, 뒤엣것은 5투란차로서 미수죄를 말

....

390 同上, 32권(대정장 22권, p.492중15~18). 平川彰, 위의 책, pp.675~676.

391 同上, p.492중20~25. 平川彰, 위의 책, p.676; 佐藤密雄(崔法慧 역), 『律藏』, p.18; 中村元, 앞의 사전, p.165(3).

한다.[392]

　5비니(毘尼, Vinaya)는 약비니(略毘尼)·광비니(廣毘尼)·방면비니(方面毘尼)·견고비니(堅固毘尼)·응법비니(應法毘尼)이다. 약비니란 5편계를, 광비니란 2부비니를, 방면비니란 수노변지청오사(輸奴邊地請五事, 邊地의 開制)를, 견고비니란 수가치나의(受迦絺那衣)를 말한다.[393]

　이것이 마하승기율에서 기술하고 있는 결집 내용의 전부다. 설명이 없기 때문에 내용을 분명하게 알 수 없다. 그러나 확실한 것은 단지 율장만의 결집이고,[394] 라자그리하에서 했던 마하승기율의 재결집이라는 사실이다.[395]

(2) 마하승기율 전승의 결집

마하승기율은 대중부(大衆部, Mahāsāṃghika) 계통의 부파에서 전해진 유일한 율장이다. 10사 문제는 제기조차 되지 않았다. 율장 책임자로 선출된 다사발라(Dasabala, 陀娑婆羅) 장로가 와이샬리의 사퇴승가람(沙堆僧伽藍, Vālukārāma)에 모인 700명 장로들 앞에서 송출한 율장의 내용은 5정법(五淨法)·9법서(九法序)·5사기비니(五事記毘尼)이다.

　다사발라 장로는 5정법을 이렇게 설명했다.

392　J. Przyluski, *Le concile de Rājagṛha*, p.216.

393　同上, 중26~하4.

394　同上, p.492하4; 如是集 毘尼藏經; p.493하10~11; 是名七百結集律藏.

395　同上, 중15~하4.

① "5정법이란 제1 제한정(制限淨) 내지 제5 풍속정(風俗淨)이다." 제2 정법에서 제4 정법까지의 설명은 생략되었다.

② 9법서의 경우도 마찬가지다. "9법서란 4바라이(波羅夷) 내지 법수순법(法隨順法)이다." 역시 제2법에서 제8법까지의 설명은 생략되었다.

③ 5사기비니(五事記毘尼)에 대한 설명은 없다.[396] 그러나 '5사기비니' 다음에 "다사발라는 위에서처럼 자세하게 설하였다."라는 말이 나온다.

'위에서처럼'의 위는 바로 앞부분에 실려 있는 오백비구집법장(五百比丘集法藏, 즉 라자그리하 결집)에서 5정법·9법서·5사기비니에 대해 기술해 놓은 것을 가리키고 있다는 것을 알 수 있다.[397]

(3) 마하승기율 전승의 결집

"부처님께서 열반에 드신 후 장로들은 바이샬리의 사퇴승가람에 있었다. 그때 여러 비구들이 단월로부터 구걸[乞索]을 하면서 다사발라 장로는 와이샬리의 사퇴승가람(沙堆僧伽藍), 즉 왈루카 상가라마(Vālukasaṃgārāma, 婆利迦園)[398]에 살고 있었다. 그때 비구들이 신도들에게 보시를 요구하면서 이렇게 호소했다. "부처님이 살아계실 때 우리

----

396 마하승기율 권33(대정장 22권, p.493하2~8); 何等五 一者制限淨 乃至風俗淨 … 何等九 從四波羅夷 乃至法隨順法 … 五事記. Hofinger.

397 同上, 권32(上同, p.492상6~중25).

398 塚本啓祥,『初期佛敎敎團の硏究』(p.211과 p.215)에 의하면, 沙堆僧伽藍은 Vāluka-saṃg-hārāma(婆利迦園)이다. 赤沼智善의『印度佛敎固有名詞辭典』, p.733 참조.

는 전식(前食)과 후식(後食)[399]과 의복 등 여러 가지 공양을 받았는데 부처님께서 열반에 드신 후 고아가 된 우리에게 누가 그것을 주겠습니까. 여러분이 승가에 돈[財物, 錢]을 보시하십시오."[400] 사람들은 비구들에게 1까르샤빠나(kārṣāpaṇa, 劂利沙槃),[401] 2까르샤빠나 내지 10까르샤빠나까지 주었다.[402] 포살 때가 되면 항아리[瓨]가 가득 찼다. 비구들은 그것을 나누어 가졌다. 지율자(持律者, vinayadhara) 야사가 자신의 몫을 받을 차례가 되자, "이것은 무슨 물건인가."라고 묻고, 비구들은 신도들에게서 보시 받은 계리사반[錢]으로 약값이라고 대답했다. 야사는 한마디로 "그것은 잘못이다."라고 말했다. 비구들은 "신도들이 승가에 보시하는 것이 왜 잘못[403]인가."라고 따졌고, 야사는 비구들이 돈을 받는 것은 부정(不淨, 不法)이라고 설명했다. 비구들은 야사가 자신들의 행위를 부정이라고 말한 것은, 승가를 비방한 것이라고 주장하면서 즉시 그에게 거갈마(擧羯磨)[404] 벌을 주었다.

야사는 그 벌을 받은 다음 곧 와이샬리를 떠나 다사발라(Dasabala,

----

399 아마도 '아침과 점심'을 말한 것 같다. Hofinger는 'deux repas(두 번의 식사)'라고 번역했다. 그의 책, p.145.

400 마하승기율 권33(대정장 22권, p.493상25~중3). 註11에 '財(物)'를 '錢'이라 했다. Hofinger(앞의 책, p.145)도 'argent(錢)'라고 번역했다.

401 고대 인도의 화폐[錢貨] 또는 그 무게. 中村元, 『佛教語大辭典』, p.152.

402 마하승기율 권33(대정장 22권, p.493중4~5); 至布薩時盛着瓮中 持拘鉢量分次第而與.

403 同上, p.493중7~8; 원문에는 '過去'라고 되어 있다. '過失'의 잘못이다. Hofinger는 'faute(=잘못)'라고 번역했다. 앞의 책, p.145.

404 不見罪擧罪羯磨(utkṣepaṇīya-karman)를 줄인 말로서, 비구가 자신이 지은 惡見이나 죄를 인정할 때까지 대중과 別住시키는 벌. 佐藤密雄(崔法慧 譯), 앞의 책, p.172; Hofinger, 앞의 책, p.46 註1.

陀娑婆羅) 장로를 만나기 위해 마투라(Mathurā, 摩偸羅)로 갔다. 그는 와이샬리에서 일어난 일과 자신이 그곳 비구들에게 거갈마를 당한 일에 대해 설명했다. 그들은 "장로가 거갈마를 당해야 할 이유가 없습니다. 우리 모두에게는 법(法)이 음식입니다."라고 말했다. 야사는 이 말을 듣고 그곳에 있던 비구들에게, "장로들이여, 우리는 다시 비니장(比尼藏, 律藏)을 결집해서 부처님의 법이 쇠퇴하지 않도록 해야겠습니다."라고 말했다. 비구들은 사건이 발생한 와이샬리로 가서 결집을 했다.[405]

"그때 마투라국(Mathurā, 摩偸羅國) · 상까샤(Saṃkāśya, 僧伽舍) · 깐야꿉자(Kanyākubja, 羯鬧耆) · 쉬라와스띠(Śrāvastī, 舍衛城) · 샤께따(Sāketa, 沙祇) · 마드야데샤(Madyadeśa)에서 온 700명의 비구들이 와이샬리에 모였다. 그들은 그곳 사퇴승가람(沙堆僧伽藍, Vālukasaṃghārāma)에 자리를 잡고 평상과 침구를 갖추었다."

야사 존자가 700상좌 비구들의 상수가 되어 결집 모임을 주재했다. 그는 대중을 향해, "누가 율장을 결집하겠는가."라고 물었다. 비구들은 "존자 다사발라(Dasabala, 陀娑婆羅)가 결집을 해야 한다."고 대답했다. 그러나 그는 "다른 장로 비구가 결집을 해야 합니다."라며 사양했다. 비구들은, "비록 다른 상좌가 있다 해도 부처님께서 오직 장로화상(和尚)만이 열네 가지 법을 성취했고, 계율을 지니는 사람들 가운데서 제일이라고 하셨습니다. 그대는 부처님께 직접 율장을 받았으므

405　同上, p.493중5~16.

386

로 마땅히 결집을 해야 합니다."라고 말했다. 다사발라는 한 가지 조건을 제시했다. "나에게 결집을 하라고 하면 하겠습니다. 그러나 내가 송출하는 것이 법에 일치하면 승인해 주시고 법에 일치하지 않으면 막아주십시오. 나에게 존경심을 나타내려고 하지는 마십시오. 오직 옳은 것인지 옳지 않은 것인지만 보고 알려 주시기 바랍니다." 비구들은 모두 그렇게 하겠다고 대답했다.[406]

다사발라 존자는 율장을 어떻게 결집할 것인지 생각한 다음 이렇게 말했다. "5정법(五淨法)이 있습니다. 법에 맞고 율에 맞으면 승인해 주시고, 법과 율에 맞지 않으면 막아주십시오. … 부처님께서 어떠어떠한 곳에 계실 때 어떠어떠한 비구들을 위해 계를 제정하셨습니다. 나는 이것을 부처님께 들었습니다. 부처님께서 이와 같이 이 계를 제정하셨습니까." 다사발라의 물음에 비구들은 모두 "그렇다."고 대답했다. 다사발라는 계속해서 '오사기비니(五事記毘尼)'를 설했다. 설명 없이 단지, "위에서 한 것처럼 자세하게 설했다."라고만 되어 있다. 그리고 이렇게 결론을 내렸다. "장로들이여, 이 가운데서 발우가 필요한 사람은 발우를 구하고 옷이 필요한 사람은 옷을 구하고 약이 필요한 사람은 약을 구하십시오. 그러나 방편으로 금은이나 돈을 받거나 그것을 요구해서는 안 됩니다. 이와 같이 장로들은 가르침에 따라 배워야 합니다." 그리고 이어서, '이것을 700명이 결집한 율장'이라는 문장이 나온다.[407]

406　마하승기율 권33(대정장 22권, p.493상25~하1); Hofinger, 앞의 책, pp.145~147.

407　同上, p.493하1~2, 5~11; 是名七百結集律藏(10~11); Hofinger, 同上, pp.147~148.

① 5정법

5정법은 제한정(制限淨)·방법정(方法淨)·계행정(戒行淨)·장로정(長老淨)·풍속정(風俗淨)이다. 제한정은 특정 정사(精舍)의 비구들이 합의해서 만든 규정이고, 방법정은 각 나라에서 행하는 규정이다. 계행정은 비구들이 행하는 규정이고, 장로정은 장로들이 행하는 규정이다. 풍속정은 재가자들이 행하는 것으로서 비시식(非時食)·음주·음행 등이다. 풍속정은 재가자에게는 정(淨, 合法)이지만 출가자에게는 부정이다.[408]

② 9법서(九法序)

9법서는 바라이(波羅夷)·승가바시사(僧伽婆尸沙, 僧殘法)·부정법(不定法)·니살기(尼薩耆, 捨墮法)·바야제(波夜提, 波逸提)·바라제제사니(波羅提提舍尼, 悔過法)·중학법(衆學法)·멸쟁법(滅諍法)·법수순법(法隨順法)이다. 첫 번째인 바라이에서 여덟 번째인 멸쟁법까지는 바라제목차(波羅提木叉, 戒本: 250계)이고, 마지막인 법수순법은 바라제목차에 포함되지 않는 소소계이다.[409]

---

408 同上, p.492상8~18; 諸比丘住處作制限 [與四大教 相應者用 不相應者捨] 是名制限淨, 方法淨者 國土法爾 [與四大…] 是名方法淨, 戒行淨者 我見謀持戒比丘行是法 [若 與四大…] 是名戒行淨, 長老淨者 我見長老比丘 尊者舍利弗目連行此法 [與四大…] 是名長老淨, 風俗淨者 不得如本俗法 非時食飲 酒行淫 如是一切本是 俗淨 非出家淨 是名風俗淨. 平川彰, 『律藏の研究』(p.675)에 자세한 설명.

409 同上, 32권(대정장 22권, p.492중15~18), 平川彰, 위의 책, pp.675~676.

388

③ 5사기비니

5사기비니(五事記毘尼)란 수다라(修多羅, Sūtra)·비니(毘尼, Vinaya)·의(義)
·교(敎)·경중(輕重)이다. 수다라는 5수다라(五修多羅, 五篇罪)이고, 비니
는 광비니(廣毘尼)와 약비니(略毘尼)이다. 의란 구구유의(句句有義: 글귀
마다 뜻이 있는 것)이고, 붓다가 찰제리(刹帝利)·바라문·거사들을 위해 설
하신 사대교법(四大敎法)이다. 경중(輕重)이란 도만오중(盜滿五重)과 감
오투란차(減五偸蘭遮: 죄의 판정)이다.[410]

　　5수다라는 다섯 가지의 경(經)이 아니라 계율의 5편죄(五篇罪: 죄의
輕重에 따른 구분)로서 바라이 죄·승가바시사(僧伽婆尸沙, 僧殘) 죄·바일
제[墮] 죄·4제사니(四提舍尼, 波羅提提舍尼) 죄·돌길라 죄이다. 경중(輕
重)의 도만오중(盜滿五重)과 감오투란차(減五偸蘭遮)에서 앞엣것은 도둑
질[竊盜]에서 가중정상(加重情狀: 상황에 따라 벌을 더 무겁게 주는 것)을 가리
키고, 뒤엣것은 5투란차로서 미수죄를 말한다.[411]

　　5비니(毘尼)는 약비니(略毘尼)·광(廣)비니·방면(方面)비니·견고비
니(堅固)비니·응법(應法)비니이다. 약비니란 5편계를, 광비니란 2구비
니를, 방면비니란 수노변지청오사(輸奴邊地請五事, 邊地의 開制)를, 견고
비니란 수가치나의(受迦絺那衣)를 말한다.[412]

　　이것이 마하승기율에서 기술하고 있는 결집의 전부다. 설명이 없

....

410　同上, p.492중20~25. 平川彰, 위의 책, p.676; 佐藤密雄(崔法慧 역), 律藏, p.18; 中村
　　元, 앞의 사전, p.165(3).

411　Przyluski, *Le concile de Rājagṛha*, p.216.

412　대정장 22권, p.492중26~하4.

기 때문에 내용을 알 수 없다. 그러나 마하승기율에서 전하는 결집은 단지 율장만의 결집이고,[413] 라자그리하에서 했던 율장을 다시 결집[再結集]한 사실이다.[414]

3) 제2결집

이 결집은 일체선견율주서·선견율비바사·도왕통사·대왕통사에서만 볼 수 있다. 그러나 내용이 간단하기 때문에 분명하게 알기 어렵다.

일체선견율주서도 거의 같은 내용이다. "지난날 까샤빠가 처음 법장을 결집한 것과 똑같이 했다. … 장(藏)에 따라 다시 묻고, 아함(阿含, āgama)에 따라 묻고, 지엽(枝葉, aṅgas)에 따라 묻고, 모든 법취에 따라 물었다. 이렇게 해서 법장과 율장을 모두 결집[誦出]했다."[415]는 것이다. 선견율비바사에 의하면, "마하까샤빠가 첫 결집을 했던 것처럼 해서 … 장(藏)에 따라, 부(部)에 따라, 분(分)에 따라, 법취(法聚, 법의 모임)에 따라 일체의 법과 율을 다시 결집했다."[416]

도왕통사에 의하면, 8인의 장로들은 10사를 논파하고 문제를 일으킨 악인들을 몰아내고 700명의 아라한들을 선출하고 가장 뛰어난 사람들을 택해서 법의 결집을 했다. 이 제2결집은 8개월 만에 끝났

413　同上, p.492하4; 如是集毘尼藏; p.493하10~11; 是名七百結集律藏.

414　同上, p.492중15~하4. 22권, p.492중15~18).

415　일체선견율주서(남전장 65권, p.45).

416　선견율비바사(대정장 24권, p.678상17~20); 如迦葉初集法藏無異　一切佛法中 … 依藏更問 依阿含問 依枝葉問 依諸法聚問 一切法及毘尼藏出; This second Counil was finished in eight months.

390

다."[417]

417 대왕통사(同上, 60권, p.173). 내용을 약간 요약 정리했다. Jayawickrama, 앞의 책, pp.24~25.

다."[417]

3
부

제 3 차 결집

제3차 결집은 빠딸리뿌뜨라(Pataliputra)에서 개최되었기 때문에 빠딸리뿌뜨라 결집이라고 한다. 이 결집은 이전의 두 결집과는 매우 다르다. 제1결집인 라자그리하 결집과 제2결집인 와이샬리 결집은 동일한 문헌에 기술되고 있다. 그리고 이 문헌들은 대부분 정전(正典)에 속한다. 그러나 빠딸리뿌뜨라는 완전히 다른 두 가지 전승이 있다. 즉 남전 문헌과 북전 문헌에 의한 전승이다. 두 전승 간에는 결집 동기, 결집 참석자, 결집 내용 등 모든 것이 다르다. 그래서 남전 문헌에서 전하고 있는 결집을 제1 빠딸리뿌뜨라 결집이라 하고, 북전 문헌에서 전하고 있는 결집을 제2 빠딸리뿌뜨라 결집이라고 구별해서 추구해야 한다.[1] 이 책[本書]에서는 남전(南傳)에서 전하는 결집을 '제1 빠딸리뿌뜨라 결집', 북전(北傳)에서 전하는 결집을 '제2 빠딸리뿌뜨라 결집'으로 한다. 왜냐하면 '라자그리하 결집', '와이샬리 결집', '빠딸리뿌뜨라 결집'처럼, 와이샬리를 빠딸리뿌뜨라 앞에 두는 것이 익숙하게 생각되기 때문이다.

---

1 Bareau, *Les premiers conciles bouddhiques*, p.88과 p.112에서는 북전을 '제1 빠딸리뿌뜨라 결집', 라모뜨(호진 역), 『인도불교사』(1)에서는 '제2 빠딸리뿌뜨라 결집'이라 했다.
  金倉圓照, 『印度中世精神史』, pp.244~289; 塚本啓詳, 앞의 책, pp.13~19에서는 빠딸리뿌뜨라 결집 연구에 대한 여러 학자들을 소개하고 있다.

1
장

제1 빠딸리뿌뜨라 결집

1. 결집 자료

제1 빠딸리뿌뜨라 결집을 전하고 있는 문헌은 도왕통사(島王統史)와 대왕통사(大王統史), 그리고 일체선견율주서(一切善見律註序)와 선견율비바사이다.[2] 도왕통사(Dīpavaṃsa)와 대왕통사(Mahāvaṃsa)는 5세기 초(初)와 말(末)에 쓰여진 것으로 생각되는 고대 스리랑카의 역사서이다. 그리고 일체선견율주서는 기원후 5세기(420년대 후반)에 스리랑카의 마하위하라(Mahāvihara, 大寺)에서 인도 출신 붓다고사(Buddhaghosa, 佛音)

....

2   도왕통사 6장~7장(남전장 60권, pp.41~57); 대왕통사 5장(同上, pp.174~198); *The Dīpavaṃsa*(pp.170~185)와 W.Geiger, *The Mahāvaṃsa*(pp.26~32). 水野弘元(외), 『佛典解說事典』, pp.124~125.

가 지은 빨리율장의 주석서이다. 그것을 선견율비바사라는 이름으로 486년에 중국의 광주(廣州)에서 승가발타라(僧伽拔陀羅)와 승위(僧禕)가 번역했다.[3]

2. 결집 동기

1) 아소까왕의 불교 귀의

이 결집은 아소까(Asoka, 阿育)왕과 밀접한 관계를 가지고 있다. 따라서 먼저 왕의 불교 귀의에 대해 일별할 필요가 있다. 도왕통사에 의하면, 아소까왕은 마우리야(Maurya) 왕조의 창시자인 짠다굿따(Candagutta, 旃陀掘多)왕의 손자이고 빈두사라(Bindusāra, 賓頭沙羅)왕의 세자(世子)이다. 왕은 관정(灌頂, 卽位) 후 3년 동안 여러 외도 수행자들을 신봉하고 가르침을 받았다. 그러나 그들의 삿된 가르침과 무지로 인해 왕은 실망했기 때문에 모든 외도들을 타파하고 이단의 무리를 축출했다.

왕은 어느 날 탁발하러 거리에 나온 니그로다(Nigrodha, 尼俱律陀) 비구를 보았다. 그는 온갖 덕을 갖추고 번뇌에서 벗어난 아라한이었다. 왕은 그를 왕궁에 초청해 법문을 듣고 신심을 일으켜 삼보에 귀의했다. 그리고 왕비와 왕자를 비롯해 여러 권속들도 우바새가 되게 했다. 이 인연으로 아소까는 많은 비구들을 빠딸리뿟뜨라에 초청했다.

---

3   水野弘元(정승석 편), 『불전해설사전』, p.189.

그 수는 무려 6만 명에 달했다.[4]

　왕은 비구들로부터 부처님께서 중생을 위해 8만 4천의 법온(法蘊, dharmaskandha, 법의 項目)[5]을 설했다는 말을 듣고 이 법들 하나하나에 한 동(棟)씩의 정사(精舍)를 봉헌했다. 그리고 당시 염부주(閻浮洲: 인도)에는 8만 4천의 도시가 있었는데 도시마다 동산을 만들고 동산마다 한 동씩의 정사를 건립케 했다. 왕은 이 일을 위해 96꼬띠(koṭi, 俱胝)[6]라는 막대한 비용을 지출했다. 이 공사를 끝내는 데 3년이 걸렸다.[7]

　아소까왕은 8만 4천의 정사를 완공한 다음 그 정사들을 승가에 봉헌하는 의식을 빠딸리뿌뜨라의 아소까라마에서 개최했다. 모임에 참석한 비구들의 수는 80꼬띠 명이었고 비구니들은 9만 6천 명이었다. 게다가 6신통을 갖춘 비구와 비구니들의 수도 많았다. 왕은 비구들의 신통력 덕택으로, 인도 전역에 건립된 8만 4천의 정사와 여러 가지 호화로운 장식들, 봉헌 행사[祭禮]와 그 행사를 위해 모인 비구와 비구니들, 그리고 큰 보시가 베풀어지고 있던 모든 것을 아소까라마에서 선 채로 한눈에 볼 수 있었다.[8]

4　도왕통사 6장, 15~85(남전장 60권, pp.43~49); 6만의 비구(同, p.47, 6장 58). 길고 복잡한 내용 요약 정리했음.

5　法의 모임 또는 主題. 法聚 또는 法藏이라고도 한다. E. 라모뜨(호진 역),『인도불교사』(1), pp.291~293; 中村元,『佛教語大辭典』, p.1228(4)와 p.1233; 多屋賴俊(外), 앞의 사전, p.393(2).

6　koṭi(俱胝)는 數의 단위로서 1꼬띠는 10만, 1000만 또는 1억이다. 中村元, 위의 사전, p.269.

7　도왕통사 6장, 86~99(남전장 60권, pp.49~50).

8　同上, 7장, 1~7(同, 60권, p.53). 긴 내용 요약 정리했음.

왕은 기쁨에 차서 비구들에게 말했다. "대덕들이여, 나는 부처님 교법의 상속자입니다. 나는 법을 설하는 사람들을 위해 많은 보시를 했습니다. 96꼬띠의 큰 재물로써 부처님께서 설하신 법[法蘊]에 공양했고, 8만 4천의 정사를 건립했습니다. 나는 매일 40만 금(金)을 베풀고 있습니다. 이것을 짜이따(Caitya, 靈塔)의 공양을 위해 4분의 1을, 니그로다 비구에게 4분의 1을, 법을 설하는 사람들에게 4분의 1을, 나머지 4분의 1을 병자들에게 줍니다. 역시 매일 갠지스 강물처럼 많은 음식을 사람들에게 주고 있습니다. 나는 보시보다 더 좋은 다른 어떤 것을 알지 못합니다. 나의 신심은 더욱 굳어졌습니다. 그러므로 나는 부처님 교법의 상속자입니다."9

목갈리뿟따(Moggaliputta) 존자는 아소까왕의 말을 듣고 승가가 조용하고 편안하게 살 수 있도록 하기 위해, 그리고 교법의 후원[攝取]을 위해, 역시 미래에 교법이 일어날 것을 알고10 왕에게 이렇게 말했다. "물질적인 보시자[資具施與者]는 '교법 바깥에 있는 자[教外者]'에 지나지 않습니다. 자신의 후계자가 된 아들 또는 딸을 출가시키는 사람이야말로 교법의 진정한 상속자입니다." 이 말을 들은 왕은 아들 마힌다(Mahinda, 摩硒陀)와 딸 상가밋따(Saṃghamittā, 僧伽蜜多)를 출가시켰다. "이렇게 해서 아소까는 교법의 상속자가 되었다."11

....

9   同上, 7장, 8~13(同, pp.53~54); "我が 數多の捨施は 堅實說者の教[法]に對して 作されたり."를, Law(B.C.)는 'Great sacrifice was made by me for the tellers of truth in the religion'이라고 번역. *The Dīpavaṃsa*, p.181.

10   Law의 *The Dīpavaṃsa*, p.181.

11   도왕통사 제7장, 14~20(남전장 60권, p.54).

대왕통사의 내용도 거의 동일하다. 요약 정리하면 다음과 같다. 아소까왕은 부왕 빈두사라(Bindusāra, 頻頭娑羅)가 했던 것처럼 매일 6만 명의 바라문들에게 3년 동안 음식 공양을 했다. 그러나 그들이 음식을 차지하기 위해 미친 듯 거칠게 행동하는 모습을 보고 실망했다. 왕은 어느 날 탁발하러 궁중에 온 니그로다(Nigrodha, 尼拘律)[12] 사미의 모습을 보고 감동했다. 그를 왕궁에 초청해 음식을 공양하고 부처님의 법을 청해 들은 뒤 신심을 일으켜 많은 사람들과 함께 삼보에 귀의하고 5계를 받았다.[13]

아소까왕은 그때까지 공양을 베풀었던 6만 명의 의도들을 추방하고 그 대신 6만 명의 비구들을 왕궁에 맞이해 항상 좋은 음식을 공양하고 필요한 물품을 보시했다. 왕은 부처님이 설하신 법이 8만 4천 종류[法蘊, Dharmaskandha]라는 것을 목갈리뺏따 장로에게서 듣고 이 법의 하나하나에 정사를 한 동(棟)씩 봉헌하기로 했다. 아소까는 전국 8만 4천 도시에 9억 9천의 재물을 베풀어 각 도시에 한 동씩의 정사를 세우게 했다. 왕 자신은 빠딸리뺏따에 아소까라마[阿育園]를 건립했다. 역시 삼보와 니그로다 사미를 비롯해 병자들에게 각각 매일 많은 보시를 했다. 부처님을 위한 보시로는 모든 탑과 정사에 은갖 공양을 올렸고, 법(法)을 위한 보시로는 정법을 보호하여 지니고 있는 비구들에

<hr>

12   니그로다는 아소까왕의 형인 Sumana(修摩那) 왕자의 아들이었다. 수마나와 니그로다에 대한 긴 이야기는 생략한다(『同上』, 60권, pp.177~179). 도왕통사에서는 비구로 되어 있다.

13   대왕통사 5장, 36~38(同上, 60권, pp.176~177).

게 4종의 좋은 자구(資具)를 공급했다.[14]

아소까라마를 포함한 인도 전역의 8만 4천 도시에 정사가 세워지고 준공식이 같은 날 같은 시간에 거행되었다. 이 모임에 8억 명의 비구와 900만 명의 비구니가 참석했는데, 그 가운데 10만 명의 비구와 1천 명의 비구니는 아라한이었다. 그들은 세계개현(世界開顯: 세계를 나타내 보임)이라는 신통을 부려 아소까왕의 신심을 불러일으켰다.[15] 왕은 넓은 바다로 국경을 이루는 전 인도와 가지각색의 공양물로 장식된 정사들을 보고 크게 기뻐하면서 비구들에게 물었다. "대덕들이여, 부처님 교법을 위해 지금까지 누가 가장 큰 보시를 했습니까." 그러자 목갈리뿟따 장로가 "부처님께서 세상에 계셨을 때도 왕과 같은 큰 보시자는 없었습니다."라고 대답했다. 왕은 이 말을 듣고 더욱 기뻐하면서 장로에게 "부처님 교법의 상속자(相續者)란 나와 같은 사람입니까."라고 물었다. 장로는, "왕과 같은 대보시자일지라도 교법의 상속자는 아닙니다. 왕이여, 왕과 같은 사람은 단지 재물의 보시자일 뿐입니다. 그러나 자신의 아들이나 딸을 이 교단에 출가시키면 그 사람은 교법의 상속자이고 역시 재물의 보시자가 됩니다."라고 대답했다. 아소까왕은 마힌다 왕자와 상가밋따 공주를 출가시킴으로써 진정한 교법의 상속자가 되었다.[16]

14　同上, 5장, 75~88(同上, pp.180~181). 4종의 좋은 資具란 衣·食·臥具·藥; Geiger 譯, *The Mahāvaṃsa*, Oxford, 1912, pp.32~33.

15　도왕통사(同, 60권, p.53); Law, 앞의 책, p.162.

16　대왕통사 5장, 175~211(남전장 60권, pp.189~192); Geiger 譯, 위의 책, pp.42~43.

일체선견율주서와 선견율비바사는 두 왕통사와 거의 비슷한 내용을 말하고 있다. 아소까왕의 부왕 빈두사라는 바라문교의 신봉자였다. 그는 바라문 및 바라문 출신의 반랑구(畔郞具, bāhirakapāsaṇḍa)·파리바사(波利婆闍) 등의 6만 명 외도들에게 날마다 음식을 베풀었다. 빈두사라왕의 뒤를 이은 아소까왕도 이 보시 행사를 계속했다. 그러나 왕은 외도들이 겉으로는 수행자 모습을 갖추고 있지만 속으로는 진실성이 없다는 것을 알고 실망했다.

어느 날 왕은 궁전의 정원 앞을 지나가는 니그로다(Nigrodha, 泥瞿陀)[17] 사미를 보았는데, 그는 마음을 잘 다스려 산란하지 않았고 몸가짐도 위의를 갖추고 있었다. 왕은 이 사미가 틀림없이 초세간법(超世間法)을 지니고 있을 것이라 생각하고 그에 대해 신심을 일으켰다. 왕은 니그로다를 왕궁에 초청해 음식을 공양하고 법을 청해 들었다. 그의 설법에 깊이 감동을 받은 왕은 니그로다 사미에게 32명의 비구들과 함께 다음 날 궁전에 와서 공양을 받게 했다. 그 후 매일 공양에 초청하는 비구들의 숫자를 늘려 6만 명에 이르게 되었다. 왕은 그때까지 6만 명의 바라문과 파리바사 외도들에게 베풀었던 음식 공양은 끊어버렸다. 니그로다는 왕과 왕족 및 여러 신하들을 3보에 귀의시키고 5계를 받게 해서 그들의 신앙심을 굳게 만들었다.[18]

....

17　니그로다 사미의 지난날에 대해 길게 기술하고 있다. 니그로다는 빈두사라왕의 장자 수마나(Sumana)의 아들로서 아소까왕의 조카였지만 두 사람은 그 사실을 알지 못했다. 남전장 65권, pp.58~59; 선견율비바사 권1 (대정장 24권, p.680중14~하7).

18　일체선견율주서4(同上, 65권, pp.57~62); 선견율비바사 권1 (대정장 24, p.680상25~중14와 하7; p.681상24~27). 내용 요약 정리.

왕은 아육원사(阿育園寺)라는 큰 정사를 건립하게 해서 6만 명의 비구들에게 항상 음식을 주도록 했다. 뿐만 아니라 전 인도의 8만 4천 도시에 8만 4천 동(棟)의 정사를 건립케 하고 다시 8만 4천의 탑을 장식하게 했다.

어느 날 왕은 아소까라마 정사에서 큰 보시회(布施會)를 열고 6만 명의 비구들에게 승가의 4의(四依: 衣·食·臥具·藥)를 공급한 뒤 부처님이 설하신 법이 얼마나 되는지 물었다. 비구들은 '분(分, aṅga)으로 하면 9분이고, 취(聚, skandha, 項目)로 하면 8만 4천 법취(法聚, dhammaskandha)'[19]라고 설명했다. 왕은 법에 대해 신심을 일으켜 각 법취마다 한 동[宇]씩의 정사를 지어 공양하게 했다. 왕은 하루에 96억 금(金)을 지출하게 하고 대신들에게 각 도시[城]마다 한 동씩의 정사를 건립하게 해서 8만 4천 도시에 8만 4천 정사를 세우도록 명령했다. 왕 자신은 아육원에 아육대정사(阿育大精舍)를 건립하게 했다. 3년 만에 정사의 건립 공사를 끝내었다.

낙성식은 거국적으로 동시에 거행되었다. 나라 안의 모든 사람들은 8계(戒)를 받고 성의 안과 밖에 정사공양회(精舍供養會)를 준비했다. 왕은 몇십만이나 되는 코끼리·말·수레·보병 등의 4종 군대에 둘러싸여 행사장인 아소까라마에 갔다. 그때 그곳에 모인 비구들은 8억 명이었고, 비구니들은 9백 6십만 명이나 되었다. 아라한들조차도 10만 명에 이르렀다. 그들은 왕이 자신의 이룩한 불사[事業]를 모두 직접 본다

19　　라모뜨(호진 역), 『인도불교사』(1), pp.283~294에 자세한 설명.

면 부처님의 성스러운 가르침에 대한 믿음이 더욱 깊어질 것이라 생각하고 세계전개(世界展開)라는 신통 변화를 일으켰다. 그 덕택으로 왕은 아소까라마에서 사방을 둘러보자 큰 바다에 이르기까지 펼쳐진 인도와 장엄한 공양회로 아름답게 빛나고 있는 8만 4천 정사를 모두 한눈에 볼 수 있었다.[20]

　　왕은 웅장하고 화려한 그 광경을 보고 크게 기뻐하면서 비구들에게, "존자들이여, 세상의 구제자이신 부처님의 교법에 누가 큰 보시를 했으며, 누구의 보시가 가장 크다고 세상 사람들이 말합니까."라고 물었다. 목갈리뿟따띳사 장로가, "왕이여, 부처님의 교법에 4의(四依)를 보시한 사람으로서 왕과 같은 사람은 부처님 생전에도 없었습니다. 왕의 보시야말로 가장 큽니다."라고 대답했다. 왕은 장로의 말을 듣고 매우 기뻐하면서, '세상에 나와 같은 4의의 보시자[給與者]는 없다. 내가 베푼 보시는 크다. 나는 4의의 성스러운 가르침을 보호하고 지닐 수 있다. 따라서 나는 성스러운 가르침의 계승자가 아닐까'라고 생각했다. 그래서 왕은 비구들에게, "존자들이여, 나는 성스러운 가르침의 계승자입니까."라고 물었다. 목갈리뿟따띳사는 왕의 말을 듣고 마힌다 왕자의 출가 인연이 성숙된 것을 알게 되었다. 그는 '이 동자(童子, Mahinda)가 출가한다면 성스러운 가르침이 크게 번창할 것'이라고 생각했다. 그래서 왕에게 "대왕이여, 이와 같은 사람은 성스러운 가르침의 계승자는 아니고 단지 자구(資具: 생활필수품)의 보시자, 또는 봉사자

20　일체선견율주서4 (남전장 65권, pp.62~64); 선견율비바사 (대정장 24권, p.681 상24~중27).

(奉仕者)라고 할 수 있을 뿐입니다. 대왕이여, 재가자로서는 지상에서 범천계(梵天界)에 닿을 수 있을 정도로 많은 양의 자구를 보시한다 해도 성스러운 가르침의 계승자라고 할 수는 없습니다."라고 대답했다. 왕은 "존자여, 그렇다면 성스러운 가르침의 계승자란 어떤 사람입니까."라고 물었다. "대왕이여, 재가자로서 부자거나 가난하거나 자신이 낳은 아들을 출가시키면 그 사람이야말로 성스러운 가르침의 계승자라고 할 수 있습니다."라고 대답했다. 왕은 마힌다 왕자와 상가밋따 공주의 동의를 얻어 그들을 출가시켰다.[21]

2) 결집 동기

결집은 계획된 일이 아니었다. 아소까왕이 승가에 많은 보시를 했기 때문에 다수의 적주비구(賊住比丘)[22]들이 그 혜택을 받기 위해 왕이 세운 승원(僧園)에 들어가 비구들과 함께 살면서 큰 혼란을 일으켰는데, 이 일이 결집의 동기가 되었다.

도왕통사에서는 내용이 중복되고 있다.

(1) 많은 수의 찰제리(刹帝利)들과 바라문들이 불교에 귀의함으로써 부처님의 교법에는 큰 이익과 공경이 있게 되었고, 이학외도(異學

21 일체선견율주서4(남전장 65권, pp.64~66); 善見律毘婆沙 권1(대정장 24권, p.681중 27~하27); Jayawickrama, *The Inception of Discipline and the Vinaya Nidāna [Samantapāsādika]*, p.44.

22 이익이나 생활을 위해 비구의 모습을 하고 비구 승단에 들어간 외도. 中村元,『佛教語大辭典』, p.891(1); 多屋賴俊(외),『佛教學辭典』, p.309.

外道)들은 그것을 잃어버렸다. 그래서 도회자(塗灰者, Paṇḍaraṅgas)·결발행자(結髮行者, Jaṭilas)·니건타(尼犍陀, Niganṭhas)·무의자(無衣者, Acelakas) 등의 외도들은 7년 동안 비구들과 함께 살면서 무리를 지어 포살(布薩)을 했다. 그래서 비구들은 그 포살에 참여하지 않았다. 불멸 236년에 6만 명의 비구들이 아육원에 살았다. 사명사(邪命士, Ajīvika)와 그 밖의 다른 여러 이교도들은 모두 비구들처럼 가사를 입고 부처님의 교법을 손상시켰다. 목갈리뿟따띳사(目犍連子帝須, Moggliputta Tissa)는 1000명의 비구들과 함께 법의 결집을 했다. 이설(異說)의 파괴자인 목갈리뿟다띳사는 상좌설(上座說)을 확립하기 위해 제3차 결집을 개최했다.[23]

(2) 아소까왕은 승가에 매일 40만(金)씩을 기진(寄進: 기부)했다. 이와 같은 이득과 큰 공경이 베풀어지는 것을 보고 6만 명의 적주외도들이 아육원 정사에 들어가 살았다. 그들 때문에 정사에서는 포살이 행해지지 않았다. 아소까왕은 비구들이 포살을 하도록 정사에 한 대신을 파견했는데 왕의 뜻을 잘못 이해한 대신은 말을 듣지 않는 몇 명의 비구들을 살해했다.

이 일로 말미암아 적주외도를 완전히 없애기 위해 많은 비구들이 모였다. 이 모임에서 목갈리뿟따띳사 장로는 스승과 같은 대덕(大德, 大龍象)으로 지상에서 그와 같은 사람은 없었다. 왕은 장로에게 비구들의 살해 문제가 자신에게 책임이 있는지 물었다. 장로

---

23 도왕통사 7장 33~40(남전장 60권, pp.55~56); Law, *The Dipavaṃa*, p.183.

는 신통변화를 부려 왕의 의혹을 없애주었다.[24] 외도들은 자신들의 법[外道說]에 따라 출가했는데, 그것은 마치 안금(贋金: 가짜 금)에 순금을 섞은 것처럼 부처님의 말씀을 파괴했다. 그들은 모두 상좌설에 반대되는 분파의 사람들로서 그들을 아주 없애기 위해, 그리고 장로는 자신의 설(說)을 빛내고, 역시 오래도록 교법을 확립하기 위해 1000명의 아라한들을 선발해 법을 결집했다."[25]

대왕통사는 도왕통사의 내용에 다른 설명을 많이 덧붙였다. 아소까왕의 불교 개종과 그가 한 많은 후원 덕택으로 아육원 정사에는 매우 큰 이익이 있게 되었다. 이득과 공경이 적어진 외도들은 이득을 위해서 스스로 비구의 옷인 가사를 입고 비구들과 함께 정사에서 살았다. 그들은 자신들의 설(說)을 불설(佛說, buddhavāda)이라 하고, 자신들의 수행법을 그들 마음대로 행했다. 목갈리뿟따띳사 장로는 이런 악성의 암종(癌腫: 암)이 교법에 생기는 것을 보고 그들을 피해 갠지스강 상류의 아호강가(Ahogaṅgā, 阿然河)산으로 가서 7년 동안 혼자 수행에 전념했다. 그동안 외도들의 숫자는 더욱 증가하였을 뿐 아니라 그들의 행동이 방종했기 때문에 비구들은 법으로써 그들을 제지할 수 없었다. 그 결과 염부주(閻浮洲: 아육원 정사)에서는 비구들이 7년 동안 포살과 자자(自恣)를 행할 수 없었다.[26]

....

24 同上, 45~52(同, pp.56~57); Law, *The Dipavaṃsa*, p.184.

25 同上, 57~58(同, p.57); Law, 同, p.185.

26 대왕통사 5장, 230~237(남전장 60권, pp.193~194); Geiger, *Mahāvaṃsa*, p.46. 장황한

이와 같은 사정을 알게 된 아소까왕은 한 대신을 아소까정사에 보내어 그 혼란을 진정시키고 비구들이 포살을 하도록 했다. 대신이 정사에 가서 비구들에게 '포살을 하라'는 왕의 명령을 전하자 그들은 "우리는 외도들과 함께 포살을 할 수 없다."고 말했다. 그러자 대신은 "나는 그대들로 하여금 포살을 하게 하겠다."라고 하면서 몇 장로들의 목을 베었다. 아소까왕의 동생인 띳사(Tissa, 帝須) 장로가 이것을 보고 즉시 대신 곁으로 가서 앉았다. 대신은 장로를 보자 살육을 멈추고 왕에게 가서 정사에서 일어난 일을 보고했다. 왕은 몹시 괴로워하면서 여러 비구들에게 그 죽음이 누구의 책임인지 물었다. 비구들에 따라 대답이 달랐다. 왕은 아호강가산으로 사람들을 보내어 목갈리뿟따띳사 장로를 초청해 이 일에 대해 물었다. 장로는 왕에게 "나쁜 의도가 없었다면 그 결과로 생기게 되는 죄는 없다."고 설명하고 『자고본생담(鷓鴣本生譚, Tittirajataka)』[27]을 설해 왕의 의심과 불안을 없애주었다. 목갈리뿟따띳사 장로는 7일 동안 왕의 동산에 머물면서 아소까왕에게 부처님의 법[善敎]을 설해주었다.[28]

7일째 되는 날 왕은 모든 비구들을 아육원 정사에 모이게 한 다

내용을 요약 정리. 일반적으로 閻浮洲는 인도를 가리키지만 여기서는 내용상 '아소까정사'이다.

27 『鷓鴣本生經』의 「자고본생담」(『本生經』 319話)에 의하면, 새장에 갇힌 자고새가 두려움 때문에 울부짖자 같은 무리들이 새장 주위에 몰려갔다가 사람들에게 잡혀 죽임을 당했다. 자고새의 말을 들은 道士는 "죽이려는 마음이 없었다면 너에게 죄가 없다."고 설명했다. *Jātaka stories*, vol. Ⅲ, pp.43~44, Francis(譯), Delhi, 1990.

28 대왕통사 5장, 238~267(同, pp.194~197). 긴 내용 요약. Geiger, *Mahāvaṃsa*, pp.46~48.

음 외도[邪見家]들을 색출해 모두 환속시켰는데, 그 수는 6만 명이었다. 이렇게 해서 아육원 정사는 정화되었다. 왕은 "비구중이 정화되었으므로 포살회를 하라."고 지시한 다음 성으로 돌아갔다. 비구들은 화합해서 포살회를 가졌다. 그리고 나서 장로는 수많은 비구들 가운데서 1천 명을 선발해서 정법을 결집했다.[29] 일체선견율주서는 두 왕통사보다 자세한 내용을 기술하고 있다. 아소까왕 때 빠딸리뿌뜨라성의 4문에는 40만의 창고와 10만의 객실이 있었다. 거기에서 아소까왕에게 매일 50만 금(金)의 거액이 들어왔다. 왕은 이 돈을 날마다 니그로다(Nigrodha, 泥瞿陀) 대덕에게 10만금을, 탑(cetiya)에 향과 꽃을 공양하기 위해 10만금을, 정법을 지니고 많은 연구를 하는 사람들에게 4의(依)를 공급하기 위해 10만금을, 승가에 10만금을, 4성문 곁에 설치한 의약품 저장소에 약품을 공급하기 위해 10만금을 사용했다. 이렇게 불교 승가에는 큰 이익이 생겼지만 외도들은 거친 옷과 음식조차얻을 수 없게 되었다. 그래서 그들은 불교 교단에 들어가 출가했다. 즉적주비구(賊住比丘)들이 되었다. 그러나 그들은 이전부터 가지고 있었던 이견(異見, 異說)을 버리지 못하고 그것을 정법(正法)이고 정율(正律)이라고 설했다. 그들은 정식으로 출가할 수 없을 때는 스스로 삭발하고 가사를 입고 아소까라마 정사를 돌아다니면서 포살회·자자회·승가의사(僧伽議事, 羯磨: 會議)·비구들의 일에 참여했다. 그래서 비구들은 그들과 함께 포살회를 하지 않았다. 목갈리뿟따띳사 장로는 그와 같은

....

29   同上, 5장, 268~278(同, pp.197~198); Geiger, 同上, pp.48~49.

상황에서 외도들과 비구승가 사이에 오래지 않아 심한 다툼이 일어나게 될 것을 예견했다. 장로는 그들과 함께 살면서 그 다툼을 진정시킬 수 없을 것이라 생각하고 마힌다에게 제자들을 맡기고 아호강가산으로 들어가 버렸다.[30]

외도들이 자신들의 법[典]을 가지고 불법을 어지럽혔기 때문에 여러 가지 혼란이 일어나게 되었다. 게다가 그들은 자신들의 수행법을 행하기도 했다. 불[火]을 섬기는 자, 다섯 가지 열(熱)에 몸을 굽는 자, 태양을 따라 몸의 방향을 바꾸는 자, 법과 율을 파괴해야 한다고 고집하는 자들이었다. 그래서 비구들은 그들과 함께 포살회도 자자회도 하지 않았기 때문에 아소까라마에는 7년 동안 포살회가 중단되었다.[31]

이 사실을 알게 된 왕은 한 대신에게, "정사에 가서 다툼을 진정시키고 비구들이 포살회를 하도록 하라."고 명령했다. 대신은 자신에게 맡겨진 일을 어떻게 처리해야 할지 알지 못했다. 그러나 왕에게 감히 물어볼 수 없었기 때문에 여러 대신들에게 물어보았다. 그들은 "우리가 알고 있는 바로는 나라의 변경을 진압하는 사람이 도적들을 죽이는 것처럼 왕은 포살회를 하지 않는 자들을 죽이라는 것"이라고 대답했다. 대신은 정사에 가서 비구들을 모이게 한 뒤, "나는 여러분들로 하여금 포살회를 하도록 하라는 왕의 명령을 받고 파견되었습니다. 존

....

30 일체선견율주서4(남전장 65권, pp.67~68).

31 同上 p.68; Jayawickrama, *The Inception of Discipline and the Vinaya Nidāna(Samantapāsādikā)*, p.47, London, 1962. 이교도의 수행법의 하나인 五熱이란 몸[身]의 4방에 모닥불을 피운 4熱과 태양열로서, 이 다섯 가지 열에 몸을 굽는[炙] 고행이다. 남전장 65권, p.133의 註54.

자들이여, 이제 포살회를 하십시오.”라고 했다. 비구들은 “우리는 외
도들과 함께 포살회를 할 수 없습니다.”라고 대답했다. 대신은 칼로 장
로들부터 차례로 비구들의 목을 베기 시작했다. 왕의 친동생인 띳사
(Tissa, 帝須) 대덕은 대신이 하는 행동을 보고, ‘왕은 대덕들을 살해하라
고 파견하지 않았을 것이다. 틀림없이 이 대신이 무엇인가 오해를 하
고 있는 것이다.’라고 생각하고 대신에게 가까운 자리로 가서 앉았다.
대신은 띳사 대덕을 알아보고 그의 목을 벨 수 없었으므로 왕에게 가
서, “포살을 하려 하지 않는 몇 비구들의 목을 베었는데, 지금 존자 띳
사 대덕의 차례가 되었습니다. 어떻게 해야 합니까.”라고 물었다.

　　왕은 대신이 저지른 일을 듣고 괴로워하면서 곧 아소까정사로 가
서 장로 비구들에게, “이 대신은 나에게 죽이라는 명령을 받지 않고 이
렇게 했는데 이 나쁜 일은 누구의 책임입니까.”라고 물었다. 몇 장로들
은 대신이 왕의 말에 따라서 그렇게 했으므로 그것은 왕의 죄라고 했
고, 또 어떤 장로들은 왕과 대신 두 사람의 죄라고 말하기도 했다. 역시
“대왕이여, 대신을 파견했을 때 대왕께서는 ‘이 사람은 정사에 가서 비
구들을 죽여야 한다’는 생각을 했습니까.”라고 묻는 장로들도 있었다.
왕은 “나는 다만 비구 승가가 화합해서 포살회를 해야 한다는 좋은 생
각을 가지고 대신을 파견했습니다.”라고 대답했다. “만약 대왕께서 그
와 같은 선한 생각을 하고 있었다면 비구들을 죽인 것은 대왕의 죄가
아니라 대신의 죄입니다.”라고 설명하는 장로들도 있었다.

　　왕은 혼란에 빠져 비구들에게, “나의 이 의심을 끊고 성스러운 가
르침을 잘 가질 수 있게 해 줄 어떤 비구가 있습니까.”라고 물었다. 비
구들은 목갈리뿟따띳사 대덕을 추천했다. 왕은 그를 초청하기 위해 즉

시 수천 명의 비구들과 사람들과 수십 명의 법사들과 대신들을 그의 은둔처인 아호강가산으로 파견했다. 장로는 그 초청에 두 번이나 응하지 않았다. 세 번째 보낸 파견단이 "존자여, 성스러운 가르침이 멸망하려 합니다. 부처님의 가르침을 보호하고 유지하기 위해 우리의 협력자가 되어주십시오."라고 말했다. 그 말을 들은 장로는 즉시 파견단이 준비해 간 뗏목을 타고 빠딸리뿌뜨라로 갔다. 왕은 장로를 그의 원림(園林, Uyyāna)에 머물게 했다.[32]

그리고 장로에게 비구들의 살해 문제에 대해 질문했다. 장로는 왕에게 "대신이 정사에 가서 비구들을 죽여야 한다는 생각이 대왕께 있었습니까."라고 물었다. "존자여, 그런 생각은 없었습니다." "대왕께 그런 생각이 없었다면 비구들의 죽음은 대왕의 죄가 아닙니다."라고 말한 다음, 왕을 좀 더 잘 이해시키기 위해 『자고본생경(鷓鴣本生經)』을 설해 주었다. 그러고 나서 7일 동안 원림(園林)에 머물면서 왕에게 부처님의 법을 가르쳐 바른 신심을 일으키도록 했다.

제7일째 되는 날, 왕은 모든 비구들을 아육원에 모이게 해서 부처님의 법에 대해 질문을 했다. 외도설을 주장한 적주비구들에게는 속인의 옷[白衣]을 입혀 추방했다. 이들은 모두 6만 명이었다. 왕은 나머지 다른 비구들을 불러서 물었다. "존자여, 정등각자[佛]께서는 무엇을 설하셨습니까." "대왕이여, 분별설(分別說, Vibhajjavāda)을 설하셨습니다." 왕은 장로에게 물어 그것을 확인했다. "존자여, 정등각자(正等覺者)는

---

32   同上, pp.68~69와 pp.72~74. 긴 내용 요약 정리; Jayawickrama, 同上, p.47.

412

분별설을 설하셨습니까.” “그렇습니다. 대왕이여.” 그러자 아소까는, “존자여, 이제 성교(聖敎)는 청정하게 되었습니다. 비구 승가는 포살회를 하십시오.”라고 말한 다음 성(城)으로 돌아갔다. 비구들은 포살회를 했다. 이 모임에 모인 비구들의 수는 600만 명이었다. 그중에서 선발된 1000명의 비구들이 지난날 까샤빠와 야사 대덕이 법과 율을 결집한 것과 같이, 제3차 결집을 했다.[33]

선견율비바사의 내용은 일체선견율주서의 내용과 핵심에 있어서는 거의 동일하다. 그러나 여러 가지 내용들이 뒤섞여 요약해서 정리하기도 어려울 정도이다.[34] 요약 정리하면 다음과 같다.

아소까왕은 빠딸리뿌뜨라의 네 성문 근처에 4천의 객당(客堂)을 가지고 있었다. 이들 당(堂)에서 매일 5천 전(錢, sabhā)의 수입이 있었다. 왕은 그 가운데 1천은 니그로다 대덕에게 주었고, 1천은 탑과 불상에 올리는 꽃과 향 값으로 사용했고, 1천은 법당에 바쳤고, 1천은 율사(律師)들에게 주었고, 1만(천)은 비구들에게 주었다. 역시 매일 1만(錢)을 4성문 근처의 의약품 저장소[藥藏]에 넣을 의약품을 구입하는 데 사용했다.

아소까왕의 이와 같은 많은 후원 덕택으로 불법은 매우 융성하게 되었다. 그러나 외도들은 세력이 약해서 공양과 이익을 잃어버렸기 때문에 음식조차 얻기 어려웠다. 그래서 그들은 승원(僧園, 阿育園精舍)에 들어가 비구들과 함께 살았는데 자신들의 법[本法]으로써 사람들을 가

---

33   同上, pp.77~78; Jayawickrama, pp.54~55. 복잡하고 긴 내용 요약.

34   대정장 24권, p.684 상26~중14.

르치면서 그것이 바른 법이고 바른 율이라고 설했다. 이런 상황에서 승가의 상수(上首)인 목갈리빳따띳사는 승가의 일을 제자 마힌다에게 맡기고 아호강가산에 들어가 버렸다.

외도비구들은 자신들의 전(典, 設)으로써 불법(佛法, 佛設 buddhavāda)을 어지럽히려 했고, 자신들이 수행법[35]을 실행하기도 했기 때문에 비구들은 포살과 자자(自恣)와 비구들의 여러 가지 일을 외도 비구들과 함께하지 않았다. 그 결과 포살이 7년 동안이나 행해지지 않았다.

이 일을 알게 된 아소까왕은 한 대신을 아소까라마에 보내어 다툼을 그치고 화합해서 포살회를 하도록 명령했다. 대신은 비구들에게 가서 명령대로 하려고 했지만 비구들은 그의 말을 전혀 듣지 않았다. 그는 다른 대신들에게 이 문제를 해결할 방법을 물었다. 그들은 "대왕이 여러 나라에 가서 사람들을 복종시키는 것을 보았는데 순종하지 않으면 그들을 칼로 베어 죽였다. 이 경우에도 그와 같이 해야 한다." 라고 말했다. 대신은 그들의 조언을 따라 비구들을 차례로 목을 베어 죽이다가 왕의 동생인 띳사(帝須) 장로 앞에 이르러서야 멈추었다. … 대신은 왕에게 가서 자신이 한 일을 말하고 띳사 장로를 어떻게 처리할 것인지 물었다. 왕은 대신의 말을 듣고 실신[悶絶]까지 할 정도로 크게 놀라고 괴로워했다. 그는 곧 승가람에 가서 비구들에게 이 일로 인

----

35 선결율비바사2(대정장 24권, p.682중8~9). 외도들의 4종 수행법: 事火者(불을 섬김) · 五熱炙身(다섯 가지 열로써 몸을 굽기) · 大寒入水(큰 추위에 물에 들어감) · 破壞佛法(불법을 파괴함).

414

해 자신에게 죄가 있는지 물었다. 비구들에 따라 주장이 달랐다. 그래서 왕은 아호강가산으로 사람들을 보내어 목갈리뿟따띳사 장로를 빠딸리뿟뜨라에 오도록 초청했다.[36]

왕은 장로에게 비구들의 살해와 그 일로 말미암아 자신이 갖게 된 의문에 대해 질문했다. 장로는 "대왕이여, 대신을 비구들에게 보내었을 때 그들을 죽이려는 마음이 있었습니까."라고 물었다. 왕은 "나는 죽이려는 마음이 없었습니다."라고 대답했다. 장로는 "죽이려는 마음이 없었다면 왕은 죄가 없습니다."라고 말하면서 『자고본생경(鷓鴣本生經)』을 설해 왕의 의구심(疑懼心)을 풀어주었다. 목갈리뿟따띳사 장로는 7일 동안 왕의 원림(園林, Uyyāna)에 머물면서 왕에게 부처님의 바른 법과 율을 가르쳤다. "이것은 율(律)이고 이것은 율이 아니다[非律]. 이것은 법(法)이고 이것은 법이 아니다. 이것은 불설(佛說)이고 이것은 불설이 아니다."

제7일째 되는 날, 왕은 아육원에 비구들을 모두 소집해서 그들이 알고 있다고 생각하는 부처님의 법에 대해 질문했다. 6만 명의 적주비구들은 여러 가지 외도설을 말하면서 그것이 부처님의 가르침이라고 말했다. 왕은 그들에게 속인의 옷을 주어 추방했는데 모두 6만 명이었다. 다시 나머지 6만 명의 비구들에게 부처님의 법이 무엇인지 물었다. 그들은 분별설(分別說, Vibhajjavada)이라고 대답했고, 목갈리뿟따띳사 장로도 '그렇다'고 확인해 주었다. 왕은 불법이 청정해진 것을 알고

---

36   上同, p.682상20~23 ··· p.683상16~하17. 세 번의 초청단 파견에 대한 길고 혼란스러운 내용 요약 정리.

비구들에게 포살회를 행하도록 한 다음 성으로 돌아갔다. 6만 명의 비구들은 목갈리뿟따띳사를 상좌로 삼아 그들 가운데서 1000명을 선발해 제3결집을 했다.[37]

3. 결집 연대와 장소

1) 결집 연대

도왕통사에서 제3차 결집의 연대를 알 수 있는 내용은 겨우 몇 문장뿐이다. 이 문헌의 제6장은 「아육왕의 귀의」라는 제목과 함께 "정각자[佛陀]의 반열반 후 218년에 희견(喜見, 즉 아소까)[38]은 관정(灌頂: 즉위)[39] 했다."라는 문장으로 시작된다.[40] 제7장에서 결집 연대를 기술했다. "불멸 후 236년[관정 18년]이 되었을 때 6만 명의 비구가 아육원에 살았다. … 목갈리뿟따는 무리의 상수(上首)로서 1000명의 비구들과 함께 법의 결집을 했다. 이설(異說, 外道)의 파괴자이고 큰 지혜를 가진 목갈리뿟따띳사는 상좌설(上座說, Sthaviravada)을 확립하고 제3결집을 했다."

....

37 上同, p.684상26~중14.

38 喜見은 天愛喜見(Devānaṁ piyadassi)을 줄인 말로서 아소까왕이 즉위한 뒤에 사용한 공식 명칭이다. 天愛는 '신들에게 사랑받는 사람[諸天의 寵愛者]'이고 喜見은 '친절한 용모를 가진 사람'의 의미이다. 『아쇼까왕 비문』(호진·정수 역), p.88의 註 참조(불교시대사, 2008).

39 인도에서 왕이 즉위할 때 네 곳의 바다[四大海] 물을 왕이 될 사람의 이마에 붓던 의식으로 왕의 即位를 의미한다. 多屋賴俊, 앞의 사전, p.72(1).

40 도왕통사 6장 1(남전장 60권, p.41).

416

이어서 "이 제3차 결집은 9개월 만에 종료되었다."라는 문장으로 끝난다.[41]

대왕통사는 "붓다의 열반 후, 이 왕[아소까]의 즉위 전 218년이 되었다."[42]라는 문장을 시작으로 도왕통사의 내용보다 길고 복잡하게 기술하고 있다. 그러나 결집 연대에 대해서는 "이렇게 해서 1000명의 비구들에 의해, 아소까왕의 보호 아래 이 정법의 결집은 9개월 만에 끝났다. 왕의 즉위 17년[목갈리뿟따띳사 존자(彼仙士)는 72세] 대자자(大自恣) 날에 결집은 끝났다."라고 말하고 있다.[43] 이 연대는 도왕통사에서 전하고 있는 236년보다 1년 적은 235(=218+17)년이다.[44] 결집이 언제 시작되어 언제 끝나게 되었는지에 대해서는 말이 없다.

그러나 도왕통사의, "아소까왕이 즉위했던 불멸 후 218년에 목갈리뿟따띳사는 54세였다."는 기록으로 미루어 생각하면 장로가 결집을 했던 72세 때는 왕의 즉위 17년이 아니라 18년이 된다. 즉 72-54=18년이다. 그러므로 대왕통사에서 말하고 있는 결집 연대도 236년이라고 할 수 있다.

일체선견율주서는 결집 연대에 대해서 직접 언급하지 않았지만 연대를 추정할 수 있는 간단한 사실을 기록하고 있다. "아소까왕은 즉

41   同上, 7장 37~59(同上, pp.55~57); B. C. Law, *The Dīpavaṃsa*, pp.183~185.

42   대왕통사 5장 21(同上, p.175); W. Geiger, *The Mahāvaṃsa*, p.27.

43   同上, 5장 281~282(上同, p.198); Geiger, 위의 책, p.50; In the seventeenth year of the king's reign, the wise (thera) who was seventy-two years old, closed the council.

44   남전장 60권, pp.54~56.

위 후 4년을 지나서 붓다의 열반 후 218년에 즉위 관정(灌頂)을 받고 전 염부제(閻浮提: 인도)를 통일했다."[45] "목갈리뺫따는 1000명의 비구들과 함께 제3차 결집을 했다. … 이 결집은 9개월로서 완전히 끝났다."[46]는 것이다.

도왕통사와 대왕통사에 1000명의 비구들과 9개월에 걸쳐 결집을 한 것이 아소까 즉위 18년이라면, 일체선견율주서의 1000명의 비구들이 모여 결집을 한 해도 이들 문헌에서처럼 관정 18년이라고 보고 결집 연대는 불멸 후 236년이라고 볼 수 있다.

선견율비바사에서 나오는 결집 연대는 위의 세 문헌에서 기록하고 있는 연대와 다르다. 연대와 관계된 내용은 두 문장이다. "아소까왕이 즉위한 것은 붓다의 반열반 후 118년이다."[47] "제3 법장 결집은 9월 어느 날 끝났다."[48]

이 연대는 앞의 세 문헌에서 말하고 있는 연대인 218년보다 100년이 적은 118년이다.[49]

----

45 아소까는 99명의 이복형제들을 살해하고 왕좌를 차지했는데, 그 일 때문에 4년 늦게 即位灌頂을 받았다. 일체선견율주서4(남전장 65권, p.55).

46 남전장 65권, p.78.

47 선견율비바사 권2(대정장 24권, p.679하10~14); 從此佛涅槃已 一百十八年後 阿育王 卽統領 閻浮利地(Jambudīpe).

48 同上, p.684중14.

49 선견율비바사와 동일한 전승이지만 연대가 훨씬 오래된 도왕통사와 대왕통사에서는 아소까의 즉위 연대가 218년으로 되어 있는데, Samantāpāsadikā의 漢譯에서는 118년이다. 이것은 중국에서 衆聖點記說인 118년 연대를 사용하고 있었기 때문에

2) 결집 장소

도왕통사에 의하면, "제3차 결집은 법왕(法王: 아소까왕)이 건립한 아육원 정사에서 개최되었다."[50] 대왕통사도 동일한 장소를 말하고 있지만 설명이 자세하다. 아소까왕은 부처님이 8만 4천 법온(法蘊)[51]을 설하였다는 말을 목갈리뿟따띳사 장로에게서 듣고, 각 온(蘊)마다 한 동(棟)씩의 정사를, 전국 8만 4천 도시에 건립하게 하고 왕 자신은 아육원 정사를 지었다."[52]

이어서 아육원 정사에서 일어난 여러 가지 일들에 대해 길게 기술하고 있다. 다수의 외도들이 비구들과 함께 살면서 큰 혼란을 일으키게 된 일과 이 문제를 해결하기 위해 왕이 파견한 대신이 비구들을 살해한 일, 아호강가산에 은거하고 있던 빠딸리뿟다띳사 장로를 오게 해서 외도들을 모두 추방하고 정사를 정화한 일, 선출된 1천 명의 비구들이 정법(正法)을 결집한 일들이 모두 같은 장소에서 행해졌다.[53]

....

漢譯者가 중국 전승의 연대를 사용했을 것 같이 생각된다. 『사만따빠사디까』의 저자인 Buddhaghosa는 인도 사람인데, 420년 후반에 스리랑카에 가서 430년 후반에 그곳을 떠났다. Samantāpāsadikā의 漢譯은 그로부터 약 50년 후인 489년에 중국 광주에서 僧伽跋陀羅가 僧褘와 함께 번역했다. 게다가 그들은 原書에 없는 중성 점기설을 그들의 번역서에 삽입했다.[水野弘元 (外)], 『佛典 解說事典』, pp.110~111; 三枝充悳, 『インド佛敎人名事典』, pp.220~221.

50 　도왕통사 7장 59(남전장 60권, p.57); Law, *The Dīpavaṃsa*, p.185.

51 　W. Geiger, *The Mahāvaṃsa*, 5장 80, p.32; section[項目] of the dhamma; 中村元, 앞의 사전, p.95(4); 蘊(skandha)은 종류대로 분류된 것.

52 　대왕통사 5장(남전장 60권, pp.180~181, p.189); '阿育園이라는 精舍'; Geiger, *The Mahāvaṃsa*, pp.32~33과 p.44.

53 　同上, 5장(同, pp.194~198); W. Geiger, 위의 책, p.49~50. 내용 요약 정리했음.

일체선견율주서의 내용은 대왕통사의 내용과 비슷하다. 외도들로 말미암아 야기된 문제를 해결하기 위해 아소까왕은 아호강가산에 은거하고 있던 목갈리뿟따띳사 장로를 빠딸리뿟뜨라에 오게 했다. 장로는 왕의 원림(園林)에 머물면서 『자고본생경(鷓鴣本生經)』을 설해 왕이 품고 있던 의구심을 풀어주고, 7일 동안 왕에게 부처님의 정법(正法)을 가르쳐 바른 믿음을 일으키게 했다.

제7일이 되는 날, 왕은 모든 비구들을 아육원 정사에 모이게 한 다음, 목갈리뿟따띳사 장로와 함께 그들에게 법을 질문함으로서 이교도[外道]들을 찾아내어 속인이 입는 백의(白衣)를 주어 모두 추방했다.[54] 그렇게 한 다음 "목갈리뿟따띳사 장로는 [… 6백만 명의 비구들 중에서 1000명을 선발해] 아육원 정사에서 제3결집[合誦]을 했다."[55]

선견율비바사의 내용도 동일하다. 아소까왕의 초청으로 아호강가산에서 빠딸리뿟뜨라로 간 목갈리뿟따띳사 장로는 7일 동안 원림[56]에 머물면서 아소까왕에게 부처님의 바른 법과 율을 가르쳤다.

7일째 되는 날, 왕은 비구들을 모두 아육원에 모이게 해서 부처님의 법에 대해 질문했다. 외도설을 말한 적주(賊住) 비구들에게는 속인의 옷을 주어 모두 추방했다. 나머지 6만 명의 비구들은 분별설

---

54 일체선견율주서4 (남전장 65권, pp.72~77); Jayawickrama, 앞의 책, pp.47~48과 pp.51~55.

55 同上, pp.77~78; Jayawickrama, 앞의 책, pp.54~55. 긴 내용 요약 정리.

56 선견율비바사 권2 (대정장 24권, p.683 註27)에는 園林은 Uyyāna이다. 이 유원지는 아육원[King's park]이고 그곳에 지은 정사가 아육원 정사라는 것을 위 註51에서 알 수 있다.

(Vibhajjavāda)을 말했다. 목갈리뿟다띳사는 분별설이 붓다의 가르침이라는 것을 확인해 주었다. 아소까왕은 이 비구들에게 포살을 하도록 하고 계를 설하게 한 다음 성(城)으로 되돌아갔다.

왕이 떠난 후 대중들은 즉시 6만 명의 비구들을 모으고, 목갈리뿟따띳사 장로를 상좌로 삼아 1000명의 비구를 선출하고, 아육원 정사에서 제3차 결집을 했다.[57]

● ― **화씨성으로 돌아온 띳사는 7일 동안 王苑(uyyana, 阿育園에 세워진 정사가 아육원정사)에 머물면서 왕에게 불법을 가르쳤다. 선출된 1000명의 비구들과 제3차 결집을 아육원 정사에서 개최했다. 이 많은 사람을 수용할 수 있는 장소는 원림뿐이었을 것이다.**

4. 결집 참석자

제3차 결집은 미리 계획된 일이 아니었기 때문에 결집 비구들에 대한 내용은 거의 아무것도 없다. 목갈리뿟따띳사 장로에 관한 얼마간의 이야기와 '1000명의 비구'라는 말이 내용의 전부다.

1) 목갈리뿟따띳사

목갈리뿟따띳사(Moggaliputta Tissa)는 간략하게 목갈리뿟따, 또는 띳사

---

57   同上, p.683 상24~중14. 내용 요약했음.

라고 했다. 한역으로는 목건연자(目犍連子) 또는 제수(帝須, Tissa)이다. 그는 제3차 결집의 주재자였다.

도왕통사에 의하면, 목갈리뿟따띳사 장로의 출생 연대를 간접적으로 추정할 수 있다. 즉 "목갈리뿟따띳사가 54세 때 아소까왕은 관정[卽位]했고, 왕의 관정 6년에 장로는 60세였다."[58] 같은 문헌 제6장의 첫머리에 "부처님의 반열반 후 218년에 희견(喜見, Piyadassi: 아소까)은 관정했다."[59]라고 되어 있으므로, 장로가 60세였던 해는 부처님의 열반 후 224(=218+6)년이 된다. 그러므로 224년에서 60년을 거슬러 올라가면 목갈리뿟따띳사 장로의 태어난 해가 된다. 즉 불멸 후 164년(=224-60)이고 기원전 322년(=486-164)이다.

목갈리뿟따띳사는 식가와(Siggava, 悉伽婆) 장로 밑으로 출가했고, 짠다왓지(Caṇḍavajjī, 梅陀跋闍) 장로에게 불교 경전인 9분교(九分敎)를 배웠다.[60] 장로는 아소까왕의 즉위 6년에 왕자 마힌다를 출가시켜 모든 경전을 학습시키고 3명(三明)·6통(六通)·4무애해(四無礙解)를 가르쳤다.[61] 뒷날 아육원 정사에 많은 이학외도들이 몰려들어 정사가 혼란스럽게 되자 그는 아소까왕과 함께 이들을 모두 축출하고 스스로

58　도왕통사 7장 24(남전장 60권, p.54).

59　同上, 6장 1(同上, 60권, p.41).

60　Siggava와 Caṇḍavajjī는 律傳承 계보에만 이름이 나올 뿐 다른 곳에서는 알려지지 않은 인물이다. 塚本啓祥, 앞의 책, p.111, p.117 등.

61　3明은 아라한이 가진 3종의 신통으로 宿命通·天眼通·漏盡通이고, 6通은 3明에 神足通·天眼通·他心通을 보탠 것이다. 4無礙解는 法無礙·義無礙·辭無礙·樂說無礙이다. 多屋賴俊(외), 『佛敎學辭典』, p.177⑵와 p.214⑶.

1000명 비구들의 상수가 되어 제3결집을 했다.[62]

대왕통사가 전하고 있는 목갈리뿟따띳사의 생애는 도왕통사에서 말하고 있는 내용과 핵심적인 줄거리는 동일하지만 많은 일들이 뒤섞여 복잡하다. 그는 식가와 장로의 제자로 출가해서 짠다왓지 장로에게 삼장을 배웠다.[63] 뒷날 마힌다(Mahinda) 왕자와 상가밋따(Saṅghamitta) 공주를 출가시키고 마힌다에게 3장을 가르쳤다.[64]

아소까왕이 승가에 베푼 큰 보시 때문에 많은 외도들이 아육원 정사에 들어가 살았다. 그래서 그곳에서는 오랫동안 포살과 자자(自恣)가 행해지지 않았다. 목갈리뿟따띳사는 마힌다에게 자신이 거느리고 있던 비구들을 맡기고 아호강가산으로 들어가 7년을 은거했다. 그때 아육원 정사에서 일어난 비구들의 살해 문제로 아소까왕은 혼란에 빠졌다. 목갈리뿟따띳사는 왕의 초청으로 아육원 정사에 돌아가서 문제를 해결하고 외도들을 정사에서 축출한 뒤 1000명의 비구를 선발해 정법을 결집했다.[65]

일체선견율주서와 선견율비바사에서도 여러 가지 일들이 뒤섞여 있다. 그러나 핵심 내용은 동일하다. 목갈리뿟따띳사는 식가와(私伽婆) 대덕 밑으로 출가해서 짠다왓지 대덕에게 구족계를 받고 3장을 모

62　도왕통사 7장, 34~40과 44~59(남전장, pp.55~57); Law, *The Dīpavaṃsa*, p.185.

63　대왕통사 5장, 150~155(남전장 60권, p.187).

64　同上, 194~213(同上, 60권, pp.190~192).

65　同上, 236~281(同上, pp.194~198). 긴 내용 요약 정리. W. Geiger의 영역본이 좀 더 분명하다. 그의 책, pp.46~48.

두 배웠다. 그는 마힌다를 출가시키고 그에게 경장과 율장 및 일체 불법을 가르쳤다.[66]

아육원 정사에서 많은 외도들이 혼란을 일으키자 목갈리뿟따띳사는 아호강가산으로 들어가 버렸다. 아육원 정사에서는 7년 동안 포살이 행해지지 않았기 때문에, 비구들에게 포살을 하게 하도록 아소까왕이 정사에 파견한 대신이 그의 말을 거역한 비구들을 살해했다. 왕은 이 일에 자신의 책임도 있다고 생각하면서 괴로워하다가 목갈리뿟따띳사 장로를 초청해서 가르침을 받고 의구심(疑懼心)을 풀었다.[67] 그 기회에 장로는 왕을 도와서 6만 명의 외도들을 색출해 추방하고 아육원 정사를 정화했다. 그는 그곳에 모인 6백만 명의 비구들 가운데서 1000명을 선출해 제3차 결집을 했다.[68]

2) 결집 비구

빠딸리뿟뜨라 결집과 관계된 4종 문헌에 의하면 결집 비구들의 숫자는 1000명이다. 그러나 결집 비구의 수가 1000명으로 된 이유와 그들을 선출한 방법에 대해서는 설명이 없다. 그들이 갖추어야 할 자격에 대해서도 상투적인 몇 마디만 하고 있을 뿐이다.

....

66   일체선견율주서4(남전장 65권, pp.50~55; pp.65~67); 선견율비바사 권1(대정장 24권, p.678 중14~하4; 同, p.679중16~23, 하4~7; 同, pp.681하11~12와 682상11~12).

67   同上, pp.67~69와 pp.76~77; 대정장 24권, p.682상21~중23과 p.683상18~23.

68   同上, pp.77~78; 대정장 24권, p.684상24~중14.

도왕통사에 의하면, "목갈리뿟따띳사 장로는 1000명의 비구들에게 둘러싸여 법을 결집했다." 결집 비구들의 선발에 대해서도, "도사(導師: 목갈리뿟따띳사)는 1000명의 아라한을 선발해서 법의 결집을 했다."라는 한마디뿐이다.[69] 대왕통사에 따르면, "장로가 정법의 결집을 위해 수많은 비구들 가운데 신심이 깊고 6신통을 얻었고 삼장에 통달하고 무애변(無礙辯)을 갖춘 비구 1000명을 뽑았다."[70]

일체선견율주서와 선견율비바사의 내용도 거의 동일하다. 아소까왕과 목갈리뿟따띳사 존자는 6만 명의 외도들에게 재가자의 백의(白衣)를 주어 추방하고 아육원을 정화했다. 화합된 승가는 한자리에 모여 포살을 했다. "이 포살 모임에 6백만(빨리어 본에는 6만) 명의 비구들이 참석했다. 그 가운데서 3장에 통달하고 4무애변(四無礙辯)을 배워 익혔고, 3명(三明)에 통달한 1000명의 비구들을 선출했다."[71]

5. 결집 과정과 내용

1) 결집 과정

도왕통사에서 전하는 결집 과정은 단순하지만 여러 가지 일들이 뒤섞여 있을 뿐 아니라 내용도 중복되었다.

---

69   도왕통사 7장(남전장 60권, pp.56~57); Law, *The Dīpavaṃsa*, p.183과 p.185.

70   대왕통사 5장 277~278(同上, 60권, p.198); Geiger, *The Mahāvaṃsa*, p.49.

71   일체선견율주서4(同上, 65권, p.78); 선견율비바사 권2(대정장 24권, p.684중3~12).

아소까왕이 불교에 귀의한 뒤 자신의 이름으로 된 아육원 정사에 많은 기진(寄進: 기부)을 했다. 이학외도(異學外道)[72]들은 이전에 그들이 누렸던 이익과 공경을 잃어버렸기 때문에 정사에 들어가 비구들과 함께 살면서 무리를 지어 포살을 했다. 비구들은[73] 그 포살에 참여하지 않았다. 그렇게 하기를 7년이 되었다.

불멸 후 236년에는 아육원 정사에 살던 비구들의 수가 6만 명이 되었다. 사명사(邪命士, Ajīvakas)와 그 외의 여러 이교도들은 모두 비구들이 입는 가사를 입고 부처님의 교법을 훼손했다. 비구들의 상수였던 목갈리뿟따 장로는 1000명의 비구들에 둘러싸여 법을 결집했다. 그는 상좌설을 확립하기 위해 제3차 결집을 했다. 이설(異說)을 깨뜨리고, 부끄러움을 모르는 많은 무리들을 물리치고, 교법을 빛내고 논사(論事, Kathāvatthu)를 설했다.[74]

이어서 거의 같은 내용의 결집 이야기가 나온다. "아소까왕은 승가에 큰 재물을 기진했다. … 그와 같은 이득과 큰 공경이 주어지는 것을 보고 6만 명의 적주외도(賊住外道)[75]들은 아육원 정사에 들어가 비구들과 함께 살았다. 그 때문에 정사(精舍)에는 포살 행사가 중단되었

---

72 도왕통사 7장, 34~35(남전장 60권, p.55); Law, 위의 책, p.183. 여기에 언급된 외도들은 塗灰者(Paṇḍaraṅgas)·結髮行者(Jaṭilas)·尼犍陀(Nigaṇṭhas)·無衣者(Acelakas, 裸形修行者) 등이다.

73 원문에는 '神聖柔和하고 愼重한 사람들'로 되어 있다(同上, p.55).

74 同上, 7장, 34~41(同上, pp.55~56); Law, 위의 책, pp.183~184.

75 中村元, 앞의 사전, p.891(1); 多屋賴俊(外), 앞의 사전, p.309(3); 이득이나 생활을 위해 비구의 모습을 하고 僧團에 들어가 있던 외도들.

다. 포살을 하도록 하기 위해 왕이 정사에 한 대신을 파견했는데, 그는
말을 듣지 않는 몇 명의 비구들을 살해했다. 이 일로 인해 외도들을 완
전히 없애기 위해 6만 명의 부처님 제자들이 아육원 정사에 모였다.
왕은 목갈리뿟따 장로에게, 비구들의 살해 문제에 대한 자신의 책임
여부를 질문했다. 장로는 신통 변화를 부려 왕의 의심을 없애주었다.
왕은 장로에게 부처님의 교법을 배운 다음, 적주 비구들의 표징(標徵:
禍根의 조짐)을 끊었다.

사람들의 존중을 받지 못한 외도들은 그들의 법[外道說]에 따라
출가를 했는데, 그것은 마치 안금(贋金: 가짜 금)에 순금을 섞은 것처럼
부처님의 가르침을 파괴했다. 그들은 모두 상좌설(上座說)에 반대되는
분파의 사람들이었다. 목갈리뿟따띳사 장로는 이들을 아주 없애기 위
해, 그리고 자신의 설[自說]을 빛내기 위해 논장(論藏, Abhidhammapiṭaka)
에 속하는 논사(論事, Kathāvatthu)를 가르쳤다."[76]

그러고 나서 결집을 했다는 말이 나온다. 그 내용은 단 한 문장으
로 되어 있다. 즉, "장로는 자신의 설을 정화하기 위해, 역시 교법을 오
래도록 확립하기 위해 1000명의 아라한을 선발해 법을 결집했다. 이
3차 결집은 법왕(法王: 아소까왕)이 건립한 아육원 정사에서 9개월 만에
끝났다."[77]

대왕통사는 제법 긴 설명을 하고 있지만 핵심 내용은 간단하다.
외도들 때문에 야기된 혼란을 해결하기 위해 아소까왕은 아호강가산

....

76   도왕통사, 46~56(남전장 60권, pp.56~57); B. C. Law, 앞의 책, pp.184~185.
77   同上, 57~59(同上, p.57); Law, 앞의 책, p.185.

에 들어가 살고 있던 목갈리뿟따띳사 장로를 빠딸리뿌뜨라에 오게 해
서 왕의 동산[王苑]에 머물게 했다. 장로는 비구들의 살해 문제로 인해
왕이 가지고 있던 의심과 두려움을『자고본생경(鷓鴣本生經)』을 설해
없애주고, 7일 동안 부처님의 법[佛善教]을 왕에게 가르쳤다. 한편, 왕
은 두 약카(yakkha, 夜叉)를 시켜 세상의 모든 비구들을 빠딸리뿌뜨라에
불러 모으게 했다.

제7일째 되는 날 왕은 아육원 정사에 가서 모든 비구들을 그곳에
모이게 하고 장로와 함께 장막 안의 한 편에 앉아, 이단(異端, 邪義)을 따
르는 비구들을 한 사람씩 곁으로 불러, "대덕이여, 부처님은 무엇을 가
르쳤습니까."라고 물었다. 그들은 각각 자신들이 추종하는 '견(見)'을
따라 상견설(常見說, Sassatadṛṣṭi)[78] 등을 가르쳤다고 대답했다. 왕은 그들
이 사견가(邪見家, 外道)라는 것을 알고 모두 환속시켰는데 그 수는 무
려 6만 명이었다.

그렇게 한 다음, 왕은 정법을 따르는 비구들에게 물었다. "부
처님은 무엇을 가르쳤습니까." 그들은 대답했다. "분별설(分別說,
Vibhajjavāda)[79]을 가르쳤습니다." 왕은 그것을 확인하기 위해 목갈리뿟
따띳사 장로에게, "대덕이여, 부처님은 분별설을 가르쳤습니까."라고
물었고, 장로는 "그렇다."고 대답했다. 왕은 "대덕이여, 이제 비구중은

78　中村元, 앞의 사전, p.756(3); 세계는 常住不滅하고, 사람은 죽어도 我(ātman)는 永
　　久不滅이라고 집착하는 것 등의 잘못된 견해.

79　同上, p.1199(3)과 p.1201(1); 두 가지 이상의 경우를 구별해서 설하는 것, 또는 諸法
　　을 분석하고 논의하는 것.

정화되었으므로 포살회를 하십시오."라고 한 다음 성으로 돌아갔고,
"비구들은 화합해서 포살식을 거행했다."[80]

　　이어서 결집 개최에 대해 기술했다. "장로는 정법의 결집을 하기
위해 많은 비구들 가운데서 신심이 깊고 6신통을 얻었고 3장에 능통
하고 무애변(無礙辯)을 갖춘 1000명의 비구들을 선발했다. 그들은 아
육원 정사에서 정법을 결집했다. 지난날 마하까샤빠와 야사 장로가 정
법을 결집했던 것처럼 목갈리뿟따띳사 장로는 결집을 했다. 장로는 역
시 이 결집장에서 다른 설[他說]을 논파하는 논사(論事, Kathāvatthu)[81]라
는 이름의 논(論)을 설했다. 이 결집은 1000명의 비구들이 아소까왕의
보호 아래 9개월 만에 끝내었다.[82]

일체선견율주서에서는 내용이 장황할 뿐 아니라 비슷한 사실들이 중
복되고 있다.[83] 그러나 핵심은 대왕통사와 거의 같다. 즉 외도들로 인
해 야기된 혼란을 해결하기 위해 아소까왕은 아호강가산에 은거하고
있던 목갈리뿟따띳사 장로를 빠딸리뿟뜨라에 돌아오게 했다. 장로는
1주일 동안 왕의 동산 숲[王園林]에 머물면서, 비구들의 살해 문제로
인해 왕이 갖게 된 의혹을 『자고본생경』을 설해 풀어주고 왕에게 바른

80　대왕통사 5장 252~268(남전장 60권, pp.195~197); W. Geiger, *The Mahāvaṃa*,
　　pp.48~49. 장황한 내용 요약 정리.

81　논사의 내용은 스리랑카 大寺派가 전승한 분별상좌부의 입장에서 다른 부파들의
　　학설을 논파한 논서이다. 鄭承碩 編, 『佛典解説事典』, p.327.

82　대왕통사 5장 269~282(남전장 60권, pp.197~198); W. Geiger, 위의 책, pp.49~50.

83　일체선견율주서4(同上, 65권, pp.68~69, pp.71~75). 내용의 뒷부분.

신심을 일으키게 했다.

제7일이 되는 날 왕은 아육원 정사에 비구들을 모이게 한 다음 그 주위를 장막으로 둘러싸게 했다. 왕은 장막 안에 앉아 같은 견(見)[84]을 가진 비구들끼리 무리를 짓게 하고 각 무리를 곁으로 불러 질문을 했다. "부처님의 가르침은 무엇인가." 다양한 주장들이 나왔다. "상주설자(常住說者, sass-atavādin)들은 부처님은 상주설자라 했고, 일부상주설자(一部常主說者, eka-ccasassatika)들은 부처님은 일부상주설자라 했고, 유변무변설자(有邊無邊說者, antānantika)들은…, 불사불산란설자(不死不散亂說者, amarāvikk-hepika)들은…, 무인생기설자(無因生起說者, adhiccasamuppattika)들은…, 상설자(想說者, saññīvādin)들은…, 비상설자(非想說者, asaññīvādin)들은…, 비상비비상설자(非想非非想說者, nevasaññīnāsaññīvādin)들은…, 후단멸설자(死後斷滅說者, ucchedavādin)들은 부처님은 사후단멸설자라 했고, 현법열반설자(現法涅槃說者, diṭṭhadhammanibbānavādin)들은 부처님은 현법열반설자라고 했다." 왕은 이미 장로에게 불법(佛法)에 대한 가르침을 잘 받았으므로 그들이 비구가 아니고 외도라는 것을 알 수 있었다. 왕은 그들에게 재가자(在家者)가 입는 흰옷을 주어 모두 추방했다. 그 수가 6만 명이었다.[85]

이번에는 나머지 다른 비구들을 불러서 물었다. "존자들이여, 부

....

84 見이란 견해·사상·주의·주장의 의미로 darśana의 번역이다. 비불교적인 견을 4견, 62견 등으로 분류한다. 多屋賴俊(외), 앞의 사전, pp.107(3)~107(1).

85 同上, p.77; Jayawicrama, 앞의 책, p.54. 梵語 표기는 塚本啓祥, 앞의 책, p.256에서 취했음.

처님께서 설하신 것은 무엇입니까." 비구들은 대답했다. "대왕이여, 분별설(分別說, Vibhajjavāda)입니다." 왕은 목갈리뿟따띳사 장로에게 "존자여, 부처님은 분별설자였습니까."라고 묻고, 장로는 "그렇다."고 대답했다. 왕은 "존자여, 이제 부처님의 가르침은 청정해졌습니다. 비구승가는 포살회를 해야 합니다."라고 하고, 그 모임을 잘 지키도록 호위병을 준 다음 성으로 돌아갔다.

화합승가는 모여 포살회를 했다. 이 집회에 6백만 명의 비구들이 있었다. 목갈리뿟따띳사는 다른 쟁론(諍論: 異敎의 說)을 논파하고 까타왓뚜[迦他跋偸論, 論事]를 설했다. 그러고 나서 6백만 비구들 가운데서 3장에 통달했고, 4무애변(四無礙辯)을 배워 체득했고, 3명(三明)에 통달한 1000명의 비구들을 선발해서, 이전에 까샤빠 대덕과 야사 대덕이 했던 것처럼 법과 율을 결집했다. 그와 같이 결집을 해서 부처님의 가르침에서 모든 더러움[塵垢]을 제거하고 제3결집을 했다.[86]

선견율비바사의 내용은 좀 더 구체적이다. 아소까왕의 초청으로 아호강가산에서 빠딸리뿟뜨라에 간 목갈리뿟따띳사 장로는 7일 동안 왕의 원림(園林, Uyyāna)에 머물면서 왕을 가르쳤다. "이것은 율(律)이고 이것은 율이 아닙니다. 이것은 법(法)이고 이것은 법이 아닙니다. 이것은 부처님 말씀이고 이것은 부처님 말씀이 아닙니다."[87]

7일이 지나 왕은 장막으로 칸막이를 만들어 소견(所見)이 같은 비

<hr>

86 同上, pp.77~78; Jayawicrama, 앞의 책, pp.54~55.

87 선견율비바사 권2(대정장 24권, p.684상25~26); 帝須敎王 是律是非律 是法是非法 是佛說是非佛說.

구들은 한 칸막이에 모이게 하고, 소견이 같지 않은 비구들은 다른 장
막에 모이게 했다. 왕은 각 칸막이의 비구들을 한 사람씩을 불러, "대
덕이여, 부처님의 법은 무엇입니까."라고 질문했다. 어떤 비구는 상
[설](常: 常住說, sassat-avāda)이라 하고, 어떤 비구는 단[설](斷: 死後斷滅說,
ucchedevāda)이라 했다. 역시 비상[설](非想[說], aññīvāda)이라고도 했고,
비상비비상[설](非想非非想[說], nevasaññīnāsaññīvāda), 또는 세간열반[설]
(世間涅槃: 現法涅槃說, diṭṭhadhammanibbānavāda)이라고도 했다.[88]

왕은 이 말을 듣고 그들이 외도라는 것을 알게 되었다. 그들에게
속인의 옷[白衣]을 주고 내쫓아버렸다. 이번에는 다른 장막에 있던 6만
비구들에게 물었다. "대덕들이여, 부처님 법은 무엇입니까." 그들은 대
답했다. "분별설입니다." 왕은 목갈리뿟따띳사 대덕에게 물었다. "부
처님은 분별설을 설하셨습니까." 대덕은 "그렇다."고 대답했다. 왕은
불법이 청정해진 것을 알고 대덕들에게 포살을 하고 계를 설하도록
한 다음 성으로 돌아갔다.

대중들은 즉시 6만 명의 비구들을 모으고 목갈리뿟따띳사를 상
좌로 삼아 사견(邪見)을 가진 외도 무리를 몰아내고, 대중 가운데서 3
장을 알고 3달지(達智)[89]를 성취한 1천 명의 비구들을 선출해 지난날
제1결집 때 대덕 까샤빠가 비구들을 모았던 것처럼, 역시 제2차 결집

88　上同, p.684상26~중1. 묶음표 안에 常을 常住說, 斷을 死後斷滅說, 世間涅槃을
　　　現法涅槃說이라고 한 것은 일체선결율주서의 내용을 참고. 常·斷·非想·非想非非
　　　想·世間涅槃의 범어 표기는 대정장 24권, p.684의 註7, 8, 9, 10, 11에서 취했음.

89　과거·현재·미래를 모두 알 수 있는 아라한의 지혜. 中村元, 앞의 사전, p.482⑷.

때 소나까(Sonaka, 須那拘: Yasatthera)[90]가 비구들을 모아 비나야장을 결집했던 것처럼 했다. 제3의 법장 결집은 9월 어느 날 끝났다. 이것을 제3차 결집이라 한다.[91]

2) 결집 내용

결집 관련 문헌들은 예외 없이 '결집을 했다'라고만 할 뿐 결집 내용에 대해서는 언급이 없다.

도왕통사에 의하면, "비구들의 상수인 목갈리뿟따 장로는 1000명의 비구들에 둘러싸여 법을 결집했다. 이설(異說)의 파괴자인 장로는 상좌설을 확고히 하기 위해 제3차 결집을 했다. … 도사(導師: 목갈리뿟따)는 1000명의 아라한들을 선발해서 가장 좋은 내용을 취해서 법의 결집을 했다. 이 제3결집은 … 9개월 만에 종료되었다."[92]

대왕통사의 내용도 비슷하다. "(목갈리뿟따 장로는 정법을 결집하기 위해) 1000명의 비구들을 선발했다. 그들은 아소까라마에서 결집을 했다. 마하까샤빠 장로와 야사 장로가 제1차 결집과 2차 결집에서 정법을 결집했던 것처럼, 띳사[帝須, 목갈리뿟따띳사] 장로도 그것과 마찬가지

90 上同, p.684 註15.

91 上同, p.684중2~14. 번역은 약간 정리했음; 如昔第一大德迦葉集衆 亦如第二須那拘集衆 出毘尼藏無異 一切佛法中 淸淨無垢 第三集法藏 … 所以一千比丘說 名爲第三集也; Jayawicrama, *Samantapāsādikā*, p.54.

92 도왕통사 7장, 39~40, 57~59(남전장 60권, pp.56~57), Law, *The Dīpavaṃsa*, p.183과 p.185.

로 결집을 했다."93

일체선견율주서 역시 겨우 몇 마디뿐이다. "지난날 마하까샤빠 대덕과 까깐다까뿟따 야사(Kākaṇḍakaputta Yasa, 迦乾陀子耶舍) 대덕이 법과 율을 결집한 것처럼, 목갈리뿟따띳사 역시 법과 율을 결집해서 성교(聖敎, 佛法)에서 모든 '먼지와 때[塵垢]'를 씻어버리고 제3차 결집을 했다."94 선견율비바사의 내용도 비슷하다. 그러나 문장이 이해하기 어렵기 때문에 일체선견율주서의 내용에서 도움을 받아야 한다. "지난날 제1결집에서 마하까샤빠 대덕이 비구들을 모으고, 역시 제2차 결집에서 야사 대덕이 비구들을 모아 (법장과) 율장을 결집한 것처럼, 목갈라뿟따띳사 대덕이 일체 불법(佛法)에서 때[垢]를 없애고 청정하게 해서 제3차 결집에서 법장을 결집했다. … 1000명의 비구들이 결집을 했다. 이것을 제3결집이라 했다."95

93 대왕통사 5장, 277~279(남전장 60권, p.198); Geiger, *The Mahāvaṃsa*, pp.49~50.

94 일체선견율주서4(同上, 65권, p.78); Jayawicrama, 앞의 책, pp.54~55.

95 선견율비바사 권2(대정장 24권, p.684중12~15); 如昔第一大德迦葉集衆 亦如第二須那拘集衆出 毘尼藏無異 一切佛法中 淸淨無垢 第三集法藏 九月日竟…所以一千比丘說 名爲第三集也. 註⑮에 須那拘는 Sonaka, *Samantapāsādikā*에는 Yasatthera.

2
장

제2 빠딸리뿟뜨라 결집

북전 문헌의 결집 전설은 남전의 전설과는 완전히 다르다. 게다가 이 전설은 결집을 위한 것이라기보다 교단 분열에 대한 내용이다. 경전 결집 문제와 관계없는 간단한 내용을 시작으로 몇 문헌을 거치면서 내용적으로 달라지고 양적으로 확장되다가 마지막 문헌인 『부집이론소(部執異論疏)』와 『삼론현의(三論玄義)』에 이르러서야 결집에 대해 언급한다. 그러나 그것도 겨우 몇 문장밖에 되지 않는 아주 간단한 내용이다.

1. 결집 자료

제2 빠딸리뿟뜨라 결집의 내용의 단서라고 할 수 있는 내용은 『아비달마발지론(阿毘達磨發智論, Abhidharma-jñanaprasthāna-śāstra)』에서 볼 수 있다. 이 문헌은 설일체유부(說一切有部)의 논장을 구성하는 7론(論) 중의 한 논서이다.[96] 기원전 2세기경에 까땨야니뿌뜨라(Kātyāyanīputra, 迦多衍尼子)가 쓰고 4세기(383년)에 상가데와(Saṅghadeva, 僧伽提婆)와 축불염(竺佛念)이 『팔건도론(八犍度論)』이라는 이름으로 번역했다. 다시 7세기(657~660년)에 현장(玄奘)이 번역하고『발지론(發智論)』이라 했다.[97] 이 두 문헌은 수행의 완성자인 아라한에게 아직 다섯 가지 불완전한 점이 남아 있다고 보는 5견(또는 五惡見)과 그것을 없애는 방법을 설명하고 있다.[98] 5견은 후기 문헌에 나오게 될 5사(五事)와 유사하다. 그러나 마하데와라는 비구가 주장했다는 5사는 아니다.

『팔건도론』과『발지론(發智論)』의 주석서인『아비달마대비바사론(阿毘達磨大毘婆沙論, Abhidharma-mahāvibhāṣa-śāstra)』은 까니슈까(Kaniṣka, 132~152)왕 때 500명의 아라한들이 지었고, 7세기(656년)에 현장이 번역했다. 짧게『대비바사론(大毘婆沙論)』또는『바사론』이라고 한다.[99]

이 논서에서 처음으로 5사 문제와 마하데와(Mahādeva, 大天)라는 인물이 등장한다. 그의 출생과 그가 주장했다는 5사(五事)에 대한 자세한 내용을 기술하고 있다. 이 논서에서는 5사 대신 5악견(五惡見)이라

---

96 論은 品類足論, 識身足論, 法蘊足論, 施設論, 界身足論, 集異門足論, 發智論인데 앞의 6론은 발(足, pāda)과 같은 것이고 제7론인 發智論은 몸(身, sarīra)과 같은 것이다. 라모뜨, 위의 책(1), pp.362~367에서 자세한 설명을 볼 수 있다.

97 水野弘元(외),『佛典解題事典』, pp.116~117.

98 『八犍度論』권7(대정장 26권 819중14~22);『發智論』권7(同, p.956중1~14); 金倉圓照, 『印度中世精神史』(中), pp.267~270, 東京, 1983.

99 水野弘元(외), 위의 사전, pp.116~117.

했다. 마하데와는 그 다섯 가지 일[五事]을 자신이 생각하고 체험한 것으로 제자들에게 가르치기도 하고 포살 모임에서 비구들에게 "이것이 진정한 부처님의 가르침이다[是名眞佛敎]."라고 선포하기도 했다.[100][金倉圓照의 주장 참조]

이보다 후기 문헌인 『사마야베도빠라짜나짜끄라(Samayabhedopara canacakra)』는 설일체유부(說一切有部)의 입장에서 소승의 부파 분열 역사와 각 부파의 교리를 간략하게 기술했다. 2세기에 와수미뜨라(Vasumitra, 世友)가 지었다. 원본은 전해지지 않고 3종의 한역본으로만 남아 있다. 번역자가 분명하지 않은 『십팔부론(十八部論, Kumārajīva, 401~413, 在中國)』,[101] 6세기(557~569년)에 빠라마르타(Paramārtha, 眞諦, 548~569)가 번역한 『부집이론(部執異論)』, 7세기(662년)에 현장이 번역한 『이부종륜론(異部宗輪論)』이 그것이다.[102]

『부집이론』에 의하면, 네 무리[四大衆]의 비구들이 5인연(五因緣)을 주장했다.[103] 『이부종륜론』은 동일한 원전에서 번역되었지만 그 내용은 다르다. 즉 마하데와라는 비구가 5사를 주장했는데, 이것으로 인

....

100 『대비바사론』 권99(대정장 27권, p.511 상13~하2).

101 鳩摩羅什의 번역이라고도 하지만(라모뜨 저, 호진 역, 『인도불교사』(1), p.535), 대부분의 학자들은 그 주장을 부정적으로 보고 있다. 金倉圓照, 위의 책, p.275; 水野弘元(외), 위의 事典, p.115; 高井觀海, 『小乘佛敎槪論』(東京), p.240.

102 水野弘元(외), 위의 사전, pp.116~117; 金倉圓照, 위의 책, p.269.

103 『부집이론』 권1(대정장 49권, p.20상18~25); 如是時中大衆破散 破散大衆凡有四種 一大國衆 二外邊衆 三多聞衆 四大德衆 此四大衆 共說外道所立五種因緣 五因緣者 如彼偈說 餘人汚染衣 無明疑他度 聖道言所顯 是諸佛正敎 思擇[=熟考]此五處 分成兩部 一大衆部 二上座弟子部.

해 승가가 대중부와 상좌부로 나누어졌다는 것이다. 이 논서에서는 5
사의 조목(條目)만 언급하고 있을 뿐 내용에 대한 설명은 없다.[104] 주석
서인『이부종륜론소』에서 마하데와에 대해 자세한 내용이 기술되고
있지만 이 논서는 전해지지 않는다. 그 대신 이 논서의 주석서인『이부
종륜론소술기(異部宗輪論疏述記)』에서 그 전모를 알 수 있다. 이 주석서
는 현장의 제자 규기(窺基)가 662년에 지었다.[105]

● ── 라모뜨(1) pp.541~542 등 참조

마지막으로『부집이론소(部執異論疏)』와『삼론현의(三論玄義)』이다.『부
집이론소』는 빠라마르타(Paramārtha, 眞諦)가 번역한『부집이론』을 그
자신이 565년경에 주석한 것인데, 결본(缺本)으로 전체 내용은 알 수
없다. 단지 13세기 초(1208년)에 일본 학승 증선(證禪)이 지은『삼론현
의검유집(三論玄義檢幽集)』에서 부분적으로 인용되고 있는 것에서 도
움을 받을 수 있을 뿐이다.[106] 마하데와의 생애와 5사에 대해서는『대
비바사론』에서 기술하고 있는 내용과 거의 동일하다.[107]
　　『삼론현의』는 삼론종(三論宗)의 교리를 간략하게 기술한 중관불

....

104　『이부종륜론』 1권(대정장 49권, p.15상16~18; 是時佛法大衆初破 謂因四衆共議大天 五事不同
分爲兩部 一大衆部 二上座部.[104]

105　『부집이론소(異部宗輪論疏)』(『이부종륜론소기(異部宗輪論疏述記)』(卍續藏經 83冊, pp.430하
8~434상10).(105)

106　『부집이론소』, 證禪撰, 『三論玄義檢幽集』 5권(대정장 70권, pp.455중4~456하16). 塚本
啓祥, 앞의 책, p.232와 註(3); Demiéville, 앞의 책, pp.83~84.

107　『삼론현의검유집』은 직접 그것을 말하고 있다(同上, p.455중4~6); 有此緣起 然與眞
諦部執疏說 少少不同.

438

교(中觀佛教)의 입문서이다. 6세기 말(597년)에 빠라마르타의 제자 길장(吉藏)이 지었다.[108] 승가의 분열과 부파의 발생 문제를 설명하면서 짧게 마하데와의 생애에 대해 말하고 있다. 그러나 5사에 대한 내용은 비교적 자세하다.[109] 이 두 문헌은 결집 문제를 위해서 중요하다. 왜냐하면 여기에서만 '제2 빠딸리뿟뜨라 결집'에 대해 언급하고 있기 때문이다.[110]

2. 결집 연대와 장소

1) 결집 연대

제2 빠딸리뿟뜨라 결집의 연대에 대해 직접 기록하고 있는 문헌은 없다. 단지 빠딸리뿟뜨라에서 5사 문제 때문에 일어난 비구들의 다툼과 그 다툼으로 말미암아 야기된 승가 분열의 연대, 이 일들과 밀접한 관계를 가진 아소까왕의 재위 연대 등에 의해 결집 연대를 추정할 수 있을 뿐이다.

　『대비바사론』에서는 마하데와가 주장한 5악견(惡見)으로 인해 승가의 분열이 일어나게 된 사실만 말하고 있다. 그 당시의 왕은 단지

....

108　水野弘元(외), 앞의 사전, pp.186~187.

109　『삼론현의』(대정장 45권, p.8중17~하15).

110　『삼론현의검유집』 권5(대정장 70권, p.456상25와 중16~18); 『삼론현의』(同上, 45권, p.8중19~21); 塚本啓祥, 앞의 책, p.238, 도표 28 참조.

'왕(王)'이라고 되어 있을 뿐 이름은 없다. 그러나 뒤이어 보게 될 여러 문헌들의 내용에 의해서 이 '왕'은 아소까라는 것을 알 수 있게 된다.[111] 처음으로 왕의 이름과 연대가 나오는 문헌은 『부집이론』이다. "붓다 세존이 열반하고 100년이 지난 후 다시 16년이 되었을 때, 한 대국(大國)이 있었는데 빠딸리뿌뜨라(Pāṭaliputra, 波吒梨弗多羅)라고 했다. 이 나라 왕의 이름은 아소까로서 인도를 다스렸다."[112]

『십팔부론』의 내용도 동일하다. "부처님이 열반한 후 116년, 빠딸리뿌뜨라라고 하는 도시[巴連弗城]가 있었는데 그때 아소까왕이 세상에서 인도를 다스렸다." 승가는 마하승기부(摩訶僧祇部, Mahāsāṃghika, 大衆部)와 스타비라(他鞞羅, Sthavira, 上座部)의 두 파로 분열되었다.[113]

『이부종륜론』에 의하면, 부처님이 반열반 후 약 100년이 되었을 때 마가다국의 구소마성(俱蘇摩城, Kusumapura)[114]의 아소까라는 왕이 인도를 통치했다. 이때 불법의 대승가[佛法大衆]는 처음으로 분열하게 되었는데, 하나는 대중부이고 다른 하나는 상좌부였다.[115] 『이부종륜론소술기』도 같은 연대를 말하고 있다. 즉 "부처님 열반 후 1백여 년,

<hr>

111 『대비바사론』 권99(대정장 27권, p.511상18~19와 하12~13).

112 『부집이론』(同上, 49권, p.20상16~17과 24~25); 波吒梨弗多羅 王名阿輸柯 王閻浮提 … 分成兩部 一大衆部 二上座弟子部.

113 『십팔부론』(同上, 49권, p.18상9~14); 佛滅度後百一十六年 城名罷連弗 時阿育王 王閻浮提匡於天下 … 此是佛從始生二部 一謂摩訶僧祇 二謂他鞞羅.

114 Kusumapura의 音譯이고, kusuma(拘蘇摩)의 번역은 '花'이다. Kusumapura는 香花宮城, 또는 '꽃의 도시'로서 Pāṭaliputra의 옛 이름이다. 赤沼智善, 앞의 사전, p.336과 p.496; 中村元, 앞의 사전, p.263(3)과 p.269(4).

115 『이부종륜론』(同上, 49권, p.15상15~19).

440

마가다국 빠딸리뿌뜨라성의 아소까[無憂]왕 때, 불교 승가[佛法]는 마하데와가 주장한 5사로 말미암아 두 파로 분열되었다.”[116]

　　『부집이론소』에서는 연대에 대해 직접 언급하지 않았지만, “빠딸리뿌뜨라국의 아소까왕이 마하데와라는 비구를 궁중에 자주 초청해 공양을 올렸다.”는 것을 말하고 있다[117]. 위에서 본 것처럼 이 논서의 원전인 『부집이론』에서 “부처님 열반 후 116년에 빠딸리뿌뜨라국을 통치한 왕이 아소까였다.”라 하고 있으므로 그 주석서인 『부집이론소』도 같은 연대를 알고 있었을 것이다. 역시 마하데와의 5사로 말미암아 승가는 상좌부와 대중부로 분열되었다는 사실을 말하고 있다.[118] 위에서 본 것처럼 이 논서의 원전인 『부집이론』에서, “부처님 열반 후 116년에 빠딸리뿌뜨라국을 통치한 왕이 아소까였다.”[119]라고 하고 있으므로 그 주석서인 『부집이론소』도 같은 연대를 알고 있었을 것이다.

　　『삼론현의』도 같은 내용을 기록하고 있다. “부처님 열반 후 116년에 단지 두 부파의 이름만 있었을 뿐 아직 이설(異說, 異執)이 없었다. 불멸 116년 후에 한 선박 주인의 아들이 있었는데 이름이 마하데와였다.”[120]

116　『이부종륜론소술기』(卍續藏經 第83冊, 新文豐出版公司, p.430상17~하2).

117　『부집이론소』(『三論玄義檢幽集』 권5, 대정장 70권, p.455중21~22).

118　同上, p.456상13~22; Demiéville, 앞의 책, p.102.

119　『부집이론』(대정장 49권, p.20상16~17); 過百年後更十六年 有一大國名波吒梨弗多羅 王名阿輸柯.

120　『삼론현의』(同上, 45권, p.8중16~18); 佛滅度後 百一十六年 但有二部名字 未有異執 百一十六年外 有船舶主兒 名摩訶提婆; Demiéville, 앞의 책, p.96.

이 내용들을 종합 정리하면, 여러 문헌들에서 전하는 승가 분열의 연대는 불멸 후 약 100년(『이부종륜론』, 『이부종륜론소술기』)과 116년(『부집이론』, 『부집이론소』, 『십팔부론』, 『삼론현의』)이다. 그러나 이것은 동일한 연대를 말하는 것이라고 생각할 수 있을 것이다. 왜냐하면 '약 100년'을 좀 더 분명하게 나타낸 것이 116년일 것이기 때문이다.[121]

그런데 간과해서는 안 될 점은 이들 연대가 경전 결집의 연대가 아니고 승가의 분열 연대라는 것이다. 관련된 문헌들은 모두 마하데와가 가르치고 선포한 5사로 말미암아 일어나게 된 승가의 분열을 말하고 있다. 사실, 이 문헌들의 저술 목적이 승가 분열 문제를 말하기 위한 것이므로 결집 문제에 대해서는 관심이 없었을 것이다. 짧게나마 성전 결집에 대해 언급하고 있는 문헌은 가장 후기에 저작된 『부집이론소』(565년)와 『삼론현의』(597년)뿐이다. 『부집이론소』에 의하면, "마하데와는 그 후 늙어서 죽었다. 아소까왕은 사람들에게 '빠딸리뿟뜨라를 떠난 아라한들은 현재 어디에 있는가'라고 물었다. 어떤 사람이 '그들은 까쉬미라에 있다'고 대답했다. 왕은 즉시 사람을 보내어 그들을 빠딸리뿟뜨라에 돌아오게 했다."는 것이다. 뒤이어, "마하데와가 이전에 경전들을 고치고 변경하고 뒤섞어 놓아서 그것들은 더 이상 원본과 같지 않았다. 그래서 아라한들이 다시 모여 삼장을 거듭 결집했다."라고

---

121 『부집이론』의 '更十六年'은 元版·明版에서는 '更六十年'으로 되어 있다. 학자들은 六十은 十六의 잘못 베껴진 것[誤寫]이라고 보기도 한다. 그러나 다르게 생각하는 학자들도 있다. 金倉圓照, 앞의 책, p.277. 『부집이론소』(『삼론현의검유집』 권5, 대정장 70권, p.456중14~18).

말하고 있다.[122] 『삼론현의』에 의하면, "마하데와는 모든 대승경전을 취(取)해 그것을 삼장 중에 넣었다. (마하데와가 죽은 뒤) 아라한들이 법장을 결집했을 때, 그들은 그 내용[此義]을 가려내어 제거했다."[123]

이들 두 문헌은 결집에 대해서 언급하고 있지만 연대에 대한 말은 없다. 지금까지 살펴본 내용으로써 결집 연대를 무리하게나마 추정해 보면 다음과 같다. 즉 승가가 분열되면서 (불멸 116년) 장로 비구들은 빠딸리뿟뜨라에서 인도의 서북지역인 까쉬미라로 이주했다. 그 후 상당한 세월이 흘러 젊었던 마하데와가 '늙어 죽은 후' 아소까왕이 장로 비구들을 빠딸리뿟뜨라로 돌아오게 했다. 돌아온 장로들은 마하데와에 의해 훼손된 3장을 원상태로 정리해 다시 결집을 했다.

이와 같은 내용에서 다음과 같은 연수(年數)를 산출해 내어야 한다. 즉 ① 젊었던 마하데와가 늙어서 죽은 때까지의 연수, ② 까쉬미라로 이주했던 장로들 가운데서 그때까지 살아 있었던 소수의 장로들이 빠딸

....

122 『부집이론소』(『三論玄義檢幽集』 권5. 대정장 70권, p.456중14~18); (大天從此以後 身自老死 阿
     輸柯王問衆人云 諸阿羅漢今並何在 有人答云在劫賓國 卽遣往迎盡還供養) 大天先旣改轉經教
     雜合不復如本 諸阿羅漢還復聚集重誦三藏; Dmiéville, 앞의 책, p.103; (Aśoka les
     invita à revenir dans son royaume, et) comme Mahādeva avait modifié les *sūtra* et que
     ceuxci[*sūtra*] n'étaient plus tels qu'à l'origine, les Arhats procédèrent[행하다] à une
     nouvelle compilation.
     자세한 내용은 다음의 5. 2) 결집 내용에서 다시 보게 된다.
123 『삼론현의』(대정장 45권, p.8중19~21); (大天)取諸大乘經典內三藏中釋之 諸阿羅漢
     結集法藏時已 簡除此義. Demiéville, 앞의 책, p.96; Mahādeva prit tous les du
     Grand Véhicule et les expliqua en les incorprant au Tripitaka; naguere les Arhats,
     au temps où ils compilèrent la Corbeille de la Loi, avaient exclu ce Sens(*artha*);
     라모뜨(호진 역), 『인도불교사』(1), p.542.

리뿌뜨라로 돌아가 훼손된 3장을 검토하고 정리해서 원상태로 결집하는 데까지 걸린 연수, ③ 이 연수들을 모두 합산한 다음, 승가의 분열 연대인 불멸 116년에 보탠 연수이다. 이 연대가 제2 빠딸리뿌뜨라의 '추정 결집 연대'가 될 것이다. 그러나 현실적으로 이와 같은 연대의 산출은 불가능한 일이 아닐 수 없다.

2) 결집 장소

『대비바사론』에 의하면, 결집과 직접적인 관계는 없지만 중요한 위치를 차지했던 마하데와의 출생지는 마투라(Mathurā)이다. 그러나 그가 출가해서 비구가 된 곳은 마가다국의 수도 빠딸리뿌뜨라의 꾹꾸따상가라마(Kukkuṭā-saṃghārāma, 鷄園僧伽藍)였다. 뒷날 그곳에서 5사(五事, 五惡見) 문제 때문에 승가가 상좌부와 대중부로 분열되었다. 상좌부 비구들은 모두 까쉬미라로 이주했고, 대중부 비구들은 꾹꾸따상가라마에 남았다. 마하데와가 늙어 사망하자 그곳에서 장례를 지냈다.[124] 결집에 대한 언급은 없다.

　『이부종륜론소술기』는 『대비바사론』과 거의 동일한 내용이다. 마하데와는 마투라 출신인데 출가해서 비구가 된 곳은 꾹꾸따상가라마였다. 뒷날 마하데와가 그곳에서 5사를 선포함으로써 승가가 상좌부와 대중부로 분열되었다. 상좌부 비구들은 까쉬미라로 이주했고, 대중부 비구들은 꾹꾸따상가라마에 남았다. 마하데와가 사망하자 그곳에

124　『대비바사론』 권99(대정장 27권, pp.511상8~512상18).

서 장례를 지냈다.[125]

이 두 문헌에 의하면 마하데와와 비구들의 행동반경은 빠딸리뿌
뜨라의 꾹꾸따상가라마였다. 그러나 결집에 대한 언급은 없으므로 결
집 장소에 대해서도 알 수 없다.

『부집이론소』와 『삼론현의』는 경전 결집에 대한 약간의 내용을
기록하고 있다. 그러나 결집 장소에 대해서는 암시만 하고 있을 뿐 분
명한 언급은 하지 않았다. 『부집이론소』에 의하면 마하데와는 빠딸리
뿌뜨라의 꾹꾸따상가라마로 출가해서 그곳에서 3장을 공부했다. 뒷
날, 그가 선포한 5사에 대한 자세한 내용과 그로 인해 승가가 분열된
일과 상좌 비구들이 까쉬미라로 떠나고 마하데와를 비롯한 대중부
비구들이 꾹꾸따상가라마에 남았다는 내용이 장황하게 기술되고 있
다.[126] 이어서 결집 장소를 짐작할 수 있는 간단한 내용이 나온다. "마
하데와가 늙어서 죽자 아소까왕은 까쉬미라국으로 사람들을 보내어
상좌 비구들을 돌아오게 했다. 돌아온 상좌 비구들은 마하데와가 고치
고 바꾸고 뒤섞어 놓은 경전들을 손보아 다시 삼장을 결집했다."[127] 이
것이 전부다. 『삼론현의』는 5사에 대한 내용과 몇 마디 경전 결집에 대

---

125 『이부종율론소』(『이부종륜론소술기』, 卍續藏經 第八十三冊, 新文豐出版公司, pp.430하8~9, 431
상2~7, 432상9~433상10).

126 『부집이론소』(『삼론현의검유집』 권5, 대정장 70권, p.455중18~20와 pp.455중23~~456상25).

127 同上, p.456중14~18. 요약 정리했음. 大天從此以後身自老死 阿輸柯王問衆人云
諸阿羅漢今並何在 有人答云在劫賓國 卽遣往迎盡還供養 大天先旣改轉經教
雜合不復如本 諸阿羅漢還復聚集重誦三藏.

해 말하고 있지만 결집 장소에 대한 언급은 없다.[128]

위의 문헌들은 성전 결집 장소에 대해 분명하게 말하지는 않았다. 그러나 마하데와의 출가, 5사 선포와 승가의 분열, 마하데와가 생전에 바꾸고 뒤섞어 놓은 경전들을 그의 사후 까쉬미라에서 되돌아간 상좌 비구들이 다시 결집했다는 사실 등, 이 일들이 모두 꾹꾸따상가라마에서 행해졌다는 것을 말하고 있다. 역시 마하데와가 죽은 장소도, 그의 장례를 치른 곳도 이곳이었다. 따라서 결집이 실제로 행해졌다면 그 장소는 빠딸리뿌뜨라의 꾹꾸따상가라마(Kukkuṭā-saṃghārāma, 鷄園僧伽藍)였을 것이다. 이곳을 제외하고 다른 장소를 생각할 수는 없다.

3. 결집 관련 인물

제2 빠딸리뿌뜨라의 결집 문제와 관련이 있는 인물 가운데 가장 중요한 사람은 마하데와(Mahādeva, 大天)이다. 그러나 그가 결집을 주재했다거나 그 일에 직접 참여했기 때문이 아니다. 그가 주장했다는 5사 문제가 승가 분열을 일으키게 되었고, 역시 그가 경전을 뒤섞어 놓았기 때문에 그의 사후에 장로들이 그것을 바로잡기 위해 결집을 하게 되었다.

아소까왕의 경우도 비슷하다. 왕은 5사 문제 때문에 야기된 비구

128　『삼론현의』(대정장 45권, p.8중21~하11).

들 간의 '싸움' 문제를 수습하는 데 개입했고, 마하데와가 사망한 뒤 상좌들을 까쉬미라에서 빠딸리뿌뜨라로 돌아오게 했을 뿐 경전 결집에 관여하지는 않았다. 아소까왕의 왕비와 관련된 이야기도 빠딸리뿌뜨라의 승가와 관계된 일과 함께 언급되고 있지만 결집과 직접 관계된 것은 아니다. 게다가 왕비의 일은 오직 『부집이론소』에서만 볼 수 있는 아주 작은 에피소드에 불과하다. 한마디로 직접 결집에 참여한 비구들에 대해서는 거의 아무것도 알 수 없다는 것이다.

1) 마하데와

마하데와(Mahādeva, 大天)에 대해 기술하고 있는 첫 문헌은 『대비바사론』으로 비교적 자세한 내용을 담고 있다. 요약 정리하면 다음과 같다.

옛날 마투라국(Mathurā, 末土羅國)에 한 상인이 있었다. 젊어서 결혼을 하고 사내아이를 낳았는데 이름을 마하데와라 했다. 얼마 후 이 상인은 멀리 다른 나라로 가서 무역을 하느라 오랫동안 집에 돌아오지 않았다. 아들은 성장해서 그의 어머니와 정을 통했다. 그 뒤 아버지가 돌아온다는 소식을 듣고 두려워서 어머니와 공모해 아버지를 살해했다. 이 일이 탄로 나자 그는 어머니와 함께 빠딸리뿌뜨라로 도망가서 숨었다. 그곳에서 본국에 있었을 때 공양을 올렸던 비구를 만나게 되었다. 자신이 저지른 일이 탄로 날 것을 두려워해 그 비구를 살해했다. 뒷날 어머니가 다른 사람과 정을 통하는 것을 보고 역시 어머니도 살해했다. 이렇게 해서 그는 3무간업(三無間業: 父와 母, 아라한을 죽인 중죄)을 짓게 되었다.

마하데와는 자신이 지은 죄를 깊이 후회하고 괴로워했다. 그는 부처님의 제자인 비구들에게 죄를 소멸하는 법이 있다는 말을 듣고 꾹꾸따상가라마(Kukkuṭāsaṃghārāma, 鷄園僧伽藍)에 가서 한 비구에게 출가시켜 줄 것을 간청했다. 그 비구는 마하데와에 대해 자세히 알아보지도 않고 그를 출가시켜 주었다. 마하데와는 총명하고 지혜가 있었기 때문에 출가한 지 오래지 않아 삼장(三藏)을 외워 지녔고, 말솜씨가 뛰어나 사람들을 잘 교화하고 지도했다. 빠딸리뿌뜨라에서 그에게 귀의하지 않은 사람이 없었다. 왕이 소문을 듣고 그를 자주 궁전에 초청해 공양을 올리고 설법을 들었다.[129]

뒷날 마하데와는 5사(五事, 五惡見)를 제자들에게 가르쳤다. 그리고 그것을 게송으로 만들어 포살 때 비구들에게 암송하면서 '이것이 부처님의 참된 가르침'이라고 말했다. 비구들은 그의 말에 찬성하는 사람과 반대하는 사람으로 나뉘어 밤새도록 싸웠다. 다음 날 아침이 끝나갈 무렵에는 싸움은 더욱 심하게 되었다. 성안의 백성들과 대신들은 비구들을 화해시키려고 했지만 되지 않았다. 왕은 이 일을 듣고 꾹꾸따상가라마에 갔다. 두 파의 비구들은 서로 자신들의 주장이 옳다고 고집했다. 왕은 마하데와에게 "누가 그르고 누가 옳습니까. 우리는 지금 어느 편에 가담해야 합니까."라고 물었다. 마하데와는 "계와 경에 설하기를, '다툼을 없애려면 수가 많은 사람들의 말을 따르라'고 하였습니다."라고 대답했다. 그래서 왕은 같은 주장을 하는 비구들끼리 따로 모이게 했다. 상좌(上座) 무리는 나이 많은 사람들이 다수였지만 그

129　『대비바사론』 99권(대정장 27권, pp.510하24~511상19).

수가 적었고, 마하데와의 무리는 나이 많은 사람들이 소수였지만 그 수는 많았다. 결국 승가는 나이 많은 비구들로 이루어진 상좌부와 젊은 비구들로 이루어진 대중부로 분열되었다. 숫자가 적은 상좌 비구들은 모두 까쉬미라국으로 이주했고, 마하데와는 젊은 비구들과 함께 꾹꾸따상가라마에 남았다.[130]

뒷날 마하데와는 마을에 나갔다가 우연히 만난 한 점상자(占相者)가 '이 석가 제자는 7일 후에 틀림없이 죽을 것'이라고 예언을 했다. 이 말을 들은 제자들이 스승에게 그 사실을 알리자 마하데와는 "나는 이미 오래전에 그것을 알고 있었다."라고 대답하고, 그들을 사방으로 보내어 자신이 맞이할 열반을 사람들에게 알리게 했다. 예언대로 7일 후에 그가 죽자 왕과 신하들과 성중의 백성들은 슬퍼하고 그를 그리워하면서 향나무 장작과 여러 가지 기름[酥油]과 꽃과 향을 준비해 시신을 화장하려고 했다. 장작에 불을 붙였지만 붙일 때마다 꺼져버렸다. 여러 가지 방법을 다 써보았지만 끝내 불을 붙일 수 없었다. 한 점상자가 "이와 같은 좋은 장례 도구로써는 시신을 태울 수 없다. 개똥을 끼얹어 시신을 더럽혀야 한다."라고 했다. 그 말대로 하자 장작에 불이 타올라 순식간에 시신은 재가 되었다. 그때 거친 바람이 갑자기 불어서 재를 남김없이 흩날려 버렸다.[131]

『이부종륜론술기』의 내용은 『대비바사론』의 내용과 거의 동일하다. 요약하면 다음과 같다. "마하데와는 마투라국의 한 상인의 아들로

---

130 同上, pp.511상20~512상7. 장황한 내용 요약해서 정리했음.
131 同上, pp.512중7~512상18.

태어났는데, 아버지와 어머니, 그리고 한 아라한을 죽여 3무간업(無間
業)을 지었다. 마하데와는 자신의 죄를 소멸하기 위해 빠딸리뿌뜨라의
꾹꾸따상가라마로 출가했다. 그는 오래지 않아 삼장을 모두 암송했고
말솜씨도 뛰어나 빠딸리뿌뜨라에서 아소까왕을 비롯해 그에게 귀의
하지 않는 사람이 없었다."[132]

마하데와는 15일 밤, 포살 때 법을 설하는 자리에 올라가 비구들
에게 계를 설한 다음 5사로 이루어진 게송을 암송했다. 그것을 듣고
"그대의 말은 부처님의 가르침이 아니다."라고 반대하는 비구들도 있
었고, 부처님의 가르침이라고 찬성하는 비구들도 있었다. 이 일로 말
미암아 비구들 사이에 심각한 논쟁이 일어나 승가는 상좌부와 대중부
로 분열되었다. 상좌부에 속한 비구들은 까쉬미라로 이주했고, 대중부
의 상수(上首)가 된 마하데와는 그를 추종한 비구들과 빠딸리뿌뜨라의
꾹꾸따상가라마에 남았다.[133]

뒷날 한 점술사가, 7일 후에 그가 죽을 것이라고 예언했다. 그 말
을 전해 들은 마하데와는 제자들에게 자신의 죽음을 사방에 알리게
한 다음 예언처럼 7일 후에 죽었다. 사람들은 온갖 향나무와 기름과
꽃과 향을 가지고 화장[茶毘]을 하려고 했지만 시신에 불이 붙지 않았
다. 점상사의 조언에 따라 개똥으로 시신을 더럽히자 불이 붙어 재가
되었는데 갑자기 거친 바람이 불어와 재를 남김없이 사방으로 흩날려

---

132   『이부종륜론소술기』(『異部宗輪論疏述記』 1권, 卍續藏經 83冊, pp.430하8~431상10).

133   同上, pp.431상10~432하5.

버렸다.[134]

　『부집이론소』의 내용도 거의 동일하다. 마하데와는 마투라에서 한 상인의 아들로 태어났는데, 번역하면 대천(大天, 摩訶提婆)이다. 성은 까우쉬까(Kauśika, 拘尸柯)였다. 아버지는 어린 마하데와를 집에 남겨두고 장사를 하기 위해 외국으로 갔다. 이 아이는 20세가 되자 용모가 아름다웠다. 어머니는 아들에게 애욕을 품고 방편을 써서 몰래 아들과 정을 통했다. 마하데와는 6년 동안이나 이 여인이 자신의 어머니라는 사실을 알지 못했다. 비록 뒷날 이 사실을 알았지만 사랑하는 마음을 버리지 못했다.

　아버지는 큰 재물을 가지고 귀국했다. 어머니는 남편이 돌아온다는 소식을 듣고 자신이 한 일을 알게 될 것이 두려워해 아들을 시켜 아버지를 독약으로 죽이게 했다. 마하데와는 독약을 가지고 아버지가 돌아오고 있던 길에서 그를 살해했다. 그는 아버지의 재물을 가지고 돌아가 어머니와 함께 살았는데 사람들이 그 일을 알게 되자 부끄럽게 생각하고 빠딸리뿌뜨라국으로 도망가서 숨었다. 그곳에서 본국에 있을 때 공양을 했던 아라한 비구를 만났다. 이전에 지은 일이 탄로 날 것을 두려워해 그 비구를 살해했다. 그 후 어머니가 다른 사람과 정을 통하는 것을 보고 어머니 역시 살해했다. 이렇게 해서 그는 3역죄를 지었다. 마하데와는 이 일로써 매우 괴로워하다가 자신이 지은 죄를 소멸하기 위해 출가하려고 했다.

134　同上, pp.432하18~433상10.

그러나 비구들은 그가 악인이라는 사실을 알았기 때문에 아무
도 그를 득도(得度, 出家)시켜 주지 않았다. 그래서 마하데와는 스스로
출가했다. 그는 총명했으므로 오래지 않아 삼장을 모두 외워 지닐 수
있었고 많은 무리들이 그의 제자가 되었다. 그는 자칭 아라한과를 성
취했다고 말했다. 아소까왕은 그를 자주 왕궁에 초청해 공양을 올렸
다.[135]

뒷날 마하데와는 5사(五事)로 된 게송을 지어 대중들을 가르치면
서 '이것이 부처님의 참된 가르침'이라고 했다. 승가는 마하데와의 주
장에 찬성하는 비구들과 반대하는 비구들로 나누어져 심하게 다투었
다. 성안의 백성들뿐 아니라 왕까지도 비구들이 다투고 있는 장소에
갔다. 왕은 마하데와의 조언을 따라 율문(律文)과 다수결의 원칙에 의
해 다툼을 그치게 했다. 그러나 승가는 마하데와의 주장에 찬성하는
비구들로 이루어진 대중부와 반대하는 비구들로 이루어진 상좌부로
나누어졌다. 상좌부 비구들은 까쉬미라국으로 이주했고, 마하데와는
대중부 비구들과 함께 꾹꾸따상가라마에 남았다.[136]

어느 날 우연히 마하데와를 만난 한 점상사가 '그는 7일 후에 틀
림없이 죽을 것'이라고 예언했다. 이 말을 들은 제자들이 그 말을 스승
에게 알리자 그는 "나는 이미 오래전에 그 사실을 알고 있었다."라고
대답하고, 그들을 사방으로 보내어 자신이 맞이할 '열반'을 알리게 했
다. 예언대로 7일 후에 그가 죽자 왕과 신하들과 성중의 백성들은 향

....

135 『부집이론소』(『삼론현의검유집』 권5, 대정장 70권, p.455중6~22).

136 同上, p.456상7~23; Demiéville, *Choix d'études bouddhiques*, pp.102~103.

452

나무 장작과 여러 가지 기름[酥油]과 꽃과 향을 준비해 시신을 화장하려고 했다. 장작에 불을 붙였지만 붙일 때마다 불은 꺼져버렸다. 여러 가지 방법을 다 써보았으나 끝내 불을 붙일 수 없었다. 한 점상사가 말하기를, "이와 같이 좋은 장례 도구로써는 시신을 태울 수 없다. 개똥을 끼얹어 시신을 더럽혀야 한다."라고 했다. 그 말대로 하자 순식간에 시신은 모두 타서 재가 되었다. 그때 거친 바람이 갑자기 불어와 재를 남김없이 흩날려 버렸다.[137]

『삼론현의』의 내용은 간단하다. "선박 주인의 아들로 마하데와라는 사람이 있었는데 아름답고 총명했다. 그는 3역죄를 지었다. 그 후 불법에 들어갔는데 두 가지 일을 했다. 첫째, 모든 대승경전을 취해 삼장 속에 넣어 그것을 설명했다. 아라한들이 법장을 결집했을 때, 그 내용[此義, 大乘經典]을 가려내어 제거했다. 그러나 대중부는 그것을 채택했고 상좌부는 채택하지 않았다. 이 일로 인해 비구들 간에 다툼이 일어나 승가가 2부로 나누어지게 되었다.[138] 둘째, 마하데와가 5사로 된 게송을 지어 그것을 모든 붓다의 가르침이라고 주장함으로써 역시 승가를 2부로 갈라지게 했다."[139]

---

137 同上, p.456하17~29.

138 『삼론현의』(대정장 45권, p.8중17~22); 後入佛法 凡有二事 一者取諸大乘經 內三藏中釋之 諸阿羅漢結集法藏時 已簡除此義 而大衆部用此義 上座部不用之 因爾起諍 遂成二部. Demiéville, 위의 책, pp.96~97.

139 同上, p.8중22~하13. 二者摩訶提婆自作偈言 … 時衆諍此五義 或是或非 故成二部也; Demiéville, 위의 책, pp.97~99. 5사에 대한 긴 설명. 다음의 4. 5사 문제와 승가 분열에서 자세하게 다루게 된다.

2) 아소까왕과 왕비

(1) 아소까왕

빠딸리뿌뜨라 결집과 관련해서 아소까왕에 대해 기술하고 있는 첫 문헌은 『대비바사론』이다. 이 논서는 왕의 이름을 밝히지 않고 단지 '왕(王)'이라고 했다. 그러나 내용으로 보아 다른 문헌에 나오는 아소까왕과 동일 인물이라는 것을 알 수 있다.

마하데와[大天]라는 비구가 빠딸리뿌뜨라에서 많은 사람들을 교화하고 있다는 소문을 들은 '왕'은 그를 궁중에 초청해 법문을 듣고 그에게 귀의했을 뿐 아니라 자주 공양을 올리고 법을 들었다. 뒷날 마하데와가 제기한 5사 문제로 말미암아 꾹꾸따상가라마의 비구들 사이에 큰 다툼이 일어나자 왕은 직접 그곳에 가서 마하데와가 제의한 대로 '다수결 원칙'에 따라 다툼을 처리했다. 마하데와의 5사를 지지하는 비구들의 수가 많았고 반대하는 상좌 비구들의 수가 적었으므로 왕은 상좌 비구들을 꾸짖고 굴복시켜 다툼을 끝내게 했다.[140]

그러나 비구들의 싸움은 그치지 않았다. 마침내 승가는 상좌부와 대중부로 분열되었고, 상좌 비구들은 꾹꾸따상가라마[鷄園僧伽藍]를 떠나 다른 곳으로 가려고 했다. 이 일을 알고 노한 왕은 신하들에게 상좌 비구들을 모두 갠지스강으로 데리고 가서 파괴된 배에 태워 물에 빠뜨려 버리도록 명령했다. 그들이 성자[아라한]인지 범부인지 알기 위

....

140 『대비바사론』 권99(대정장 27권, p.511상18~19) 하19에서 五惡見事에 대해 길게 서술하고 있다.

해서였다. 신하들이 그렇게 하자 상좌 비구들은 신통으로 비둘기[鳩]
처럼 날아 인도 서북쪽의 까쉬미라로 가버렸다. 마하데와를 비롯한 대
중부의 비구들은 빠딸리뿟뜨라에 남았다.

왕은 자신이 한 일에 대해 후회하면서 상좌 비구들에게 사람을
보내어 빠딸리뿟뜨라로 돌아오도록 간청했다. 그들이 돌아오지 않자
왕은 까쉬미라국 전체를 승가에 보시하고 500동(棟)의 승가람을 건립
해 상좌 비구들이 그곳에서 살도록 해주었다. 뒷날 마하데와는 늙어
죽었다. 왕은 그를 위해 꾹꾸따상가라마에서 성대한 장례를 지내 주었
다.[141]

다음에 보게 될 문헌은 『사마야베도빠라짜나짜끄라(Samayabhedoparaca
nacakra)』이다. 앞에서 말한 것처럼 이 논서는 한문 번역으로 『십팔부론』
·『부집이론』·『이부종륜론』으로 전해지고 있다. 아소까왕에 대한 내용
은 간단하다. 『십팔부론』에 의하면, "붓다 열반 후 116년에 빠딸리뿟
뜨라[巴連弗]성(城)에서 아소까라는 왕이 인도[閻浮提]를 다스렸다."[142]

『부집이론』과 『이부종륜론』도 거의 같은 내용이다. "부처님의 반
열반 후 116년, 빠딸리뿟뜨라라는 성이 있었는데 그곳에서 아소까왕
이 인도[贍部]를 다스렸다.[143] "세존의 반열반 후 약 100년이 되었다. 마

141 同上, pp.511하11~512상3과 6~18.

142 『십팔부론』(대정장 49권, p.18상9~10); 佛滅度後百一十六年 城名巴連弗 時阿育王 王
閻浮提匡於天下.

143 『부집이론』(同上, p.20상16~17); 佛世尊滅後 … 過百年後更十六年 有一大國名波吒
梨弗多羅 王名阿輸柯 王閻浮提.

가다국의 빠딸리뿌뜨라성[俱蘇摩城, Kusumapura][144]의 왕은 아소까라 했
는데 그는 인도를 다스렸다."[145]

『부집이론소』와 『이부종륜론소(異部宗輪論疏)』는 『부집이론』과
『이부종륜론』의 주석서이다. 그러나 그 내용은 두 논소(論疏)와 달리
『대비바사론』의 내용과 거의 동일하다. 『부집이론소』에 의하면 아소
까왕이 마하데와를 자주 궁전에 초청해 공양을 베풀었다. 어느 때 마
하데와가 일으킨 5사 문제 때문에 빠딸리뿌뜨라 승가의 비구들 사이
에 큰 다툼이 일어났다. 왕은 그들을 찾아가서 율문(律文)과 다수결 원
칙에 따라 그 다툼을 그치게 하려고 했으나 성공하지 못했다.

아라한의 무리[上座]는 나이 많은 사람이 다수였지만 전체에서 그
수는 적었고, 반대로 마하데와의 무리는 나이 많은 사람[146]이 소수였지
만 전체에서 수가 많았다. 결국 승가는 상좌부와 대중부로 분열되었
다. 왕은 이 일로 인해 화가 나서 사람들을 시켜 아라한들을 갠지스강
으로 데리고 가 파괴된 배에 태워 강물에 빠뜨리게 했다. 그러자 그들
은 공중에 날아 올라가 신통력을 얻지 못한 비구들을 데리고 인도의
서북쪽 까쉬미라국으로 가버렸다. 왕은 그가 한 일을 후회하고 사죄
하면서, 사람을 상좌들에게 보내어 모두 본국으로 돌아오도록 청했다.

---

144 이곳에서만 俱蘇摩城(Kusumapura)이라는 명칭을 사용하고 있다. 편의상 다른 문헌
에서처럼 빠딸리뿌뜨라로 한다.

145 『이부종륜론』(同上, p.15상14~16); 佛涅槃後 百有餘年 … 摩竭陀國俱蘇摩城 王號無
憂統攝贍部.

146 『부집이론소』(『삼론현의검유집』 권5, 대정장 70권, pp.455중21~456상21); Demiéville, 앞의
책, pp.100~102. 장황한 내용 요약.

그러나 그들은 왕의 요청을 거절했다.[147]

『이부종륜론소』는 좀 더 자세하다. 빠딸리뿟뜨라의 아소까왕은 마하데와를 자주 궁전으로 초청해 공양을 올리고 법을 청해 들었다. … 어느 15일 밤, 포살 때 마하데와가 자리에 올라가 5사가 내용인 게송을 읊었다. 그 내용에 대해 비구들은 찬성하는 편과 반대하는 편으로 나누어져 밤새도록 격렬하게 싸웠다. 아침이 되자 싸움은 더욱 심해졌다. 성안의 백성들과 대신들이 그들을 화해시키려고 했으나 불가능했다.

아소까왕이 이 일을 듣고 승가람에 갔다. 왕은 두 파 가운데 누가 옳고 그른지, 어느 쪽 편을 들어야 좋을지 알 수 없어 마하데와에게 물었다. 그는, "계와 경에 설하기를, '다툼을 없애려면 많은 사람들의 말을 따르라'고 하였습니다."라고 대답했다. 왕은 주장이 같은 비구들끼리 따로 모이게 했다. 아라한 무리 가운데는 나이 많은 사람이 다수였지만 비구들 수는 적었고, 반대로 마하데와 무리 중에는 나이 많은 사람의 수는 적었지만 비구들 수는 많았다. 왕은 마하데와 무리의 편이 되어 상좌 비구들을 꾸짖고 승복하게 하였다. 그렇지만 비구들의 다툼은 여전히 그치지 않았다. 마침내 승가는 상좌부와 대중부로 분열되었다.

상좌부에 속하는 아라한들은 꾹꾸따상가라마를 떠나 다른 곳으로 가서 살기를 원했다. 신하들이 이 일을 아소까왕에게 알리자 왕은

....

147 同上, p.456상21~24; Demiéville, 위의 책, p.103. 같은 쪽 註ⓐ에 아소까의 간청과 마하데와의 거절에 대해 길게 쓰고 있다. Thomas Watters, *On Yuan Chwang's travels in India*, p.267.

"그들을 모두 갠지스 강변으로 데리고 가서 파괴된 배에 태워 강에 빠뜨려라. 이 무리들이 아라한인지 범인인지 시험해 보리라."라고 말했다. 신하들이 왕의 명령대로 하자 아라한들은 신통을 일으켜 기러기 왕[雁王]이 하늘을 나는 것처럼 왕복하면서 배 안에 남아 있던 신통력을 갖지 못한 비구들을 데리고 서북쪽으로 가버렸다. 왕은 그 일을 알고 매우 부끄럽게 생각하고 후회했다. 곧 사람을 파견해 그들이 간 곳을 찾도록 했다. 아라한들이 모두 까쉬미라에 가 있다는 것을 알고 왕은 그들에게 사람을 보내어 꾹꾸따상가라마로 돌아오도록 간청했다. 그러나 비구들은 그 청을 거절했다. 그러자 왕은 까쉬미라국 전체를 그들에게 보시했을 뿐 아니라 그곳에 500동의 승가람을 지어주고 생활에 필요한 모든 것을 제공했다.[148]

(2) 왕비

아소까 왕비에 대한 내용은 『부집이론소』에서만 볼 수 있다. 왕이 "마하데와를 자주 궁전에 초청해 공양을 올렸다."라는 말 다음에 느닷없이 "왕비는 마침내 마하데와와 몰래 정을 통했다."라는 내용이 나온다.[149] 그 후 왕비의 모습은 보이지 않다가 마하데와가 주장한 5사 문제로 야기된 승가의 분열을 말할 때 다시 등장한다.

마하데와는 5사 문제를 가지고 승가에 혼란을 일으켰을 뿐 아니

---

148 『이부종륜론소』(『異部宗輪論疏述記』,「卍續藏經」제83冊(新文豐出版公司), p.432상10~하16). 요약 정리했음.

149 『부집이론소』(『三論玄義檢幽集』권5, 대정장 70권, p.455중21~22).

라 비구들에게 이렇게 말하기도 했다. "지난날 부처님께서 세상에 계
셨을 때 신[天]들과 4부중의 제자들이 설(說)한 것을 부처님께서는 모
두 인정하시고 허락하셨다. 그리고 아난다로 하여금 그것을 모두 받아
지니게 하고 경(經)이라고 하셨다. 부처님께서 열반에 드신 지금 총명
한 사람이 법을 설하면 그것을 가지고 역시 경을 만들 수 있다. 그대들
도 경을 만들고자 하면 뜻에 따라 경을 만들 수 있다." 아라한들은 이
말을 듣고 마하데와가 부처님 법을 파괴하여 소멸시키려 한다고 생각
하면서 그를 꾸짖었다. 그러자 마하데와는 아라한들을 범부라고 비웃
으면서 그들이 법상(法相: 법의 특성)을 이해하지 못한다고 맞섰다. 아라
한들은 "그대가 우리를 범부라고 한다면 우리는 그대와 신통력을 겨
루겠다."라고 하고 신통을 부렸다. 아라한들이 이쪽 땅속으로 들어갔
다가 저쪽 땅에서 나올 때는 다른 모습을 하고 있었다. 마하데와는 이
신통 변화를 보고 아라한들이 자신의 무리를 파괴할 것을 두려워해서
일어난 일을 왕비에게 말했다. 왕비는 세력을 가지고 있었기 때문에
즉시 아라한들을 파괴된 배에 태워 갠지스 강물에 떠내려 보내게 했
다. 배가 가라앉으려 하자 아라한들은 신통력으로 공중에 날아올라 까
쉬미라국으로 갔다. 어떤 아라한들은 비둘기 모습으로 몸을 바꾸기도
했다. 그들은 목적지에 도착해서 곧 본래의 모습을 되찾고 그곳에 절
을 세워 이름을 부구사(浮鳩寺: 나는 비둘기 절)라 했다. 이와 같은 사실을
알게 된 왕비는 자신의 잘못을 깨닫고, "다른 사람들은 진정한 아라한
들을 공양했는데 나는 어떻게 이와 같은 범인[庶人]들을 공양했는가."
라고 깊이 뉘우치면서 아라한[有德]들에게 이전에 지은 자신의 잘못을
참회하고 사죄했다. 왕비는 불교에 귀의해서 수다원과(須陀洹果, śrota

āpattiphala: 預流果)를 성취했다.[150]

3) 결집 비구

결집에 대한 내용은 단지 『부집이론소』와 『삼론현의』에서만 볼 수 있
다. 그러나 이 두 논서에서도 결집 비구들에 대한 분명한 언급은 없다.
단지 마하데와가 죽은 뒤, 이전에 까쉬미라에 이주했던 아라한들이 빠
딸리뿌뜨라에 돌아가 '결집을 했다'라는 몇 마디 정도의 내용에서 결
집 비구들이 있었다는 것을 추측할 수 있을 뿐이다.[151]

　『부집이론소』에 의하면, "마하데와가 늙어서 죽자 아소까왕은 지
난날 꾹꾸따상가라마를 떠난 아라한들이 살고 있던 까쉬미라국에 사
람을 보내어 그들을 빠딸리뿌뜨라에 돌아오게 했다."는 내용과 함께,
"마하데와가 이전에 경전의 가르침을 고치고 변경하고 뒤섞어 놓아서
더 이상 원본과 같지 않았다. 아라한들은 다시 모여 삼장을 한 번 더
결집했다."라는 내용이 첨가되어 있다.[152]

　『삼론현의』에서도 비슷한 내용이다. 마하데와가 생전에 "모든 대

....

150　同上, p.456상26~중13; Demiéville, 앞의 책, pp.102~104.

151　이어서 관련 있는 내용의 원문과 佛語 번역문을 전부 인용한 이유는, 관련된 내용
이 글자 그대로 이것뿐이라는 것을 '볼 수 있도록' 하기 위해서다.

152　『부집이론소』(『三論玄義檢幽集』5권. 대정장 70권, p.456중14~16); (大天從此以後 身自老死 阿
輸柯王問衆人云 諸阿羅漢今並何在 有人答云 在劫賓國 卽遣往迎 盡還供養). 大天先旣改轉經
敎 雜合不復如本 諸阿羅漢還復 聚集重誦三藏.
Demiéville; *Choix d'études bouddhiques*(Leiden, 1973, pp.104~105). Comme
Mahādeva avait modifié l'enseignement des sūtra, y mélangeant(éléments impurs)
de sorte qu'ils n'étaient plus tels qu'à l'origine, les Arhats se réunirent de nouveau
et récitèrent encore une fois le Tripiṭaka.

승 경전을 취해 그것을 삼장에 넣어 해석했다."라는 문장과 "마하데와가 죽은 뒤, 오래전에 까쉬미라국에 가 있던 아라한들이 빠딸리뿌뜨라에 돌아가서 … 법장(法藏)을 결집했을 때, 그들은 "이전에 마하데와가 경전에 집어넣었던 것[此義, 대승경전]을 가려내어 제거했다."는 것이 결집 비구들에 대해 언급한 내용의 전부다.[153]

4. 5사 문제와 승가 분열

1) 5사 문제

5사(五事, pañcavastu) 문제의 실마리는 『팔건도론』과 『발지론』에서 엿볼 수 있다. 이 두 논서에는 5사가 아니고 5견(五見)으로 되어 있다. 역시 5견은 마하데와가 아니고, '아라한' 또는 '어떤 아라한'과 관계된 것이다.[154] ① 어떤 아라한은 천마(天魔)에게 희롱을 당해 부정(不淨)한 것을 흘린다[漏失不淨, 夢精]. ② 어떤 아라한에게는 자신의 해탈에 대해

---

153 『삼론현의』(대정장 45권, p.8중19~21); (摩訶提婆 入佛法凡有二事 一者) 取諸 大乘經內三藏 中釋之 諸阿羅漢結集法藏時 已簡除此義.
  Demiéville, 위의 책, p.96; (Mahādeva) prits tous les sūtra du Grand Véhicule et les expliqua en les incorporant au Tripiṭaka; les Arhats, au temps où ils compilèrent la Corbeille de la Loi, avaient exclu ce Sens(artha, 意味, 내용).

154 『팔건도론』 권10(同上, 26권, p.819중14~22); 阿羅漢失不淨 其形像精魔迦夷天 … 阿羅漢自脫不知 … 阿羅漢自脫狐疑 … 阿羅漢由他知得 … 道苦道種無作言作; 『발지론』 권7(同上, p.956중1~14); 有阿羅漢 天魔所嬈 漏失不淨 此於五見 … 有阿羅漢 於自解脫 猶有無知 … 有阿羅漢 於自解脫 猶有疑惑 … 阿羅漢但由他道 … 道及道支苦言所召.

아직 무지가 남아 있다[無知]. ③ 어떤 아라한에게는 자신의 해탈에 대해 아직 의심이 남아 있다[疑惑]. ④ 어떤 아라한은 오직 다른 사람을 통해서만 자신이 아라한이 되었다는 것을 알게 된다[由他度]. ⑤ 도(道)와 도지(道支, mārga-aṅga: 도를 구성하는 여러 가지 부분)는 '괴롭다'라는 말을 함으로써 나타나게 된다.

이 두 논서의 주석서인 『대비바사론』에서는 5악견(五惡見)으로 되어 있다. 이것을 주장한 사람은 마하데와(Mahādeva, 大天)라는 비구이고 그 내용은 5사와 동일하다.[155]

제1악견은 여소유(餘所誘)로서, '타인에 의해 유혹을 받는다'는 것이다. 마하데와는 바르지 못한 생각 때문에 꿈에 부정한 것[精液]을 흘렸다. 그는 제자에게 더럽혀진 옷을 세탁하게 하자 제자는 "아라한이란 모든 번뇌가 다한 사람인데 스승님께 지금 어떻게 이런 일이 있을 수 있습니까."라고 물었다. 마하데와는 이렇게 설명했다. "천마(天魔)에게 희롱을 당한 것이니 너는 이상하게 여기지 마라. 그러나 '흘러나오는 것[漏失, 排泄]'에는 두 가지가 있다. 첫째는 번뇌이고, 둘째는 '부정한 것'이다. 번뇌가 흘러나오는 일은 아라한에게는 없다. 그러나 부정한 것이 흘러나오는 일은 피할 수 없다. 왜냐하면 아라한들이 비록

---

155 대비바사론 권99(대정장 27권, p.511 상19~하2).
『팔건도론』과 『발지론』의 주석서인데, 이 두 논서에 없는 마하데와의 5사에 대해 구체적인 내용을 기술하고 있다는 점에서 문제가 있는 것 같다. 玄奘이 656년에 번역할 때, 후기에 내용의 내용을 보탠 것이라고 생각이 된다. 金倉圓照의 설명을 인용해 본다면 이와 같은 현상은 五事와 같은 내용이 훨씬 뒤에 만들어진 것을, 마하데와의 起源을 위해 그것을 대비바사론에 삽입한 것 같다고 金倉圓照가 설명하고 있다. 설득력이 있는 것이다. 金倉圓照의 주장. 宇井伯壽, 塚本啓祥, p.162.

번뇌는 다했지만 어찌 소변·대변·눈물·침 등이야 없겠는가. 천마들은 항상 불법(佛法)에 대해 미워하고 시기하는 마음을 내어 선(善)을 닦는 사람을 보면 즉시 그를 해친다. 비록 아라한이라 해도 천마의 희롱을 당하기 때문에 내가 부정한 것을 흘린 것이다. 이것은 천마가 한 짓이니 너는 지금 의심하거나 이상하게 여기지 마라.”

제2 악견은 무지(無知)이다. 마하데와는 제자들을 기쁘게 함으로써 자신을 따르도록 방편을 썼다. 그는 그들에게 차례로 4사문과(沙門果)[156]를 기별(記別: 成道에 대한 예언)했다. 그러자 제자들은, “아라한들은 당연히 증지(證智: 마음속의 깨달음)가 있을 것인데 어찌하여 저희들은 전혀 그것을 스스로 알 수 없습니까.”라고 물었다. 마하데와는 설명했다. “아라한들에게도 역시 모르는 것이 있다. 그러므로 너희들은 지금 자신들을 불신해서는 안 된다. 이를테면 모든 무지를 요약하면 두 가지가 있다. 첫째는 염오무지(染汚無知: 번뇌로 인한 무지)로서 이것은 아라한에게 없다. 둘째는 불염오무지(不染汚無知)로서 이것은 아라한에게 아직 있다. 이 때문에 너희들은 스스로 알지 못하는 것이다.”

제3 악견은 의혹(疑惑)이다. 제자들은 다시 마하데와에게 물었다. “아라한은 이미 의혹을 떠났다고 일찍이 들었습니다. 그런데 어찌하여 저희들은 진리[諦實]에 대해 아직 의혹을 품게 됩니까.” 마하데와는 대답했다. “아라한에게도 의혹이 있는데, 두 가지다. 첫째는 수면성의 혹(隨眠性疑惑: 번뇌로 인한 의혹)으로 아라한은 이것을 이미 끊었다. 둘째

------

156 修行道의 4단계; 須陀洹果(豫流果)·斯陀含果(一來果)·阿那含果(不還果)·阿羅漢果(無學果), 中村元, 『佛敎語大辭典』, p.509(2)와 p.512(3).

는 처비처의혹(處非處疑惑)¹⁵⁷으로, 아라한은 이것을 아직 끊지 못했다. 독각(獨覺, pratye-kabuddha)도 이것에 대해 의혹이 있는데 하물며 성문(聲聞, śrāvaka)인 너희들이 진리에 대해 의혹하고 스스로 가볍게 여기는 일이 없겠는가.”

제4 악견은 타영입(他令入)이다. 마하데와의 제자가 경을 읽다가 “아라한에게는 성스러운 혜안(慧眼: 진리를 보는 눈)이 있으므로 자신의 해탈에 대해 스스로 확실히 안다.”라고 설해 놓은 것을 보았다. 그는 스승에게 질문했다. “저희들이 아라한이라면 마땅히 그 사실을 스스로 확실히 알 것인데 어찌하여 오직 스승님을 통해서만 그것을 알게 됩니까. 도대체 스스로 확실히 알 수 있는 지혜[現智]는 없습니까.” 마하데와는 설명했다. “어떤 아라한은 오직 다른 사람을 통해서만 그것을 알게 되고 스스로는 알지 못한다. 부처님의 제자들 가운데서 샤리뿌뜨라는 지혜가 제일이었고, 마하마우드갈랴야나[大目犍連]는 신통이 제일이었지만 부처님께서 그들에게 수기(授記: 예언)를 하시지 않았다면 그들은 그 사실을 스스로 알지 못했을 것이다. 너희들이 다른 사람을 통해서 알게 되는 것이지 어떻게 스스로 완전히 알 수 있겠는가. 그러므로 너희들은 이 문제에 대해 지나치게 따지지 마라.”

제5 악견은 도인성고기(道因聲故起)이다. 마하데와는 비록 많은 악을 지었지만 선근(善根)을 끊어 없애지 않았기 때문에 뒷날 밤중에

....

157 아라한은 진리에 대해서는 모르는 것이 없지만, 처음 가는 길이나 처음 보는 나무 이름 등은 모를 수 있다는 것이다. 라모뜨(호진 역), 『인도불교사』(1), p.534; A. Bareau, *Les sectes bouddhiques du Petites Vehicule*, p.64.

혼자 이렇게 생각했다. "내가 지은 죄가 무거우므로 장차 어떤 곳에 태어나서 극심한 고통을 받게 될 것이다." 그래서 그는 근심과 두려움에 시달리면서 거듭 "괴롭다."라고 외쳤다. 제자가 그 소리를 듣고 놀라면서 이상하게 생각했다. 그는 새벽에 마하데와에게, "밤새 안녕하셨습니까."라고 문안 인사를 하자, 마하데와는 "나는 아주 편안했다."라고 대답했다. 제자는 다시 물었다. "그러시다면 지난밤에는 어찌하여 '괴롭다'라고 외쳤습니까." 마하데와는 설명했다. "나는 성도(聖道)를 부른 것이니 너는 이상하게 생각하지 마라. 이른바 모든 성도는 지성껏 부르지 않으면 목숨이 다할 때까지 나타나지 않는다. 그래서 나는 어젯밤에 거듭해서 '괴롭다'라고 외쳤던 것이다."

『십팔부론』에 의하면, 5사(五事) 대신 5처(五處)를 마하데와가 아니고 "능(能)·인연(因緣)·다문(多聞)이라는 비구들이 사람들을 가르쳤다." 5처란 ① 종타요익(從他饒益: 다른 사람에게서 이익을 받음)·② 무지(無知)·③ 의(疑)·④ 유관찰(由觀察: 他令入)·⑤ 언설득도(言說得道: 道因聲故起)이다.[158]

『부집이론』에 의하면, ① 대국중(大國衆, Mahārāṣṭra)·② 외변중(外邊衆, Pratyantika)·③ 다문중(多聞衆, Bahuśruta)·④ 대덕중(大德衆, Sthavira)의 네 무리[四衆] 비구들이 모두 외도들이 주장한 5종 인연(因緣)을 설했다. 5종 인연이란 ① 여인염오의(餘人染汚衣: 다른 사람[魔]의 장난에 의해

---

158 『십팔부론』 1권(대정장 49권, p.18상11~14); 時有比丘 一名能 二名因緣 三名多聞說 有五處 以教衆生 所謂從他饒益 無知疑由觀察 言說得道. 五處에 대한 설명은 없다. 『대비바사론』의 五惡見과 『부집이론』의 五種因緣 참조.

옷을 더럽히는 것. 夢精)·② 무명·③ 의(疑)·④ 타도(他度: 다른 사람을 통해 자신이 아라한과를 성취했다는 사실을 알게 되는 것)·⑤ 성도언소현(聖道言所顯: 성스러운 도는 '괴롭다'라는 말을 함으로써 나타나게 된다는 것)이다."[159]

『이부종륜론』은 위의 두 논서와 내용이 다르다. 『십팔부론』의 세 비구들과 『부집이론』의 네 무리 비구들의 이름은 마하데와(Mahādeva, 大天)라는 비구로 바뀌었고, 5처 또는 5인연은 5사(事)로 되었다. 5사의 내용은 설명 없이 단지 게송으로, "여소유(餘所誘)·무지·유예(猶豫)·타영입(他令入)·도인성고기(道因聲故起)"이고, 네 무리 비구들이란 ① 용상중(龍象衆)·② 변비중(邊鄙衆)·③ 다문중(多聞衆)·④ 대덕중(大德衆)이다.[160]

5사에 대한 구체적인 설명은 『이부종륜론』의 주석서인 『이부종륜론소(異部宗輪論疏)』에서 볼 수 있다. 그러나 이 문헌은 결본(缺本)이기 때문에 그 주석서인 『이부종륜론소술기(異部宗輪論疏述記)』의 인용문에서 도움을 받아야 한다.[161]

제1사(事)는 여소유(餘所誘, 夢失不淨)이다. 마하데와는 어느 날 바르지 못한 생각을 했기 때문에 꿈에 부정한 것을 흘렸다. 즉 몽정(夢精)

---

159 『부집이론』 1권(同上, 49권, p.20상19~23); 大衆凡有四種 一大國衆 二外邊衆 三多聞衆 四大德衆 此四大衆 共說外道所立五種因緣 五因緣者 如彼偈說 餘人汚染衣無明疑他度 聖道言所顯.

160 『이부종륜론』 1권(대정장 49권, p.15상17~22); 謂因四衆共議大天五事不同 … 四衆 者何 一龍象衆 二邊鄙衆 三多聞衆 四大德衆 其五事者 … 餘所誘無知 猶豫他令入 道因聲故起.

161 『이부종륜론소』(『異部宗輪論疏述記』 1권,「卍續藏經」83冊, p.431상10~432상13).

을 했다. 더럽혀진 옷을 제자에게 세탁하도록 하자 제자는 "아라한이란 모든 번뇌가 다한 사람인데 스승님께서는 어떻게 아직 이런 일이 있습니까."라고 물었다. 마하데와는 대답했다. "천마(天魔)에게 희롱을 당한 것이니 너는 이상하게 여기지 마라. 그러나 누실(漏失: 번뇌)에는 요약해서 두 가지가 있다. 첫째는 번뇌이고 둘째는 부정(不淨)이다. 아라한에게는 번뇌가 흘러나오는 일은 없다. 그러나 부정한 것이 흘러나오는 것은 피할 수 없다. 왜냐하면, 아라한이 비록 번뇌는 다했지만 어찌 소변·대변·눈물·침 등 부정한 것이야 없겠는가. 그리고 천마들은 항상 불법(佛法)을 미워하고 시기해서 선(善)을 닦는 사람을 보면 즉시 그에게 가서 그를 파괴하므로 비록 아라한이라 해도 천마의 희롱을 당한다. 그렇기 때문에 나의 경우도 부정한 것이 흘러나온 것이다. 이것은 천마가 한 짓이니 너는 지금 의심하거나 이상하게 여기지 마라."

제2사는 무지(無知)이다. 마하데와는 제자들이 자신을 따르도록 하기 위해 거짓으로 방편을 써서 그들에게 차례로 네 가지 사문과(沙門果)를 성취했다고 말했다. 그러나 그들은 자신들이 사문과를 성취하지 못했다고 생각하면서, "아라한은 마땅히 증지(證智: 內心의 깨달음)가 있어야 될 것인데, 어떻게 저희들은 그것을 스스로 알 수 없습니까."라고 물었다. 마하데와는 설명했다. "아라한에게도 역시 모르는 것이 있다. 그러므로 너희들은 지금, 자신들을 불신하지 말아야 한다. 이를테면 무지를 요약하면 두 가지가 있다. 첫째는 염오무지로서 아라한에게 이것은 더 이상 없다. 둘째는 불염오무지로서 아라한에게 이것은 여전히 있다. 이 때문에 너희들이 스스로 알지 못하는 것이다."

제3사는 의혹(疑惑)이다. 제자들은 다시 물었다. "저희들이 들은 바에 의하면 아라한은 이미 의혹을 넘어섰다고 합니다. 그런데 저희들은 어찌하여 진리에 대해 아직 의혹을 품게 됩니까." 마하데와는 설명했다. "아라한에게도 역시 의혹이 있다. 의혹에는 두 가지가 있다. 첫째는 수면성의혹(隨眠性疑惑: 번뇌와 관계있는 의혹)으로, 아라한은 이것을 이미 끊었다. 둘째는 처비처의혹(處非處疑惑: 처음 온 장소에 대한 의문)으로 이것은 아직 끊지 못했다. 독각(獨覺, pratyekabuddha)도 아직 이 의혹이 있는데 하물며 성문(聲聞, śrāvaka)[162]인 너희들에게 이것이 없겠는가."

제4사는 타영입(他令入)이다. 마하데와의 제자가 경전을 읽다가, "아라한에게는 성스러운 혜안(慧眼: 진리를 보는 눈)이 있으므로 자신의 해탈에 대해 확실히 안다."라고 설해 놓은 것을 보았다. 그는 스승에게 물었다. "저희들이 아라한이라면 당연히 그 사실을 스스로 확실히 알 것인데 어찌하여 오직 스승님을 통해서만 그 사실을 알게 됩니까. 현증지(現證智: 직접 아는 지혜)로써 그것을 스스로 확실히 알 수는 없습니까." 마하데와는 대답했다. "어떤 아라한은 오직 다른 사람을 통해서만 그것을 알게 될 뿐 스스로 알지 못한다. 예를 들면 부처님 제자들 중에서 샤리뿌뜨라는 지혜가 제일이었고, 마하마우드갈랴야나[摩訶目犍連]는 신통이 제일이었지만 부처님께서 말해 주시지 않았다면 자신들이 아라한이라는 사실을 스스로 알지 못했을 것이다. 하물며 너희들과 같은 둔근(鈍根)이 다른 사람을 통하지 않고 어떻게 그것을 스스로 알 수 있겠는가. 그러므로 너희들은 이것에 대해 너무 따지면서 논하지 마라."

----

162 獨覺은 붓다의 가르침 없이 스스로 도를 깨달은 성자이고[無師獨悟], 聲聞은 붓다의 가르침을 듣고 수행하는 제자다. 中村元, 위의 사전, p.1022(3)과 p.734(4).

제5사는 도인성고기(道因聲故起)이다. 마하데와는 비록 많은 악을 지었지만 선근(善根)을 끊어 없애지 않았다. 밤중에 혼자 생각하기를, 자신이 지은 죄가 무거우므로 뒷날 틀림없이 어떤 곳에 태어나 극심한 고통을 받게 될 것이라고 걱정하고 두려워했다. 그래서 되풀이해서 '괴롭다'라고 외쳤다. 제자가 그 소리를 듣고 놀라고 이상하게 생각했다. 새벽에 스승을 찾아가서, "밤새 안녕하셨습니까."라고 문안 인사를 하자, 마하데와는 "나는 매우 잘 지냈다."라고 대답했다. 제자는, "그러시다면 어젯밤에 어째서 '괴롭다'라고 외쳤습니까."라고 물었다. 마하데와는 설명했다. "나는 성스러운 도[聖道]를 불렀던 것이니 너는 이상하게 생각하지 마라. 이른바 모든 성스러운 도는, 지성껏 '괴롭다'라고 외치지 않으면 나타나지 않는다. 그래서 나는 어젯밤에 거듭해서 '괴롭다'라고 외쳤던 것이다."

『부집이론소』와 『삼론현의』는 관련 문헌들 가운데서 가장 후기에 저작된 것이다. 『부집이론소』는 앞의 「자료 소개」에서 언급한 것처럼 원본이 전해지지 않았기 때문에 13세기에 일본 학승 증선(證禪)이 지은 『삼론현의검유집(三論玄義檢幽集)』의 인용문에서 도움을 받아야 한다.[163]

제1사는 여인염오의(餘人染汚衣)이다. "마하데와는 꿈에 부정한 것을 흘렸다." 즉 몽정을 했다. 그는 제자에게 더러워진 옷을 세탁하

---

163 『부집이론소』(『삼론현의검유집』 권5, 대정장 70권의 p.455중5에서는 "眞諦部執疏說(＝眞諦의「部集疏」에서 설하다.)"라 하고, 역시 同, 중9와 25에서는, "眞諦云(＝眞諦가 말하기를)"이라 했다.

게 했다. 제자는 물었다. "스승님은 아라한으로서 번뇌가 다했을 것인데 어떻게 이런 일이 있습니까." 마하데와는 대답했다. "누실(漏失: 흘러나오는 것)에는 두 종류가 있다. 한 가지는 번뇌이다. 아라한에게는 번뇌는 없다. 다른 한 가지는 부정(不淨)이다. 아라한은 이것을 피할 수 없다. 비록 번뇌는 다했지만 어찌 대소변·물·침과 같은 부정한 것이야 없겠는가. 그러나 내가 부정한 것을 흘린 것은(즉 夢精을 한 것은), 마라(Māra)가 희롱한 것[嬈]이므로 너는 이상하게 생각하지 마라."

제2사는 무지이다. 마하데와는 제자들이 자신을 따르도록 하기 위해 그들이 이미 4사문과(沙門果)를 성취했다고 말했다. 그러나 제자들은 자신들이 그것을 성취하지 못했다고 생각하면서 스승에게 물었다. "아라한들은 마땅히 증지(證知: 확실히 아는 것)가 있을 것인데 어째서 저희들은 도무지 그 사실을 스스로 알지 못합니까." 마하데와가 대답했다. "아라한에게도 역시 무지가 있다. 무지에는 두 가지가 있다. 첫째는 염오무지(染汚無知)인데 이것은 아라한에게 없다. 둘째는 불염오무지(不染汚無知)인데 이것은 아라한에게 아직 있다." 그러고 나서 마하데와는 스스로 경을 지어 말했다. "부처님께서 비구들에게 말씀하셨다. '아라한에게는 마음을 덮고 있는 무명이 아직 남아 있다. 그래서 자신이 아라한과를 성취했다는 것을 알지 못한다.'"164

제3사는 의혹이다. 마하데와는 제자들에게 말했다. "수다원(須陀洹, 初果)을 성취한 사람도 '그것을 성취하지 못했다'고 스스로 의혹을

164　同上, p.455중23~하12; Demiéville, 앞의 책, pp.100~101.

가지게 된다." 제자들은 질문했다. "성자는 의혹을 넘어서서 4성제에 대해 다시 의혹이 없다고 일찍이 들었습니다. (성자의 경지를 성취했다고 인정하시는) 저희들은 4성제와 3보에 대해 아직 의혹을 가지고 있습니다." 마하데와는 설명했다. "아라한은 역시 의혹이 있다. 의혹에는 두 가지가 있다. 한 가지는 수면성의혹[隨眠性疑]인데, 이것은 아라한에게 없다. 다른 한 가지는 처비처의혹[處非處疑]인데, 이것은 아라한에게 여전히 있다." 그러고 나서 스스로 경(經)을 지었다. "부처님께서는 비구들에게 말씀하셨다. '수다원과를 성취한 사람은 4성제에 대한 의심이 여전히 남아 있다.'"

제4사는 타도(他度)이다. 제자들은 다시 말했다. "저희들이 아라한이라면 스스로 그 사실을 확실히 알 수 있을 것인데 어찌하여 스승님을 통해서만이 그것을 알게 됩니까. 스스로 확실히 알 수 있는 현지(現智: 직접 아는 지혜)는 없습니까." 마하데와는 설명했다. "아라한은 타인을 의지해서 알게 되는 것이 있다[由他度]. 샤리뿌뜨라는 지혜가 제일이었고, 마우드갈랴야나는 신통이 제일이었지만 부처님께서 말씀하시지 않았다면 자신들이 아라한이 된 것을 스스로 알지 못했을 것이다. 하물며 너희들과 같은 둔근(鈍根)이 어떻게 다른 사람을 의지하지 않고 스스로 알 수 있겠는가." 그러고 나서 이렇게 마무리했다. "부처님께서 비구들에게 말씀하시기를, '아라한들도 다른 사람을 의지해서 의혹을 끊는다.'"

제5사는 성도언소현(聖道言所顯)이다. 마하데와는 비록 많은 악을 지었지만 아직 선근(善根)을 끊지 않았다. 뒷날, 밤중에 그는 혼자 생각했다. '내가 지은 죄가 무거우므로 틀림없이 어떤 곳에 태어나서 모든 심한 고통을 받을 것이다' 그래서 근심과 두려움에 시달리면서 큰 소리로 '괴롭다, 괴롭다'라고 외쳤다. 제자가 그 소리를 듣고 스승을 찾아가 '괴롭다'라고 외친 까닭을 물었다. 마하데와는, "나는 성도(聖道)를 불렀다. 지성껏 고(苦)를 부르지 않으면 모든 성도는 끝내 나타나지 않는다."라고 설명했다.[165]

『삼론현의』에 의하면, 마하데와는 5사를 게송(偈頌, gāthā)의 형태로 계본(戒本)에 덧붙여 놓았다가 포살 때 계(戒)를 송출한 다음 그것을 대중 앞에서 낭송했다.[166]

첫째는 여인오염의(餘人汚染衣)이다. 마하데와는 부정한 것[精液]을 배설해서 자신의 옷을 더럽혔다. 그래서 제자를 속여 말했다. "나는 아라한이므로 사실 부정한 것은 없다. 다만 하늘의 마녀[天魔]가 부정한 것으로 내 옷을 더럽혔다. 그 때문에 '다른 사람[餘人, 他者]에 의해 옷이 더럽혀졌다.'고 말했다." 이 말에는 거짓과 진실이 포함돼 있다. 사실 그는 범부였지만 제자를 속이기 위해 위와 같이 말했던 것이다. 그래서 거짓[虛]이다. 그러나 실제로 마녀(魔女)가 부정한 것으로 아라한의 옷을 더럽힐 수 있었다. 그렇기 때문에 진실[實]이다.

둘째는 무명이다. 아라한에게는 '그것으로 말미암아' 3계(三界)에 생을 받는 무명은 없다. 그러나 무지(無知)의 습기(習氣, vāsanā)[167]에 의

------

165 同上, pp.455하13~456상4; Demiéville, 위의 책, pp.101~102.

166 『삼론현의』(대정장 45권, p.8중22~하2); Demiéville, 위의 책, p.97.

167 생각과 행위, 특히 번뇌 등에 의해 만들어진 인상이 마음속에 스며든 습성 또는 남긴 기운. 多屋賴俊(外), 『佛敎學辭典』, p.225.

한 무명은 있다. 그렇기 때문에 무명이라고 한다.

셋째는 의혹이다. 수다원과를 성취한 사람은 3해탈문(三解脫門)[168]
에 대해서는 더 이상 의혹이 없다. 그러나 그 밖의 일에 대해서는 아직
의혹이 있다. 그렇기 때문에 의혹이라 한다.

넷째는 타도(他度: 도의 성취를 타인에 의해 알게 됨)이다. 초과(初果: 수다
원과)[169]를 성취한 비구는 자신이 그것을 성취했다는 사실을 알지 못한
다. 선지식(善知識)이 말해 줌으로써 비로소 자신이 초과를 성취했다는
사실을 알게 된다. 다섯째는 성도언소현(聖道言所顯)이다. 성스러운 도
는 말에 의해서 나타나게 된다. 마치 샤리뿌뜨라[身子]가 게송을 낭송
한 순간 초과를 얻게 된 것과 같다.[170]

2) 승가 분열

승가 분열 문제의 두 가지 요소는 마하데와(Mahādeva, 大天)라는 비구
와 그가 주장한 5사(五事)이다. 마하데바가 제기한 5사로 말미암아 비
구들 간에 다툼이 일어나 승가가 분열하게 되었다. 그런데 문제는 이
들 두 요소가 일시에 이루어진 것이 아니라 여러 문헌을 거치면서 성

----

168 해탈을 위한 3종의 禪定. 즉 空解脫門·無相解脫門·無願解脫門. 多屋賴俊(外), 위
　　의 사전, p.156.

169 비구가 도달하는 네 종류의 수행 경지 가운데 첫 번째인 預流果(srota āpana), 中村元,
　　앞의 사전, p.512(3).

170 "샤리뿌뜨라가 게송을 읊고 도를 이루었다(身子當口誦偈時即得初果)."는 내용은 여러
　　율장과 경전에 나온다. 사분율 권33(대정장 22권, p.798하8~24); 『佛本行集經』 권8(대정
　　장 3권, p.876중13~하8)外. '身子'는 '샤리뿌뜨라'의 번역이다(三枝充悳, 『インド佛敎人名辭
　　典』, p.98; 赤沼智善, 固有名詞辭典, p.593와 p.602).

립하게 되었다는 것이다.

　마하데와라는 비구 이름은 승가 분열과 관련 있는 문헌들 가운데서 가장 오래된 『팔건도론』과 『발지론』에는 나오지 않는다. 그 대신 '아라한' 또는 '어떤 아라한[有阿羅漢]'으로 되어 있다.[171] 『십팔부론』에서는 능(能)·인연(因緣)·다문(多聞)이라는 세 명의 비구들이고,[172] 『부집이론』에서는 대국(大國)·외변(外邊)·다문(多聞)·대덕(大德)이라는 네 무리[四衆]의 비구들이다.[173] 마하데와라는 이름이 처음 나오는 문헌은 『대비바사론』[174]이고, 이어서 『이부종륜론』이다.[175] 그 이후에 작성된 논서들인 『이부종륜론소』·『부집이론소』·『삼론현의』에서는 모두 마하데와로 되어 있다.[176]

　승가의 분열에 대한 내용은 『팔건도론』과 『발지론』에는 언급이 없다. 이 두 논서보다 늦게 저작된 『십팔부론』에 의하면, "아육왕(阿育王, Aśoka)이 염부제(閻浮提: 인도)를 다스리고 있었을 때 승가는 분열되었다. 3명의 비구들이 5처(五處)라는 외도설을 비구들에게 가르쳤다."라는 말과 함께, "이 일로 말미암아 붓다 열반 후 처음으로 승가에 두 파가 생겼다. 하나는 마하승기부((摩訶僧祇部, 大衆部: Mahāsāṃghika)이고

171　『팔건도론』 권7(대정장 26권 819중15~20); 『발지론』 권8(同上, p.956중1~11).

172　『십팔부론』 1권(同上, 49권, p.18상11); 時有比丘 一名能 二名因緣 三名多聞.

173　『부집이론』 1권(同上, p.20상19~20); 一大國衆 二外邊衆 三多聞衆 四大德衆.

174　『대비바사론』 권99(同上, 27권, p.510하24).

175　『이부종륜론』 1권(同上, p.15상16~18); 是時佛法大衆初破 謂因四衆共議大天五事.

176　『이부종륜론소』(『異部宗輪論疏述記』 권1, 「卍續藏經」 83冊, p.431상7 이하); 『부집이론소』, 「三論玄義檢幽集」 권5(대정장 70권, p.456상7~14); 『삼론현의』(同上, 45권, p.8중22~25).

다른 하나는 타비라부(他鞞羅部, 上座部: Sthavira)이다."라고 기술했다.[177]
『부집이론』에 의하면, "대승가(大僧伽)는 네 무리의 외도들이 주장한 5
종 인연(因緣)에 대해 함께 토론하고 깊이 생각함으로써 승가는 2부로
분열되었다. 첫째는 대중부(大衆部)이고, 둘째는 상좌제자부(上座弟子
部)이다."[178]

　『부집이론소』의 내용은 자세하다. 요약해서 정리하면, "포살 때
마하데와가 비구들에게 바라제목차계를 설한 다음 5사를 암송하고,
"이 5사가 모든 붓다들의 바른 가르침이다."라고 한마디 덧붙였다. 그
때 대중[비구들] 가운데는 유학(有學)·무학(無學)·다문자(多聞者)·지계
자(持戒者)·선수행자[修靜慮者]들이 있었는데, 그들은 마하데와가 한
말을 바꾸어, "이것은 그대의 미친 말로서 붓다의 가르침이 아니다."라
고 주장했다. 이 문제로 말미암아 비구들은 온밤을 새우면서 아침까지
싸웠다. 성중(城中)의 백성들과 왕까지 비구들에게 가서 싸움을 말렸
지만 그것을 그치게 할 수 없었다. 마침내 왕은 율문(律文)과 다수결[多
人語, 行籌]의 원칙에 따라 다툼을 그치게 했다. 아라한 무리[賢聖衆] 가
운데는 나이 많은 사람들이 다수였지만 비구들의 수는 적었고, 마하데
와의 무리 가운데는 나이 많은 사람들의 수는 적었지만 비구들의 수

<hr>

177 『십팔부론』 권1(同上, 49권, p.18상11~14); (비구들이) 說有五處以敎衆生 (所謂從他饒益無
　　知 疑由觀察言說得道) 此是佛從始生二部 一謂摩訶僧祇 二謂他鞞羅(秦言上座部也);
　　라모뜨(호진 역), 앞의 책(1권), p.536; 金倉圓照, 앞의 책, pp.267~270.

178 『부집이론』 권1(同上, 49권, p.20상18~25); 破散大衆凡有四種 一大國衆 二外邊衆 三
　　多聞衆 四大德衆, 此四大衆 共說外道所立五種因緣 … 思擇此五處[=因緣] 分成
　　兩部 一大衆部 二上座弟子部. 라모뜨(호진 역), 앞의 책(1권), p.536.

는 많았다. 승가는 2부(部)로 나누어졌다. 첫째는 상좌부이고, 둘째는 대중부였다."[179]

『이부종륜론』에 의하면, "그때 비구 무리들은 마하데와가 말한 5사로써 토론을 벌였는데, 그들의 주장이 같지 않았으므로 2부로 분열되었다. 하나는 대중부이고 다른 하나는 상좌부였다."[180]

『이부종륜론소』의 내용은 장황하기 때문에 요약하기로 한다. "마하데와가 15일 밤, 포살 때 비구들에게 바라제목차계를 설한 다음 자신이 지은 5사를 암송하고 '그것이 모든 붓다의 가르침'이라고 했다. 대중들 가운데는 유학·무학·다문자·지계자·선수행자들이 있었는데, 그들은 마하데와가 설한 것을 '미친 말로서 부처님의 가르침이 아니'라고 했다. 비구들은 온밤 동안 싸웠고, 그 싸움은 아침까지 계속되었다. 성중(城中)의 사람들과 대신들이 몰려가 싸움을 멈추게 하려 했지만 불가능했다. 왕[阿育王]까지 현장에 가서 두 쪽의 주장을 들었지만 어느 편이 옳은지 알 수 없었다. 왕은 마하데와의 의견을 묻자, 그는 경과 율에 설해져 있는 대로 다수결의 원칙을 따르라고 했다. 왕은 그의 조언을 받아들여 비구들에게 자신들이 원하는 사람들끼리 모이게 했다. 그들은 2부(部)로 나누어졌다. 첫째는 상좌부이고, 둘째는 대중부였다. 상좌부는 나이 많은 사람들이 다수였지만 전체적인 수는 적었

---

179 『부집이론소』 1권(『삼론현의검유집』 권5, 대정장 70권, p.456상12~21); Demiéviille, *Choix d'études bouddhiquse*, p.102; 라모뜨(호진 역), 앞의 책(1), pp.541~542.

180 『이부종륜론』 권1 (대정장 49권, p.15상16~18). 요약 정리.

476

고, 대중부는 나이 많은 사람들은 적었지만 전체적인 수는 많았다.[181]

『삼론현의』는 승가 분열에 대해 두 가지 내용을 말하고 있다. 첫째는 마하데와가 모든 대승 경전을 삼장 가운데 집어넣어 설명했는데, 뒷날 아라한들이 법장을 다시 결집했을 때, 그 내용[義, 대승 경전]을 가려내어 제거했다. 대중부는 그것을 채택했고 상좌부는 채택하지 않았다. 그래서 비구들 간에 다툼이 일어나 승가는 2부로 분열되었다.”[182]

둘째는 마하데와가 5사로 된 게송을 지어, ‘이것이 모든 부처님들의 바른 가르침’이라고 하면서 율장에 넣었다. 뒷날 마하데와는 포살 때 계를 송출한 다음 5사를 비구들에게 암송했다. 이 일로 말미암아 승가는 2부로 분열되었다.[183]

5. 결집 과정과 결집 내용

제2 빠딸리뿌뜨라 결집과 관련 있는 문헌들은 결집 문제에 대해 관심 조차 가지지 않았다. 단지 승가의 분열 문제까지만 언급했다. 결집에

---

181 『이부종륜론소』(『이부종륜론소술기』 1권, 卍續藏經 83冊, pp.432상10~하5).

182 『삼론현의』(대정장 45권, p.8중19~22); 後入佛法 凡有二事 一者取諸大乘經內三藏中釋之 諸阿羅漢結集法藏時 已簡除此義 而大衆部用此義 上座部不用之 因爾起諍遂成二部. Demiéville, 위의 책, pp.96~97.

183 同上, p.8중22~하3; 二者摩訶提婆自作偈言 […] 是諸佛正教 以此一偈安置戒後 布薩誦戒竟亦誦此一偈 此偈有五事…(5事 가운데서 아라한의 夢精문제에 대한 논란). 是故爲虛 魔女實能以不淨汚羅漢衣 是故爲實 其衆諍其所說 或虛或實 故分二部; Demiéville, 위의 책, pp.97~99.

대한 내용은 가장 후기 문헌인 『부집이론소』와 『삼론현의』에서만 볼 수 있다. 그러나 이 두 문헌에서도 결집에 대한 내용은 겨우 몇 문장에 지나지 않는다.

1) 결집 과정

『부집이론소』에 의하면, "5사 문제로 말미암아 비구들은 상좌부와 대중부로 분열되었다. 상좌부 비구들은 빠딸리뿟뜨라를 떠나 인도의 서북쪽의 까쉬미라[迦濕彌羅]국으로 가서 그곳에 자리를 잡았다. 아소까왕은 사람들을 그곳으로 보내어 그들을 돌아오게 했다. 그러나 비구들은 왕의 초청을 거절했다.[184]

뒷날 마하데와가 늙어 죽자 아소까왕은 지난날 꾹꾸따상가라마를 떠난 아라한들이 살고 있던 까쉬미라국에 사람을 보내어 그들을 빠딸리뿟뜨라로 돌아오게 했다."는 내용과 함께, "마하데와가 이전에 경전의 가르침을 고치고 변경하고 뒤섞어 놓았기 때문에 더 이상 원본과 같지 않았다. 그래서 아라한들은 다시 모여 삼장을 한 번 더 결집[重誦]했다."[185]는 사실을 말하고 있다.

『부집이론소』의 내용은 자세하다. 요약해서 정리하면, "포살 때

---

184 『부집이론소』 1권(『삼론현의검유집』 권제5, 대정장 70권, p.456상12~21); Demiéville, *Choix d'études bouddhiquse*, p.102; 라모뜨(호진 역), 앞의 책(1), pp.541~542.

185 同上, p.456중14~19; 卽遣往迎 盡還供養 大天先旣 改轉經教 雜合不復如本 諸阿羅漢 還復聚集 重誦三藏. Demiéville, 위의 책, pp.104~105; Comme Mahādeva avait modifié l'enseignement des sūtra, y mélangeant (éléments impurs), de sorte qu'ils n'étaient plus tels qu'à l'origine, les Arhats se réunirent de nouveau et récitèrent encore une fois le Tripiṭaka.

478

마하데와가 비구들에게 바라제목차계를 설한 다음 5사를 암송하고, "이 5사가 모든 붓다들의 바른 가르침이다."라고 한마디 덧붙였다. 그 때 대중[비구들] 가운데는 유학(有學)·무학(無學)·다문자(多聞者)·지계자(持戒者)·선수행자[修靜慮者]들이 있었는데, 그들은 마하데와가 한 말을 바꾸어, "이것은 그대의 미친 말로서 붓다의 가르침이 아니다."라고 주장했다. 이 문제로 말미암아 비구들은 온밤을 새우면서 아침까지 싸웠다. 성중(城中)의 백성들과 왕까지 비구들에게 가서 싸움을 말렸지만 싸움을 그치게 할 수 없었다. 마침내 왕은 율문(律文)과 다수결[多人語, 行籌]의 원칙에 따라 다툼을 그치게 했다. 아라한 무리[賢聖衆] 가운데는 나이 많은 사람들이 다수였지만 비구들의 수는 적었고, 마하데와의 무리 가운데는 나이 많은 사람들의 수는 적었지만 비구들의 수는 많았다. 승가는 2부(部)로 나누어졌다. 첫째는 상좌부이고, 둘째는 대중부였다."[186]

『삼론현의』에서는 승가 분열에 대해 두 가지 내용을 말하고 있다. 첫째는 마하데와가 모든 대승 경전을 삼장 가운데 넣어 설명했다. 뒷날 아라한들이 법장을 다시 결집했을 때, 그 내용[義: 대승경전]을 가려내어 제거했다. 대중부는 그것을 채택했고 상좌부는 채택하지 않았다. 그 때문에 비구들 간에 다툼이 일어나 승가는 2부(部)로 분열되었다."[187] 둘째는 마하데와가 5사로 된 게송을 지어, "이것이 모든 부처님

....

186 同上,『부집이론소』p.456중14~19; 卽遣往迎 盡還供養 大天先旣 改轉經教 雜合不復如本 諸阿羅漢 還復聚集 重誦三藏. Demiéville, 위의 책, pp.103~104.

187 『삼론현의』(대정장 45권, p.8중19~22); 後入佛法 凡有二事 一者取諸大乘經 內三藏中

들의 바른 가르침이다.”라고 하면서 그것을 율장에 넣었다. 뒷날 마하데와는 포살 때 계를 송출한 다음 5사를 비구들에게 암송했다. 이 일로 말미암아 승가는 2부로 분열되었다.[188]

뒷날 “마하데와가 늙어서 죽자 아소까왕은 까쉬미라국에 사람을 보내어 그들을 빠딸리뿌뜨라로 돌아오게 했다.” “마하데와가 이전에 경전의 가르침을 고치고 변경하고 뒤섞어 놓아서 더 이상 원본과 같지 않았다. 아라한들은 다시 모여 삼장을 한 번 더 결집할 수 있도록 모든 것을 갖추게 해주었다. 뒷날 마하데와가 죽은 뒤 아소까왕은 사람들을 까슈미라로 보내어 그곳에 가 있던 비구들을 빠딸리뿌뜨라로 돌아오게 했다. 돌아온 그들은 이전에 마하데와와 비구들이 대승 경전을 결집된 경전에 넣어 뒤섞어 놓았던 것을 걷어내고 삼장을 결집했다.”[189]

『삼론현의』(대정장 45권, p.8중19~21).

釋之 諸阿羅漢結集法藏時 已簡除此義 而大衆部用此義 上座部不用之 因爾起
諍遂成二部. Demiéville, 위의 책, pp.96~97.

188 同上(p.8중22~하3); 二者摩訶提婆自作偈言…(5事)…是諸佛正教 以此一偈 安置戒
後 布薩誦戒竟亦誦此一偈 此偈有五事…(5事 가운데서 아라한의 夢精問題에 대한 논란).
是故爲虛 魔女實能以不淨汚羅漢衣 是故爲實 其衆諍其所說 或虛或實 故分二
部; Demiéville, 위의 책, pp.97~99.

189 『부집이론소』(『三論玄義檢幽集』5권. 대정장 70권, p.456중14~16); (大天從此以後 身自老死 阿
輪柯王問衆人云 諸阿羅漢今並何在 有人答云 在劫賓國 卽遣往迎 盡還供養). 大天先旣改轉經
敎 雜合不復如本 諸阿羅漢還復 聚集重誦三藏.
Comme Mahādeva avait modifié l'enseignement des *sūtra*, y mélangeant(éléments
impurs), de sorte qu'ils n'étaient plus tels qu'à l'origine, les Arhats se réunirent de
nouveau et récitèrent encore une fois le Tripiṭaka. P. Demiéville, *Choix d'études
bouddhiques*, Leiden, 1973, pp.104~105.

● 『삼론현의』 마하데와는: 첫째, "모든 대승경전을 취해 삼장 속에 넣어 그것을 설명했다. 아라한들이 법장을 결집했을 때, 그 내용[義, Sens]을 가려내어 제거했다. 그러나 대중부(Mahāsāṃghika)는 그것을 채택했고 상좌부(Sthāvirīya)는 채택하지 않았다.[190] 둘째, 마하데와가 5사로 된 게송을 지어 그것을 모든 붓다의 가르침이라고 주장함으로써 역시 승가를 두 파로 갈라지게 했다.[191]

2) 결집 내용

결집 내용은 겨우 몇 글자밖에 되지 않는다. 그러나 이것을 『삼론현의검유집(三論玄義檢幽集)』에서는 제1차, 제2차 결집과 더불어 제3차 결집이라 했다.[192] 현대 학자들도 이 명칭을 사용하고 있다.[193]

『부집이론소』에 의하면, "5사 문제로 말미암아 비구들은 상좌부와 대중부로 분열되었다. 상좌부 비구들은 빠딸리뿟뜨라를 떠나 인도의 서북쪽의 까쉬미라[迦濕彌羅]국으로 가서 그곳에 자리를 잡았다. 아

....

190 『삼론현의』(대정장 45권, p.8중17~22); 後入佛法 凡有二事 一者取諸大乘經 內三藏中 釋之 諸阿羅漢結集法藏時 已簡除此義 而大衆部用此義 上座部不用之 因爾起 諍 遂成二部. Demiéville, 위의 책, pp.96~99.

191 同上, p.8중22~하13. 二者摩訶提婆自作偈言 … 時衆諍此五義 或是或非 故成二 部也; Demiéville, 위의 책, pp.97~99. 5사에 대한 긴 설명.

192 『삼론현의검유집(三論玄義檢幽集)』 권제5(대정장 70권, p.456중18~23); 至此時三藏已三 過誦出 第一於七葉巖中誦出 第二毘舍離國內跋闍檀行十事 耶舍比丘是阿難弟 子 其人集七百人刊定重誦三藏也 第三卽是此時也.

193 André Bareau, *Les premiers conciles bouddhiques,* p.88과 p.112, Paris, 1955; Demiéville, 앞의 책, p.105(5[註a]); 라모뜨(호진 역), 『인도불교사』(1), pp.542~543; 塚本啓詳(共著), 『佛教史概說』(インド篇, 平樂寺書店, 1985), p.42.

소까왕은 사람들을 그곳으로 보내어 그들을 돌아오게 했다. 그러나 비구들은 왕의 초청을 거절했다.[194]

뒷날 마하데와가 늙어 죽자 아소까왕은 지난날 꾹꾸따상가라마를 떠난 아라한들이 살고 있던 까쉬미라국에 사람을 보내어 그들을 빠딸리뿌뜨라로 돌아오게 했다."라는 것이 결집 내용에 대한 내용의 전부이다.

『삼론현의』에서도 비슷한 내용이다. 마하데와가 생전에 "모든 대승 경전을 취해 삼장에 넣어 해석했다.(本文)"라는 문장과 "마하데와가 죽은 뒤, 오래전에 까쉬미라국에 있던 아라한들이 빠딸리뿌뜨라에 돌아가서 법장(法藏)을 결집했을 때, 그들은 (이전에 마하데와가 경전에 집어넣었던 것[此義, 대승경전]을) 가려내어 제거했다."[195]는 것이 결집 비구들에 대해 언급한 내용의 전부다.

마하데와는 첫째, "모든 대승경전을 취해 삼장 속에 넣어 그것을 설명했다. 아라한들이 법장을 결집했을 때, 그 내용[義, Sens]을 가려내어 제거했다. 그러나 대중부(Mahāsāṃghika)는 그것을 채택했고 상좌부(Sthāvirīya)는 채택하지 않았다. 이 일로 인해 비구들 간에 다툼이 일어나 (승가가) 두 파로 나누어지게 되었다.[196] 둘째, 마하데와가 5사로 된

<hr>

194 『부집이론소』1권(『삼론현의검유집』 권제5, 대정장 70권, p.456상12~21); Demiéville, *Choix d'études bouddhiquse*, p.102; 라모뜨(호진 역), 앞의 책(1), pp.541~542.

195 『삼론현의』(대정장 45권, p.8중19~21); (摩訶提婆 入佛法凡有二事 一者) 取諸大乘經內三藏 中釋之 諸阿羅漢結集法藏時 已簡除此義.
Demiéville, 위의 책, p.96; (Mahādeva) prits tous les sūtra du Grand Véhicule et les expliqua en les incorporant au Tripiṭaka; les Arhats, au temps où ils compilèrent la Corbeille de la Loi, avaient exclu ce Sens(artha, 意味, 내용).

196 『삼론현의』(대정장 45권, p.8중17~22); 後入佛法 凡有二事 一者取諸大乘經 內三藏中

게송을 지어 그것을 모든 붓다의 가르침이라고 주장함으로써 역시 승가를 두 파로 갈라지게 했다.[197]

종륜론소술기, 모든 대승 경전을 취해 그것을 삼장에 넣어 설명했다. 아라한들이 법장을 결집했을 때 그들은 이 내용[此義]을 가려내어 제거했다. 그러나 대중부는 그것을 취했고[用此義, adopter], 상좌부는 취하지 않았다. 이 때문에 다툼이 일어나 승가는 두 파로 나누어졌다. 둘째는 마하데와가 다음과 같은 게송을 지었다. "二者摩訶提婆自作偈言 餘人染汚衣 無明 疑 他度 聖道言所顯 是諸佛正教." 그리고 "이것이 모든 부처님의 바른 가르침이다."라고 주장했다. 뒷날 마하데와는 아라한으로 자처한 자신에게 일어난 다섯 가지 일[五事]과 그 일에 대한 자신의 생각은 5악견(五惡見)에 속했다. 그러나 그는 그 5사가 부처님의 진정한 가르침[是名眞佛敎]이라고 주장했다.[198] 마하데와는 (어느 달) 15일 밤 포살 때 법을 설하는 자리[法座]에 올라가 비구들에게 계를 설한 다음 5사로 이루어진 게송을 암송했다. 그것을 듣고 비구들은 "그대의 말은 부처님의 가르침이 아니다[是名眞佛敎; 汝言非佛敎]."라고 반대하는 비구들도 있었고, 마하데와의 주장에 찬성하는 사람들도 있었다. 이 일로 말미암아 비구들 사이에 심각한 논쟁이 일어나 승가는

....

    釋之 諸阿羅漢結集法藏時 已簡除此義 而大衆部用此義 上座部不用之 因爾起諍 遂成二部. Demiéville, 위의 책, pp.96~97.

197 同上, p.8중22~하13. 二者摩訶提婆自作偈言 … 時衆諍此五義 或是或非 故成二部也; Demiéville, 위의 책, pp.97~99. 5사에 대한 긴 설명.

198 『이부종륜론소』(『이부종륜론소술기』[卍續藏經 83冊, pp.431상10~432상9]).

상좌부와 대중부로 분열되었다. 상좌부에 속한 아라한 비구들은 까쉬미라로 이주했고, 대중부의 상수(上首)가 된 마하데와와 그를 추종한 비구들은 꾹꾸따상가라마에 남았다.[199]

● 『부집이론소』는 승가가 분열하게 된 내용을 기술한 다음 경전 결집에 대해 이렇게 설명하고 있다.[200] "마하데와는 그 후 늙어서 죽었다. 아소까왕은 사람들에게 (꾹꾸따상가라마를 떠난) 상좌 아라한들이 (지금) 어디에 있는지 묻자 어떤 사람이 (그들은) 까쉬미라국(Kaśmira, 劫賓國)에 있다고 대답했다. 왕은 즉시 사람을 그곳으로 보내어 그들을 모두 (빠딸리뿌뜨라로) 돌아오게 했다.[얼마 전에 아소까는 그 장로들에게 500동의 정사를 지어주어 그들이 잘 살도록 했다는 것을 그는 잊어버렸다는 것인가. 또 어떤 필자는 그들의 율장을 집필할 때 까쉬미라 승가는 잘 운영되고 있었다고 말하고 있지 않은가.]

● 마하데와 이전에 경(전)의 가르침을 고치고 변경하고 뒤섞어 놓아서 더 이상 원본과 같지 않았다. 아라한들은 다시 모여 중송삼장(重誦三藏:

199　上同, p.432상10~하5.

200　『부집이론소』(『三論玄義檢幽集』 5권. 대정장 70권, p.456상12~21과 중14~23); 同上, 45권, p.456중14~18; 大天從此 以後身自老死 阿輸柯王問衆人云 諸阿羅漢 今並何在 有人答云 在劫賓國 卽遣往迎 盡還供養 大天先旣改轉經敎 雜合不復如本 諸阿羅漢 還復聚集 重誦三藏; P. Demiéville(앞의 책, pp.104~105); Il les fit tous chercher et ramener afin de les vénérer. Comme Mahādeva avait modifié l'enseignement des *sūtra*, y mélangeant(éléments impurs), de sorte qu'ils n'étaient plus tels qu'à l'origine, les Arhats se réunirent de nouveau et récitèrent encore une fois le Tripiṭaka.

삼장을 한 번 더 결집함)했다."[201]

● "이때까지 삼장은 세 번 결집[誦出]되었다. 첫 번째는 (라자그리하의) 칠엽바위(굴)[七葉巖中]에서 결집되었고, 두 번째는 와이샬리국에서 브리지 비구들이(Vrjiputraka, 跋闍檀) 10사(十事)를 행하였으므로 아난다의 제자 야사(耶舍) 비구가 700사람을 모아 삼장을 간정(刊定)[202]해서 다시 결집했다. 세 번째는 바로 이번의 이 결집이다."[203]

삼론현의: "그후 마하데와가 '늙어 죽었다[身自老死]'. '아소까왕은 까쉬미라국으로 즉시 사람을 보내어 (오래전에 그곳에 이주해 있었던 아라한들을) 돌아오게 해서 공양했다. 마하데와가 이전에 경(전)의 가르침을 고치고 변경하고 (거기에 나쁜 것, 즉 僞經을) 뒤섞어 놓아서 (그것은) 더 이상 본래의 경(전)과 같지 않았다. 아라한들은 다시 모여 삼장을 한 번 더 결집했다.'"[204]

....

201 同上, 45권, p.456중14~18; 大天從此 以後身自老死 阿輸柯王問衆人云 諸阿羅漢 今並何在 有人答云 在劫賓國 即遣往迎 盡還供養 大天先旣改轉經教 雜合不復如本 諸阿羅漢 還復聚集 重誦三藏; P. Demiéville(앞의 책, pp.104~105); Il les fit tous chercher et ramener afin de les vénérer. Comme Mahādeva avait modifié l'enseignement des *sūtra*, y mélangeant(éléments impurs), de sorte qu'ils n'étaient plus tels qu'à l'origine, les Arhats se réunirent de nouveau et récitèrent encore une fois le Tripiṭaka.

202 刊定; 개정 간행해서 定本으로 함. 定本이란 古典의 이본을 비교 검토하여 원본과 가장 가깝다고 판단된 책.『中韓辭典』(高大民族文化研究院 編), p.1054.

203 대정장 70권, p.456중19~23; 至此時三藏已 三過誦出 第一於七葉巖中誦出 第二毘舍離國內耶舍比丘 其人集七百人 刊定重誦三藏也 第三即是此時也. Demiéville, 앞의 책, p.105.

204 위의 책, p.456중14~19; 即遣往迎 盡還供養 大天先旣 改轉經教 雜合不復如本

결집 『삼론현의』에 실려 있는 결집 내용은 『부집이론소』의 내용과 다르다. 마하데와는 출가한 뒤 두 가지 일을 했다. 첫 번째 일은 "모든 대승 경전을 취해[取諸大乘經] 그것을 삼장 중에 넣어 해석했다. 아라한들이 법장(法藏)을 결집했을 때 의미[此義, Sens=artha. 내용]를 가려내어 제거했다. 대중부는 그 의미[내용]를 취했고(=adopter) 상좌부는 그것을 취하지 않았다."[205] 마하데와가 했던 두 번째 일은 5사와 관계된 것이었다. 먼저 주의해야 할 일은, 상좌부 아라한들이 결집을 한 것은 마하데와가 주장한 5사로 인해 경전에 문제가 있었던 것은 아니라는 것이다. 5사는 승가의 분열의 원인이 되었을 뿐이었다.

경전 결집은 마하데와가 경장의 내용에 뒤섞은 것[대승 경전]들 때문이었다. 『부집이론소』에 의하면, 상좌 비구들이 빠딸리뿟뜨라를 떠난 뒤 마하데와가 어느 포살 날 제자들에게 이렇게 말했다. "佛昔在世 諸天及四部衆弟子所說 佛皆印可 令阿難受持 悉稱爲經 佛已滅度

<hr>

諸阿羅漢 還復聚集 重誦三藏 於此時中 所執有異 分成兩部. Demiéville, 위의 책, pp.103~104.

205 『삼론현의』(대정장 45권, p.8중18~21); (摩訶提婆) 入佛法 凡有二事 一者取諸大乘經 內三藏中釋之 諸阿羅漢 結集法藏時 已簡除此義 而大衆部用此義 上座部不用之 (二者 摩訶提婆自作偈言, 五事 생략).
Demiéville(위의 책, pp.96~97); Mahādeva prit tous les sūtra du Grand Véhicule et les expliqua en les incorporant au Tripiṭaka; naguère les Arhats, au temps bk maintenant) l'ecole Mahāsāṅghika l'adopta, l'ecole Sthāvirīya ne l'adopta pas. 大天先旣 改轉經敎 雜合不復如本 諸阿羅漢 還復聚集 重誦三藏[(『三論玄義檢幽集』5권. 대정장 70권, p.456중14~18)(Comme Mahādeva avait modifié l'enseignement des sūtra, y mélangeant(éléments impurs), de sorte qu'ils n'étaient plus tels qu'à l'origine, les Arhats se réunirent de nouveau et récitèrent encore une fois le Tripiṭaka. [Demiéville(앞의 책, pp.104~105)].

若有聰明人能說法者 亦得作經 汝等若作經者 隨意作之."[206] 마하데와는 생전에 이렇게 말했지만 그 자신이 경을 만들어 경장에 넣은 일은 없었다.

206 『三論玄義檢幽集』5권. 대정장 70권, p.456상17~21과 중1; Demiéville, 위의 책, p.103.

1982년부터 대학에서 경전 성립사를 가르치면서 줄곧 초기불교 성전의 문제에 대한 관심을 가지고 있었다. 이후 1991년부터 그에 대한 논문을 쓰기로 계획하여 제2차 결집까지 끝냈지만 제3차 결집에 대해 쓰다가 다른 일 때문에 멈추고 말았다.

경전 결집에 대한 논문을 쓰고자 했던 직접적인 동기는, 오래전부터 계획하고 있었던 '불타전'의 첫 부분에 사용하기 위한 것이었다. '가장 오래된 불전 성립과 그 내용을 정리해서 초기 성전에서 볼 수 있는 불타의 모습을 실제에 가깝도록 형상화'해 볼 의도로 접근했던 것이다. 10여 년 전에 1년이 넘게 인도의 성지에서 보냈던 것도 불타전을 쓰기 위해서였다. 2009년 2월, 인도에서 돌아오자마자 전에 끝내지 못했던 제3차 결집에 대해 2~3개월 동안에 끝내고, 바로 불타전을 쓸 계획이었다. 그러나 이전에 결집과 관련해 학술지에 발표했던 논문들은 대체로 간략했고 제대로 된 내용이 아니었다. 학술지가 요구하는 분량의 제한도 있었지만 그보다 내 자신의 연구가 제대로 무르익지 않았다는 것을 절감할 수 있었다.

그래서 '조금만 더' 하면서 헤매다가 엄청난 시간과 노력을 바쳐야 했고, 어느 순간부터는 그만둘 수도 계속하기도 어렵게 되어버렸다. 따라서 나아가지도 멈추지도 못하는 큰 덫에 걸려버렸다는 것을 실감해야 했다. 하지만 그럴수록 나의 처음 의지는 새롭게 불타올랐다.

다른 문제는 일단 뒤로 미루어두고 성전 성립 문제에 모든 노력을 기울이기로 했다. 이로부터 놀랍게도 그동안 15년이 넘는 세월이 흘렀다. 오랫동안의 계획이었던 불타전 집필뿐 아니라 몇몇 다른 연구들마저 포기하고 오로지 이 문제에 몰두하고 있었던 것이다. 그러나 몇 번이나 마음이 흔들렸다. '하나의 선택은 또 다른 하나의 포기'라는 생각을 되풀이하면서 다른 생각을 하지 못하도록 스스로 단속하였다. 그러는 동안 고치고 보충하기를 열 번도 넘게 했다. 거의 모든 결집의 자료들을 포함하고 있는 문헌 『대정(大正) 대장경』에서 관계된 내용의 출처를, 몇 페이지[頁]의 몇 줄에서 몇 줄까지라는 것을 모두 꼼꼼하게 확인했다. 이 작업은 너무나 많은 노력과 인내와 시간을 요구했다. 역시 내 능력이 부족하다는 것을 시간이 지날수록 더욱 절감하게 되었다. 때로는 이 작업이 무모한 것이고 쓸모도 없는 일이라는 회의(懷疑)와 포기하고도 싶은 무력감을 어떻게 달랠 길이 없어 한없이 헤매는 마음이기도 하였던 것이 사실이다.

오로지 학구적인 삶의 지향을 자기 위로로 삼으며 매진해 온 연구의 내용과 방법에 대해 스스로도 회의를 많이 했다. 많은 노력과 시간을 바쳐야 하는 이러한 연구를 과연 이렇게 해야 할 필요가 있는가, 또 본인의 학술적 탐구심을 해결하기 위해서 그렇게 할 수도 있겠지만 그 결과가 다른 사람에게는 오히려 번거롭고 혼란스럽게 하는 일이 아닌가 하는 고민도 하지 않을 수 없었다. 그러나 '1600여 년간의 우리나라 불교 역사에서 단 한 사람이라도 성전 성립에 대해 할 수 있는 데까지 추구하는 사람이 있어야 하지 않는가' 하는 생각으로 스스로를 달랠 수밖에 없었다. 히말라야산에 올라가는 일, 사실 그것이 대부분의 사람들에게는 아무런 의미도 없지만 누군가는 목숨을 걸고 도전하지 않는가. 좌절의 마음을 달래면서 자주 되뇌던 생각들이었다.

이렇게 나의 나태(懶怠)를 다잡으며 '이와 같은 일은 1600년 한국 불교 역사에서 처음 있는 일이고, 어느 누구도 할 생각을 하지 않은 것이고, 앞으로도 해야 할 일이라고 생각하지도 않을 것'이라는 결연한 의지를 굳혔다. 그동안 불교가 타성적으로 견지해 온 시대는 바뀌었다는 각성도 있었지만, 평생을 불교를 위해 매진해 온 학승으로서의 책무감도 멈출 수 없는 작업의 원동력이었다.

그러나 이런 생각만으로 내 자신을 달래기는 힘들었다. 누가 이것을 읽을 것이며, 읽는다 해도 무슨 도움이 될 것인가. 설사 소수의 사람들에게 약간의 도움이 된다 해도 그것이 도대체 무슨 의미가 있는가 하는 회의도 무시로 나를 흔들었다. 결국 최종적으로 스스로를 설득시킬 수 있었던 것은 '의도된 것은 아니었다 해도 내가 이 문제에 잘못 걸려들었으니 가는 데까지 가보자'라는 오기였다. 지난 15년 동안 거의 문자 그대로 두문불출(杜門不出)하고 추구했던 세월에 대해 잠깐 회고 삼아 이런 '넋두리'로 회향의 감회를 남긴다.

　사실 나의 부단한 각고의 근면(勤勉)도 감추고 싶지 않지만, 이 일과 관련하여 그동안 많은 사람들에게 도움을 받았음을 밝혀두지 않을 수 없다. 더 이상 노작(勞作)의 기회가 있을까 싶지 않아 좀 장황하더라도 소상히 감사의 말을 하고 싶다.

　이 『초기불교 성전의 연구』뿐 아니라, 『인도불교사』(번역), 『무아·윤회 문제의 연구』, 『아쇼까왕 비문』(번역), 『성지에서 쓴 편지』 등은 모두 이곳 '동암(桐庵)'에서 쓰고, 손질을 거쳐 다시 간행하였다. 20년이 넘도록 이와 같은 연구와 삶을 살 수 있게 이곳 '동암' 터를 빌려준 기림사 전 주지 종광 스님과 연구비를 보태준 스님들과 신도님들에게도 감사의 말을 드린다. '동암'의 삶을 되돌아보면서 행복했었고 나름대로 보람 있는 세월이었음을 느끼고 있다.

　실질적인 집필 과정에서는 한문 원전에 약한 나를 도와준 지안 스님, 율전 해독을 도와준 법혜 스님, 일본어 연구서의 해독을 위해 도움을 준 노명희 교수님, 약 2500여 장이나 되는 적지 않은 양의 원고를 꼼꼼하게 읽으면서 세밀한 교정을 해준 이봉춘·최순열 두 교수님, 그리고 백경임 교수님, 안양규 교수님, 여여심(정경순)에게 진정한 사의(謝意)를 밝힌다.

　또한 변함없는 물심양면의 도움으로 나의 학문적 정진을 성원해준 사제(師弟) 각원사 주지 대원 스님, 그 가운데서도 이정명 보살님께 각별히 감사드린다. 또한 부산(釜山)의 인연 깊은 한 사암(寺庵)의 스님들로부터 도움받은 연구비의 아름다운 뜻도 새겨두고자 한다.

　진작에 큰 감사를 올려야 할 분이 계신다. 의욕과는 달리 여러 가지로 불민(不敏)한 나의 탓이겠지만, 많은 세월이 흐르는 동안 부단히

나의 면학과 정진에 큰 길잡이가 되어주신 나의 은사(恩師) 스님에 대한 은혜에 보답이 늘 부족했음을 고백하지 않을 수 없다. 바로 천안 각원사 조실 경해(鏡海) 법인(法印) 대종사이시다. 나는 출가 이후 오늘까지 은사 스님의 은덕과 함께 기대와 희망을 받으면서 지내왔다. 내가 행해 온 모든 의욕과 멈출 수 없는 추진력 또한 분명 은사 스님의 그 정신적 자양(滋養)에 힘입은 결과이다. 머지않아 출판되어 나올 이 『초기불교 성전의 성립 연구』가 어찌 은사 스님의 지극한 격려와 희망에 답하는 결실이 아니겠는가. 이 결실을 온 마음으로 은사 스님께 바치며 오체투지(五體投地)의 감사 인사를 올린다.

이제 오래도록 소망하고 진력해 온 작업의 소산이 드디어 세상에 그 모습을 드러낼 수 있게 되었다. 이는 전적으로 한국불교계 출판문화를 선도해 온 불광출판사(대표 류지호)의 고마운 제의에 따른 화룡점정이라 하겠다. 출판 콘텐츠로 '사람을 연결하고 세상을 이롭게 하겠다'는 사명을 실천하고 있는 불광출판사에 내 필생의 한 획을 맡기게 된 것은 참으로 아름다운 불사의 한 열매라 여기며 감사의 뜻을 표하는 바이다.

2025년 10월 기림사 동암에서
호진 합장

부언附言

불학(佛學) 연구에 매진해 온 호진 스님이 필생(畢生)의 역저(力著)임을 자처하며 심혈을 다해 완성한 대작 원고를 일단 마무리하고 출판사에 1차 송고까지 이행하였다. 그 이후 갑작스레 건강의 부실이 깊어져 마지막 단계로 작성하던 완고(完稿)에 가까운 상태의 '후기(後記)'와 그 밖에 상당한 메모를 남긴 채 더 이상 힘을 기울이기 어려운 형편에 즈음하게 되었다.

넘긴 원고 본문에 혹시 미완의 여지가 보인다 한들 어찌 달리 가감(加減)을 할 도리가 없는 일이라, 이대로 스님이 고심한 자취를 그대로 드러낸 채 펴내는 것이 합당하다고 사료되었다. 다만 스님이 저술을 하게 된 전후의 사정과 집필 과정에서 환기된 제반의 경위와 소회를 밝혀 논저의 내용을 이해하는 데 보탬이 되고자 하는 의도로 남긴 메모를 그냥 무위로 돌려버리긴 참으로 아쉬운 일이었다. 이에 누군가 그 취지를 살려 소위 '머리말'로 정제(整齊)해서 밝힐 필요성을 절감했다. 불학 연구와 교육을 위해 일생 동안의 원력과 기력을 다해 멈춤 없는 행보를 해온 호진 스님의 저술에 감히 자획(字劃)을 덧대는 행위가 망발이 아닌가 하는 자책을 무릅쓰기가 쉽지 않았다.

그러나 누군가 나서야 할 상황임을 절감한 출판사 관계자와 주위 지인들이 여러 정황을 살펴보고선, 대체로 그 일을 내가 감당해 주기를 기대하고 있음을 알았다. 전혀 뜻밖의 이런 상황을 나는 당혹스럽게 생각하며, 오로지 스님의 진지한 학문 탐구의 정신과 실천행을 본받고자 하는 한 후배로서만 남고자 하였다. 하지만 스님과 그동안 쌓아온 오랜 인연을 그렇게만 멈춰버릴 수 없는 일이 아니던가. 나로서는 실로 부족한 바가 많으나 스님의 노작(勞作)을 조금이나마 친절하게 안내하는 일이라면 차마 마다하기가 어렵다는 생각에 이르게 되었다.

호진 스님과의 학문적 동행은 불교종립학교 동국대학교 불교학과의 선후배 인연에서 시작되었다. 이후 스님과 나는 마침내 불교문화대학에서 함께 연구와 교육에 매진할 수 있게 되었고, 이로부터 한결같이 서로 의지하고 논구(論究)하는 기회를 열어 실로 도반(道伴)의 아름다움을 허(許)해 주었다. 그런 만큼 나 역시 이 저술에 대한 관심과 애착이 가히 여타(餘他) 지인의 정도에 뒤지지 않도록 내심 노력을 기울여왔다.

사실 호진 스님이 이 역저를 발상(發想)하고 집필하는 전 과정을 가까이에서 지켜본 바 있다. 그리하여 나 또한 스님이 의도한 바의 취지와 지향하는 목적성을 더불어 공감하고 더욱 존경했던 것을 감히 말할 수 있다. 더구나 스님은 원고 완성 단계에서 두어 차례 본고를 열독(閱讀)하도록 해주었다. 아울러 논저 전반에 대한 방향과 목적에 대한 의중을 가감 없이 피력(披瀝)해 주어 두루 공감을 나눌 수 있었다.

그러함에 나는 와석(臥席) 중인 스님을 수차 뵙고 생각을 나눈바, 허심탄회한 당부의 의중(意中)을 심독(心讀)하여 결국 머리말의 완성과 후기(後記)의 매듭을 짓게 되었다. 이 작업은 출판사 측의 적극적인 제의에 따라 그간에 스님과의 소통에서 공유하고 정리된 내용을 엄정히 상기하며 이행하게 되었다. 이 어찌 아름답고 소중한 불은(佛恩)의 이끎이 아닐 수 있으랴. 스님과의 깊은 인연이 이렇게 나의 소소한 노력을 더할 수 있는 가필(加筆)로 감히 회향(回向)하게 되었음이라 생각한다. 따라서 이 같은 사정과 감회를 여기에 '부언(附言)'으로 밝혀두는 것이 마땅한 도리로 여겨졌다.

거듭 나의 미숙과 부실함이 스님의 학문적 내용의 심도(深度)를 오독(誤讀)하고 왜곡시키지나 않았는지 심히 걱정된다. 오직 바라건대, 하루빨리 스님이 건강을 회복하여 평소처럼 한 치 흐트러짐 없이 나의 부족한 점을 낱낱이 깨우쳐주는 그날을 기다린다. "이 교수! 애썼네. 그런데 우째 아직도 내 뜻을 제대로 읽어낼 줄 모르노." 하면서도 넌지시 너그럽게 웃는 모습을 보여주기 간절히 기원(祈願)한다.

2026년 신춘(新春) 화양(華陽)을 기다리며
이봉춘 추서(追書)

초기불교 성전의 성립 연구

ⓒ 호진, 2026

2026년 4월 17일 초판 1쇄 발행

지은이 호진
발행인 박상근(至弘) • 편집인 류지호 • 부사장 양동민
편집 김재호, 양민호, 김소영, 최호승, 이란희, 정유리, 이진우 • 디자인 쿠담디자인
제작 김명환 • 마케팅 김대현, 김대우, 이선호, 류지수 • 관리 윤정안
콘텐츠국 유권준
펴낸 곳 불광출판사 (03169) 서울시 종로구 사직로10길 17 인왕빌딩 301호
　　　대표전화 02) 420-3200 편집부 02) 420-3300 팩시밀리 02) 420-3400
　　　출판등록 제300-2009-130호(1979. 10. 10.)

ISBN 979-11-7261-256-6 (93220)

값 35,000원